社会学基础

SHEHUIXUE JICHU

梁瑞明　编著

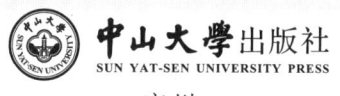

·广州·

版权所有　翻印必究

图书在版编目（CIP）数据

社会学基础/梁瑞明编著. —广州：中山大学出版社，2019.8
ISBN 978-7-306-06656-5

Ⅰ.①社…　Ⅱ.①梁…　Ⅲ.①社会学—教材　Ⅳ.①C91

中国版本图书馆 CIP 数据核字（2019）第 137660 号

出 版 人：	王天琪
策划编辑：	嵇春霞　高　洵
责任编辑：	高　洵
封面设计：	曾　斌
责任校对：	王　燕
责任技编：	靳晓虹
出版发行：	中山大学出版社
电　　话：	编辑部 020-84113349，84111996，84111997，84110771
	发行部 020-84111998，84111981，84111160
地　　址：	广州市新港西路 135 号
邮　　编：	510275　　　传　真：020-84036565
网　　址：	http://www.zsup.com.cn　　E-mail:zdcbs@mail.sysu.edu.cn
印 刷 者：	佛山市浩文彩色印刷有限公司
规　　格：	787mm×1092mm　1/16　21.5 印张　458 千字
版次印次：	2019 年 8 月第 1 版　2024 年 1 月第 3 次印刷
定　　价：	58.00 元

如发现本书因印装质量影响阅读，请与出版社发行部联系调换

前　言

党的十八大以来，习近平总书记高举改革开放旗帜，对全面深化改革提出一系列重要论断，做出一系列战略部署，创造性地提出全面深化改革的总目标是完善和发展中国特色社会主义制度、推进国家治理体系和治理能力现代化。党的十九大将全面深化改革总目标作为习近平新时代中国特色社会主义思想的重要内容并载入党章，集中体现了全党全国各族人民的共同意愿，极大凝聚起共同推进改革的强大合力，引领了新时代全面深化改革更为波澜壮阔的航程。

进入新时期新阶段，我国的社会转型进一步加速，经济社会发展面临着新机遇和新挑战。经济体制深刻变革，社会结构深刻变动，利益格局深刻调整，思想观念深刻变化。新形势要求我们对过去的发展思路进行反思，对社会结构的深刻变化，农民工问题、弱势群体问题、环境问题、就业问题，以及社会转型中存在的社会矛盾和冲突提起警觉。也因此，经济社会的协调发展被提到重要地位，社会建设成为全社会的重要任务。党中央对和谐社会建设问题给予了高度关注，对社会学的研究和发展提出了艰巨的任务，希望社会学界对社会结构和利益关系、社会建设和社会管理进行科学研究，社会学应以"经世致用"之旨积极回应社会发展的要求，做出自己的贡献。

社会学正日益成为人们了解现代社会及其变迁和发展的重要的学科。为使广大非社会学专业的学习者和其他有兴趣的读者更容易地学习社会学知识，我们编撰了这本书。

本书从人与社会、社会结构、社会过程与社会变迁等角度介绍了社会学的基本问题和基本理论，亦从社会学理论和我国社会发展，以及个人相关等视角介绍社会学理论和知识，并对我国社会发展的实践进行理性思考。本书内容包括：社会学的产生与发展，社会学的概念和研究对象、相关理论、研究方法，社会学的功能；人的社会化与个体化、社会互动、初级社会群体和家庭、社会组织、社区、社会制度、社会分层与社会流动、社会问题、社会控制、集群行为与社会运动、社会变迁与社会现代化。

  本书具有系统、完整的内容体系和结构。本书的内容体系和结构模块针对教与学的需求进行潜心的设计，尤其是针对学习者的兴趣学习和实践技能提升等层面，每章设置了丰富的栏目内容，包括学习目标、案例引导、延伸阅读、阅读指引、本章小结、知识与能力训练等，突出学习兴趣导引、知识视野拓展以及技能实践等环节，文字可读性强，知识与能力训练还配有参考答案，内容针对性和实用性强，为广大教师和学习者提供教学参考和技能学习参照。

  本书由十二章组成。梁瑞明撰写第一、二、三、四、六、十、十一、十二章，张周涛撰写第五、七、八、九章。全书由梁瑞明统稿。仓促中难免错漏，欢迎读者对本书提出宝贵的意见和建议，以便再版时进行修订。

编 者

2019 年 4 月

目 录

第一章 导 论 (1)
　第一节　社会的含义 (3)
　第二节　社会学的产生 (5)
　第三节　社会学概述 (11)
　第四节　社会学的研究方法 (15)
　第五节　社会学的功能 (20)
　本章小结 (21)
　本章知识与能力训练 (22)
　参考答案 (25)

第二章 社会化与个体化 (28)
　第一节　什么是人的社会化 (30)
　第二节　人的社会化的内容和过程 (35)
　第三节　社会化的基本理论 (43)
　第四节　社会化与个性化 (47)
　第五节　社会角色和角色扮演 (49)
　本章小结 (53)
　本章知识与能力训练 (53)
　参考答案 (55)

第三章 社会互动 (59)
　第一节　社会互动 (60)
　第二节　社会互动的理论 (66)
　第三节　社会互动过程 (71)
　第四节　社会关系 (77)
　本章小结 (84)
　本章知识与能力训练 (85)
　参考答案 (86)

第四章 初级社会群体和家庭 (90)
- 第一节 社会群体概述 (92)
- 第二节 初级社会群体 (99)
- 第三节 家庭 (101)
- 第四节 性、婚姻与家庭 (110)
- 本章小结 (113)
- 本章知识与能力训练 (113)
- 参考答案 (115)

第五章 社会组织 (118)
- 第一节 社会组织概述 (119)
- 第二节 社会组织目标 (123)
- 第三节 社会组织结构 (126)
- 第四节 社会组织理论与管理 (129)
- 第五节 中国的单位组织 (137)
- 本章小结 (145)
- 本章知识与能力训练 (145)
- 参考答案 (147)

第六章 社区和城市化 (149)
- 第一节 社区 (150)
- 第二节 社区研究的理论和方法 (154)
- 第三节 农村社区和城市社区 (161)
- 第四节 城市化 (167)
- 本章小结 (170)
- 本章知识与能力训练 (170)
- 参考答案 (172)

第七章 社会制度 (175)
- 第一节 社会制度的含义及基本特征 (176)
- 第二节 社会制度的功能及类型 (182)
- 第三节 制度化与制度变迁 (186)
- 本章小结 (193)

本章知识与能力训练 ………………………………………………………… (193)
　　参考答案 ……………………………………………………………………… (195)

第八章　社会分层与社会流动 ……………………………………………………… (197)
　　第一节　社会分层概述 ………………………………………………………… (199)
　　第二节　社会分层的理论 ……………………………………………………… (202)
　　第三节　社会分层的研究 ……………………………………………………… (206)
　　第四节　改革开放前后中国的社会分层 ……………………………………… (212)
　　第五节　社会流动 ……………………………………………………………… (217)
　　本章小结 ……………………………………………………………………… (225)
　　本章知识与能力训练 ………………………………………………………… (225)
　　参考答案 ……………………………………………………………………… (228)

第九章　社会问题 …………………………………………………………………… (230)
　　第一节　社会问题概述 ………………………………………………………… (233)
　　第二节　社会问题的理论研究 ………………………………………………… (236)
　　第三节　中国社会转型期的社会问题 ………………………………………… (240)
　　本章小结 ……………………………………………………………………… (248)
　　本章知识与能力训练 ………………………………………………………… (248)
　　参考答案 ……………………………………………………………………… (251)

第十章　社会控制 …………………………………………………………………… (253)
　　第一节　社会控制 ……………………………………………………………… (256)
　　第二节　社会控制的手段和过程 ……………………………………………… (259)
　　第三节　社会越轨 ……………………………………………………………… (262)
　　本章小结 ……………………………………………………………………… (269)
　　本章知识与能力训练 ………………………………………………………… (270)
　　参考答案 ……………………………………………………………………… (271)

第十一章　集群行为与社会运动 …………………………………………………… (274)
　　第一节　集群行为 ……………………………………………………………… (275)
　　第二节　集群行为理论 ………………………………………………………… (278)
　　第三节　集群行为理论之个案分析——由信息传播影响的集群行为 …… (284)
　　第四节　社会运动 ……………………………………………………………… (287)

第五节　当代中国的集群行为 ………………………………………… (293)
　　本章小结 ……………………………………………………………… (296)
　　本章知识与能力训练 ………………………………………………… (297)
　　参考答案 ……………………………………………………………… (299)

第十二章　社会变迁与社会现代化 ………………………………………… (301)
　　第一节　社会变迁 …………………………………………………… (302)
　　第二节　社会现代化 ………………………………………………… (310)
　　第三节　社会现代化的理论 ………………………………………… (318)
　　第四节　中国的现代化 ……………………………………………… (322)
　　本章小结 ……………………………………………………………… (324)
　　本章知识与能力训练 ………………………………………………… (325)
　　参考答案 ……………………………………………………………… (327)

参考文献 …………………………………………………………………… (331)

第一章 导 论

本章学习目标

1. 认知社会学的产生条件。
2. 了解社会的形成和发展状况。
3. 了解和掌握社会学在中国的发展。
4. 阐述社会学的概念和特点。
5. 阐述社会学的基本理论。
6. 了解社会学的研究对象。
7. 掌握社会学的研究方法。
8. 运用统计学的方法开展社会学研究。
9. 认知社会学的功能。

案例引导

印度狼孩

1920年,在印度加尔各答东北的一个名叫米德纳波尔的小城,人们常见到一种"神秘的生物"出没于附近森林,往往是一到晚上,就有两个用四肢走路的"像人的怪物"尾随在3只大狼后面。后来,人们打死了大狼,在狼窝里发现这两个"怪物",原来是两个裸体的女孩。其中大的七八岁,小的约两岁。人们把这两个小女孩送到米德纳波尔的孤儿院抚养,还给她们取了名字,大的叫卡玛拉,小的叫阿玛拉。到孤儿院的第二年阿玛拉死了,而卡玛拉一直活到1929年。这就是曾经轰动一时的"狼孩"事件。

据记载,印度"狼孩"刚被发现时用四肢行走,慢走时膝盖和手着地,快跑时则手掌、脚掌同时着地。她们总是喜欢单独活动,白天躲藏起来,夜间潜行。怕火和光,也怕水,不让人们替她们洗澡。不吃素食而要吃肉,吃时不用手拿,而是放在地上用牙齿撕开吃。每天午夜到凌晨3点钟,她们像狼似的引颈长嚎。她们没有感情,只知道饥时觅食,饱时休息,很长时间内对别人不主动产生兴趣,不过她们很快学会了向人要食物和水,如同家犬一样。只是在一年之后,当阿玛拉死的时候,人们看到卡玛拉"流了眼泪——两眼各流出一滴泪"。

人们会问：这些"狼孩"回到人类社会后是怎样生活的？她们和正常的孩子有些什么不同？

据研究，七八岁的卡玛拉刚被发现时，她只懂得一般6个月婴儿所懂得的事，人们花了很大气力都不能使她很快地适应人类的生活方式，两年后才会直立，6年后才艰难地学会独立行走，但快跑时还得四肢并用。直到死也未能真正学会讲话：4年内只学会6个词，听懂几句简单的话，7年时才学会45个词并勉强地学会几句话。在最后的3年中，卡玛拉终于学会在晚上睡觉，也怕黑暗了。很不幸，就在开始朝人的生活习性迈进时，她死了。据估计，卡玛拉死时已16岁左右，但她的智力只相当于三四岁的孩子。

人们还发现过"熊孩""豹孩""猴孩"以及绵羊所哺育的小孩。他们也和"狼孩"一样，具有抚育过他们的野兽的那些生活习性。

如果"狼孩"在出生时不属于先天缺陷，则这一事例说明，人类的知识与才能不是天赋的，直立行走和言语也并非天生的本能。所有这些都是后天社会实践和劳动的产物。从出生到上小学以前这个年龄阶段，对人的身心发展极为重要。在这个阶段，人脑的发育有不同的年龄特点，言语的发展可能有一个关键期，发音系统逐渐形成比较稳定的神经通路，以后要重新改变，非常困难。错过这个关键期，会给人的心理发展带来无法挽回的损失。因此，长期脱离人类社会环境的幼童就不会产生人所具有的脑的功能，也不可能产生与语言相联系的抽象思维和人的意识。成人如果由于某种原因长期离开人类社会后又重新返回时，则不会出现上述情况。这就从正反两个方面证明了人类社会环境对婴幼儿身心发展所起的决定性作用。

"狼孩"的事实证明人类是社会的产物。人不是孤立的，而是高度社会化的人。脱离了人类的社会环境。脱离了人类的集体生活，就形成不了人所固有的特点。而人脑又是物质世界长期发展的产物，它本身不会自动产生意识，它的原材料来自客观外界，来自人们的社会实践。由于缺乏社会实践活动，"狼孩"未能学会直立，不得不用四肢爬行。这使得她们的发声器官——喉头和声带的运用受到阻碍，发不出音节分明的语言。由于脱离人类社会，印度"狼孩"自然不会有产生语言的需要。所以，倘若从小就丧失了社会环境，人类特有的习性、智力和才能就发展不了，一如"狼孩"刚被发现时那样，有嘴不会说话，有脑不会思维，人和野兽的区别也被磨灭了。

当然，"狼孩"本身是人类千世万代遗传下来的后辈，具有进化后"人"的基本特征，当"狼孩"回到人类社会中，必然会逐渐恢复人类特有的习性，而人类所豢养的家犬从没有学会直立行走，更没有学会说话。

启蒙理性：由此可见，人是社会的产物，人离开了社会就不成其为人。

第一节 社会的含义

在我国古籍中,"社会"指用来祭神的地方,也指信仰相同、志趣相投的人结成的团体,"会"指集会、聚会,如庙会,有时也指民间团体。"社"与"会"连用,基本上是指志同道合者的聚会或由此结成的紧密或松散的团体。

在社会学中,"社会"一词是英文"society"的译语,它又来自拉丁语"socius"(伙伴)一词。中文社会学文献中所使用的学术概念"社会"来自日本学者对西方社会学概念"society"的翻译。

马克思论"社会",主要有3个论点。

第一,社会是人们交往的产物,是各种社会关系的总和。

"社会——不管其形式如何——究竟是什么呢?是人们交互作用的产物。"[①] 马克思认为,社会是人们交往的产物,没有交往就没有社会。人为什么要交往?因为人为了存活下去,必须交往。人要满足两种需要才能存活下去,一是维持自己的生命,一是要维持群体的生活——繁衍下一代。要满足这两种需要,必须进行生产,如恩格斯所说,人要进行两种生产,"一方面是生活资料,即食物、衣服、住房以及为此所必需的工具的生产;另一方面是人类自身的生产,即种的蕃衍"[②],"生命的生产——无论是自己生命的生产(通过劳动)或他人生命的生产(通过生育)——立即表现为双重关系:一方面是自然关系,另一方面是社会关系"[③]。也就是说,人如果不以一定的方式结合起来,便不能进行生产,"生产关系总合起来就构成为所谓社会关系,构成为所谓社会"[④]。

第二,人的社会区别于动物社会的特征是劳动。

马克思认为动物的群体生活出自本能,而人类的群体生活出自有意识的活动。本能是动物进化过程中形成并遗传固定下来的,如鸡孵蛋、鸟筑巢等,而人类群体生活则是社会现象,是超越了本能的有意识的行为。"动物不对什么东西发生'关系',而且根本没有'关系';对动物来说,它对他物的关系不是作为关系存在的。"[⑤] 人类的社会关系、社会行为则是人类自己创造的。人类群体生活是建立在物

---

① 马克思:《马克思致巴·瓦·安年柯夫(1846年12月28日)》,见中共中央马克思恩格斯列宁斯大林著作编译局编译《马克思恩格斯选集》(第4卷),人民出版社1995年版,第320页。
② 恩格斯:《家庭、私有制和国家的起源》,见中共中央马克思恩格斯列宁斯大林著作编译局编译《马克思恩格斯选集》(第4卷),人民出版社1995年版,第2页。
③ 马克思、恩格斯:《费尔巴哈》,见中共中央马克思恩格斯列宁斯大林著作编译局编译《马克思恩格斯选集》(第1卷),人民出版社1995年版,第34页。
④ 马克思:《雇佣劳动与资本》,见中共中央马克思恩格斯列宁斯大林著作编译局编译《马克思恩格斯选集》(第1卷),人民出版社1995年版,第363页。
⑤ 马克思、恩格斯:《费尔巴哈》,见中共中央马克思恩格斯列宁斯大林著作编译局编译《马克思恩格斯选集》(第1卷),人民出版社1995年版,第35~36页。

质资料生产的基础上的。人类谋生，一是向自然去找（与动物一样），二是向自然去要，即通过劳动生产，改造自然，创造物质生活资料。在强大的自然力量面前，无论是找还是要，单个人的力量都是难以为生的，必须与他人合作，因而也就产生了与动物不同的生活群体。

第三，人类社会是自然界长期发展的产物，人类社会是与自然界有重大区别的特殊领域。

劳动的最初形式，存在于人类祖先古猿的动物式的本能活动中，还不具有自觉的性质，但人类的祖先并没有停留在这个阶段，他们逐渐学会了制造简单而粗糙的劳动工具，由粗到精，由动物式的本能的劳动形式逐渐过渡到真正的人类劳动形式。人的身体、人类特有的语言和思维、人的大脑在劳动过程中逐渐成长起来，成为真正的人，从而从自然界中生长出新的因素即社会。手、发音器官和脑髓不仅在每个人身上，而且在社会中共同作用。人不断拥有进行愈来愈复杂的活动的能力，不仅创造了农业和简单的工业，还创造了艺术和宗教，即除物质文化外，还创造了精神文化。总之，人类社会是自然界长期发展的产物，是自然界的一部分，它们有着一致性和统一性；但人类社会又是自然界特殊的一部分，是本质上不同于一般自然界的社会有机体，有着自己的特点和规律，它是与一般自然界有重大区别的特殊领域。

由此可见，社会的含义包括：第一，社会是由有意志的个体组成的，社会是人们共同生活的结合体，社会是人的社会；第二，社会是有意志的个体通过互动而形成的，社会是一个互动的体系，共同的兴趣和结合在一起带来的利益是人们结成社会的深层原因；第三，社会是由相关的社会关系积累、联结而成的，社会是社会关系的体系，这些社会关系是在具体情况下人们共同活动的规范。

中国社会的大同思想

自古以来，不论中国还是外国，都有各式各样的社会思想产生。古人对社会的产生、构成、变动，以及对未来社会的理想，都有各种不同的看法、解释、理论、学说或美好的向往。

中国人的大同社会、大同世界的理想深深地影响着中国人的人生哲学，代表了中华民族的一种特性。

什么是大同？中国古书《礼记·礼运》篇中写道："大道之行也，天下为公。选贤与能，讲信修睦。故人不独亲其亲，不独子其子，使老有所终，壮有所用，幼有所长，矜、寡、孤、独、废疾者皆有所养，男有分，女有归。货，恶其弃于地也，不必藏于己；力，恶其不出于身也，不必为己。是故谋闭而不兴，盗窃乱贼而不作，故外户而不闭，是谓大同。"

即太平盛世的时代，天下是人们所共有的。把品德高尚的人、能干的人选拔出来治理天下，人们之间讲究信用，培养和睦气氛。所以，人们不只把自己的父母当作父母，不只把自己的儿女当作儿女。这样使老年人能够安享天年，使壮年人有贡献才力的地方，使年幼的人能得到良好的教育，使老而无妻的人、老而无夫的人、年幼丧父的孩子、老而无子的人和残疾或患病的人都能得到供养。男子各尽自己的职分，女子各有自己的夫家。人们不愿让财物委弃于无用之地，但不一定要收藏在自己家里。人们都愿意为公众之事竭尽全力，但不一定是为了自己谋取私利。这样一来，阴谋诡计被抑制而不会发生，劫夺偷盗杀人越货的坏事也不会发生，所以家家户户都不用关大门，这就叫作"大同社会"。

圣人孔老夫子是个多愁善感的理想主义者，总能触景生情，发思古之幽情，长叹生不逢时，公开申明自己的志向和追求，并竭力用实际行动去身体力行。

生在一个礼崩乐坏的社会当中，一个心性特别高洁、志向特别幽远、内心情感特别丰富、感悟神经特别敏感的人，不可能不从亲身经历的一点一滴的体悟中生发出旷古的动人感叹。这当中展现了一种理想境界与现实存在的鲜明对比，一种对人的生存状况的深切关注。核心是为公和为私、天真淳朴和阴险奸诈的强烈反差。在这种对比和反差当中，孔老夫子还没有浪漫到完全不顾现实的地步：尽管生不逢时，没有赶上"大同"社会，但"小康"也有值得赞美之处；现实虽然礼崩乐坏，却也有值得效法的楷模；社会虽然黑暗，毕竟也还有让人欣慰的闪亮之处。

社会历史的发展自有其规则。生不逢时固然可叹，但人们也只能在不以自己意志为转移的环境中进行选择。再大而言之，从氏族部落的公有制向集权世袭的私有制的转变，既是一种必然，也是难以用好与坏的简单标准来评价的。

人作为群居的社会动物，无论是公有制还是私有制，恐怕最要紧的还是要有一种公平合理的规则来约束人们的言行。这是从整个社会群体的运行机制来说的。从个人的角度来说，风习还是很重要的。人心是淳朴还是险恶，人伦关系是和睦还是疏远，人们为公还是为私，对个人的生存状态影响重大，不可不加以关注。

第二节 社会学的产生

一、社会学的产生

（一）社会学产生的标志

18世纪发生的英国工业革命将人类社会引入一个新的进程。这是一个科学和技术迅猛发展的时代，其促进了资本主义经济的巨大发展，同时也带来许多新的社会问题，引发了人们对社会发展规律的新探索。

在这样的背景下，社会学这门学科在19世纪的欧洲发轫了。1830—1842年，法国哲学家孔德（Auguste Comte）出版了6卷本名著《实证哲学教程》，在1838年出版的第四卷中，孔德第一次提出了"社会学"（Sociologie）这一术语，并做了建立这门新学科的大体设想，这标志着社会学学科的产生。在这之前，孔德曾经将用自然科学的精确方法研究社会的学科称为"社会物理学"。他认为，人类社会与自然界并没有本质上的差别，研究自然界的科学方法应该贯彻到对社会的研究中去。

孔德在创造"社会学"这个词的时候，已经明确了这门学科的基本问题：首先是对人们之间交往的互动的关注，其次是对以这些交往互动为基础的各种关系的关注。

（二）社会学产生的条件

1. 社会历史条件

11—15世纪欧洲的中世纪，宗教神学处于至高无上的地位，严重地禁锢和阻碍了人类和社会的发展。思想启蒙运动从思想上实现了人的解放，工业革命则推动了经济的快速发展，但资本主义的经济发展也带来了社会的迅速变迁和众多社会问题，金钱关系凌驾于一切之上，社会发生了严重的分裂，由此触发了思想家们对社会问题解决的思考和研究。

2. 思想条件

社会学产生前有许多思想家对社会的结构、社会变化的规律和未来图景进行了探索，并形成了丰富的经济思想、政治思想、社会思想、哲学和伦理观念，以及宗教观念。这些思想成果促进了人们对社会的进一步认识。对社会学产生影响最大的是西方近现代以来的社会思想，如十七八世纪以来英国及欧洲大陆思想家霍布斯、洛克、卢梭等的政治思想和社会思想，特别是圣西门、傅立叶、欧文的空想社会主义思想对孔德的社会学思想形成有着直接的影响。

3. 自然科学条件

社会学的产生与当时自然科学的发展是分不开的。欧洲文艺复兴以来，自然科学得到迅速发展，天文学、地理学、数学、物理学、化学、生物学等都取得了突破性成果，启发了社会思想家对社会的认识。圣西门曾指出，要将关于人的科学提高到以观察为基础的科学水平，赋予它实证的性质，把它建立在像物理等其他领域中所使用的那种观察和研究方法的基础上。孔德将自己的社会学分为社会静力学和社会动力学的做法，显而易见地反映了自然科学方法对其建构社会学的影响。

二、社会学的形成和发展

（一）西方社会学的形成

社会学产生于欧洲，我们可以透过一批早期社会学家的研究追寻社会学形成的足迹。

孔德作为社会学的创始人做出了突出的贡献。他提出了"社会学"这个名词，指出了社会学的研究领域和研究方法。他对社会静力学和社会动力学的区分及研究对象做了概括,即社会静力学研究社会结构和社会秩序,社会动力学研究社会过程和社会进步。他的观点至今仍是社会学的基本分析框架。

斯宾塞(Herbert Spencer)受达尔文生物进化论的影响,将社会与生物有机体相类比,从而成为社会进化论(也称"社会达尔文主义")的创始人。他认为,社会的进化过程同生物进化一样,生存竞争、优胜劣汰、适者生存也在社会中起支配作用。他的《社会静力学》《社会学研究》和《社会学原理》等大量社会学专著,阐明社会学的基本原理。他用增长、分化等概念分析社会结构的变化(进化)规律,强调结构的功能,并以功能为分析的出发点。他把社会作为一个整体,并把结构和功能联系起来考察,这对后来功能学派社会学的发展具有深远的影响。他对社会学的具体对象的研究,相对于孔德"包罗万象"的社会学来说,是学科发展上的进步。

杜尔克姆(Émile Durkheim,也译涂尔干、迪尔克姆)是法国第一个获得任命的社会学教授。杜尔克姆明确指出社会学有独立的研究对象,即社会事实。他用统计的方法研究自杀现象,实践了孔德开启的实证主义社会学的构想,并成为最早用实证方法研究社会现象的社会学家。他的《社会学方法的规则》系统、详细地论述了实证主义社会学的方法论,主张用社会事实来说明社会问题,为社会学研究方法的发展做出了重大贡献。

韦伯(Max Weber)是德国社会学家和历史学家。韦伯认为,社会学是一门致力于解释性地理解社会行动,并通过理解对社会行动的过程和影响做出因果说明的科学。他开创了与实证主义社会学相对立的"理解的"社会学传统,成为理解社会学的奠基人。韦伯对社会行为和权威的分类、对于科层制的论述,以及关于新教伦理与资本主义发展的关系的研究极大地影响了后来社会学的发展,韦伯是世界范围内最有影响力的社会学家之一。

孔德以来,经过社会学先驱们的努力,到了20世纪初,社会学的研究对象逐渐明确,研究方法不断系统化,其科学性也逐渐得到学术界的认可,终于形成了一门学科。

孔 德[①]

奥古斯特·孔德(Auguste Comte,1798—1857),法国著名的哲学家、社会学和实证主义的创始人。他开创了社会学这一学科,被尊称为"社会学之父"。他创立的实证主义学说是西方哲学由近代转入现代的重要标志之一。

---

① 参见百度百科"奥古斯特·孔德"词条(https://baike.baidu.com/item/%E5%A5%A5%E5%8F%A4%E6%96%AF%E7%89%B9%C2%B7%E5%AD%94%E5%BE%B7/2629578?fr=aladdin)。

1798年1月,孔德出生于蒙彼利埃的一个中级官吏家庭。1817年8月,他成为著名的空想社会主义者圣西门的秘书。1830年,《实证哲学教程》第一卷出版,稍后其他各卷陆续出版。在1838年出版的第四卷中,他正式提出"社会学"这一名称并建立起社会学的框架和构想。1844年,孔德遇到对其理论产生重大影响的德克洛蒂尔德·德沃。受德沃影响,孔德创立"人道教",并成立了具有宗教色彩的"实证主义学会"。1857年9月,孔德在巴黎逝世。

孔德指出,人类社会有统一性。人性中的感性是推动社会发展的动力,人性中的才智则是推动社会发展的工具。因而,理想社会应该是人人都有实证思想,企业家或科学家当主管,以科学指导生活,形成没有战争、很有秩序的工业社会。在这样的社会里,大家有统一的信仰,教权很重,人人都轻视世俗中按才智区分的地位,而重视精神上的地位。

他认为,过去的社会和此时的社会是不完美的,但会进化成理想社会。进化的动力是差异性。个人无法改变历史。社会大于个人。语言、宗教、所有制、人数与财富都在传承、支撑着社会。分工对社会有利有弊。社会现象之间彼此联系,有一定的功能,理想社会会自动实现。

(二)美国社会学的发展

社会学产生于欧洲,蓬勃发展于美国。19世纪末至20世纪初,美国工业化、城市化的快速发展带来了巨大的社会变迁,与此相伴随的是社会问题丛生。在实用主义的影响下,社会学在美国蓬勃发展。1873年耶鲁大学开始开设社会学课程,19世纪末20世纪初芝加哥大学形成了社会学的"芝加哥学派",大大推动了城市问题研究和社区研究。帕森斯建立了结构功能理论,形成了结构功能学派,对美国和世界社会学的发展产生了长远而广泛的影响。此外,符号互动理论、社会交换理论等理论和学派发展迅速,美国社会学的理论研究和实证研究都取得了快速发展。20世纪60年代以后,新的社会理论也不断在美国崛起。美国社会学的特点是注重应用研究,实证研究一直是美国社会学的主流。至今,美国仍是世界上社会学最发达的国家,其社会学的成就极大地推动了社会学在世界范围内的发展。

(三)当代社会学的发展

1. 欧洲的社会学

西欧国家的社会学对美国乃至世界社会学都产生了积极的影响,但在两次世界大战期间发展相对缓慢。"二战"后,西欧国家的社会学得以恢复并获得明显发展,并形成了一些有自己特点的理论流派。其中有德国的批判理论的代表法兰克福学派、达伦多夫的社会冲突理论、卢曼的系统学派,法国的布迪厄的结构主义建构论、福柯的后现代主义观点,以及英国的吉登斯的结构化理论等。当代欧洲社会学家正以其特有的形式影响着社会学的发展。

2. 发展中国家的社会学

"二战"以来,发展中国家的社会学也得到一定的发展。这些国家的社会学家面对本国众多的社会问题,力图以西方社会学的知识为基础,研究本国的社会结构与社会进程。值得一提的是拉丁美洲国家的社会学家关于发展问题的研究。在世界经济体系业已形成的背景下,发展中国家如何谋求经济发展又保持政治上的独立,已成为一个普遍性问题。依附理论作为发展中国家社会学研究的一项成果,已成为世界社会学知识体系的重要组成部分。

总之,180多年来,社会学作为一门学科已经得到了较大的发展,其在服务各国社会发展的需要及发展知识方面扮演着重要的角色,社会学已成为重要的社会科学学科。

三、社会学在中国的发展

(一) 社会学的出现和传入

我国有丰富的社会思想。春秋战国时期是我国古代社会思想发展的黄金时代,儒家、道家、墨家等诸子百家的社会思想竞相辉映,对我国社会的发展产生了重要而持续的影响。

19世纪末,社会学传入中国。1840年之后,中国沦为半殖民地半封建社会。国家的落后和受辱激起了国人广泛的爱国热情,一些先进的中国人开始向西方学习,寻求救国救民之路,社会学即在此中。1891年,康有为在广州长兴里万木草堂讲学,其中列有"群学"。"群学"这个名词是借用了我国古代思想家荀子的"人能群"的思想,"群学"即组织、教育群众,拯救国家之学,是"经世济民,治理国家"之学。有学者认为这是中国社会学的肇始。

1897年,严复开始翻译斯宾塞的《社会学研究》,后取名《群学肄言》,于1903年出版发行,被认为是社会学传入中国的开始。1902年,资产阶级民主革命家章太炎翻译了日本学者岸本能武太的《社会学》,是整本引进外国社会学的首部著作。在中国学者中,谭嗣同最早使用"社会学"一词,但他并没有阐述过社会学。

延伸阅读

严 复[①]

严复（1854—1921），初名传初，曾改名宗光，字又陵，又字几道，福建侯官人（今福州市），清末极具影响的资产阶级启蒙思想家、翻译家，新法家代表人物，是中国近代史上向西方国家寻找真理的"先进的中国人"之一。先后毕业于福建船政学堂和英国皇家海军学院，曾担任京师大学堂译局总办、上海复旦公学校长、安庆高等师范学堂校长，清朝学部名词馆总编辑。在李鸿章创办的北洋水师学堂任教期间，培养了中国近代第一批海军人才，并翻译了《天演论》，创办了《国闻报》，系统地介绍西方民主和科学，宣传维新变法思想，将西方的社会学、政治学、政治经济学、哲学和自然科学介绍到中国。他提出的"信、达、雅"的翻译标准，对后世的翻译工作产生了深远的影响。

（二）20世纪前半叶的中国社会学

社会学课程在高等学校中出现是在20世纪初。此后，中国大学中的社会学系发展较快。1921年厦门大学设立历史社会学系，1922年燕京大学设立社会学系，清华大学则于1925年成立社会学系。截至1930年，中国有11所大学设置社会学系，1947年全国设立社会学、历史社会学的大学和独立学院共21所。其中，燕京大学社会学系曾创办学术刊物《社会学界》。吴文藻任系主任期间，该系吸收美、英等国社会学的最新成果，开展社区研究，积极推进社会学的中国化。晏阳初发起的华北平民教育运动、燕京大学开展的清河实验，为社会学的发展和社会改造做出了贡献。云南大学社会学系和社会学研究室先后在吴文藻和费孝通的主持下做了一些深入的社区研究。

孙本文是中国社会学发展史上最有影响力的人物之一。他在20世纪20年代介绍了西方社会学，30年代逐渐联系中国实际，试图建立自己的理论体系。他的《社会学原理》是1949年以前中国社会学界最重要的教科书和学术著作。

此外，1922年上海大学组建了社会学系，瞿秋白讲授以马克思主义为理论基础的社会学课程，李达、许德珩也以历史唯物论为指导在大学里讲授社会学。

（三）改革开放以来的中国社会学

中华人民共和国成立后，在向苏联学习等多种因素的影响下，1952年中央政府

[①] 参见百度百科"严复"词条（https：//baike.baidu.com/item/%E4%B8%A5%E5%A4%8D/119000?fr=aladdin）。

在对高等院校进行院系调整时，取消了社会学，社会学研究被迫中断。1979年3月30日，邓小平在其《坚持四项基本原则》的著名讲话中指出社会学"需要赶快补课"，正式开启了重建社会学的进程。之后，费孝通等社会学家努力推进社会学的学科建设，于1980年建立了中国社会学研究会（后改为中国社会学会）。同年，中国社会科学院建立社会学研究所。20世纪80年代初，各高等院校纷纷建立社会学系。至今，全国高等院校建立社会学系（专业）近百个，与此密切相关的社会工作系（专业）250多个，大多数省、市都建有社会学研究所。社会学在国家经济建设、社会建设和社会发展过程中扮演着越来越重要的角色，通过长期研究积累也产生了一些重要的理论成果。

第三节 社会学概述

一、社会学的研究对象

什么是社会学？社会学是从宏观和微观、静态和动态结合的角度出发，通过人们的社会关系和社会行为来研究人类社会生活以及社会的结构与功能、社会变迁与发展规律的一门具体社会科学。

孔德把社会学叫作"社会物理学"，他参照物理学的分类方法，把社会学分为社会静力学和社会动力学。社会静力学从静止的状态研究一般社会关系、秩序、结构及其性质；社会动力学则在社会静力学的基础上，从社会变迁的连续阶段和相互关系的过程来研究人类社会发展的动力、速度、方向和规律。严复在《群学肄言·译序》中写道："群学何？用科学之律令，察民群之变端，以明既往、测方来也。"韩明谟在《社会学概论》中将社会学界定为：社会学是从变动着的社会系统整体出发，通过人们的社会关系和社会行为来研究社会的结构、功能、发生、发展规律的一门综合性社会科学。郑杭生在《社会学概论新修》中界定为：社会学是关于社会良性运行和协调发展的条件和机制的综合性具体社会科学。王思斌在《社会学教程》中界定为：社会学是从社会整体出发，通过社会关系和社会行动来研究社会结构及其功能、社会过程及其原因和规律的社会科学。戴维·波普诺在《社会学》一书中界定为：社会学是对人类社会和社会互动进行系统、客观研究的一门学科。

二、社会学的知识体系

社会学学科的知识体系包括3个部分：社会学理论、社会研究方法和应用社会学。

（一）社会学理论

社会学理论也称"理论社会学"，是对社会构成要素、社会关系、社会行动、社会结构、社会过程、社会制度、社会变迁等问题的理论性分析。

不同的社会学家从不同的角度创立了自己的理论,以说明社会存在的形式,社会的结构,社会变迁的原因、方向及规律,进而为人们全面认识社会提供了某种参考框架。

(二) 社会研究方法

社会研究方法是从事科学的社会学研究所使用的方法和手段。

社会学之所以成为科学,是因为它将科学的方法引入对社会现象的研究中。社会研究方法论主要包括实证主义方法论、反实证主义方法论和批判主义方法论。资料收集方法包括社会调查法、观察法和文献收集法及实验法,其中包括定量资料的收集方法、定性资料的收集方法等,资料分析方法包括社会统计法、内容分析法和历史比较法等。

(三) 应用社会学

应用社会学指将社会学理论和研究方法运用于某一社会现象、社会问题的研究。

应用社会学是在一定的理论指导下,运用具体的方法和手段了解社会现象、社会问题的状况,揭示其内在逻辑,发现其成就和存在问题,提出某种建议改进社会的研究。应用社会学的特点是理论与方法相结合去分析以至解决具体问题,在应用社会学研究中还可产生具体的局部的社会学概念和理论。

三、社会学的学科特点

(一) 整体性

社会学对社会的各种具体问题进行研究时,始终注意从整体出发,联系整体研究部分,了解部分与部分之间的关系、部分与整体之间的关系,从而正确认识部分的实质。社会学的这一特点,在研究经济发展与社会发展之间的相互促进和相互制约关系上,是其他学科所不可替代的。

但应注意,把社会作为整体进行研究与研究整个社会是两个不同的概念,两者不能画等号。整个社会需要各门社会科学分工研究,没有哪一门社会科学可以包揽下来。各门社会科学从各自的角度研究社会的某一领域、某一部分,揭示了各部分变化发展的规律,使人们加深了对局部社会现象的认识。这是必要且积极的,但分割研究带来的问题也是明显的。社会学强调社会是一个整体,认识社会要全面,改造社会要注意各种关系、各方面因素的协调并进,以避免片面性和短期行为的发生。

(二) 综合性

综合性的含义有两个层面。一是研究视角的综合性,即在研究社会时必须纵观全局,放开视野,对任何社会现象、社会问题都不能孤立地看待,而要注意从这些现象和问题与其他现象和问题的相互联系中去把握、认识。社会学研究社会问题时，常常需要运用多学科的研究成果，即不仅积极利用相关的社会科学成果，而且注意吸收有关的自然科学成果，进行综合的、广泛的研究。二是研究方法的综合性。社会学创造了一整套具有自己特色的研究方法，且非常注意吸收其他学科的研究方法，包括自然科学的研究方法，真正做到了定量分析与定性分析相结合、静态分析与动态分析相结合、结构分析与过程分析相结合、微观分析与宏观分析相结合。

（三）实证性

实证性是指研究方法的科学性和研究结果的可验证性。社会学同其他学科一样离不开理论分析，但它的知识主要是依靠对社会现象进行具体的经验研究获得的，是通过观察、调查、实验等实证途径获得一手资料，并借助对一手资料的分析来检验理论假设，从而获得理论知识的。社会学研究的这种实证性特点集中表现在它对社会调查的重视上。

（四）现实性

现实性的特点主要包括两层含义。一是指社会学研究直接面对具体的现实社会，即社会学研究关注本土性问题。不同国度由于自然环境和社会历史文化传统不同，其具体社会现象与社会结构以及社会运行规律也可能有差异。二是指社会学研究的务实性。社会学研究以应用为取向，注重研究现实社会中的理论与实践问题，以解决社会现实问题、推动社会进步为目标追求。

（五）开放性

社会学所研究的现实社会是不断发展变化的。一方面，社会学把社会整体及其内部、外部的关系放在运动与变化的开放的过程中去进行研究；另一方面，在社会发展过程中，社会学也不断调整自己的研究重点，随时准备增加对新问题、新现象的研究。

（六）批判性与建设性

社会学对社会现实问题的研究兼具批判性与建设性，从辩证的观点看，批判与建设是一个事物的两个方面，两者相互依存，批判是为了建设得更好，只有发现并指出现状的不足，才可能在现状的基础上加以改进。

四、社会学与其他社会科学的关系

（一）社会学与历史唯物论的关系

社会学与历史唯物论的关系体现在3个层面。

第一，特殊与一般的关系。社会学和历史唯物论的关系，是具体社会科学与哲学科学的关系，是特殊与一般的关系。从对象看，历史唯物论研究社会发展的一般规律，社会学则研究人类社会生活、社会结构与功能、社会变迁与发展的特殊规律。从科学层次看，历史唯物论是对包括社会学在内的各门社会学科知识的概括和总结，社会学则没有这么高的概括程度。在唯物论的指导下，社会学从社会良性运行和协调发展的特殊角度对其他社会科学进行概括和总结。从作用看，历史唯物论是考察整个社会的具有普遍意义的世界观和方法论，社会学则着眼于从社会运行和协调发展的特殊观点研究社会。

第二，在理论上是指导与被指导的关系。社会学的研究，必须坚持社会存在决定社会意识，社会意识又反作用于社会存在的基本观点，以历史唯物论指导社会学研究，同时，又以社会学的科学研究成果不断丰富历史唯物论。

第三，两者不能互相取代。历史唯物论不能取代社会学的理论；反之，也不能用社会学来代替、包容历史唯物论。

（二）社会学与单科性社会科学的关系

两者的关系主要体现在两方面。

第一，两者是综合性科学与单科性科学的关系。两者的区别在于，从系统论看，社会学涉及整个社会系统，系统与各子系统，以及各子系统、各层次之间的关系。政治学、经济学、教育学、心理学、法学等具体社会科学所研究的对象则比较单纯，只涉及各有关子系统内部的规律，不具有社会学那样的综合性。

第二，两者间又有联系，即每个子系统内部各因素之间也有一个良性运行和协调发展的问题。因此，社会学与政治学等具体社会科学的关系是特殊与个别的关系。就像历史学与其他社会科学的关系，历史学研究各个社会发生、发展、衰落、灭亡的规律，其他社会科学研究的对象也都有发生、发展、衰落、灭亡的历史。

由此可见，社会学既是哲学和单科性社会科学的中介，又和其他社会科学一起成为哲学与社会现实的中介。

（三）社会学与其他综合性社会科学的关系

社会学与其他综合性社会科学，如历史学、管理学的关系是特殊与特殊的关系。如社会学与历史学的区别是：历史学面向过去，研究各个社会的发生、发展、衰落、灭亡的规律，其主要是一种纵向科学；而社会学则面向现在和未来，研究人类的社会生活、社会结构及功能、社会变迁与发展，主要是一种横向科学。社会学与管理学研究的侧重点是不同的。社会学研究人、人与社会、人与人的关系等主要是为了客观地说明社会运行和协调发展的不以个人意志为转移的状况，而管理学则侧重从管理的主体（管理者、领导人）方面来研究问题。

第四节　社会学的研究方法

社会学的研究方法可分为 3 个层面：一是方法论，即指导研究的思想体系；二是研究方式，即贯穿于研究全过程的程序与操作方式；三是具体方法，即在研究的某一阶段使用的方法。

一、社会学的方法论

（一）实证主义方法论

实证主义认为，社会现象有其客观存在的规律，因此，应该用经验事实来检验社会学的假说，用数量分析来发现社会现象之间的因果规律。它在调查研究中注重量化程度较高的抽样问卷调查、量表与测验、实验等定量的方法。该方法为孔德和杜尔克姆的主张。

（二）反实证主义方法论

反实证主义认为，社会现象在本质上不同于自然现象，因为社会现象被社会行为者人为赋予了"意义"，不能完全依靠自然科学的方法来研究。比如这样的两个现象：一个现象是老师将其拿着粉笔的手一松开，粉笔就会落地；另一个现象是某个学生因早上起床晚了而上课迟到。粉笔因重心引力而落地，这是一个自然现象；那个学生因晚起而迟到，则是一个社会现象。对这两个现象的解释是非常不同的：任何粉笔在任何时候都必然受到重心引力的作用；而迟到的学生用晚起来解释上课迟到的原因则缺乏客观性，更像一种主观的托词。反实证主义主张研究社会现象时，就要注意解释社会现象的这种主观性，要对人的生命世界和具体的历史事件进行深入的分析。因此，在调查研究中比较注重量化程度较低的深度访谈、参与观察和历史比较等定性或质性研究方法。该方法为韦伯的主张。

需要说明的是，实证主义和反实证主义的方法并不是截然对立的。韦伯式的反实证主义方法论实际上是处于实证主义和主观主义之间的方法论，它反对的是照搬自然科学方法或滥用数量分析方法，并不反对以经验事实为依据建立和检验理论这一实证原则。因此，上述两种方法均被双方执持者交叉运用。

（三）批判主义方法论

所谓批判主义，是一种强调对社会现实的批判和否定，并且明确地以把人从压迫性的社会现实中解放出来为理论宗旨的理论范式。这种理论范式在社会学中首先是由卡尔·马克思开创的。其发展阶段是从古典时期的马克思，经过现代社会学阶段的法兰克福学派和结构主义，一直到当代阶段的沟通理论、后结构主义及后现代主义与女性主义理论。

批判主义的主要假设是，认定事物的本质在于对现实的否定。因此，批判主义社会学的理论家着眼于分析现存社会的矛盾，否定现存世界的合理性。

批判主义方法论的特征是：把批判视为社会学理论的宗旨与任务；认为科学化的思维在当今已经落后了；反实证主义；对社会做综合研究；注重理论与实践的统一。总之，批判主义社会学是在对现实社会的批判与否定、在与主流社会学的论战中发展起来的，它具有一些方法论上的局限性。

二、社会学的研究程序

社会学研究的程序一般包括6个阶段：第一阶段确定研究假设，第二阶段进行研究设计，第三阶段根据研究设计收集资料，第四阶段依据假设分析资料，第五阶段解释调查结果并得出结论，第六阶段公布研究结论。6个阶段又以前两个阶段为重，应该着重把握。

（一）确定研究假设

一个好的社会研究最重要的基础就是要能够提出有价值的问题，其价值既可体现在理论的建构和检验上，也可体现在对现实问题的解决和对社会发展的推动上。研究课题的问题形成有3个主要因素：一是发问，即陈述想解决的问题；二是基本依据或理由，即说明为什么要解答这个问题；三是阐明疑问，即对提出的疑问找出与理由相符的可能的答案。

一旦确定了研究题目，就要选择研究类型。从研究目的来看，社会学研究可以分为描述性研究和解释性研究。描述性研究一般没有明确的假设，但在展开观察分析前必须有一些初步的设想，包括研究题目在时间、空间上的范围界定，研究对象的界定，研究层次的界定，对所使用的概念做出具体的、可操作化的定义。

解释性研究在展开研究前，要求将研究所涉及的主要概念转换成具体的、可以测量的变量，要提出一些明确的研究假设，建立一个将这些假设联系起来的因果模型。主要有3种方式。第一种，列出现象各种可能的原因或结果。研究者要根据已知的结果（该结果被视为因变量），去探求造成这个结果的各种可能的原因（这些原因即被视为自变量），建立多因一果的模型。第二种，详析两个变量之间的关系。选择一个最主要的自变量建立研究假设，然后用各种资料来检验这一假设，并在深入分析这两个变量与其他变量之间的关系后再建立因果模型。第三种，进行多变量分析，深入分析变量间的作用机制。

（二）进行研究设计

研究设计最主要的工作是确定要做的研究是采取定量方法还是定性方法。两种方法各有利弊（见表1-1），研究者在研究中应该根据研究对象的特点来具体确定最适用的方法。

表 1-1 定量方法和定性方法的利弊

	定量方法	定性方法
含义	通过数量测量、比较来分析社会现象的方法	对无法或不便用数量来分析的研究单位进行描述、归纳、分类和比较,进而对某种社会现象的性质和特征做出分析的方法
优点	标准化、准确化程度高,逻辑推理严谨,可对现象之间的因果关系做较精确的分析	便于完整地把握社会现实,深入地了解社会现象的具体过程和行为意义
缺点	许多社会现象非常复杂和独特,难以进行数量分析和经验概括,即使可以运用数量分析,也难以洞察社会现象的意义和动机	对研究者的理解力、洞察力依赖性较强而缺乏客观的评价标准,其分析得出的结论也不一定具有普遍性

三、社会学的资料收集方法

（一）抽样问卷调查法

抽样问卷调查法,即从研究对象的整体中选出一部分代表,用问卷的方式来加以调查研究,然后用所得的结果去推论和说明总体的特性的方法。这种研究方法由 5 个阶段组成。

1. 确定调查总体

研究调查总体即根据已经拟定的研究主题,确定调查总体的范围。

2. 选取调查样本

选取样本有一套严格的程序。选取样本的程度越完善,样本就越接近调查总体,运用样本进行的归纳和预测就会越准确。在规模较大的社会调查中,调查人员是根据计算机所编制的随机数字表来进行抽样的。

常见的抽样是分层抽样和系统抽样。分层抽样是先将总体依照某些特征分为几个群体,如把知识分子总体分为教师、研究人员、医生、记者等,每一个群体构成一层,然后在每一层中再进行随机抽样。系统抽样是将总体按照某一特征排列起来,然后等间隔地依次抽取样本,如在某区的居民花名册中每隔 50 人选取 1 人。

此外,还有一种抽样是总体抽样。根据从总体中抽取样本的方式,抽样分为概率抽样与非概率抽样。概率抽样依据概率论的基本原理,按照随机的方式进行,充分考虑等概率原则,以避免抽样过程中的人为影响,可以对样本的误差加以控制,以保证样本的代表性。概率抽样包括简单随机抽样、系统抽样、分层抽样、整群抽样、多段抽样等具体方式。非概率抽样则主要是按照抽取样本的方便性、主观判断、主观意愿来选取研究对象。与概率抽样相比,其最大的区别是非概率抽样无法保证抽取样本的等概率性质，样本误差无法控制和估计。

简单随机抽样最为直接地体现了抽样的等概率、随机性的原则，因而也是最基本的概率抽样形式。事实上，其他抽样方式也是以简单随机抽样为基础的。所以，了解简单随机抽样是学习其他抽样方式的入口。

简单随机抽样就是按照等概率原则，从含有 N 个抽样元素的总体中抽取 n 个元素（$N>n$）组成样本的方式。所谓等概率，就是在总体 N 中抽取 n 个元素时，总体中每一个元素被抽中的概率都是相等的，即都是 n/N。简单随机抽样所得到的样本称为"简单随机样本"。样本规模也称"样本容量"，确定样本规模是抽样设计的重要环节。在简单随机抽样过程中，当估计参数为总体均值时，最小样本规模的确定公式为：

$$n' = \frac{t^2 S^2}{\Delta^2}.$$

式中，Δ 为绝对抽样误差，t 为规定的绝对抽样误差的 t 值的范围，S^2 为总体元素的方差。

当估计参数为比例 p 时，样本规模可从如下方式得到：

因为 $S^2 = \frac{N}{N-1} p(1-p) \approx p(1-p)$，

所以有 $n' = \frac{t^2 p(1-p)}{\Delta^2}$。

在上述公式中，绝对抽样误差 Δ 是人为规定的，t 值则对应于所要求的置信度，可以从 t 分布表中查出。

3. 设计调查问卷

问卷分为封闭式问卷和开放式问卷两类。封闭式问卷是把所要了解的问题和可能的答案全部列出的问卷形式；开放式问卷是只提出问题，不提供可选择的答案的问卷形式。相较而言，封闭式问卷在实际中运用得更为广泛。

调查者在编写问卷前应开展一定的探索性工作。围绕所要研究的问题，同各种类型的被调查者交谈，以利于将研究主题细化为一个个的具体问题，并充分考虑到各种可能的答案。调查者在编写问卷时应按照从简单的问题到复杂的问题、从封闭式问题到开放式问题的顺序来进行。问卷编写完后，调查者还要通过试用或专家评议，修改后再正式使用。问卷一般不宜过长，以免被调查者不愿合作。提问要简明扼要，问题不应有倾向性。调查者要避免提有双重含义的问题。不要问被调查者不知道的问题，也不要直接问敏感性的问题，不要用否定形式提问。设计的答案必须具有穷尽性和互斥性，即所列的答案应包括所有可能的回答，而且这些答案是不能相互包含的。

4. 实施问卷调查

问卷调查的具体实施有几种方式：第一种，由调查者根据被调查者的回答填写问卷；第二种，由调查者将问卷发给被调查者，等被调查者填完后收回；第三种，通过电话访问，由调查者根据被调查者的回答来填写问卷；第四种，将问卷寄给被调查者，被调查者回答后寄回。前两种实施形式所需的成本较高，但能更好地保证回答的可信度和问卷的回收率，是运用得较普遍的问卷调查形式。

5. 分析调查资料

大部分的调查问卷都需要研究者通过计算机来处理相关的数据，而后对资料进行统计分析，最后得出调查分析的结论。

（二）深度访谈法

访谈法是指调查者与被调查者面对面接触，通过有目的的谈话收集资料的方法，一般分为结构式访谈和无结构式访谈。结构式访谈实际上是抽样问卷调查的一种实施方式；无结构式访谈弹性大，能充分发挥调查者和被调查者的积极性，调查者也能够对问题做全面、深入的了解，是个案研究中运用最广泛的方法之一。

在无结构式访谈的各种类型中，尝试访谈法特别适合用于取得个案研究的资料。深度访谈法是为收集个人特定经验的过程及其动机和情感资料所做的访谈。调查者围绕所要研究的主题，对被调查者的生活经历进行详细的了解和忠实的记录，并通过对这个典型的研究来分析某个群体的生活状况。

深度访谈法对调查者有较高的要求，调查者不仅在访谈前要做充分的准备，而且要善于通过提问和表情、动作来控制访谈过程。深度访谈结束后，调查者要对访谈记录或录音进行及时、详细的整理和分析。

（三）参与观察法

观察法是社会研究的主要方法之一，个别情况下可以在实验室进行，不过主要在实地进行，也可以进行局外观察，但更多的是进行参与观察。参与观察法是人类学最常用的研究方法，最初多用于对原始社区或特殊文化群体的观察，所以又称为"田野工作"（field work）。目前，这种方法已经被社会学广泛运用到对现代社会的研究中。

参与观察法预先不设定什么具体的理论假设，调查者在实地以一个参与者或半参与者的身份进行长期的观察，从大量现象中概括出被调查者的主要特征。

参与观察法首先要求调查者能够与被调查者确立良好的关系。在各种社会研究方式中，参与观察法对被调查者的日常生活的影响是最大的。所以，建立和维持良好关系的技巧是至关重要的：第一，要通过各种方式（如借助当地重要人物的支持、获得在当地的某个正式身份、对被调查者做出保守秘密的承诺等）取得被调查者的信任，以便较快地参与到被调查者的日常生活中去；第二，要使参与的手段服从于观察的目的，要在参与中保持相对中立的立场，以免被调查者的日常生活因为调查者的强势介入而发生较大的变化，从而使这个个案研究失去典型意义；第三，要在之后的研究中尽可能地保护被调查者的隐私，信守调查开始时对被调查者的承诺，使其正常的生活状态不会因为这项研究而遭到破坏。

（四）文献法

文献法是收集和分析现存的以文字形式为主的文献资料的方法。在文献法中运用得较为普遍的形式是第二手分析，即对其他人原来为别的目的所收集的实地调查资料或统计资料进行重新利用。

（五）实验法

实验法，就是在控制某些条件的情况下研究变量之间因果关系的方法。为了控制某些自变量可能对因变量产生的影响，常常在实验中将被试或实验对象分为两个组：一组是实验组，另一组是控制组。通过对两组实验结果进行比较，检验某些变量之间是否存在因果关系。

实验组和控制组的划分和建立通常有两种方法：一是随机分组法，即将实验对象随机地分配到实验组和控制组中；二是配对法，即根据变量相应的原则，如教育投入量、收入水平、教育水平、性别、年龄、民族等，将实验对象一一分配在实验组和控制组。

实验法分为自然实验法和实验室实验法。自然实验法是利用社会情境的自然状态，将其中的一种情境作为实验组，将另一种情境作为控制组，然后观察并比较它们的异同，以解释变量之间的关系。实验室实验法是科学研究典型的实验法，即通过设置实验室环境，将想要控制的变量加以控制，以便观察和发现某些变量之间的关系。在社会科学研究中，由于研究对象是人，实验室实验法会存在伦理问题及其他局限性，所以通常采用自然实验法。小范围的研究常常运用自然实验法，一些大规模的研究也会运用自然实验法。

无论是实验室实验，还是自然实验，都离不开观察，所以，实验法常与观察法结合起来运用。

第五节 社会学的功能

社会学是"经世致用"的学科，其对于社会的管理、社会的发展和进步发挥着重要作用。

一是为社会发展战略的选择和政策制定提供科学依据。长期以来，许多国家的政府只注重经济因素和经济发展，忽视社会因素对社会运行的影响和对经济发展的社会后果的考虑，从而导致经济发展过程受阻，或者在经济增长的过程中产生大量社会问题。社会学以其综合研究之特点，有利于全面地分析问题，也擅长分析经济增长的近期、远期后果。科学的社会学研究可以为决策者提供进行发展战略选择和政策选择的依据。当前，我国已进入全面建成小康社会决胜的阶段，如何处理好经济发展与社会发展、效率与公平、发达地区与落后地区等方面的关系，对于实现目标有密切关系，社会学研究可以在这方面做出贡献。

二是有利于制定和实施科学的社会规划。社会学以其科学性、综合性、多角度之特点，可以通过社会调查研究理清事物之间的关系，对社会的可能进程做出预测和规划，制定兴利除弊的措施，以达到最有利的社会效果。同时，社会学也可以利用科学的方法对经济和社会计划、社会政策及社会发展项目的实施情况进行评估，发现不足，提出改进建议，有效地促进这些计划、政策落实和完善。

三是社会学能提供组织管理和社会管理的知识。现代社会中，人们的职业活动、政治生活、社会生活等几乎都是在社会组织中进行的。这样，了解社会组织的知识对于适应现代社会的生活，以及有效地对其进行管理是十分必要的。实际上，组织不是简单的机械，而是复杂的小社会。了解人的需要、动机和行动的复杂性及其规律，了解由众多成员组成的社会群体、社会组织的特点，对于参与组织生活、设计组织活动、管理组织运行都有重要意义。在180多年的时间里，社会学对组织的研究取得了显著的成果，这些成果对于管理现代组织具有重要的借鉴价值。

四是为建立健康、文明的生活方式和提高生活质量做出贡献。社会成员普遍具有健康文明的生活方式和高质量的生活是社会进步的重要表现，也是社会学的追求。现代社会中，社会价值观变得越来越多样化，什么样的生活方式符合人的要求、反映人的本质特征，什么样的生活方式是社会发展所需要的，这些都需要认真研究。社会学研究个人与社会的关系，研究各种社会生活的规律，这对人们选择健康、科学、文明的生活方式有重要意义。高质量的生活是人们的基本追求，高度发达的经济、雄厚的物质基础固然是高质量生活的重要基础，但人类还有精神追求，有社会交往的需求，还需要安定舒畅的生活环境。经济发展和社会发展保持何种关系，怎样才能使社会的各种财富发挥最大效益，即使人们过上了高质量的生活，也是需要认真研究的。

社会学全面关注人们的生活，以全面促进社会进步为目标，学习社会学知识有利于人们全面、理性地思考各种社会财富之间的关系，促进人们生活质量的提高。

本章小结

每个人一出生，就生活在一个早就为他准备好了的社会里。社会是人类历史发展的产物，是人们按照自己不断增长的劳动和生活的需要，创造性地结合成不同社会关系，进行不同社会活动的生活共同体。社会学是从变动着的社会系统整体出发，通过人们的社会关系和社会行为来研究社会的结构、功能、发生、发展规律的一门综合性的社会科学。从社会学产生的背景、条件及其发展，社会学的概念和特点、研究对象和方法，社会学的功能，社会学在中国的发展状况等层面，可以让我们以不同的视角来观察社会的发展。

本章知识与能力训练

一、判断题

1. 在1838年出版的《实证哲学教程》第四卷中,孔德第一次提出了"社会学"这一术语。(   )
2. 孔德认为,人类社会与自然界有着本质上的差别,不应将研究自然界的科学方法贯彻到对社会的研究中去。(   )
3. 依附理论作为发展中国家社会学研究的一项成果,已成为世界社会学知识体系的重要组成部分。(   )
4. 斯宾塞的《社会学方法的规则》系统、详细地论述了实证主义社会学的方法论,主张用社会事实来说明社会问题。(   )
5. 实证主义认为社会现象有其客观存在的规律,因此,应该用数量分析来检验社会学的假说,用经验事实来发现社会现象之间的因果规律。(   )

二、单项选择题

1. 社会学这门学科在19世纪的(   )发轫了。
   A. 欧洲　　　　B. 亚洲　　　　C. 美洲　　　　D. 南美洲
2. 孔德在其著作(   )中第一次提出了"社会学"这个新名词。
   A.《社会学研究》　　　　　　B.《社会学原理》
   C.《实证哲学教程》　　　　　D.《社会学方法的规则》
3. 社会学理论又称(   )。
   A. 纯粹社会学　　　　　　　B. 经验社会学
   C. 应用社会学　　　　　　　D. 理论社会学
4. (   )被公认为开创社会学的鼻祖。
   A. 韦伯　　　B. 杜尔克姆　　　C. 孔德　　　D. 严复
5. 帕森斯建立了(   ),对美国和世界社会学的发展产生了长远而广泛的影响。
   A. 社会进化论　　B. 社会静力学　　C. 社会动力学　　D. 结构功能论

三、多项选择题

1. 社会学产生的条件有(   )。
   A. 社会历史条件　　　　　　B. 思想条件
   C. 自然科学条件　　　　　　D. 宗教条件
2. "二战"后,西欧国家的社会学得以恢复并获得明显发展,并形成了一些有自己特点的理论流派,包括(   )等。
   A. 德国的批判理论的代表法兰克福学派
   B. 德国的达伦多夫的社会冲突理论和卢曼的系统学派

C. 法国的布迪厄结构主义建构论和福柯的后现代主义观点

D. 英国的吉登斯的结构化理论

3. 社会含义包括（　　）。

A. 社会是由有意志的个体组成的

B. 社会是有意志的个体通过互动而形成的

C. 社会是由相关的社会关系积累、联结而成的

D. 社会是人们共同生活的结合体

4. 社会学是从（　　）的角度出发，通过人们的社会关系和社会行为来研究人类社会生活以及社会的结构与功能、社会变迁与发展规律的一门具体社会科学。

A. 长期与短期结合　　　　B. 意识形态和客观存在结合

C. 宏观和微观结合　　　　D. 静态和动态结合

5. 应用社会学指将（　　）运用于某一社会现象、社会问题的研究。

A. 社会调查　　B. 社会学理论　　C. 数据分析　　D. 社会研究方法

四、思考题

1. 社会学是在什么样的背景条件下产生的？
2. 如何认知社会学的方法论？
3. 学习社会学对我们有什么实际意义？

五、技能实践

请参考"田野调查法"，对学习者所居住的社区开展区情调查，提交一份调查报告。要求：①根据社区特色自行确定调查主题；②根据调查主题设计调查问卷；③调查报告数据真实、详细，所提供的数据和反映的问题具有针对性，能为解决实际问题提供参考。

田野调查法

田野调查又叫"实地调查"或"现场研究"，属于传播学范畴的概念。主要用于自然科学和社会科学的研究，如人类学、民族学、民俗学、考古学、生物学、生态学、环境科学、民族音乐学、地理学、地质学、地球物理学、语言学、古生物学、社会学等，其英文名为"field work"。

科学的人类学田野调查方法，是由英国功能学派的代表人物马林诺夫斯基（Bronisław Kasper Malinowski）创立的。在我国，这方面卓有成绩的是著名社会学家费孝通先生。田野调查法最重要的研究手段之一就是参与观察。它要求调查者与被调查对象共同生活一段时间，从中观察、了解和认识他们的社会与文化。田野调查工作的理想状态是调查者在被调查地居住两年以上，并精通被调查者的语言，这样才有利于对被调查者进行文化的深入研究和解释。传统的田野调查方法花费的时间和精力较大，成本较高，此外，如果方法运用不得当，信度和效度也会大打折扣。

田野调查可分为5个阶段：准备阶段、开始阶段、调查阶段、撰写调查研究报

告阶段、补充调查阶段。

1. 准备阶段

田野调查必须做好充分的准备，否则难以获得理想的成果。准备阶段通常包括以下4个方面。

(1) 选择调查点。选择调查点的基本要求：一是要选择有特色的地区，二是要选择有代表性的地区，三是要选择有特殊关系的地区，四是选择前人调查研究过的著名社区。

(2) 熟悉调查点情况。调查点选定之后，必须做好充分准备，熟悉当地情况，熟悉民族成分、人口、历史、地理、特产、部落或民族支系等各方面的情况，收集有关的文献资料和地方志资料。

(3) 撰写详细的调查提纲和设计调查表格。有调查提纲和调查表格，收集的资料会较为系统、全面，否则收集的资料可能残缺不全，许多问题可能漏掉。

(4) 熟悉有关社会和文化的理论与基础知识。人类学研究者的调查与一般的行政人员和记者的调查不一样，需要掌握与社会和文化有关的各种理论及基础知识。例如，进化理论、传播理论、功能理论、结构理论、象征理论、族群理论、实践理论、冲突理论、交换理论、互动理论等，并有众多与文化有关的概念。如果调查前不熟悉这些理论和知识，调查就不可能深入，写出来的调查报告只能是有关该地表层文化的调查报告，与一般的新闻记者和行政人员不会有多大差别。

2. 开始阶段

开始阶段即进入田野阶段，也就是进入所调查的地区之后但未正式进行田野调查的阶段。这一阶段一般包括以下3个方面。

(1) 到当地政府报到，取得当地政府的支持。

(2) 到达调查点所属县、乡后，进一步了解当地情况。

(3) 选好居住地。各地、各民族风俗不同，应视具体情况和调查者本人的情况而定。

3. 调查阶段

选定居住地之后，便开始正式调查，也就是"参与观察"与"深度访谈"阶段。对初次调查的人来说，应注意以下3个方面：一是了解当地的一般社交礼仪和禁忌等；二是入乡随俗，尊重当地人；三是注意个人形象的设计，扮演好自己的角色；四是观察要细。

(1) 访谈既要深，又要有技巧。访谈有两种类型。一种是结构型访谈，即问卷访谈。这种访谈又分两类：一是回答问题的方式，即田野作业者根据调查大纲，对每个受访人问差不多同样的问题，请受访人回答问题；二是选择式，即田野作业者把所要了解问题的若干种不同答案列在表格上，由受访人自由选择。前一种方式人类学研究者使用较多，后一种方式社会学和心理学研究者使用较多。另一种是无结构型访谈，即非问卷访谈。这种访谈事先没有预定表格，也没有调查大纲，田野作业者和受访人就某些问题自由交谈。无论是何种形式的访谈,都要注意深度,同时要讲究技巧。

(2) 要倾听当地人关于当地政治和现实问题的意见。

(3) 关于资料收集,应注意如下几方面的问题。①收集资料必须遵循3条原则:其一,着重收集新材料,收集过去没有人了解过的新材料或没有人了解过的新内容;其二,了解该地区与同一民族其他地区的文化差异;其三,注意资料的准确性,反复核实收集的材料。②注意收集计划外的有价值的资料。

(4) 边调查边整理资料。

(5) 调查时间的长短因人而异,主要根据调查者对当地情况的熟悉程度而定。

参考答案

一、判断题

1. √ 2. × 3. √ 4. × 5. ×

二、单项选择题

1. A 2. C 3. D 4. C 5. D

三、多项选择题

1. ABC 2. ABCD 3. ABCD 4. CD 5. BD

四、思考题

1. 社会学的产生有其背景和条件。社会学产生的背景:18世纪发生的英国工业革命将人类社会引入一个新的进程。科学和技术迅猛发展促进了资本主义经济的巨大发展,同时也带来了许多新的社会问题,引发了人们对社会发展规律的新探索。在这样的背景下,社会学这门学科在19世纪的欧洲发轫了。1830—1842年,法国哲学家孔德(Auguste Comte)出版了6卷本名著《实证哲学教程》。在1838年出版的第四卷中,孔德第一次提出了"社会学"(Sociololgie)这一术语,并做了建立这门新学科的大体设想,这标志着社会学学科的产生。

社会学产生的条件有以下3个方面。

(1) 社会历史条件。11—15世纪欧洲的中世纪,宗教神学严重地禁锢阻碍了人类和社会的发展。思想启蒙运动从思想上实现了人的解放,工业革命则推动了经济的快速发展,但资本主义的经济发展也带来了迅速的社会变迁和众多社会问题,金钱关系代替了一切,社会发生了严重的分裂。由此,触发了思想家们对社会问题解决的思考和研究。

(2) 思想条件。社会学产生前有许多思想家对社会的结构、社会变化的规律和未来图景进行了探索,并形成了丰富的经济思想、政治思想、社会思想以及哲学、伦理和宗教观念。这些成果和基础促进了人们对社会的进一步认识。对社会学产生最大影响的是西方近现代以来的社会思想,如十七八世纪以来英国及欧洲大陆思想家霍布斯、洛克、卢梭等的政治思想和社会思想，特别是圣西门、傅立叶、欧文的空想社会主义思想对孔德的社会学思想形成有着直接的影响。

(3) 自然科学条件。欧洲文艺复兴以来自然科学得到迅速发展，天文学、地理学、数学、物理学、化学、生物学等都取得了突破性成果，启发了社会思想家对社会的认识。圣西门曾指出，要将关于人的科学提高到以观察为基础的科学水平，赋予它实证的性质，把它建立在像物理等其他领域中所使用的那种观察和研究方法的基础上。孔德将社会学分为社会静力学和社会动力学的做法，显而易见地反映了自然科学方法对其建构社会学的影响。

2. 社会学的方法论可以从3个方面来认知。一是实证主义方法论。实证主义认为，社会现象有其客观存在的规律，因此，应该用经验事实来检验社会学的假说，用数量分析来发现社会现象之间的因果规律。它在调查研究中注重量化程度较高的抽样问卷调查、量表与测验、实验等定量的方法。该方法为孔德和杜尔克姆的主张。

二是反实证主义方法论。反实证主义认为，社会现象在本质上不同于自然现象，因为社会现象被社会行为者人为赋予了"意义"，不能完全依靠自然科学的方法来研究。主张研究社会现象时，就要注意解释社会现象的这种主观性，要对人的生命世界和具体的历史事件进行深入的分析，在调查研究中比较注重量化程度较低的深度访谈、参与观察和历史比较等定性或质性研究方法。该方法为韦伯所主张。

需要说明的是，实证主义和反实证主义的方法并不是截然对立的。韦伯式的反实证主义方法论实际上是处于实证主义和主观主义之间的方法论，它反对的是照搬自然科学方法或滥用数量分析方法，并不反对以经验事实为依据建立和检验理论这一实证原则。因此，两种方法均被双方执持者交叉运用。

三是批判主义方法论。批判主义是一种强调对社会现实的批判和否定，并且明确地以把人从压迫性的社会现实中解放出来为理论宗旨的理论范式。这种理论范式在社会学中首先是由卡尔·马克思开创的。批判主义的主要假设是，认定事物的本质在于对现实的否定之中。因此，批判主义社会学的理论家着眼于分析现存社会的矛盾，否定现存世界的合理性。其特征是：把批判视为社会学理论的宗旨与任务；认为科学化的思维在当今已经落后了；反实证主义；对社会做综合研究；注重理论与实践的统一。总之，批判主义社会学是在对现实社会的批判与否定、在与主流社会学的论战中发展起来的，它具有一些方法论上的局限性。

3. 社会学的实际意义主要体现在以下4个方面。

一是为社会发展战略的选择和政策制定提供科学依据。只注重经济因素和经济发展，忽视社会因素对社会运行的影响和对经济发展的社会后果的考虑，从而导致经济发展过程受阻，在经济增长的过程中产生大量社会问题。社会学综合研究之特点，有利于全面地分析问题，也擅长于分析经济增长的近期、远期后果。科学的社会学研究可以为决策者提供进行发展战略选择和政策选择的依据。

二是有利于制定和实施科学的社会规划。社会学具有科学性、综合性、多角度的特点，通过社会调查研究理清事物之间的关系，对社会的可能进程做出预测和规划，制定兴利除弊的措施，以达到最有利的社会效果。利用科学的方法对经济和社会计划、社会政策及社会发展项目的实施情况进行评估，提出参考建议，有效促进相关计划、政策的落实和完善。

三是提供组织管理和社会管理的知识。现代社会中，人们的职业活动、政治生活、社会生活等基本是在社会组织中进行的。了解社会组织的知识对于适应现代社会的生活，以及有效地对其进行管理是十分必要的。了解人的需要、动机和行动的复杂性及其规律，了解由众多成员组成的社会群体、社会组织的特点，对于自觉履行社会角色义务，参与组织生活、设计组织活动、管理组织运行都有重要意义。

四是为建立健康、文明的生活方式和提高生活质量做出贡献。社会学研究个人与社会的关系，研究各种社会生活的规律性，这对人们选择健康、科学、文明的生活方式有重要意义。社会学全面关注人们的生活，以全面促进社会进步为目标，学习社会学知识有利于人们全面、理性地思考各种社会财富之间的关系，促进人们生活质量的提高。

五、技能实践

略。

第二章 社会化与个体化

本章学习目标

1. 辨析集体化社会与人的社会化问题。
2. 辨析个体化社会与人的个体化问题。
3. 叙述社会化的概念。
4. 掌握社会化的基本理论。
5. 了解社会化的机构。
6. 认知社会化的条件。
7. 掌握人的社会化的过程和内容。
8. 掌握个体化的概念。
9. 认知个体化过程中人的主体性。
10. 认知个体化的过程（机制）。
11. 正确把握社会化与个体化的关系。
12. 运用社会化的基本知识辨析生命历程中的社会化及问题。
13. 认知社会角色的含义及分类。
14. 了解和掌握社会角色扮演过程。
15. 自觉履行角色责任和义务。

案例引导

"斯芬克斯之谜"[①]

斯芬克斯是希腊神话中以隐谜害人的怪物，埃及最大的胡夫金字塔前的狮身人面怪兽就是他。他给俄狄浦斯出的问题是：什么东西早晨用4只脚走路，中午用两只脚走路，傍晚用3只脚走路？俄狄浦斯回答：是人。在生命的早晨，他是个孩子，用两条腿和两只手爬行；到了生命的中午，他变成了壮年，只用两条腿走路；到了生命的傍晚，他年老体衰，必须借助拐杖走路，所以被称为3只脚。俄狄浦斯答对

---

① 参见百度百科"斯芬克斯之谜"词条（https：//baike.baidu.com/item/%E6%96%AF%E8%8A%AC%E5%85%8B%E6%96%AF%E4%B9%8B%E8%B0%9C/2917?fr=aladdin）。

了。斯芬克斯羞愧坠崖而死。"斯芬克斯之谜"常被用来比喻复杂、神秘、难以理解的问题。人们对"斯芬克斯之谜"的深度阐释将表明,俄狄浦斯对"斯芬克斯之谜"的解答是"表象"的、"动物"层面的,也就是说,他并没有真正地解开"斯芬克斯之谜"。今天,德尔菲神庙前石碑上镌刻着的"认识你自己"几个大字仍然是一个"谜",它仍是横亘在当代人类面前的一个严峻课题。

索福克勒斯在著名的《俄狄浦斯王》中为我们展示了一幕人类历史上空前绝后、惨绝人寰的个体人生悲剧:田间麦穗枯萎,牧场上牛羊瘟死,妇人流产,哀鸿遍野;带火的瘟神降临到这城邦——特拜。神谕明示消灾的办法在于缉拿杀害前国王的凶手问罪。这样,大家的目光均被吸引到谁是凶手的问题上去了。接着,剧本以倒叙的形式让俄狄浦斯现身——

无子的特拜国王拉伊俄斯曾经诱拐了皮萨国王佩洛普斯的小儿子克律西波斯,导致他自杀。佩洛普斯向主神宙斯祈祷降祸于拉伊俄斯。当拉伊俄斯祈求神恩赐他一个儿子的时候,神一边答应了他的请求,一边预言他的儿子将杀父娶母。为了逃避神谕的实现,拉伊俄斯夫妇及其子俄狄浦斯都刻意逃避以避免厄运的发生。但事情仍如宙斯所预言的那样发生了,俄狄浦斯杀死了父王,还出色地回答了"斯芬克斯之谜",消除了特拜的斯芬克斯灾难,俄狄浦斯被特拜民众拥戴为新国王,并娶王后为妻。至此,"杀父娶母"的神谕得以彻底坐实。

诚然,俄狄浦斯虽回答了"斯芬克斯之谜",但其杀父娶母的悲剧表明,生理上处于青年时代的俄狄浦斯心理(理智或理性)并不成熟,并没有真正认识自己。真正认识自己的人应该具有斩断悲剧命运、掌握自己命运的能力。

人们还留意到一个细节,俄狄浦斯在被特拜民众拥戴为国王之前回答了"斯芬克斯之谜",解除了特拜城的灾难。那么,问题来了:既然俄狄浦斯正确地回答了难倒所有人的"斯芬克斯之谜",那么,人们有什么理由说他的心智不成熟,说他没有真正地认识自己呢?这是一个复杂、神秘、难以理解的问题。

启蒙理性:要合理地理解这一吊诡的问题,需要对"斯芬克斯之谜"进行现代哲学和语言学意义上的深度阐释、阐发。如果对"斯芬克斯之谜"的谜面和谜底予以这样的语言学置换、颠倒,谜面应该是:"人是什么?"谜底是:"这种动物早晨4条腿,中午两条腿,晚上3条腿走路;腿最多时最无能。"谜面和谜底的置换、颠倒,是正确理解、解读俄狄浦斯悲剧的一把钥匙。

通过对"斯芬克斯之谜"谜面和谜底进行语言学置换、颠倒,人们发现,俄狄浦斯仅仅说出了人的表象或假象,仅仅说出了人的动物性本质。这充分证明,俄狄浦斯并没有真正地认识自己,因为所谓"认识自己",最起码应该像马克思所说的,"人的本质",在其现实性上,是"一切社会关系的总和"。更进一步,人必须认识到,自己首先需要走一条"人—从—众"的"社会化"之路,然后再走一条"众—从—人"的"个体化"之路。其实,俄狄浦斯没有认识自己的事实,古代思想家们早已意识到。思想家苏格拉底说:"我知道自己无知。"亚里士多德在他著名的《诗学》中说，俄狄浦斯"之所以陷于厄运，不是由于他为非作恶，而是由于他犯了错误"，这个错误正是人的无知。

人如果不能认识自己，注定要受命运的捉弄和支配，就像俄狄浦斯杀父娶母的悲剧所昭示我们的。

第一节 什么是人的社会化

一、社会化的概念

社会化，是指个体在与社会的互动过程中，逐渐养成独特的个性和人格，从生物人转变成社会人，并通过社会文化的内化和角色知识的学习，逐渐适应社会生活的过程。在此过程中，社会文化得以积累和延续，社会结构得以维持和发展，人的个性得以健全和完善，社会化是一个贯穿人生始终的长期过程。

人有生物性与社会性两重性，生物性是人与生俱来的身体和行为特征，社会性是在社会生活中习得的行为特征。社会是由个人组成的，但并不是由纯粹的生物个体组成的。组成社会并在社会中活动的是认同一定文化、遵从一定社会规范的社会行为者，即社会人。但是，人并不是一来到世上就自然地认同和承载了社会的文化，并能按社会规范去行动，而是通过后天的学习获得社会的文化，成为社会的一员，参与和创造社会生活的。一个人从生物体变为社会人的过程便是人的社会化过程。

人的社会化是一个人学习社会的文化，增加自己的社会性，由生物人变为社会人的过程。社会文化包括个人生活于其中的群体（社会）的多种形式的文化，主要是该群体、该社会的价值观和各种规范。一个人学习这些价值观和社会规范，认同了这些文化，就增加了自己的社会性，同时也就降低了由生物性驱动的行为，从而能够作为社会人去独立和有效地参与群体和社会生活。在这一过程中不是人的生物性被压制，而是人先天就有的生物性冲动在一定程度上被抑制，代之以用人的社会性去指导人的行为。

从个人与社会的关系来看，人的社会化就是个体吸收社会经验，由两者的分立走向两者的整合。这种融合是以个体减少自己纯粹受生物性支配的行为，增加自己对社会知识的获得，增强自己的社会性来实现的。具体来说，这种社会化就是个体要学习其将参与其中的各种具体社会（社会群体）的知识、规范、价值观念和生活技能，使自己能够作为一个社会人参与社会生活。从这个意义看，社会化是个人学习群体和社会的文化，发展自己的社会性，把自己整合到群体中去的过程。社会化即减少或消除个人与群体和社会分立状况的机制，通过对个体的教化，达致他们之间的协调和整合。

需要说明的是，在社会化过程中，所谓人的生物性被抑制、社会性得以增强是从个体发展的趋势和从比较意义上而言的。一个人来到世间，最初只是一个生物体，他表现出来的也只是生物性本能。随着个体的发展和被置于社会生活之中，人的行为越来越少地受本能支配而受其社会性影响，这表现为他的行动受社会规范、社会文化的影响，这就是社会化的效果。另外，人的社会化的增强并不是要压抑人的生物性和降低人的生物机能。社会化的任务是要使人的行动少受生物性本能的影响，而更多地受社会文化、社会规范的影响，即在他参与群体生活、社会生活时，用群体规范指导自己的行动，以实现与他人的合作。因此，人的社会化绝不是要削弱人的生物机能。

一个人从纯粹生物体变为社会人是随着人的生物体的成长而发展的。随着人的生物体的成长，社会对他提出了不同的要求，同时也对他进行教化；而个人在此过程中学习、选择接受社会的知识和规范，于是其社会性得以增强。从时间的角度看，人的社会化一般指人从出生到其成为基本合格的社会成员（即青年）这一阶段。从广义上来说，一个人学习社会文化的过程是伴其一生的。

总之，社会化是指个体在与社会的互动过程中，逐渐养成独特的个性和人格，从生物人转变成社会人，并通过社会文化的内化和角色知识的学习，逐渐适应社会生活的过程。

二、社会化的类型

社会化包括6种类型：基本社会化、预期社会化、发展社会化、逆向社会化、再社会化、特殊社会化。其中，有的是人生必须经历的，如基本社会化；有的则是不一定会经历的，如再社会化和特殊社会化。

（一）基本社会化

基本社会化是发生在生命早期的社会化，其主要任务是向儿童传授语言和其他认知本领，使其内化社会文化规范和价值标准，能够正确理解社会关于各种角色的期望和要求。基本社会化主要发生在儿童时期，是整个社会化过程的基础。

（二）预期社会化

预期社会化是一种社会化形式，即人们在此过程中学习的不是现在要扮演的角色，而是将来要扮演的角色。例如，学生在大学里进行的学习都是为将来在工作中所要扮演的角色做准备，这种学习过程就是预期社会化。预期社会化大量发生在青年时期。

（三）发展社会化

发展社会化是指成年人为了适应新形势提出的角色要求而进行的学习过程。它是相对于基本社会化而言的，并且是在基本社会化的基础上进行的。

（四）逆向社会化

逆向社会化是指晚辈向长辈传授文化规范和知识的社会化。在传统社会中，逆向社会化很少见，社会化长期被认为是一个单向过程，即长辈将社会文化规范和知识传授给晚辈。现代社会中，社会变迁速度快，知识更新速度也快，一些成年人往往跟不上形势，他们要想不落伍，就必须接受逆向社会化。

（五）再社会化

再社会化是指全面放弃原已习得的价值标准和行为规范，重新确立新的价值标准和行为规范。再社会化虽然着眼于人的改造，但它并不一定是负面的和强制性的，改造罪犯，让罪犯洗心革面，重新做人，这是再社会化，是负面的、强制性的。而其他某些形式的再社会化，例如，新兵入伍后要全盘放弃原来的生活方式，接受新的生活方式，这虽然是强制性的，但不是负面的；一个移民到新的国家和文化环境后，可能要全盘放弃原来的文化，接受新的文化，这种再社会化既不是强制性的，也不是负面的，反而可能是主动的、正面的。

（六）特殊社会化

特殊社会化是指对某些遭受身心损伤不能进行正常社会生活的人进行的特殊措施的社会过程。通常指对残疾人，包括盲、聋、哑、智力落后、肢体残疾和病弱的儿童、青少年和成年人，以及超常儿童、有品德缺陷的儿童和患有精神病的儿童和青少年。对他们进行社会化，一方面是通过家庭、学校和其他有关组织，运用特殊方法、设备和有关措施，进行社会规范、文化知识、职业和技术教育，提高其素质，使其能够参与适宜的社会生活和工作；另一方面是培养他们能够正视自己存在的价值，以及权利和义务，不再小看自己，认为自己是国家、社会的包袱，鼓励其热爱生活，为社会贡献出自己的聪明才智。

三、人的社会化的必要性和可能性

一个人要在社会中生活，必须增强其社会性，这就是人的社会化的过程。

（一）社会化的必要性

1. 个人社会化的需要

人的社会化首先是由他的需要只有在社会中才能得到满足这一事实所决定的。

马克思从人类发展史的角度分析了需要的重要作用。马克思认为，需要是一个人的行动的基础和积极性的来源，人的需要不同于动物本能性的机能，人的需要是社会性的，是以社会为背景和尺度的。

美国心理学家马斯洛的需要层次理论则从人本主义的角度阐述了需要对人的行

为的激励作用。他认为，一般来说，人们都有这样的需要：生理的需要、安全的需要、归属或爱的需要、自尊的需要和自我实现的需要。人的这些需要是按照一定层次排列的，即生理的需要是最基本的、较低层次的需要，接着是安全的需要、归属或爱的需要、自尊的需要，自我实现的需要是人的高层次需要。这5种需要由低到高形成一种阶梯状关系。人们首先追求基本的、低层次的需要，低层次的需要得到了满足，然后就会去追求较高层次需要的满足。如果较低层次的需要未得到满足，即使较高需要得到了满足，其激励作用也不会长久，他会转过来追求较低层次需要的满足。

人的生活是不断追求和满足更高需要的过程。但作为生物体的个人并不是自足的体系，即他不可能自给自足。人无论在幼年时期还是在以后的生活中，都必须通过参与群体生活并通过群体来满足自身的需要。20世纪早期"狼孩"和"在被隔离情况下长大的孩子"，在后来的成长中所遇到的问题都充分说明人在早期社会化的重要性；在成年阶段，人也必须通过参与群体、以群体的方式去获取生活必需品。个人要参与群体活动、同群体成员合作，就必须了解群体的价值和规范，而不是群体依就生物性的个体。这样看来，人要生存下去，就必须进行社会化。

从个体发展的角度看，人也必须社会化。人类社会处于不断发展之中，人要在社会中生活，就必须继承人们以往创造的文化，并不断学习人们的新经验、新知识，这也是人的社会化。

2. 社会延续发展的需要

一个社会要延续，就必然要求其新加入的成员了解已有的社会化。对一个家庭来说，新一代的来临实际上是家庭世代继替的开始，为了使这种世代继替能顺利进行，长辈必然要对新一代进行教化。对于一个民族来说也是如此。另外，一个社会要发展，必然要求其成员有较高的素质。要提高社会成员的素质，就必须丰富他们的知识，提高他们的技能，激发他们的创造力，这也是成员社会化的过程。

（二）人的社会化的可能性

1. 人有脑力劳动的条件

人类在生命进化中获得了只有属于人的生命特性——大脑神经系统和抽象思维能力，从而使人们能够在实践活动中对外部世界的各种事物产生由感性到理性并指导自身行为的认识活动。人的意识活动能够对事物的质和量、现象和本质，通过人的感知、感觉、概念、判断等心理机制，印入主体内部而形成人类意识，并且再通过分析、综合等加工过程，进而变为符合外界环境的行为方式。人类大脑的神经元组成复杂的神经网络，功能可以说是无限的。人类具有脑力劳动的能力，不但表现在人类的遗传是作为人的生物个体的延续，而且还表现在漫长的进化过程中不断分化成人类自有的趋势和路线。每个人都是人类遗传信息的携带者，每个人内部都潜在地存在着上代遗传给他的思维、心理和行为方式的结构和机能，只要在一定的社会条件的影响下，这些先在的人类进化而来的结构和机能就能赋予现实的社会内容。这就是每个儿童为什么能够从一个小小的生物个体转变为一个社会成员的平时称之为"可塑性"的重要的生物基础之一，人是具有脑力劳动的动物。

2. 人有较长的依赖生活期

人类的进化是一种进步，同时也伴随着初级的独立生活能力的丧失。许多哺乳动物的初生幼仔发育良好，能够较快地独立生活，人却不然，人类新生儿要生存，就必须依赖他人，依赖群体和社会。一般说来，人的婴儿、幼儿期基本上是完全依赖期，少年期乃至青年期属于部分依赖期，即他们在基本生活能力和谋生能力方面都比较欠缺，必须依赖他人。这种依赖性使群体和社会对新的社会成员实施社会化成为可能，即老的群体成员（比如父母）可以利用新成员的依赖性向其传授满足其需要的技能、知识和规范。这种传授包括悉心教导、因势利导，也包括运用由于依赖性而形成的权力，即迫使新成员遵从群体和社会的规范。人的较长的依赖生活期使其学习十分丰富的文化成为可能。

3. 人有较强的学习能力

学习能力也是人的社会化的生物基础，这种学习能力是人类在长期进化过程中积累而成的，现实的学习能力则是人的先天素质、社会历史遗产和个人努力3个方面因素相互作用的产物。学习能力不但包括模仿能力，而且包括创造力，后者是利用已有的知识创造新知识的能力，也是人类优于动物的能力。以人的发达的大脑为生物基础的学习能力是人的潜能，这种学习能力配之以适当的社会条件，可以使人学习各种知识、技能和规范。这样，随着个体的成长及其学习潜能的开发，他就可以不断学习社会的知识，增强自己的社会性。

4. 人有语言能力

语言是人们在共同劳动及其他活动的过程中创造出来的。作为文化的一种形式，它是群体成员共享或共同使用的。它是人类传达信息、沟通思想的工具。人具有共同使用这种语言的能力，因此可以学习以往世代的经验和知识。语言不仅有助于人们相互交流，也有助于人们学习间接知识，从而扩大自己的视野。随着社会和科学技术的发展，语言也在发生变化，它一方面变得更丰富，另一方面变得更精练。因为人有语言能力，可通过接受文化教育和参与社会生活等方式学习语言，所以人们也就能够借助这些语言更有效地学习群体和社会的文化。

第二节　人的社会化的内容和过程

人的一生是完成自己所应完成的任务的过程。美国心理学家艾利克森（E. Erikson）把人生分为 8 个阶段：婴儿阶段、幼儿阶段、学前阶段、学龄阶段、青少年期、青年期或成年早期、成年期或中年期、成熟期或老年期。他认为，在这 8 个阶段会遇到不同的人生任务，因此也就需要心理成长以对特定的社会要求做出反应。人如果能够成功地对特定的社会要求做出反应，就会得到积极的评价，从而产生积极的心理状态，进而对未来的发展产生积极影响。反之，如果不能成功地对人生任务做出积极反应，就会产生负面心理，从而对未来的发展产生消极影响。例如，在婴儿期，婴儿需要得到家人或他人的照料，如果得到了良好的照料，就会对周围的人产生信任感，反之则会产生不信任感。在青年期，人将经历求爱与建立家庭，如果遭遇挫折，就会产生孤独感。人到老年常常会回忆和总结自己的一生，如果认为自己的一生是令人满意的，就会产生完善感，反之就会陷入追悔和绝望的情绪中。毫无疑问，人想要顺利地完成各个阶段的任务，就要学习，就要不断地进行社会化。

一、人的社会化的基本内容

学习或社会化是人的毕生任务，特别是人从出生到青年阶段的社会化，是值得关注的。

（一）学习生活的基本技能

一个人出生之后有相当一段时间在生活上不能自理，衣食住行都要靠别人的帮助才能完成。这样，作为一个人，首要任务就是学习衣食住行方面的基本技能。吃饭、穿衣、走路，这些与人的基本的生物性需要相关的技能并不能在短时间内学会，这与个体生物机能的发展相关，也与人的智力的发展相关，一般需要几年时间，而这些衣食住行的技能并不是简单的动作，而是一种文化，这些活动包含了某种意义。例如，中国人吃饭用筷子，虽然婴幼儿多用勺匙就餐，但只有学会了用筷子吃饭，才算真正学会了吃饭的技能。

（二）学习谋生的基本手段

作为社会成员，人不但是消费者，也是生产者。人不但要通过生产而自食其力，而且要向家庭成员中的非生产者提供消费资源。此外，还要为社会做出自己的贡献。这样，人就必须学会谋生的技能，即通过劳动创造财富。在不同的生产方式占主导地位的条件下，人们学习谋生手段的内容、过程和方法也是不同的。在自然经济条件下，家庭是基本的生产单位和生活单位。一个人学习谋生手段常常是通过自幼跟随长者，耳濡目染及模仿而获得的，这一过程可以在十几岁时完成。在工业社会，生产技术变得越来越复杂,一个人谋生技能的获得需要通过正规的学徒、通过学校的学习和职业培训,这一过程一般到20多岁才能完成。但无论如何,这些谋生是必须通过学习才能获得的,这是人的社会化的一项重要任务。

(三) 学习社会行为规范

社会行为规范也称"社会规范",它是一定群体和社会中社会成员的行为准则。为了保障群体生活的有序进行,人们通过长期摸索,形成了与特定的群体活动相适应的说明其成员应该如何及不该如何的不成文或成文的规定与共识,这就是社会行为规范。在群体生活和人的社会活动中,行为规范是无处不在的,这也是人类群体的社会性的证明。群体与社会的性质不同,活动的领域或场景不同,指导社会成员的行为规范也不同。比如,人们在家庭中、朋友圈里、工作单位所应遵守的行为规范是不同的。

大多数行为规范是人们在长期的生活实践中,通过世代积累和选择而形成的,它们构成了人类文化的重要组成部分。这样,对于后来者来说,社会行为规范是先于他们而存在的,他们必须学习和遵从这些规范,才能有效地参与群体生活。学习和认同了这些行为规范,人们就会减少其生物性所驱使的混乱行为,也就增加了自己的社会性。当然,并非人们在任何情况下都只能被动地学习和遵从既定的规范,在社会发生迅速变化时,后来人向已有规范挑战的情况也会出现,但这种挑战也不是其生物性所驱使的,而常常是两种不同文化间的互动。

(四) 明确生活目标

对于群体和社会来说,对其成员进行社会化的一项重要任务是向其灌输主导的价值观,并向他指点生活目标。无论从群体成员的成长还是从群体发展的角度来看,群体都对其成员寄予某种期望。从深层的角度来看,这种期望主要表现为对其价值观、人生观的培养,即期望后来者成为群体所期望的人,这些集中表现为对人的生活目标即基本的生活目标的指点。而这种生活目标的指点常常具体地表现为群体中的权威者对后来者未来职业的指点,通过对具体职业优劣之评价来引发后来者对某职业的兴趣和好感;在宏观上,这种指点则表现为对后来者人生发展方面的引导。群体对后来者生活目标的指点受群体目标、群体中权威者对自我人生历程的反思及社会价值系统的影响。

(五) 培养社会角色

社会角色是指一定群体和社会中有特定权利和义务,并按照特定行为规范活动的人。例如,老师、学生、母亲、儿子等都是既抽象又具体的社会角色,他们都代表社会所期望的一系列权利、义务和行为规范。社会角色是社会结构中具体位置的表现,一个具体的社会就是由一系列相关的社会角色结合而成的。

从综合的角度来看,人的社会化就是要培养社会角色,即将他培养成群体和社会认为合格的角色。例如,父母对子女的教育是希望他们成为好儿子、好女儿,教师对学生的培养是希望他们成为合格的学生。这里,后者都是社会角色,而那些具体的儿子、女儿、学生都是角色的扮演者。社会化的基本任务就是培养他们能按照要求扮演社会角色。当然,社会角色培养的内容远不止于此。例如,在人的婴儿期、青年期,性别角色社会化也是一项重要内容,政治社会化也渗透于各种对后来者的教导之中。

二、人的社会化的机制

人的社会化的机制是指人的社会化过程的内在机理,它是一个相当广阔的领域,包括社会化的实施者与社会化对象的关系模式、社会化对象的内在心理特征等。大致有3种观点。

(一)教化论

教化论将人的社会化过程视为社会化的实施者向社会化对象实施教化的过程。在社会化过程中,生物人基于生物性,会对社会文化、社会规范有抗拒。因此,社会化的过程就是要由实施者强制性地对其进行教化。在这一过程中,社会化对象是被动的。杜尔克姆关于儿童建立道德的看法是教化论的观点,行为主义也暗含人的被动性观点。

(二)学习论

学习论将人的社会化过程视为社会化对象主动学习的过程,认为如果没有这种主动性,社会化的效果就会大打折扣。皮亚杰的发展心理学强调人是积极主动的,认为人能够判断、规定和创造自己的行为。

(三)互动论

互动论将人的社会化视为社会化的实施者与社会化对象的相互作用过程,认为人的社会化是一个由社会化的实施者与社会化对象共同参与的过程。在这一过程中,社会化的实施者向社会对象灌输知识、价值和规范,社会化对象的回应并不一定是完全被动地接受,而是对自己的行为有所选择,这种选择性的回应可能会在一定程度上改变实施者的灌输行为,从而以新的方式实施社会化。因此,人的社会化是在社会化的实施者与社会对象的相互作用、相互改变的过程中进行的。

 延伸阅读

社会化机构

社会化的机构主要有5个,它们分别在人的社会化过程中发挥着不同的作用。

1. 家庭

对未成年人来说,家庭是最重要的社会化的机构。家庭对儿童和青年的社会化是十分重要的。家庭对儿童和青年社会化的内容是全面的,包括教导他们生活技能、社会规范,帮助他们树立生活目标。在前现代社会也常常包括教导谋生技能,并形成子承父业的现象。家庭对未成年人的影响是全面的,有时是潜移默化的。不只是父母及长者的正式教导,而且家庭气氛及生活方式也会影响未成年人的社会化进程。

2. 同龄人群体

同龄人群体有时也称"同辈群体",它是由年龄相近的人自发结成的群体,一般指幼儿、少年群体。由于这种群体的主要活动是做游戏,所以又称"游戏群体"。它们一般因家庭毗邻、家长之间的友好交往等而形成。同龄人群体对其成员的成长即其社会化的影响是通过在游戏中扮演角色而实现的。在游戏中,他们互相传递各自的知识,尝试运用社会角色的扮演而过模拟的生活。在游戏中,伙伴们的互相纠正和补充会起到学习知识和实践规范的效果。另外,同龄人群体对儿童的身心发展具有重要意义。

3. 学校

学校是向学生传授科学知识、进行道德教育的场所,也是国家和社会用来传播社会主导价值观的机构,它对儿童、青年的成长和发展具有重要的作用。在现代社会里,学校是儿童、青年社会化的重要机构。

学校对学生的社会化与家庭对儿童的社会化有所不同:

	家 庭	学 校
社会化内容	对儿童的社会化以教导生活的基本技能和教导行为规范为主	以传授科学知识和传播国家或办学者的价值为主
社会化方式	家庭是以亲情为基础的社会群体,对儿童的社会化以感情为基础	学校是正式的社会组织,对学生的教育是组织化和具有强制性的
社会化具体目标	对儿童的社会化的目标是全面的和综合性的	对学生进行教育的目标较具体、明确,主要是教会学生掌握某些知识,提高其学习能力,包括对学生全面发展的培养

家庭教育和学校教育是互补的,两者的协调对儿童、青年社会化的顺利发展具有重要的意义。而学校对学生社会化的效果也在很大程度上受到外部社会环境的

影响。

4. 工作单位

工作单位是以业缘为纽带的社会组织，它是现代社会结构的基础。现代社会中，走出学校参加工作被认为是走向社会，所以工作单位是现代社会的重要代表。工作单位是组织人们进行职业劳动的场所，也承担着对职工，特别是青年职工进行教育和培训的责任。工作单位对青年职工进行社会化的主要特点是：第一，它以劳动技术和工作能力为基础展开，补充学校教育之不足，实现理论与实践的结合；第二，工作单位代表国家或社会对职工进行价值教育，但职工对这种教育有一定的选择性；第三，工作单位的性质和内部工作环境对职工的观念和行为方式具有一定的影响。

5. 大众传播媒介

大众传播媒介是以社会公众为对象，对其进行信息传播的工具，包括广播电视、报纸、杂志、书籍、网络等。大众传播媒介以最大限度地吸引观众和读者收听、收看和阅读信息承载物为目的。现代社会中，大众传播媒介对青少年的成长有着极为重要的影响。例如，在大众传播媒介商品化的影响下，媒体为了提高收视率和发行量，更是刻意地制造刺激性节目，恋爱、打斗、凶杀在其中扮演着重要角色。这些对青少年成长的影响是明显的。消费主义意识形态在全球范围内蔓延，一些青少年的行为明显带有消费主义取向。凡此总总，大众传播媒介发挥了不可忽视的作用。

三、人的社会化的过程

（一）基本社会化

1. 儿童、青年社会化

社会学家把从婴儿时期到青年时期的社会化称为"基本社会化"。这一阶段是由生物人变为社会人即社会化的主要时期。研究表明，这一时期每一阶段成功的社会化都会对人的发展产生积极的影响。

（1）婴儿学龄初期的社会化。人刚来到世间，既不可能自理，也没有心理活动。在这一阶段，随着生物体的发育，家庭应该教给他基本的生活技能，并启发他的心智的发展，包括使他能分别自我与非我。在幼儿期，个体的活动范围不断扩大，除了家庭生活外，同龄人群体的游戏成为他们的重要活动。在这一时期，幼儿开始产生道德感，除了学习基本的生活技能外，学习知识和行为规范，培养道德意识是社会化的重要内容。学龄初期相当于小学阶段，学习知识是他们社会化的重要内容，而从家庭教育向学校教育的转变对儿童社会化的进程具有重要的意义。

（2）少年期社会化。少年期是社会化的重要阶段，在这一阶段，少年在生理和心理上都有一些明显的特点：其在生理上日趋成熟，但仍处于半幼稚、半成熟状态；思维能力和记忆能力有很大提高；兴趣广泛，好奇心强；自我意识形成，个人尊严意识建立，人生观和世界观开始萌芽。在这一时期，少年有很强的独立意识，但因其生理、心理的不完全成熟而处于独立意识与依赖性相互掺杂的状态。这一时期，少年不但要学习文化知识，而且要开始相对独立地实践社会行为规范，要对各种新奇的外部事物进行判断和选择。但少年的好奇心强，经验很少，社会价值多样化，这给他们的选择带来困难，而一旦选择失误，则可能会对其成长带来严重的不利影响。所以，从社会化的角度看，少年期是社会化的"危险期"。在这一时期，如何实现家庭、学校、社会的良好配合，对少年给予适当的监护，鼓励他们健康发展，对于少年的成长十分重要。

（3）青年社会化。青年期是基本社会化的最后阶段。青年期的特点是：在生理、心理上已接近于成人，爱情萌芽产生，学习兴趣广泛，思维能力强，世界观、人生观基本形成。青年阶段的人有"六大高峰"：体力高峰，机体的发展进入成熟阶段；智力高峰，人的记忆力和理解能力及两者的最佳配合在青年阶段；特征行为高峰，人的性机能成熟，有求偶的要求；社会需要高峰，对衣食住行的要求急剧增长，对理想和前途思考较多；创造高峰，青年受传统的影响比成年人少，富于想象力和创造力；超常行为高峰，青年是人生观、世界观的形成期，青年在情绪和思想上尚不稳定，容易发生越轨行为。由于青年期在社会化过程中非常重要，因此国家、家庭和社会都十分重视青年社会化，也格外关注青年社会化遇到的困难。

2. 少年、青年社会化遇到的问题

少年、青年期是人的生理、心理迅速发展的时期，也是其广泛接触社会从而面临众多选择和挑战的时期。

一是心理上的断乳。心理上的断乳也称"社会性断乳"，它是相对母体对婴儿的生理上的断乳，即停止母乳喂养所造成的对婴儿成长的威胁而言的。心理上的断乳是指少年、青年在其成长的过程中，力图脱离家庭及其他方面的监护，独立自主地进入某些社会生活领域，但是他们又经验不足，从而产生的危机状况。一般表现为少年、青年不愿向家长和师长述说自己的想法，自己因缺乏经验和主见而犹豫不决、焦虑不安，在行动上则带有混乱的特征，如《少年维特的烦恼》所描写的那样。这对少年、青年成长来说，犹如生理上的断乳，是一次危机，也是一次考验。心理上的断乳是一个人在成长过程中必须经历的阶段，它是一个人从依赖他人到相对独立，并进一步走向更加独立的生活的中间环节。心理上的断乳对不同个体、不同家庭和不同社会条件下的个体、不同文化下的个体的威胁也不同，这种危机所发生的层面、强度也不同。减缓心理上的断乳对少年、青年的冲击，施教者应主动加强与少年、青年的沟通。

二是社会价值观念的多样化。社会价值观念是指社会群体、社会阶层、社会成员对社会现象的价值判断，即对某一现象的好坏、优劣、正误的判断。由于人们认同的文化不同、经历不同、所站的角度不同，因此他们对社会现象的评价也会不同。

同时，现代社会中新东西的出现也会引起不同群体的不同评价。新的社会现象的出现、价值观念的多样化为青少年扩大视野创造了条件，但因为青少年缺乏经验，知识尚不丰富，价值观念多样化也给青少年对价值的选择，即从中选择合理的东西带来困难，错误的选择常会给他们的成长带来不利的影响。因此，对新的社会现象的认知、判断十分重要。

三是理想与现实的矛盾。青少年阶段是富于理想的人生阶段，这种理想来自社会中对人生理想和社会理想的教育。如何对待理想与现实之间的关系，不同的年龄群体有所不同。一般地，有丰富社会经验和阅历的人会比较恰当地处理两者之间的关系，他们站在现实基础上对待理想、追求理想。青少年由于知识不足、经验短缺，且富于想象，所以他们往往缺乏对理想的可及性的判断，因而有时显得过于理想化。当怀有纯真理想的青少年走向复杂的现实生活时，非理想的一面就会对他们造成巨大的刺激，甚至会影响他们的人生观、社会观和世界观，影响他们的社会化。造成这种现象的原因是多方面的，但主要是青少年教育的理想化。社会总是希望将比较理想的东西告诉青少年，并用来模塑他们，而对社会现象组成部分的负面的东西介绍不足。这使得青少年在走进真实的社会，特别是面对不理想的现实时会有挫折感，有时甚至会使他们对所受教育产生怀疑。

四是社会的迅速变迁。社会的迅速变迁是使青少年社会化遭遇困境的重要原因。在比较稳定的社会，人们对某一社会现象的看法也有较大的稳定性，会形成较为明显、稳定的价值观，并且发挥社会化的作用。迅速变化的社会，各种新现象、新观点不断涌现，一些价值观念来不及沉积下来即被更新的观念取代。在这种情况下，青少年实际上处于文化、价值、规范的流变之中，而难以形成比较固定的可以效仿的东西。有时，这些不断涌现又很快变化的东西还可能会削弱社会的主流文化，而这对青少年社会化是一个威胁，他们的社会化遇到了严峻的挑战。

五是代沟。从人的社会化的角度看，代沟给青少年的成长带来严重的问题。在价值观念方面，两代人会有很不相同甚至相反的看法。此外，他们在生活方式、行为规范方面也有许多不同。当青少年没有具有深厚文化根基的楷模可以效仿时，文化传承意义上的社会化就不能进行，代之而来的可能是青少年在同辈之间的模仿和时髦的流行，这会形成亚文化，而且会与以往世代积累起来的文化产生隔阂。在这种情况下，青少年社会化的性质、机制及后果都可能需要重新思考。

（二）发展社会化

发展社会化是人们在基本社会化的基础上，不断学习群体和社会的文化，以适应社会生活、适应角色变化的过程。当一个人完成了基本社会化，从纯粹的生物体变为社会人，并作为一个基本合格的社会成员进入社会生活之后，他还会遇到许多需要解决的新问题。而且，随着社会成员自身及环境的发展变化，他以往在基本社会化中所学到的知识已不够用,从而需要学习新知识。一般来说有两种情况:第一,在人的发展阶段中需要扮演新的角色,从而需要学习与这些角色相适应的技能、知识和规范;第二,在扮演同一社会角色时需要不断学习。随着知识和技术的发展变化,社会对不同角色的要求也在发生变化,这也要求社会成员不断学习,适应这种变化,实际上是角色内学习。例如,技术人员必须学习新技术,熟悉新的职业规范,以面对知识技术老化的问题;老年人要面对老年期所遇到的各种变化,包括生理上的变化、家庭结构方面的变化,学习新的知识,调整自己的生活方式,以适应现实生活。

从通俗意义上讲,发展社会化就是"活到老,学到老"。一般来说,社会学更加关注与人的角色转变相关的社会化,即当社会成员(社会群体)的角色发生重要变化时他们的学习和适应过程。

(三)再社会化

再社会化是由于原来的社会化失败或其基本上已不适用,而重新学习社会的价值和行为规范的社会化过程。再社会化就是在某些重要方面对人的重新社会化。

第一,原来的社会化失败,某些人不再遵从原来社会化所倡导的基本价值和行为规范,认同和采取了反主流文化的行为模式。例如,犯罪分子即社会化的失败者,他们违反社会倡导的基本价值,严重损害了他人和社会的利益,职能部门和社会对其进行强制性的改造,迫使他们放弃自己的价值观和行为方式,而重新认同社会主流价值,即是再社会化。这种再社会化是在当事人不情愿的情况下进行的,总的来说,他们处于被动地位,因此又称为"被动再社会化"。

第二,原来的社会化的成果已基本不适用。在某种文化背景下,一个人完成了社会化,就是认同了这种文化所倡导的主流价值与行为规范,并在社会生活中去实践这些规范。由于文化的差异性,当在甲文化中完成了社会化的人进入与之不同的、异质性的乙文化时,就必须重新学习新的价值观和行为规范,以适应生活,这也是再社会化。例如,在儒家伦理文化背景下成长起来的中国人进入西方国家,在竞争性文化中长期生活,就要进行再社会化。在西方成长起来的人进入东方文化国家长期生活也是如此。与第一种再社会化相比,这种再社会化可以称为"主动再社会化",因为要适应新的生活,就必须主动去学习一整套新的价值观念和行为规范。

第三节 社会化的基本理论

一、"镜中我"理论

"镜中我"理论是美国社会学家库利提出的。他认为，自我或人格是社会的产物，是通过社会互动而产生的，他将自我意识的形成分为3个阶段：首先，设想自己在他人面前的行为方式；其次，在行为之后，设想或理解他人对自己行为的评价；最后，根据自己对他人的评价的想象来评价自己的行为，并据此做出下一步反应。在这样循环往复的过程中，每个人的自我意识和个性就逐渐形成了，库利非常形象地将通过观察别人对自己行为的反应而形成的自我概念称为"镜中我"，即每个人的"自我"观念其实是他人这面"镜子"的反射。库利还注意到"初级群体"在个性发展和个体社会化过程中的重要作用。

二、"角色扮演"理论

美国社会学家乔治·米德也曾研究过自我意识的形成。他认为，自我意识是随着符号使用能力的发展而发展起来的，人出生之初是没有自我意识的，随着符号使用能力的提高，人开始将"我"作为一个符号、一个对象来加以思考，这时，自我意识就开始产生了。米德将自我分为"主我"和"客我"两个部分。"主我"是自发的、能动的，为自我和人格的发展提供动力；"客我"是内化了的社会要求和期待，在社会互动过程中形成和发展起来。"主我"与"客我"是相互建构的。自我的发展过程就是"主我"与"客我"之间的一个连续不断的互动过程。

米德认为，社会化的实质是"角色扮演"，即学会理解他人对角色的期待，并按照这种期待从事角色行为的能力。米德将社会化过程分为3个阶段：模仿阶段、嬉戏阶段和博弈阶段。每个阶段的"角色扮演"能力是不同的。相应地，"客我"涵盖的内容和范围也是不同的。在模仿阶段，孩子只能简单地理解和模仿父母的动作，"角色分析"是非常有限的；到了嬉戏阶段，孩子开始扮演一些特定的、重要的角色，这些角色在孩子的生活中占有重要地位；到了博弈阶段，孩子需要和能够扮演的角色的范围更大，开始观察、理解和模仿"一般化他人"的角色。米德认为，随着一个人从只能扮演有限的、特定的角色到能够扮演普通的"一般化他人"的角色，"客我"的内涵和外延也在不断扩展。

三、精神分析理论

精神分析理论的代表人物弗洛伊德，将人格划分为3个部分：本我、自我、超我。本我是人格结构中最原始、最隐秘的部分，其基本成分是人类的基本需求和冲动，特别是性冲动。本我受本能驱动，遵循快乐原则。自我是从本我中分化出来的，由于本我的各种需要在现实中不可能立即和全部满足，个体必须接受现实的限制，学会在现实中获得需求的满足。于是，这服从现实的一部分即从本我中分离出来，成为自我。自我遵循现实原则。超我是从自我中分离出来的，是人格结构中的最高部分，它是个体接受社会道德规范的教养后逐渐形成的，服从社会的道德要求，在整个人格结构中居于管制地位，对人格的其他部分进行审查和监控。它遵循的是完美原则。三者中，自我和超我属于意识层次，本我属于潜意识层次。后者长期处于前者的压抑和控制之下，处于无意识状态。

在人格发展过程中，如果本我、自我和超我三者和谐一致，那么人格发展过程是正常的；如果三者失衡甚至长期冲突，那么人格发育将会非常困难，甚至可能出现某些心理疾病。

四、人格发展"八阶段"论

美国心理学家埃里克森提出人格发展"八阶段"论，修正了弗洛伊德的理论。他认为，社会文化对人格发展有着重要影响，而人格发展贯穿人的一生。他认为，人在成长的每个阶段，都会遇到某种心理问题，都要对周围环境所提出的特定社会要求做出反应。如果个人能成功地解决这些问题，就会在心理和行为上表现出积极的反应；如果个人不能很好地解决这些问题，就会出现"认同危机"，给以后的社会化过程留下隐患。根据个体在各个时期的典型心理反应，埃里克森将社会化过程划分为8个阶段。

（一）信任与不信任（婴儿时期，0~1岁）

婴儿如果能得到父母或他人的良好照料，各种需求得到充分满足，就能建立起对周围环境的信任感。相反，则会对他人和环境产生不信任，以至对以后各阶段的社会化产生不良影响。

（二）自主与羞怯、怀疑（幼儿时期，2~3岁）

儿童在这一阶段开始学习对自己的肢体活动加以自主控制，用自己的感官去熟悉周围环境。父母应有意识地鼓励孩子的这种自主性活动，过多的指导或限制会使儿童产生羞耻感，并对自身的能力和周围的环境产生疑虑，不利于青年期形成独立自主的个性。

（三）主动与内疚（学前时期，4~5岁）

由于儿童具有了语言的能力和从事游戏活动的能力，他开始表现出与他人交谈和一起从事游戏活动的主动性。父母如果对儿童主动的要求不予理睬或管束太多，取笑或惩罚儿童的一些带有创造性甚至有点荒诞的做法，就可能使他产生内疚感，影响儿童想象力和创造力的培养。

（四）勤奋与自卑感（学龄时期，6~11 岁）

在这一时期，儿童对周围事物的用途和构造的好奇心增强，乐于使用工具去进行操作活动。这时应鼓励儿童积极动脑并努力完成自己喜爱的活动，从而培养起儿童完成工作的勤奋精神，不理解或压制儿童的想象力和创造性活动，会造成儿童的自卑感。

（五）认同与角色混淆（青少年期）

青少年在这一时期特别注意观察和认识各种社会角色的意义，学会扮演不同角色，实现角色的自我认同。如果个人在这一时期的社会交往活动中缺乏主动和自信，将不能正确地理解各种社会角色的意义，从而在活动中出现角色混淆不清的现象。

（六）亲密与孤独感（青年期或成年早期）

在这一阶段，个人将经历求爱和建立家庭等事件。顺利地完成这些活动，需要个人学会和异性交往并建立亲密关系的能力。这方面活动的失败，会使个体陷入难以自拔的孤独感。

（七）关注后代与关注自我（中年期或成年期）

在这一阶段，由于个人的社会成就已相对达到顶峰，子女已逐渐长大，个人增加了对他人，特别是对下一代人的关心。那些由于种种原因没有形成对后代关注的个人，则会沉溺于对自我、事业和生活的关注之中。

（八）完善与绝望（成熟期或老年期）

在这人生的最后阶段，个人会经常回忆和总结自己一生的活动，力图给自己的一生做出一个使自己满意的解释，并给它画上一个圆满的句号。如果个人不能找到这样一个满意的解释，将陷入追悔和绝望的情绪之中。

五、生命历程理论

社会化过程贯穿人的整个生命历程，对生命历程的分析实际上就是对社会化过程的分析，因此，可将生命历程理论视为一种社会化理论。

生命历程理论起源于美国芝加哥学派关于移民问题的研究。它是兴起于 20 世纪初的一种研究方法，在 20 世纪 60 年代以后得到迅速发展。该理论将个体的生命历程看作更大的社会力量和社会结构的产物。更重要的是，该理论创造了一系列概念工具和分析方法，使其与其他微观社会学视角区分开来。

生命历程理论的基本分析范式，是将个体的生命历程理解为一个由多个生命事件构成的序列。例如，一个人一生中会经历入学、就业、生育、退休等生命事件，这些生命事件按一定顺序排列起来，就构成了一个人的生命历程。生命事件发生的时间、地点和内容深受社会结构的影响，而前者反过来又会影响个体的角色扮演。这样，以"生命事件"概念为中介就打通了社会结构与个体社会化过程之间的关系。

生命事件发生的轨迹，亦即先后次序，以及生命事件之间的过渡关系是生命历程理论研究的基本主题。生命历程理论之所以确定这么一个研究主题，有两个原因。第一，同样一组生命事件，如果排列顺序不同，对人生的影响也会大不相同。例如，有这样一组生命事件：①上学；②丧父；③就业。如果按①③②的顺序排列，意味着一个人毕业参加工作之后才遭遇了丧父之痛，丧父这一事件对此人人生影响是比较有限的，因为他已经有了自己的收入，能够自立了；如果是按②①③的顺序排列，则意味着一个人还没有开始学业就丧失了父亲，早年丧父，显然会直接影响到他一生的成长。第二，生命事件之间是相互有影响的，这使得研究事件之间的过渡关系显得非常重要。在上面这个例子中，上学、丧父、就业这3个事件显然是相互影响的，我们只有在明白了这3个事件之间的过渡关系之后，才能真正了解它们对个体社会化过程的影响。

影响个体生命历程的因素

生命历程理论在考察宏观的社会结构与个体的生命历程之间的关系时，涉及4个要点。

第一，生命发生的时间和空间。时间和空间对人的生命历程有重大影响。时间和空间规定了不同生命所拥有的生活机会、权利和回报。例如，同是中国人，20世纪50年代出生的那一代人与20世纪80年代出生的那一代人就面临着完全不同的两种生活场景。前者在学习文化知识、掌握生活技能的关键时刻，碰上了"文化大革命"；后者则一生下来就赶上了好时代。而同样是20世纪80年代出生的人，出生地点是农村还是城市，面临的机会也会有很大的差别。

第二，生命的相关性。任何一个人总是生活在一定社会关系之中，即生命与生命之间是相关的，生命历程与生命历程之间是相互联系的。例如，父亲的生命历程显然会影响到儿子的生命历程。生命的相关性，要求考察不同生命历程之间的互动关系。

第三，生命的时间安排。生命的时间安排，是指社会对个体生命历程中特定角色和事件所发生的时间和后果的期望。社会一般会有一个"标准时间表"，指明主要生活事件和社会角色的适当时间。"标准时间表"表明了社会对人们不同年龄阶段的期望。个体关于生命历程的时间安排如果符合社会的期待，就会比较顺利，反之则有可能遭遇麻烦。例如，一个人才30岁就"退休"了，就不符合社会对这个年龄的期待。但违反社会时间表有时也带来一些好处。生命的时间安排可能会因某些突发事件而被打乱。

第四，人的能动性。上面3点都是影响个体生命历程的外部因素，但并不意味着个体的生命历程完全决定于外部环境。事实上，个体的能动性在自己的生命历程中也有很大的作用，也是生命历程分析中不可缺少的部分。

第四节　社会化与个性化

一、什么是个性

个性也称"人格"。按照研究人的社会化的社会心理学家们的看法，人的社会化主要是指个体通过社会化形成比较稳定的心理特征，而走出由本能支配的状态。在社会心理学家看来，个人的稳定的心理特征的总和就是个性。

美国社会心理学家奥尔波特（G. W. Allport）分析了众多对个性的定义，认为可从不同角度，如个人特征、人的行为的整体性、个人对环境的适应性等方面来理解个性。他认为，个性是存在于个体之中的那些决定其对环境做出适应的精神生理系统的动力组织，个性的本质特征在于其本性是一个开放系统，能够自由地同周围环境创造性地交换物质和能量，并具有某种自我平衡状态和内部不断增长的组织化趋势。

在社会心理学家们看来，个性是人们行为的基础，也是个体行为差异的基础，个性对个体的行为具有某些导向作用。而个性主要表现在兴趣、气质、性格等方面。具有不同兴趣、气质、性格的人在面对同一社会现象时会有不同的反应，这种态度和行动上的差异性就是个性在发挥导向作用。

二、个性的形成

事实上，人的个性不是先天的，而是个体在后天的社会生活实践中逐渐积累而成的。个性以生理素质为基础，但在社会实践活动、社会化过程中，个体的个性起着重要作用。个性以个体的生理素质为基础，而人生来就有着兴趣和态度方面的差异，这种差异不但表现在性别方面，也表现在体质方面，这是生理因素发挥基础作用的一种表现。

社会因素对人的个性的影响是重要的和明显的。这种作用表现为，虽然人的个性有先天的生理基础并对个体特点有基础性影响，但是人后天的社会实践活动，特别是社会化过程可以对那些基础性的倾向和特征有所改变，使人的态度和行为的倾向性得到强化或被抑制。例如，父母通过一系列活动培养孩子的兴趣，鼓励孩子自主地做选择，可以增强孩子的自信心；通过集体性的小组活动，可以使那些内向性格的人变得比较开放；一个自认为能力不强且内向的人在成为小组负责人后，经过锻炼可以成长为外向的、有较强能力的领袖；一个性格开朗的人在遭遇一系列人生挫折后可能会变得忧郁。所有这些都表现为社会因素对个性的影响，可以说，人的个性是在生理素质的基础上，通过后天的社会实践活动形成的，社会化过程对于人的个性的形成具有某种决定性的影响。

三、社会化在个性形成中所起的作用

（一）个性与社会个性

一个人在生理素质的基础上，经过较长时间的社会实践活动和社会化形成个性。不同个体因生理基础和所经历的社会实践活动不同，其性格会有某些差异，但又会有许多相同之处，这是社会因素在社会化过程中的重要作用导致的。在同一个群体或社会中，个体社会化的外部环境是相同的，群体或社会则用同一种标准去要求、塑造同一类个体，其结果是同类个体有相似的个性。社会心理学家把同一群体中多数成员共同具有的心理特质和性格特点称为"社会个性"。

社会个性是一个集团的大多数成员性格结构的核心，是这个集团共同的基本经验和生活方式发展的结果。不同性别、年龄、民族、阶级和阶层的人们构成不同的群体，具有独特的心理和个性，即形成不同的社会个性。例如，社会上有男人性格与女人性格、老年人性格与年轻人性格、农民性格与知识分子性格之分，实际上就是指的社会个性。社会个性实际上是一个群体中成员个性的共同方面，它是在共同或相似的社会生活中形成的。

（二）雷同性格与人的能动性

雷同性格是同一群体的不同成员的个性、性格高度相似的现象。从社会个性的角度看，雷同性格是社会个性所反映的群体成员个性中的共同部分大大超过不同部分而处于支配地位的现象。群体成员犹如一个模型造出来的，他们在态度、行为特征上高度一致。在群体和社会对其成员进行社会化时，如果过分地控制他们，压抑他们的不同想法，有可能会造成一定程度的雷同性格。雷同性格是对群体成员过度社会化的结果。过度社会化在个体身上会造成内陷式性格，即成员缺乏自信和主动精神，缺乏创造性和独立见解；在群体方面，过度社会化会造成成员们的雷同性格，使他们在看待问题的观点、处理问题的态度和方式上高度一致，缺乏不同的见解和对既定规范的任何挑战，从而使群体缺乏活力。可见，过度社会化并不一定有利于群体的发展。大多数情况下，过度社会化是同集权体制、自上而下的单一的社会化方式相联系的。

延伸阅读

个性与民族性的关系

社会个性是一个群体的成员所共有的个性特征,是指成员个性中共同的方面。当我们把群体视为一个民族或一个国家时,这种社会个性就是民族性和国民性。民族性是一个民族的大多数成员共有的个性特征,国民性则是一个国家的国民所共有的个性特征。

一个族群的广大成员由于共同的生活环境、共同的生产方式和生活方式,会产生共同的价值观念和行为方式,其中包含共同的个性特征。在多民族国家,由于民族文化之间的普同性和民族之间的交往与融合,各民族之间也会形成共同的个性特征。例如,通过千百年的交往与融合而形成的中华民族的文化,实际上是汉族与少数民族长期互动的结果。在这一过程中,各民族相互取长补短,并形成有共同特点的文化特征。当我们把这种共同的文化和个性特征放入国家层次分析时就是国民性。当然,在多民族国家,较大、较强民族的文化特征在交往和融合中可能会占优势,在共同的社会个性中也有较多体现。

第五节 社会角色和角色扮演

一、社会角色

(一) 社会角色的含义

"角色"原本是戏剧中的名词,指的是演员扮演的戏剧中人物。实际上,社会也是一个大舞台,所以我们在日常生活和工作中也使用这一概念。角色作为一个学术概念,米德首先把它应用于社会心理学的研究领域。1936年,美国人类学家林顿明确地把社会角色与人们在社会中所处的位置联系起来。

那么,什么是社会角色?社会角色是人们在社会生活中形成的、与人们在社会关系体系中所处的地位相一致的、社会所期望的一套行为模式。可以从3个层面来理解。

第一,社会角色是人的社会地位的表征。所谓社会地位,是指人们在社会关系体系或社会结构中所处的位置,它由相互关系来确定。人们生活在一定的社会中,总会有自己的位置或地位,这种地位是由人们之间的相互关系而形成的,它必须靠这种关系才能表现出来,而具体表现这种地位的则是角色。社会角色是一套行为模式,角色不同,行为方式、行为模式也不同。这种行为方式、行为模式是与人们在社会结构中的地位或位置相联系的。

第二，角色是一套有关权利、义务的规范。只有在一定的社会关系中，人的行为才是社会性的，人们之间的相互合作形成了权利和义务关系，并且会以一定的行为表现出来。特定的人们之间表现权利、义务的行为的定型化同时也是行为规范的形成过程。这些规范的集中化就是角色，角色是集中反映权利和义务的方式。教师和学生是相关的角色，两种角色反映的是他们之间相互的权利和义务。

第三，角色是人们对处于特定位置上的人的行为的期望。行为模式是人们共同活动经验的积累和结晶。当某种行为模式被认为是有益和有效时，就会被人们固定下来，成为指导人与人之间关系的规则。这些规范产生于现实生活，又是有益和有效的，所以它也具有了社会所期望的特征。

（二）社会角色的类型

在一个大的社会体系中，社会角色的数量和类型是难以计数的，总的来说，有几种重要的角色类型。

1. 先赋角色与自致角色

建立在血缘、遗传等先天或生理因素基础上的由先赋地位所规定的角色称为"先赋角色"。或者说，当一个人的角色不是由自身的努力，而是由出生这一先天因素所决定时，它就属于先赋角色，即先天赋予的角色。属于先赋角色的有性别角色、由年龄因素决定的角色、由种族决定的角色等。

自致角色是经过个人的努力而获得的角色。一个人通过自己的努力而获得某种社会地位，与此相应，他也就获得了某种社会角色。"寒门出贵子"是说出身贫苦的年轻人因为奋斗不息而终成事业，他由此获得的地位和与之相关的角色是自致性的。社会学认为，自致地位和自致角色的获得与个人的努力有关，也与社会的制度有关。

2. 规定角色与开放角色

规定角色是指对角色的行为、行为规范和标准有明确而严格的规定的角色。它具体指出了角色承担者的权利和义务、应该做什么和不能做什么，甚至提出应该做到什么程度，即对承担这种角色的人的行为进行了严格的限制，如政府公务员、警察、法官、医生、会计、社会工作者等。

在现实社会，特别是日常生活中，社会对许多角色并没有明确而具体的规定，而只是指出了扮演这种角色所应遵循的基本思想，这类角色的承担者可以根据自己的理解，在一定范围内活动，这种角色叫"开放角色"，如父母、夫妻、兄弟、子女、亲戚、朋友等。开放角色的行为规范都有很大的伸缩性。

3. 理想角色与实际角色

对于处于任何社会位置、承担某一角色的成员来说，社会都为其设计了一套应该遵守的、理想的、被期待的行为规范来指导其行为，这套行为规范称为"理想角色规范"。理想角色是社会对处于社会关系中的人们的行为的期望，认为这些行为规范是人们应该践行的,它是一种标准的和较高的要求。

实际角色是处于某一社会位置上的人实践其所应遵循的角色规范的情况而实际上表现出来的角色。实际角色与理想角色之间的差距称为"角色距离"。

二、社会角色扮演

（一）角色扮演的含义

一个人扮演某种社会角色,并按这一角色所要求的行为规范去活动称为"角色扮演"。"角色扮演"这一概念最早是由米德提出的,米德从社会化的角度分析了角色扮演对儿童成长的意义,认为儿童的各种游戏——一般的玩或"过家家"都是在扮演他人角色,这有利于儿童自我的形成。社会作为一个大舞台,任何社会成员都有角色扮演的问题。人们每承担一种角色,就会以某种形式去扮演。

（二）角色扮演过程

角色扮演是一种社会行动,也是一种社会互动,它包括如下一些基本阶段和过程。

1. 了解角色期望

一个人要扮演角色,就必须知道社会要他做什么,即他的权利和义务是什么,这是对客观规定的了解和认知过程。对于一个有明确自我意识的人来说,了解角色期望是主体对客体的认识过程,表现得相当明确。如大学生毕业后参加工作,就要了解工作单位对他的要求；一个人晋升后,也要了解新岗位对他的新要求。在日常生活中,人们对某一角色规范的了解并不一定是他在承担哪个角色后才开始的,社会学机制可能会使一个人预先了解某一角色的规范,甚至在许多情况下是在人们了解了某一角色的规范之后才选择进入该角色的。但无论如何,一个人在扮演角色之前都要了解社会对该角色的期望。

2. 角色认同

角色认同包括对角色所规定的基本权利和义务的承认与接受,也包括对具体规范的承认与接受。角色认同起初是对一个人基本的、实质性的权利和义务的认可,随着角色活动的展开,个人对角色规范的了解就越全面,认同也可能越深刻。一般情况下,这两个层次的规范要求是一致的,因此,角色认同是一个持续的过程。

角色认同是一个社会化过程,是社会通过一定的机构将角色规范加于角色承担者和角色承担者去理解、选择的过程。这一情况相当复杂,同类角色的承担者对角色的认同度也可能会有不同。一个人认同了他所承担的角色,有了角色意识,才能主动地去扮演角色。一个人的角色认同状况及其角色意识对他扮演角色的行为有内在的、重要的影响。

3. 角色扮演的具体过程

角色扮演的具体过程是指角色承担者在具体的情境中去表现角色行为。人们实践角色规范就是一个在复杂的情境中行动和互动的过程。角色扮演的具体过程大致如下：一个人根据自己所扮演的角色的要求确定行动取向（包括对角色的认同），他要根据互动对象的特征和具体的情况进一步选择行动策略（包括现实的或已习惯化了的内部解释过程），采取某种具体行动，他人依同样的机制做出反应，根据对方的反应，行动者反思自己的前一个行动，如此持续下去。在角色扮演的过程中，社会为每一种角色确立的规范是其行为方向、行为模式的指导，这是人们有效地扮演角色的前提。但在扮演角色的具体活动中，行动者又有许多创造和随机应变，以处理新问题，这就是人的能动性。

（三）角色扮演中的问题

由于人的活动的多样性、活动情境的复杂多变，以及个人能力的限制，人们在角色扮演中可能会产生一些问题，以致发生不能有效地扮演角色的现象。

1. 角色混淆

角色混淆是指人们对自己所要扮演的角色和角色规范认识不清，从而使扮演该角色的行为与其他角色的要求发生混淆的现象。这种现象常常表现为人们并非故意地使用了不该运用的行为规范来处理与他人的互动。主要有两个原因。第一，角色认知不清。当人们对自己所要扮演的角色的规范认识不清时，在行为上必然会出现混淆。如果一个人的认识能力有限，可能会发生难以掌握角色规范中比较复杂的要求的现象。第二，场景分辨不清。角色扮演与一定的情境相联系，某种情境中的角色行为不能用于另一种情境之中。人们承担着多种角色，但由于人们习惯于某种情境中的角色关系，有时会把这种角色行为带进另一种场合，从而发生角色混淆。例如，人们将工作时间的上下级关系移至业余时间，下级在非工作场合对上级毕恭毕敬。也有的人将工作中的角色行为模式带入家庭生活之中，或将日常生活中的行为模式带入工作中，未能随着活动场合的变化而改变自己的角色行为。角色混淆主要是角色社会化方面发生了问题，一个人未能基本完成某一角色的社会化，对角色的了解和认知不足，又缺乏扮演角色的实际经验和技巧，就可能发生角色混淆的现象。

2. 角色紧张

随着人的发展，他所参与的社会活动也会增加，因而所承担的角色也会增加。实际上，几乎任何一个人都是复式角色。有的人参加了大量不同的社会活动，承担着许多社会角色，以致出现因没有基本的时间和精力去扮演某些角色而疲于应付的现象，这就是角色紧张。角色紧张主要是个人的时间、精力、能力不适应他所承担的过多角色的要求，这种现象可能是暂时的，也可能是长期的。长期的角色紧张会带来心理压力，以致引发心理疾病。

3. 角色冲突

一个人承担着多种角色，这些角色所涉及的生活领域可能是互相分离的，也可能是密切地联系在一起的。围绕某一社会地位而形成的一组角色被称为"角色丛"。

例如，一个从事教师职业的人，他与学生建立了师生关系，与其他教师建立了同事关系，另外，还要同校长、行政部门、服务部门的工作人员建立各种关系，这样，围绕教师这一职业就形成了角色丛。实际上，一个人身上常常有多个角色丛。

在社会现实中，一个人同时承担了多种角色，且其中的两种或多种角色对承担者的期待发生矛盾，难以协调，从而使角色承担者左右为难，这种现象被称为"角色冲突"。中国文化中常说的"忠孝不能两全"指的就是角色冲突。

4. 角色失败

角色失败是一个人未能和无法成功地扮演某种角色的现象，这是角色承担者严重不称职或已不能继续承担这种角色的情况。角色失败有两种情况。一种是角色承担者未能有效地按照社会的期望进行表演，从而导致角色行为失败。为父母者未尽到教育好子女的责任而导致未成年子女违法犯罪，一名干部贪污腐败成为罪犯，有的学生因各种原因而中途退学，这些都是角色失败的例子。另一种是角色关系解体，即原来的角色承担者无法再继续扮演原来的角色。干部贪污后被开除，夫妻之间由于种种原因难以相互适应而离婚，企业家因企业破产而不得不到其他企业当工人，这些都是角色关系解体的例子。

本章小结

社会化是个体在与社会的互动过程中逐渐养成独特的个性和人格，从生物人转变成社会人，并通过社会文化的内化和角色知识的学习，逐渐适应社会生活的过程。社会化包括基本社会化、预期社会化、发展社会化、逆向社会化、再社会化和特殊社会化等类型。人的社会化过程涉及一系列个人、群体和机构。家庭、学校、工作单位、同龄群体和大众传播等都是重要的社会化主体。社会化的几个主要理论——库利的"镜中我"理论、米德的"角色扮演"理论、弗洛伊德的精神分析理论、埃里克森的人格发展理论以及生命历程理论等，都是前人从不同视角对人的社会化的研究和总结。个性化和"个体化社会"正成为当代社会一个重要的新趋势和新特征，社会化和个体化与现代社会和现代人的发展密不可分。正确认识社会化与个体化及其关系对人的社会化和个体化发展很重要。

本章知识与能力训练

一、判断题

1. 人有生物性与社会性两重性，生物性是人与生俱来的身体和行为特征，社会性是在社会生活中习得的行为特征。（   ）
2. 基本社会化主要发生在儿童时期，是整个社会化过程的基础。（   ）
3. 在社会心理学家看来，个人的稳定的心理特征的总和就是社会性。（   ）

4. 社会共性实际上是一个群体中成员个性的共同方面，它是在共同或相似的社会生活中形成的。（ ）

5. 发展社会化是由于原来的社会化失败或其基本上已不适用，而重新学习社会的价值和行为规范的社会化过程。（ ）

二、单项选择题

1. 米德将社会化过程分为3个阶段：（ ）、嬉戏阶段和博弈阶段。
   A. 依赖阶段　　　B. 学习阶段　　　C. 模仿阶段　　　D. 自我意识形成阶段

2. （ ）将人格划分为3个部分：本我、自我、超我。
   A. 库利　　　　　B. 米德　　　　　C. 弗洛伊德　　　D. 埃里克森

3. 在现实社会，特别是日常生活中，社会对许多角色并没有明确而具体的规定，而只是指出了扮演这种角色所应遵循的基本思想，这类角色的承担者可以根据自己的理解，在一定范围内活动，这种角色叫（ ）。
   A. 自致角色　　　B. 先赋角色　　　C. 规定角色　　　D. 开放角色

4. 一个移民到新的国家和文化环境后，可能要全盘放弃原来的文化，接受新的文化，属于（ ）。
   A. 再社会化　　　B. 发展社会化　　C. 理想社会化　　D. 预期社会化

5. 对残疾人、包括盲、聋、哑、智力落后、肢体残疾和病弱的儿童、青少年和成年人，以及超常儿童、有品德缺陷的儿童和患有精神病的儿童和青少年社会化的过程称为（ ）。
   A. 发展社会化　　B. 再社会化　　　C. 特殊社会化　　D. 预期社会化

三、多项选择题

1. 人的社会化是一个人（ ）的过程。
   A. 学习社会的文化　　　　　　B. 增加自己的社会性
   C. 遵从一定社会规范　　　　　D. 由生物人变为社会人

2. 生命历程理论在考察宏观的社会结构与个体的生命历程之间的关系时，涉及（ ）等几个要点。
   A. 生命发生的时间和空间　　　B. 生命的相关性
   C. 生命的时间安排　　　　　　D. 人的能动性

3. 人的社会化的机制是指人的社会化过程的内在机理，它是一个相当广阔的领域，包括（ ）。
   A. 社会化的实施者　　　　　　B. 社会化对象
   C. 社会化对象的关系模式　　　D. 社会化对象的内在心理特征

4. 少年青年社会化遇到的问题有（ ）。
   A. 心理上的断乳
   B. 理想与现实的矛盾
   C. 社会的迅速变迁和社会价值观念的多样化
   D. 代沟

5. 再社会化就是在某些重要方面对人的重新社会化，包括（　　）等情形。

A. 原来的社会化失败，某些人不再遵从原来社会化所倡导的基本价值和行为规范

B. 犯罪分子即是社会化的失败者，他们违反社会倡导的基本价值，严重伤害了他人和社会的利益

C. 原来的社会化的成果基本已不适用

D. 当在甲文化中完成了社会化的人进入与之不同的、异质性的乙文化时

四、思考题

1. 社会化有哪些主要类型？人的社会化的条件有哪些？
2. 为什么说"个体化的社会"的来临是当代社会的一个新趋势和新特征？
3. 社会化与个体化的关系如何？
4. 什么是社会角色？如何处理社会转型期的角色失调问题？

五、技能实践

结合个人承担多个社会角色的实际，试分析各个社会角色的特点和职能，探讨当一个人扮演多种社会角色时，如何处理好各种社会角色的关系。

参考答案

一、判断题

1. √　2. √　3. ×　4. ×　5. ×

二、单项选择题

1. C　2. C　3. D　4. A　5. C

三、多项选择题

1. ABD　2. ABCD　3. ACD　4. ABCD　5. ABCD

四、思考题

1. 社会化是指个体在与社会的互动过程中，逐渐养成独特的个性和人格，从生物人转变成社会人，并通过社会文化的内化和角色知识的学习，逐渐适应社会生活的过程。在此过程中，社会文化得以积累和延续，社会结构得以维持和发展，人的个性得以健全和完善，社会化是一个贯穿人生始终的长期过程。

社会化包括6种类型：基本社会化、预期社会化、发展社会化、逆向社会化、再社会化、特殊社会化。这当中有的是人生必须经历的，如基本社会化；有的则是不一定会经历的，如再社会化和特殊社会化。

（1）基本社会化。基本社会化是发生在生命早期的社会化，其主要任务是向儿童传授语言和其他认知本领，使其内化社会文化规范和价值标准，能够正确理解社会关于各种角色的期望和要求。基本社会化主要发生在儿童时期，是整个社会化过程的基础。

（2）预期社会化。预期社会化是一种社会化形式，即人们在此过程中学习的不是现在要扮演的角色，而是将来要扮演的角色。预期社会化大量发生在青年时期。

（3）发展社会化。发展社会化是指成年人为了适应新形势提出的角色要求而进行的学习过程。它是相对于基本社会化而言的，是在基本社会化的基础上进行的。

（4）逆向社会化。该类型的社会化是指晚辈向长辈传授文化规范和知识的社会化。现代社会中，社会变迁速度快，知识更新速度也快，一些成年人往往跟不上形势，他们要想不落伍，就必须接受逆向社会化。

（5）再社会化。再社会化是指全面放弃原已习得的价值标准和行为规范，重新确立新的价值标准和行为规范。再社会化虽然着眼于人的改造，但由于原因和目的不同，其具有正面性和负面性、强制性和非强制性的区别。

（6）特殊社会化。特殊社会化是指对某些遭受身心损伤不能进行正常社会生活的人进行的特殊措施的社会过程，其对象通常指残疾人、超常儿童、有品德缺陷的儿童和患有精神病的儿童和青少年。

人的社会化需要具备的条件有4点。

（1）人有脑力劳动的条件。人类在生命进化中获得了只有属于人的生命特性——大脑神经系统和抽象思维能力，从而使人们能够在实践活动中对外部世界的各种事物产生由感性到理性并指导自身行为的认识活动。

（2）人有较长的依赖生活期。人类的进化是一种进步，同时也伴随着初级的独立生活能力的丧失。人类新生儿要生存，就必须依赖他人，依赖群体和社会。这种依赖性使群体和社会对新的社会成员实施社会化成为可能，即老的群体成员（比如父母）可以利用新成员的依赖性向其传授满足其需要的技能、知识和规范。这种传授包括悉心教导、因势利导，也包括运用由于依赖性而形成的权力，即迫使新成员遵从群体和社会的规范。人的较长的依赖生活期使其学习十分丰富的文化成为可能。

（3）人有较强的学习能力。学习能力也是人的社会化的生物基础，这一能力是人类在长期进化过程中积累而成的，现实的学习能力则是人的先天素质、社会历史遗产和个人努力3个方面因素相互作用的产物。人的学习能力不但包括模仿能力，而且包括创造力。

（4）人有语言能力。语言是人们在共同劳动及其他活动的过程中创造出来的，作为文化的一种形式，它是群体成员共享或共同使用的。它是人类传达信息、沟通思想的工具。因为人有语言能力，可通过接受文化教育和参与社会生活等方式学习语言，所以人们也就能够借助这些语言更有效地学习群体和社会的文化。

2. 第二次世界大战以后，特别是20世纪中后期，当代社会出现了一些明显的新趋势，这一过程使得早期现代工业所确立的社会化大生产体系不断受到动摇，大型集体和社会组织对社会结构和社会过程的影响力逐渐降低，推动了"集体化社会"向"个体化社会"的转变，这些趋势的重要方面主要表现在：①社会生活的信息化、网络化和数字化；②经济活动性质的转变；③社会生产体系的轻型化、小型化和微型化；④社会劳动部门的白领化、年轻化、女性化；⑤劳动方式的自主化和个体化；⑥就业方式的开放性和选择性。

在当代社会的现代化快速推进的过程中，人的个体化成了社会生活中引人注目的一种现象，可以说，个体化现象成了当代社会的一个问题。

3.（1）人的社会化与人的个体化是同一现代化过程的两个侧面、两个维度，它们体现了现代社会持续的递进和现代人不断成长的实践经历。人的社会化和人的个体化集中了现代社会诸多现象中的问题、矛盾和冲突。

（2）社会化和个体化有其各自特定的含义。社会化是每个人必然经历的基础性发展过程。经过社会化，一个人实现了从自然的生物人向社会人的转变，形成了个性和自我，内化了社会价值标准，获得了角色技能，适应了社会生活。人的个体化意味着，在当代社会高度发展的基础上，人的社会化过程具有了早期现代社会所没有的特征，从而提升了个人的发展指向，同时也更新了个人的现代性内涵。

（3）个体化在某些方面是传统社会化的超越。个体化不仅内含了自然的生物个体向社会人的转变，而且意味着一个社会人向更新的现代人的持续迈进。

4. 社会角色是人们在社会生活中形成的、与人们在社会关系体系中所处的地位相一致的、社会所期望的一套行为模式。可从3个层面来理解。第一，社会角色是人的社会地位的表征。社会角色是一套行为模式，角色不同，行为方式、行为模式也不同。这种行为方式、行为模式是与人们在社会结构中的地位或位置相联系的。第二，角色是一套有关权利、义务的规范。第三，角色是人们对处于特定位置上的人的行为的期望。行为模式是人们共同活动经验的积累和结晶。当某种行为模式被认为是有益和有效时，就会被人们固定下来，成为指导人与人之间关系的规则。这些规范产生于现实生活，又是有益和有效的，所以它也具有了社会所期望的特征。

由于人的活动的多样性、活动情境的复杂多变，以及个人能力的限制，尤其是在社会转型期，人们在角色扮演中可能会产生一些问题，以至发生不能有效地扮演角色的现象。

（1）角色混淆。角色混淆是指人们对自己所要扮演的角色和角色规范认识不清，从而使扮演该角色的行为与其他角色的要求发生混淆的现象。这种现象常常表现为人们并非故意地使用了不该运用的行为规范来处理与他人的互动。主要有两个原因。第一，角色认知不清。当人们对自己所要扮演的角色的规范认识不清时，在行为上必然会出现混淆。如果一个人的认识能力有限，可能会发生难以掌握角色规范中比较复杂的要求的现象。第二，场景分辨不清。角色扮演与一定的情境相联系，某种情境中的角色行为不能用于另一种情境之中。人们承担多种角色，但由于人们习惯于某种情境中的角色关系，有时会把这种角色行为带进另一种场合，从而发生角色混淆。角色混淆主要是角色社会化方面发生了问题，一个人未能基本完成某一角色的社会化，对角色的了解和认知不足，又缺乏扮演角色的实际经验和技巧，就可能发生角色混淆的现象。

（2）角色紧张。随着人的发展，他所参与的社会活动也会增加，因而所承担的角色也会增加。实际上，几乎任何一个人都是复式角色。有的人参加了大量不同的社会活动，承担许多社会角色，以致出现因没有基本的时间和精力去扮演某些角色而疲于应付的现象，这就是角色紧张。角色紧张主要是个人的时间、精力、能力不适应他所承担的过多角色的要求，这种现象可能是暂时的，也可能是长期的。长期的角色紧张会带来心理压力，以致引发心理疾病。

（3）角色冲突。一个人承担多种角色，这些角色所涉及的生活领域可能是互相分离的，也可能是密切地联系在一起的。围绕某一社会地位而形成的一组角色被称为"角色丛"。实际上，一个人身上常常有多个角色丛。在社会现实中，一个人同时承担了多种角色，且其中的两种或多种角色对承担者的期待发生矛盾，难以协调，从而使角色承担者左右为难，这种现象被称为"角色冲突"。中国文化中常说的"忠孝不能两全"指的就是角色冲突。

（4）角色失败。角色失败是一个人未能和无法成功地扮演某种角色的现象，这是角色承担者严重不称职或已不能继续承担这种角色的情况。角色失败有两种情况：一种是角色承担者未能有效地按照社会的期望进行表演，从而导致角色行为失败；另一种是角色关系解体，即原来的角色承担者无法再继续扮演原来的角色。

五、技能实践

略。

第三章　社会互动

本章学习目标

1. 叙述社会互动的概念和特点。
2. 辨别社会互动的类型。
3. 认知社会互动的现实意义。
4. 正确理解社会互动的理论。
5. 了解社会互动过程。
6. 在实践中感受检验互动的维度并不断修正言行。
7. 认知社会关系的含义。
8. 阐述社会网络的含义、特征和功能。
9. 认知社会资本的含义及特征。
10. 辨识社会网络和社会资本的异同。

案例引导

面试的启示

小英大四了，她想大学毕业后到中学做一名语文老师。试讲的当天，她穿了一件花毛衣配牛仔裤。在她看来，在中学教书应该多了解学生，和学生打成一片，加上语文课的特点，应该将自己打扮得看起来活泼可爱，接地气。但室友小玉提醒她："今天你的'学生'都是学校领导和老师，这身打扮会让那些听课的领导和老师们认为你太年轻、没经验，维持不了课堂纪律，影响上课质量。那样，你的课讲得再好也不会被录取。"在有面试经验的小玉的建议下，小英换上了黑西装套装，把头发束成马尾。一路上，小英还在心里不断地反复练习演讲，并在心里自设现场情景，将自己演讲的形象与现场听课者的角色反复轮换着练习。试讲开始，小英还是有点紧张，语速过快，眼神飘忽，不知道该看哪儿，但当她看到台下的老师微笑的眼神时，便很快安定下来了。到提问环节时，小英展示了她的专业水平，展现出良好的应变能力和课堂驾驭能力，穿西装套装的她显得自信满满。

启蒙理性： 通过小英面试的故事，我们可以看到，人们的许多行为都是针对他人的，在与他人的交往过程中，人们会随时根据对自己行为和他人的反应做出相应的反应。社会学把这一过程称为"社会互动"。互动是人类社会最基本、最普遍的日常生活现象。社会互动能显示出人与人、人与群体以及群体与群体之间的相互作用、相互影响、相互依赖的关系。

第一节 社会互动

研究社会互动是从微观层次上理解社会结构、建立理论体系的基础。很多社会学家和社会心理学家都对互动进行了深入的研究,提出了一些很有见地的理论观点。

一、社会互动的含义

日常生活中,我们经常与各种各样的人打交道,要么是对他人采取行动,如给同学写信,向教师提问题;要么是对他人的行为做出反应,如回答他人的提问,对他人给予的帮助表示感谢。这种社会交往过程就是社会互动,又称为"社会相互作用"或"社会交互作用"。一般来说,社会互动是指社会上个人与个人、个人与群体、群体与群体之间通过信息的传播而发生的相互依赖的社会交往活动。

我们可以从以下7个方面来理解社会互动的含义。

第一,社会互动必须发生在两个或两个以上的人之间,一个离群索居的人不能互动。

第二,个人与个人之间、群体与群体之间只有已发生相互依赖的行为时才存在互动,并不是任何两个人的接近都能形成社会互动。例如,许多在机场静候飞机的单个人之间并没有任何形式的社会互动。但是,当播音员通知说由于天气原因飞机将推迟起飞时,一些人可能开始与周围的旅客交谈,这时互动就产生了。

第三,社会互动以信息传播为基础。在大多数互动过程中,人们不仅交流信息,而且还交流思想和情感。如果没有信息的交流,或者互动双方互不理解,互动就无法进行,"对牛弹琴"就是如此。在跨文化人际交往中,双方只有对彼此的文化价值观念和行为方式有足够的了解,才能够顺利地进行互动。

第四,社会互动可以是面对面的,也可以在非面对面的场合下发生。有时,人们虽然远隔万水千山,但可以通过信件、书籍、图像、电话和互联网等手段进行信息交流,形成社会互动。在信息技术高度发达的今天,人们可以通过可视电话、互联网等形式实现虚拟的"面对面"互动。借助互联网社交平台和工具,如QQ、微信等进行交往和互动,已经成为年轻人社会交往的重要方式。

第五,社会互动总是在特定的情境下进行的,同一行为在不同的时间、不同的场合具有不同的意义。例如,同是一记耳光,如果发生在两个正在争吵的成人之间,就是一种侮辱人的行为;如果发生在正在嬉戏的父亲与其出生几个月的婴儿之间,则只是父子之间愉快的逗乐。

第六,社会互动还会对互动双方及他们之间的关系产生一定的影响,并对社会环境形成一定的作用。例如,在一个班级中,如果同学之间经常一起讨论各种问题、交流学习经验，一起外出游玩，那么，每个人都可以感受到同学的友谊和集体的温暖，同学关系就会比较和谐，班集体也会有较强的凝聚力。相反，如果班级内人际沟通和互动不够充分，同学之间就难免发生误会和矛盾，班集体就可能十分涣散。对整个社会来说，互动也具有重要的意义。人际层次上的种种互动会影响宏观层次上的社会状况。例如，夫妻之间互动的好坏会影响到离婚率的变化，甚至影响青少年犯罪率的改变。

第七，人们的互动往往遵循一定的行为模式，具有一定的互动结构。例如，肯顿等人考察了人们相互问候时的情况。通过分析大约70个相遇问候时的互动片段，他们发现，人们遵循着共同的"问候程序"：双方都看到了对方，并给对方一个表示，表明他们将与对方形成一个问候的场面；随后就是双方同时改变空间——朝向关系，接着可能有一个明显的姿势表示"远距离致意"，然后可能是走近几步，进入"近距离致意"（如握手）。这种互动模式大都是人们约定俗成的东西，对生活在相同文化和社会背景下的人来说，是不言而喻的。

二、社会互动的特点

要把握社会互动的特征，需要对互动本身的构成进行分析，即要找到一些具体的指标来描述特定互动的状态，这就是互动的维度分析。一般来说，互动有以下4个维度。

（一）向度

向度反映社会互动的方向，表明互动双方的关系的性质，主要包括：①情感关系——是亲和还是排斥，是融洽还是对立？②地位关系——是平等的还是不平等的？权力分配的格局如何？③利益关系——是一致还是冲突？冲突程度有多大？

不少学者认为，情感上的亲疏爱憎与地位上的尊卑是人际互动的两个最基本的向度。而且，情感向度上遵循回报性（即爱引发爱，恨导致恨），地位向度上遵循互补性（即支配引发顺从）。

（二）深度

深度反映社会互动的程度，表明互动双方相互依赖的大小。我们可以从互动双方利益关联的大小、情感投入的多少、互动延续时间的长短和互动规范的复杂程度等几方面来分析互动的深度。一般来说，如果利益上事关重大、情感上涉入很深、时间上持续较久（或其结果的影响很深远）、规范上较为复杂，则是深度互动，反之只是表层的互动。例如，异性之间见面打个招呼，只是非常浅层的互动；如果他们一起跳舞，就更进了一层；如果开始恋爱，那就进入了深度互动。

（三）广度

广度反映社会互动的范围，表明互动双方交往领域的大小。有些互动局限于特定的领域,有明确的行为规范,如上课只是为了传授、学习知识,学术会议只是为了讨论某个问题。有些互动则涉及很多方面,互动方式较为灵活,如朋友之间、家庭成员之间的互动大都是全面的互动。

(四) 频度

频度反映一定时间内发生社会互动的多寡。在同一个班级里,我们与某些同学经常来往,与另外一些同学则只是偶尔交往。互动频度的差别往往影响到人际关系的深浅和好坏。

综合考察社会互动的4个维度,可以了解互动双方人际关系的密切程度。例如,英国社会心理学家阿盖尔等人曾经将工作同事关系区分为4种类型:工作外的朋友、工作中的朋友、友好的工作关系、单纯的工作关系。他们发现,人们与不同类型的同事的交往情况很不一样。人们与工作外的朋友不仅在工作上相互支持,而且在多种非工作活动中互动频繁;对于工作中的朋友,交往范围相对比较窄(几乎没有讨论个人生活、交流情感、给予忠告等行为),非工作交往的频率也较少;对于单纯工作关系的同事,则交往很少、很浅。

三、社会互动的类型

根据互动情境、互动维度、互动方式等标准,我们可以划分出多种互动类型。例如,按情感关系,可分为友好的互动、敌意的互动及情感无涉的互动;按利益关系,可分为合作、竞争、冲突;按地位关系,可分为强制、服从与平等协商;按互动广度,可分为单一角色性互动、多重角色性互动;按互动深度,可分为表层互动与深层互动;按互动媒介,可分为言语性互动与非言语性互动;按互动单位,可分为人际互动与群体互动;按互动途径,可分为直接互动与间接互动。这些分类之间可能存在交叉,如两人的争吵可能是敌意的、冲突性的、深层的、言语性的人际互动。下面,我们介绍几种主要的互动类型。

(一) 合作

合作是社会互动中,人与人、群体与群体之间为达到对互动各方都有某种益处的共同目标而彼此相互配合的一种联合行动。人们之所以需要合作,是因为仅靠某一方的单独行动往往无法实现这种利益或目标。从广义上说,人们社会生活的很多方面都必须建立在合作的基础之上,没有合作,就没有群体或社会可言。

一般说来,成功的合作应具备以下4个条件。

第一,目标一致。合作总要有某种共同目标,至少是短期的共同目标,否则就无法合作。即使是竞争对手,也可能存在共同目标与共同利益,因此也存在合作的必要与可能。例如,我国不同的电视机生产厂家在争夺市场份额上存在激烈的竞争,但是,为了避免两败俱伤,共同应对进口彩电的冲击,又需要密切合作。

第二,为达成目标取得基本共识。如果合作双方对怎样做事情没有相近的理解,即使目标一致,也无法合作。此外,志趣相近,能够为对方着想,能够站在对方的角度看问题,也有助于合作的顺利进行。

第三,行为配合。合作本质上是一种行为,因而只有见之于行动才称得上合作。

第四,要讲信用,即说话要算数。这样双方才能相互信赖,真诚合作。

在社会生活中,人们能否很好地合作还受到互动双方的个性特征和人际技能的影响。许多企业在招聘员工时,往往会考察应聘者是否具有良好的合作意识与团队精神;越来越多的单位也认识到团队协作的重要性,团队技能训练的项目已经被引进许多企业的员工培训中。学会合作已经成为21世纪对人才的一个基本要求。

(二) 竞争

竞争是指社会上人与人、群体与群体之间对共同目标的争夺。例如,体育比赛中运动员之间或运动队之间对冠军的争夺、生产厂家对销售市场的争夺,以及人与人之间争取先进、争取好成绩、争夺发明创造权的活动等都属于竞争。

竞争具有3个特点。首先,它必须是人们对一个相同目标的追求,目标不同就不会形成竞争。其次,这个被追求的目标必须是比较稀少的和比较难得的,即一个人或者一些人夺取了目标就意味着另一个人或另一些人失去了得到的机会。对数量很多、轻而易举就可得到的目标的追求,不能形成竞争。最后,竞争的目的主要在于获得目标物,而不在于反对其他竞争者。这就是说,竞争虽然也是人与人之间的一种相互排斥或相互反对的关系,但它是一种间接的反对关系,而不是直接的反对关系。虽然竞争双方中一方的胜利就标志着另一方的失败,但让对方失败不是直接目的,而只是间接目的。因此,在体育竞赛中,我们经常可以见到运动场上是对手,运动场下是朋友的现象。这种反对关系的间接性还表现在竞争参加者之间不必直接接触,在不同地方、互不相识的竞争者之间也可以处在竞争状态,如分处两地的生产厂家对同一种商品销售市场的争夺。

为防止竞争发展为人们之间的一种直接的反对关系,就需要制定一些竞争各方都必须遵守的规则。例如,参加体育比赛就必须遵守公平竞赛的规则,如果不遵守规则或没有规则可遵守,那么,激烈的比赛就会成为一场混战,就会酿成剧烈的冲突。而涉及政治、经济领域的一些大规模竞争,往往需要法律、制度来予以规范和控制。

(三) 冲突

冲突是人与人或群体与群体之间为了某种目标或价值观念而互相斗争的方式与过程。冲突与竞争虽然都是人们之间为了一定的目标而互相排斥或反对,但两者有很大的区别。

第一,冲突的更为直接的目的是要打败对方,它是直接以对方为攻击目标的一种互动行为。

第二，冲突的双方或各方有直接的、公开的、面对面的接触，因此，它是一种直接的反对关系。

第三，冲突各方所争夺的目标既有相同性又有不同性。由于冲突各方往往在价值观念上有很大差距，因此，他们虽然在同一领域争夺，但所要实现的目标可能各不相同。例如，17—18世纪，欧洲资产阶级与封建贵族阶级的冲突虽然都是为了夺取政权，但一个是要建立资本主义制度，而另一个却是为了维持原有的封建制度。

第四，冲突在形式上比竞争要激烈得多，它往往突破了规章、规则甚至法律的限制。

冲突的种类多种多样。从冲突的规模来划分，有个人与个人之间的冲突、集团与集团之间的冲突；从冲突的性质来划分，有经济冲突、政治冲突、思想冲突、文化冲突、宗教冲突、种族冲突、民族冲突以及阶级冲突；从冲突的方式或程度来划分，有诉讼、辩论、口角、决斗、械斗、战争等。

由于冲突往往导致一些不良的后果，所以人们一般对它持否定态度，希望消灭一切冲突。但是，一些社会学家注意到冲突也可以具有一定的正面功能，完全消除冲突不仅不可能，而且没有必要。冲突可以反映出社会、组织或人际关系中的问题，促使社会变迁、组织变革和人际关系的调整；团体之间的冲突还可以增进团体内部的团结一致；有时，冲突还是人与人之间、团体与团体之间、文化与文化之间加深了解和理解的前提。要发挥冲突的正面功能，尽可能降低冲突的负面影响，就需要人们对冲突进行有效的调控。自20世纪70年代起，冲突管理已经成为一个比较热门的研究领域。

（四）强制

强制是社会互动的一种形式，在这种形式中，互动的一方被迫按照另一方的某些要求行事。强制的核心是一种力量对另一种力量的统治或制约。因此，强制意味着互动双方力量的不平衡，一方力量明显高于另一方的力量。在强制性互动中，所借助的力量可以是物质的力量，如武器、军队、警察、法庭、监狱，也可以是精神上的力量，如处分、批判及各种各样的社会压力。

强制作为一种社会现象广泛地存在于社会上的多种关系之中，从父母为教育子女而采取的强制手段，到各种规章制度对人们的限制与约束，直到具有国家法律意义的强制，都属于此类互动。当然，各种强制在性质上是有很大区别的。我们应特别注意把具有阶级统治、国家法律意义的强制与一般的强制区别开来。

（五）顺从与顺应

顺从与顺应虽然都是与强制相反的互动形式，但是，两者在意义上还是有所区别的。

顺从指互动中的一方自愿地或主动地调整自己的行为，按另一方的要求行事，即一方服从另一方。虽然每个人的顺从性并不一致，但是，实验证明大多数成员对于群体的要求是顺从的。顺从是任何群体乃至社会都不可缺少的互动行为，没有顺从，任何群体、社会都将无法运行。

顺应的含义比顺从更广泛些，除顺从的含义外，它还指互动的双方或各方都调整自己的行为，以实现相互适应。顺应的种类包括：和解，即互动双方改变敌对态度建立友好关系；妥协，即双方通过确定一些条件而暂时平息冲突；容忍，即暂时采取克制态度以避免发生冲突。

四、社会互动的现实意义

在社会变迁，尤其是根本性的社会转型过程，必须通过长期的、广泛的社会互动来实现。转型难免引起不同利益群体之间的竞争、冲突和顺应，引起新旧文化之间的冲突和融合。只有通过长期、有效的社会互动，才有可能理顺各种关系，实现新旧更替。另外，社会转型必然引起互动情境和互动方式的根本变革。下面，我们以中国社会改革过程中人际互动的变化来说明。

在改革过程中，城市人际关系的格局发生了很大的变化。以国有企业职工为例。对他们来说，以前的工作单位就像一个大家庭，单位中人与人之间主要是合作关系，利益矛盾不突出。在工作中，提倡的是"比学赶帮超"，有劳动竞赛，但很少有利益竞争；在情感上，领导如同家长，同事亲如兄弟姐妹；在收入上，虽然很低，但"吃大锅饭"，大家都差不多。所以，人际关系较为简单，人情味很浓，即使有矛盾也是大家庭内部的矛盾。随着改革的深入，很多单位实行了就业、分配、福利等方面的改革，"优化组合、竞争上岗""劳动合同制""企业兼并与破产"等措施的实施使单位中人际关系的性质发生了很大的变化，竞争性明显增强，利益矛盾增多，人际关系变得较为复杂。而且，员工与企业之间的劳动纠纷也时有发生。如何适应形势的变化，协调好企业中的人际关系，建立新的规则来保障良性的人际互动，是一个相当迫切的问题。

社会变革也促使农村人际互动行为发生改变。以礼物交换为例。阎云翔在中国北方一个乡村的人类学调查表明，自1949年以来，村民一直保持着礼物交换的传统习惯，但是，送礼的目的、缘由和方式都发生了显著的变化。其中，最重要的变化是由传统的仪式性馈赠向现在的工具性馈赠转变。在过去，村里有礼仪专家指导人们送礼，仪式性的送礼往往遵循一些深奥精细的规矩，物质性比较淡，象征性比较强，"人们更重视送礼的正确方式和通过礼物表达的美好感情，而不是其中包含的金钱价值"[①]。在20世纪50年代，传统礼仪被当作封建迷信加以批判，送礼行为也

---

① 阎云翔著，李放春、刘瑜译：《礼物的流动：一个中国村庄中的互惠原则与社会网络》，上海人民出版社2000年版，第225页。

变得"粗糙"很多，庆典时的一些演说和祝词被取消了。20世纪80年代，礼仪专家重新活跃起来，但是，礼物交换中的精致礼节却没有恢复，而且礼物的内容越来越注重交换价值而非象征价值，礼物交换的工具性越来越强。

第二节　社会互动的理论

在社会学中，并没有一个统一的互动理论。长期以来，互动理论呈现百家争鸣的局面，即使在同一学派中，也有概念上的分歧。

德国社会学家齐美尔被认为是欧洲第一位互动理论家。他的理论观点对美国的互动论者有着重要的影响。他认为，社会学的研究对象应是与互动内容相对应的互动形式，并对社交、统治与服从、冲突与凝聚等具体互动形式做了详细的分析。在美国，形成了以米德为主要代表人物的符号互动论。后来，布鲁默、库恩等人发展了米德的思想，分别建立了现代符号互动论的两大学派，即以布鲁默为首的芝加哥学派和以库恩为首的衣阿华学派。米德的思想也是角色理论和参照群体理论的重要渊源。这3种理论紧密地交织在一起，对社会互动过程和互动结构做了详细的说明。社会学和社会心理学其他方面与流派的理论也大都涉及社会互动，因此，存在着各式各样的互动理论。有的学者将互动理论与功能理论、冲突理论、交换理论、结构理论一起列为5种主要的社会学理论建构取向。

延伸阅读

齐美尔①

格奥尔格·齐美尔（Georg Simmel，1858—1918），德国社会学家、哲学家，形式社会学的创始人。出身犹太家庭，父亲是一名成功的商人。父亲去世时，齐美尔才16岁，受家庭的一位朋友的监护，并继承了一笔可观的遗产，这使得他得以在以后的岁月里潜心追求一种自在的学术生活。齐美尔一生交友甚广，如马克斯·韦伯等人都是他家中举办的沙龙的常客。1881年，他获得柏林大学博士学位，后来在该校任副教授、编制外教授。1914年转任斯特拉斯堡大学教授。

齐美尔是19世纪末20世纪初反实证主义社会学思潮的主要代表人物之一。他反对社会是脱离个体心灵的精神产物的看法，认为社会不是个人的总和，而是由互

---

① 参见百度百科"齐美尔"词条（https：//baike.baidu.com/item/%E9%BD%90%E7%BE%8E%E5%B0%94/383849？fr=aladdin）。

动结合在一起的若干个人的总称。他把社会学划分为一般社会学、形式社会学和哲学社会学3类。他提出"理解"概念，认为研究者难免带上主观的价值取向，其知识也具有主观的和相对的性质。他创立了小群体的研究形式；从社会交往的复杂性出发，提出冲突的存在和作用，对冲突理论起了很大的促进作用。他还对文化社会学有突出贡献。齐美尔的唯名论、形式主义、方法论的个体主义思想和理解社会学思想直接影响了后来的德国社会学家，同时也对美国社会学产生了很大的影响。著有《历史哲学问题》《道德科学引论：伦理学基本概念的批判》《货币哲学》《康德〈在柏林大学举行的 16 次讲演〉》《宗教》《社会学：关于社会交往形式的探讨》《社会学的根本问题：个人与社会》。

以下是几种有代表性的关于社会互动的理论观点。

一、符号互动论

符号互动论特别注意符号沟通问题。所谓符号，是指能够有意义地代表其他事物的事物，例如，鸽子可以作为代表和平的符号，课堂上学生的举手是表示要发言或提问的符号。声音、语言、文字、图画、手势、姿态、表情等都是符号。符号沟通是将人从动物界区分开来的主要标志。动物的行为是本能的，是对外界刺激的直接反应。人的互动与此不同，人不仅存在于自然物理环境中，也存在于符号环境中。人类有思维能力，我们对社会环境的反应是按照事物对我们的意义而做出的。只有当互动的双方都能确定和理解各自的处境，能够进行符号沟通时，才能顺利地进行社会互动。符号互动论关于社会互动的基本观点如下。

一是符号在人们的社会互动过程中起着重要的中介作用。人与人的互动是运用符号进行的，是符号互动。

二是人的行为是有意义的行为。要理解某个行动，就要对行动者赋予其活动的意义做出解释。例如，在讨论问题时，如果看到一个人点头微笑，我们便会认为他在表示赞同。

三是意义不是固定不变的东西。一方面，意义的确定有赖于互动的背景和情境。如果在大街上与熟人相遇，他对我们点头微笑就不是表示赞同，而是友好地问候。另一方面，在某种程度上，意义是在互动过程中通过双方的协商而确定的。它既不是预先已经决定的，也不是一成不变的，而是在互动过程中产生、修正、发展和变化的。例如，如果有人推你一下，你可能会有不同的理解，从而相应地做出不同的反应：如果你认为别人只是友好地开开玩笑，就可能一笑了之，或者与他嬉闹一番；如果你认为别人是过分的取闹，也许会责怪他几句；如果你认为别人是恶意的挑衅，可能会对他严加斥责，甚至拳脚相加。

四是在互动过程中，人们往往通过扮演他人的角色，从他人的角度来解释其思想和意向，并以此为根据来指导自己的行为。例如，当别人推我们一下时，我们在做出反应之前,往往先得设身处地地想一下他这么做是为了什么。

五是在互动过程中,人们往往从自己所认识到的他人对自己的态度和看法之中来认识自己,形成并修改自我概念。例如,如果我们把别人"推"的动作理解为友好的表示,我们就可能形成自己是受人欢迎的、能与别人轻松相处的自我概念;如果我们将它理解成恶意的挑衅,就可能得到自己是受人排斥、欺负的自我概念。

符号互动论有很多追随者,但是,这一理论也受到不少学者的批评,认为它将社会关系简单地归结为人际关系,忽视了宏观社会结构;忽视了互动的内容和社会经济条件对互动形式的重要影响;它所使用的一些概念没有明确的定义。

二、角色理论

与符号互动论一样,角色理论也不是一个单独的理论。它是一种以角色概念为核心的解释人类行为的研究取向。我们已经对有关社会角色的一些问题做了详细的阐述,这里只简要地介绍角色与互动的关系。

角色与互动是密不可分的。一方面,互动是角色之间的互动。日常生活中,人际互动之所以能够有条不紊地进行,是因为互动的双方都遵循一定的角色规范而进行交往,如果一方角色失调,就可能使互动中断,或者改变原来的互动方向。互动还有赖于人们扮演他人角色的能力,这一能力使人们能够辨别和理解他人使用的交往符号的意义,从而预知他人的反应。另一方面,角色的形成和扮演也是在互动中完成的。没有另一方来参与互动,角色就失去了依存的条件,就无法成为实际的角色行为。事实上,角色理论与符号互动论的联系非常密切。

三、参照群体理论

参照群体理论是由美国社会心理学家海曼在研究个人的社会地位时提出来的。参照群体是指个体在心理上所从属的群体,是个人认同的为其树立和维持各种标准、提供比较框架的群体。个体将其参照群体的价值和规范作为评价自身和他人的基准,作为自己的社会观和价值观的依据。一个人的参照群体与他在行政上、组织上或地位上所从属的群体可以是相同的,也可能是不同的。例如,一个农村青年可能会仿效城市青年的思想与行为方式,将城市青年作为自己的参照群体。一个人的参照群体也可以发生变化。例如,一个农村来的小保姆在进城之前往往以农民群体为参照群体,进城之后可能慢慢地将市民群体作为参照群体。

参照群体理论揭示了非面对面的人际接触对个人行为的制约作用,反映了个人与群体的互动的特殊方面。对个体来说,参照群体有两个基本的作用:一是规范作用,二是比较作用。前者是指参照群体在个体内化价值规范,形成社会态度的过程中具有重要的影响。后者是指参照群体往往是个体对自我、他人进行评价时所采用的比较性标准。

参照群体理论被广泛地用于解释各种社会现象。例如,美国社会心理学家纽科姆曾用它来说明大学生政治态度的改变。1935—1939年,纽科姆对贝宁顿学院的学生的政治态度进行了长期的调查研究。他发现,刚入校的新生在政治态度上往往更接近他们守旧的父母,而4年之后,他们大都改变了原有的态度,开始倾向于民主与自由。纽科姆认为,这一变化是学生将同学作为自己的参照群体的结果。他进一步认为,个体的观念取决于该个体对某一群体或某些群体的态度,态度的改变往往经历3个阶段:和某群体认同、熟悉该群体的规范、强化或削弱与其他群体的认同。

参照群体理论也受到了一些批评,主要的意见包括参照群体论者将社会关系归结为人际关系,忽视了个体所属的社会结构,难以全面解释社会互动的特点。

四、戏剧理论

戈夫曼采用戏剧分析的方法,从印象管理的角度来揭示人们社会互动的特点。在《日常生活中的自我呈现》一书中,他指出,世界是一个大舞台,生活就是演戏,表演者最关心的是留给观众什么样的印象。他的理论主要研究人们运用哪些技巧在别人心目中创造印象,所以又称为"印象管理理论"或"印象整饰理论"。这一理论认为,互动的一方总想控制对方的行为,使对方通过对自己行为的理解,做出符合自己计划的行为反应。日常生活中有很多这样的事例。例如,人们在开始谈恋爱时会尽量表现自己优秀的一面;大学毕业生在找工作时会很注意自己的衣着与言行,希望给用人单位一个好的"第一印象"。

在《互动形式》一书中,戈夫曼讨论了人际互动中如何做"面子功夫"等问题。其观点对于我们理解中国人生活中常见的"保面子""争面子""给面子"等行为很有启发性。戈夫曼还对互动时的礼仪进行了详细的研究,他指出有4类人际礼仪:表达式礼仪——用来表示对他人的问候、恭维和感谢等,如见面时向人点头微笑;回避式礼仪——表示对他人的隐私与个人空间的尊重,如陌生人之间要避免长时间的视线接触;维系式礼仪——用来维持人际关系,使之不中断,如逢年过节时走访亲友,给久不见面的老同学寄贺年卡片等;认可式礼仪——用来表示对别人身份的认可,如别人结婚时去道喜等。这些人际礼仪在日常社会生活中具有重要的作用,是个人维持和加强与他人的联系,表达对他人的尊敬与关怀的重要方式,如果违背了这些礼仪,就很难与他人融洽相处。

戈夫曼对互动细节的观察非常敏锐,对互动秩序和形式的分析也相当深入,他的理论观点产生了很大的影响。但是,人们对戏剧理论也不乏批评。有人认为,戈夫曼夸大了人类行为的表演性与虚伪性。事实上,印象整饰并非互动行为的全部,不少时候人们会表现真实的自我。

五、社会交换论

社会交换论形成于20世纪50年代末60年代初,主要代表人物有霍曼斯、布劳和埃默森。这一理论着眼于人们在社会生活中相互交往的外显行为,用代价和报酬来分析社会关系，认为社会互动的实质是人们交换酬赏和惩罚的过程。这一理论认为，交换行为不仅存在于市场关系之中，而且存在于包括友谊、爱情在内的多种社会关系之中。在《社会生活中的交换与权力》一书中，布劳写道："邻居们交换恩惠，儿童们交换玩具，同事们交换帮助，熟人们交换礼貌，政治家们交换让步，讨论者们交换观点，家庭主妇们交换烹饪诀窍。"社会交换论的内容非常丰富，这里我们只介绍几个有关的命题。

成功命题：一个人的某种行为越经常得到报酬，这个人就越愿意从事该行为。

刺激命题：如果某种特定刺激的出现曾经成为一个人行为得到酬赏的原因，那么，现在的刺激越是与过去的相同，这个人就越可能采取这种行为或与此类似的行为。

价值命题：一种行为对某人越有价值，那么他越有可能采取该行为。

剥夺—满足命题：某人在近期内越是经常得到某一特定酬赏，随后而来的同样酬赏对他来说就越没有价值。

侵犯—赞同命题：当某人的行为没有得到预期的酬赏或者得到了未估计到的惩罚时，他将会被激怒，并可能采取侵犯行为，所预期的酬赏变得更有价值；当某人的行为获得了期望的酬赏甚至大于期望的酬赏，或者未遭受预料中的惩罚时，他会很高兴，并可能采取赞同行为，该行为的结果也变得更有价值。

上述命题中所说的酬赏是指个人在与他人的交往中所得到的收获，它包括金钱、社会赞同、尊重和服从4类。它们的价值依次增高，最有价值的酬赏是他人的服从，即控制他人的权力。

社会交换论试图以交换的观点来解释人类互动的本质和规律，其理论基础是个人主义与功利主义。它强调个人的目标和报酬，认为每个人都尽量避免痛苦和增进快乐。这一理论忽略了人类行为的社会前提，带有浓厚的心理还原主义色彩。

延伸阅读

布 劳[①]

彼得·麦克尔·布劳（Peter Michael Blau，1918—2002），美国社会学家，社会交换论的代表人物之一。1918年2月7日生于维也纳，后移居美国。毕业于美国伊利诺伊州的艾姆赫斯特学院，获学士学位。1952年在哥伦比亚大学获博士学位。曾先后任教于康奈尔大学、芝加哥大学、哥伦比亚大学，出任过1973—1974年度美国社会学协会主席。后任美国科学院院士和哥伦比亚大学社会学系主任。布劳主要从事社会学

---

① 参见百度百科"布劳"词条（https：//baike.baidu.com/item/%E5%B8%83%E5%8A%B3/2792529?fr=aladdin）。

经验研究和理论建设工作，探讨社会结构、社会组织问题。主要著作有《官僚制组织动力学》（1955）、《社会生活中的交换与权力》（1964）、《美国职业结构》（合著，1967）、《不平等和异质性——社会结构的原始理论》（1977）等。布劳的著作大部分是对官僚制组织各种情况的分析。他在早期论述官僚制组织内部非正式过程的问题时，曾注意到雇员如何频繁地通过工作换取尊敬，以信息获得赞同，以及非物质报酬的交换过程。他受G. C. 霍曼斯的影响，从社会结构出发研究人与人的交往过程，是结构主义交换论的代表人物之一。20世纪70年代以后，布劳提出了"宏观结构理论"，试图用宏观结构主义代替早期的交换理论，创立和发展了一个更加严密的理论体系。其理论构造比他早期的交换理论更为清晰，在西方社会学界有很大影响力。

六、本土方法论

这一理论是美国社会学家加芬克尔于20世纪60年代创立的，又译为"民俗方法论"。它研究人们在日常互动中如何建立和共同使用对现实的定义，详细考察社会成员在建构和解释他们的社会现实并对其赋予意义时所使用的方法和步骤。

本土方法论认为，社会并不是抽象的存在，它存在于社会成员在特定的环境中进行互动时所遵循并共同理解的一套规则和程序之中。这套程序因时因地不同，所以叫"民俗方法"，也称"本土方法论"。

本土方法论者认为，社会互动是由形成人们正常交往基础的规则所决定的，这些规则通常是理所当然、心照不宣的，但是，如果违背了这些规则，互动就不能顺利进行。为了证明社会互动中这类隐含规则或称背景假设的重要性，本土方法论者进行了一项著名的研究，称为"无背景试验"或"打破规则试验"。其中一个试验是让学生与家人交谈，要求学生抛开原来的与家人交谈的习惯，而采用不同的方式。例如，按照严格的礼节，称父亲为"先生"，对一些不言而喻的东西装作不了解。结果发现，家人感到很震惊，甚至很气愤，交谈很难进行。这一研究揭示了互动中隐含规则的重要性。事实上，任何一个互动过程中，都存在着一些背景知识，互动双方都必须了解这种背景知识，遵守其隐含的规则。用通俗的话来说，就是互动双方要有"共同语言"，并遵守"共同语法"，否则就无法沟通。

第三节 社会互动过程

社会互动是在一定的情境下进行的。情境不同，人们的互动方式往往不同；不同情境、不同类型的互动在过程上也有不同的表现形式。社会发展，尤其是社会转型必然引起社会互动模式的重要变革。

一、社会互动的情境

日常生活中，人们经常强调要"审时度势""入乡随俗""到什么山上唱什么歌"。其意思都是说，要明白自己所处的情境，并选择与具体情境相协调的行为方式。了解情境及情境的要求，是社会互动的基础。

（一）二人关系、三人关系与多人关系

根据参与互动的人数，我们可以划分出二人关系、三人关系、多人关系等不同的互动情境。关于人数对互动形式的影响，齐美尔曾经进行过相当深入的研究。

在二人组中，每一方仅仅需要同另一方有关系，会比较充分地考虑对方具体的需要、愿望和个人特点，因此，两人的关系可以获得在其他任何社会形式中不可能存在的亲密感情和独特性，从而产生一种排他的特征。但是，这种亲密性也有可能使两人的冲突更加强烈。例如，恋人之间有时会出现激烈的冲突，在局外人看来，有些争吵似乎只是无关紧要的琐事，而对他们自己来说却充满了感情意义，显得十分严重。

在三人组中，每一方都面对着两个人，需要考虑两个人的个性特征。这时很难达到二人关系中可能具有的亲密性。齐美尔认为，当三人组中有两人发生冲突时，由于相互关系的不同，第三者可能扮演多种不同角色，主要有4种角色。①中间人——以局外人的身份、公平和客观的态度来调解双方的冲突，但他并不能解决冲突。②仲裁人——冲突双方都认可的能以公平的态度做出解决冲突的最后决定的人。③从中渔利者——利用两人实际的或潜在的冲突来获取个人利益的人。第三者可以在冲突的双方中自由地选择支持哪一方，因此，他可以向他们提出某种要求作为提供支持的交换条件。④分裂者和征服者——故意挑起和助长两人之间的冲突以便从中获利。

在多人关系中，会产生社会网络，互动形式更为复杂。这时在群体之中还可能形成亚群体。在大型群体中，个人面对的不仅仅是其他个人，而是似乎超越了个别成员之上的客观结构。在正式组织中，往往会形成明确的分工和严密的组织规范来制约人们的互动。集合行为中的人际互动特点将在后面说明。

延伸阅读

托马斯①

威廉·伊萨克·托马斯（William Isaac Thomas，1863—1947），美国社会学家、社会心理学家，芝加哥学派的主要代表人物之一。

托马斯有农村（弗吉尼亚和田纳西）和宗教（基督教和卫理公会）背景。他最初在德国学文学，1893年去芝加哥学社会学，攻读第二个博士学位，在当时世界上

---

① 参见百度百科"托马斯"词条（https://baike.baidu.com/item/%E5%A8%81%E5%BB%89%C2%B7%E6%89%98%E9%A9%AC%E6%96%AF/7870195）。

最好的也是唯一的社会学系学习，在那里获得了丰富的理论和经验。从 1896 年起，他一直在芝加哥大学任教，1927 年起任美国社会学学会会长。

托马斯和另一位社会学家兹那涅茨基（Znaniecki，波兰裔美国社会学家）根据对波兰移民的调查研究结果合著了《欧洲和美国的波兰农民》一书，是社会学经验研究的代表性著作。这部著作描绘了经历从波兰的乡土生活到美国芝加哥的都市生活这样的重大变迁的波兰农民在社会态度与社会行为上的变化。在这部著作里，托马斯提出了他的"情境定义"（definition of the situation）的概念，用他自己的话来说，"如果人们把情境界定为真实的，那么它们在结果上也就是真实的"。这一被称为"托马斯公理"的假设向人们展示，尽管情境的社会定义是主观的，但有其客观的结果。其主要著作还有《社会起源的教材》《不适应的少女》《美国的儿童》等。

（二）熟悉情境、工作情境、社交情境

根据互动的目的，我们可以划分出熟悉情境、工作情境和社交情境 3 种不同类型。

熟悉情境主要是指我们与熟人之间的日常交往的场合。家庭成员、亲戚朋友、邻居、下班后同事之间的交往就属此类。这时互动双方并没有特定的目的，行为方式可以较为随便，不必严守工作规则或社交礼貌，按社会习俗行事即可。

商品交易、商业谈判、工作会议、上课等都是工作情境。在这种情境下，互动双方有特定的目标，有明确的分工，言谈举止限制在一定的范围之内，而且很少情感的交流。

宴会、舞会、郊游大都属于社交情境。在社交情境下，人们往往是为了互动而互动，并无其他目的。人们通常会进行轻松愉快的交谈，这些话题可能并没有什么实际意义，如谈谈天气、说说见闻等。但是，这种交谈具有重要的沟通功能，成为社交双方增进了解的工具。正因为没有什么明确的任务和特定的话题，人们才可以轻松地展示自己的个性，进行愉快的交往。在这种场合，如果有人坚持把话题引向与日常实际工作有关的内容，反而会破坏轻松的气氛，被人看作不识时务。有时，在社交情境下，人们的互动能带来思想上的愉悦，可能有一些感情投入，从而促进关系的发展。

当然，上述划分并不是绝对的。人们在情境面前享有较大的主观能动性和灵活性。不少时候，情境及其对应的行为方式往往是由互动者协商决定的。例如，一些公司规定周一至周四员工要穿正装上班，而周五为便装日，穿戴可以比较自由。在不少新型的软件公司中，管理层放弃了传统公司中过于死板的工作交往方式，试图营造轻松愉快、自由活泼的工作气氛，以有利于员工的创造性发挥。又如，宴会本来是一项重要的社会活动，是一个社交情境，不是工作情境，但是，在不少人看来，请客吃饭也是"办事"的一个重要方式。很多公事、私事都是"在餐桌上解决"的。这样一来，就避免不了人情、面子的影响，主管官员很难铁面无私、公事公办。

这种情境混淆是与现代科层制的要求相违背的。面对这种情况，除了法规的制约之外，官员们也需要将公与私区隔开来。在私人交往领域，他们当然可以讲人情，多关照自己的亲友，但在公共事务上，就不能徇私情。这种区隔是社会文明与进步的需要，是中国人社会互动方式变革的一个方向。

（三）情感关系、工具关系、混合关系

根据互动参与者之间人际关系的性质来分，有情感关系、工具关系和混合关系3种情境。

情感关系是家庭、亲密朋友等初级群体中的人际关系，它可以满足个人在关爱、温情、安全感、归属感等情感方面的需要。这种关系中的人际互动和社会交换遵循各尽所能、各取所需的需求法则，当一个家庭成员需要某种生活资源时，有能力供给的其他成员便会尽力予以满足。

工具关系是个体为了达成某种目的而与他人交往时发生的关系。这种关系只是交往双方达成目的的工具，他们并不预期有亲密的情感关系和长期交往。这时的互动和交换遵循公平法则，如买卖双方的等价交换。

混合关系介于情感关系与工具关系之间，是个人与亲戚、一般朋友、邻居、同学、同事、同乡等建立的各种人际关系。它既有情感性成分，又有工具性成分。彼此都预期将来还会继续交往，而且有一定的情感联系，人们多以人情法则行事，交情的深浅和面子的大小对互动方式和互动结果有重要的影响。

上述3种关系可以发生转化，在实际交往中有较大的灵活性。例如，通过人情与面子的运作，可以将工具性关系发展为混合性关系，从而改变交往法则。又如，一些唯利是图的人往往想方设法与掌握权力的官员建立较好的私人关系，目的就是想通过改变关系的性质来改变与官员的互动方式与互动规则，使之在人情的压力之下，难以秉公办事，而是"给个面子"。

延伸阅读

交往中的人际距离[①]

英国的人类学家爱德华·霍尔根据人们的交往状态将人际交往中的距离划分为4类。一是亲热距离，即亲密圈。这个距离是从身体接触到1.5英尺（约0.46米）以内，双方彼此感受到对方的一切，常见于恋人或夫妻之间。二是亲近距离，即个人圈，其距离是从1.5英尺到4英尺（约1.22米）。其中1.5英尺至2.5英尺（约0.76米）一般是知己朋友交往，2.5英尺至4英尺为日常的一般对话。三是规定距

---

① 参见百度百科"人际交往距离"词条（https://baike.baidu.com/item/%E4%BA%BA%E9%99%85%E4%BA%A4%E5%BE%80%E8%B7%9D%E7%A6%BB/3472280?fr=aladdin）。

离，即社会圈，其距离是从4英尺到10英尺（约3.05米），常见于同乡、同事、同学之间的交往。四是大众距离，即公众圈，其距离是从10英尺到25英尺（7.62米），常见于上课、讲演、表演等公众场合。

二、社会互动的过程

社会互动是一个内涵非常丰富的概念，不同情境、不同类型的互动在过程上往往差别很大。这里我们介绍两种观点。

（一）贝尔斯的互动过程分析

美国社会学家贝尔斯于20世纪40—50年代提出了一种小群体研究方法——互动过程分析。他认为，小型群体的面对面互动包括12类互动范畴，涉及取向问题、评价问题、控制问题、决定问题、紧张问题和整合问题6项功能性问题，互动可以分为3个阶段。

第一阶段：定向阶段，主要解决情境辨识的问题。参加互动的成员在开始互动时往往首先要确认是何种情境。例如，当大家被召集在一起时，首先关心的是要干什么，是社交性的联欢，还是严肃的工作会议。

第二阶段：评价阶段，主要解决态度确定问题。在明确互动情境后，成员们往往要考虑自己对此情境持何态度。例如，如果是一次社交性的联欢，那么参与者就要考虑自己是积极主动参与、逢场作戏凑凑热闹，还是消极地冷眼旁观。

第三阶段：控制阶段，主要解决行为选择问题，即对此情境做些什么。如果倾向于积极参与联欢，那么是去表演节目、找几个自己感兴趣的人聊天，还是多做些服务工作。

首先，这3个阶段并不是直线发展的，有时可能会重复某一阶段。例如，在控制阶段之后有可能进行重新定向和评价。在参加聚会时，一开始你可能以为是一场严肃的学术讨论，便郑重其事地准备做笔记、发言，但进行一段时间后你可能发现大家并不认真，于是也就开始敷衍了事。其次，在互动的各阶段往往伴随有情绪等，互动过程分析可能要同时涉及工作任务领域和社会情绪领域。再次，在多人互动中，人们与谁互动，进行哪方面的互动都有较强的选择性。贝尔斯的互动分析方法得到了广泛的应用，用来探讨诸如集体问题解决、角色发展、上下级交往等问题。

（二）芝加哥学派的四阶段说

美国芝加哥学派的帕克和伯吉斯等人主张把互动过程分为4个阶段。

第一阶段：竞争。互动双方争夺同一个目标。这时双方只是一种排斥关系，而非对立关系。

第二阶段：冲突。由于激烈的竞争，双方可能产生对立情绪，出现以攻击对方为目的的行为。

第三阶段：顺应。冲突在少数情况下会以一方消灭另一方而结束互动，但在大多数情况下，冲突的一方或双方会部分地改变其思想、态度和习惯来适应对方，以避免、减少或消除冲突。

第四阶段：同化。顺应的结果使双方在很多方面日益接近、融合，趋于一致，实现同化。

这种观点也适用于不同文化之间的互动，两种文化体系相碰撞，也会发生交流、冲突、认同和融合的过程。但是并非所有的互动都要经历这种过程，只有双方在利益上或认知上不一致时才有可能如此。

芝加哥学派①

芝加哥学派（Chicago School）是许多不同学科学派的统称，因这些学派都源自芝加哥大学（或芝加哥市），故名"芝加哥学派"。芝加哥学派包括芝加哥经济学派、芝加哥社会学派、芝加哥建筑学派、芝加哥传播学派、芝加哥数学分析学派、芝加哥气象学派等。这里特指芝加哥社会学派，即20世纪初至30年代，围绕芝加哥大学社会学系形成的社会学学派。

1892年，美国社会学家A. W. 斯莫尔在芝加哥大学建立了世界上第一个社会学系，开设了第一个社会学研究生班，与G. E. 文森特合写了第一部社会学教科书《社会研究导论》（1894），并于1895年创立了美国第一个社会学刊物《美国社会学期刊》。社会学系创立后，斯莫尔先后聘用了G. E. 文森特、W. I. 托马斯、R. E. 帕克、E. W. 伯吉斯等人，形成了该系强大的师资阵容。到20世纪20年代，在帕克等人的努力下，该系日臻完善，每年招收200余名研究生、300余名本科生，开设40多门课程，成为同期美国及世界上最成功的社会学系。以后影响日益扩大，逐步形成了芝加哥学派。

芝加哥之所以能够成为社会学家心中的圣地，是因为自1892年起，刚刚诞生的芝加哥大学就建立了世界上第一个社会学系，而且从那时起，它造就和培养了一大批名闻遐迩的社会学家，其中包括斯莫尔、米德、托马斯、帕克、伯吉斯、麦肯齐、法里斯、奥格本和沃斯，他们因具有相对一致的学术旨趣、长期的制度支持、占主流地位的出版物和"将社会作为一个整体来研究的经验论方法"，而被人们尊称为社会学"芝加哥学派"。在社会学发展历史上，这是除以法国人杜尔克姆为灵魂的"社会学年鉴学派"以外，享有如此盛誉的一个科学家共同体。20世纪40年代之后，在从米德的思想中发展出的符号互动论的旗帜下，芝加哥大学社会学系还聚集

---

① 参见百度百科"芝加哥学派"词条（https://baike.baidu.com/item/%E8%8A%9D%E5%8A%A0%E5%93%A5%E5%AD%A6%E6%B4%BE/2400857?fr=aladdin）。

了一批享誉"二战"后社会学界的大师，如布鲁默、埃弗里特·休斯、霍华德·贝克尔、欧文·戈夫曼和大卫·里斯曼等，他们被称为社会学的"第二个芝加哥学派"。

一般来说，社会学史家将芝加哥社会学家分为3代：第一代以斯莫尔为代表，最杰出的是米德和托马斯；第二代以帕克为代表；第三代的领头羊则是布鲁默。

米德是符号互动论的开创者，他认为，人们不但可以借助符号预知他人的行为，而且可以借此评估自己的行为对他人的结果以及人们之间行为的结果。这些思想为符号互动论的形成和发展奠定了基础。社会学家库利和托马斯也为符号互动论的形成和发展做出了贡献。库利提出了"镜中我"理论，认为人们是通过与他人交往并借助他人的反应来认识自己的，他把人们赋予一定社会意义的行为（即符号）及其理解置于重要地位。托马斯则阐发了情境定义理论，将人们对符号的理解放到一个情境中来认识。

布鲁默是米德思想的传人，曾受业于米德、托马斯、库利等人，他全面、系统地论证了这一理论，并于1937年明确提出了"符号互动论"这一名称。

第四节 社会关系

一、社会关系的含义

社会关系，指人们在社会交往中形成的以社会生产关系为基础的各种联系的总称。

二、社会关系的类型

社会学从以下多种角度区分社会关系的类型。

1. 按结成社会关系的主体划分

按结成社会关系的主体划分，可分为：①个人与个人的关系，它是全部社会关系的起点，是社会中最简单、最基本的关系；②个人与群体的关系，如一个职员与公司的关系；③群体与群体的关系，它更集中地体现了社会关系的基本倾向；④社会现象与社会现象之间的关系，这是高层次、大范围的社会关系，如失业现象与犯罪现象的关系。

2. 按社会关系存在的形态划分

按社会关系存在的形态划分，可分为静态关系与动态关系。前者指社会关系的构成模式，也称"社会结构"，如家庭结构、阶级结构、职业结构；后者指社会关系的相互作用模式，也称"社会互动"，主要形式有暗示、模仿、顺应、同化、交换、合作、竞争、冲突、强制等。

3. 按交往的密切程度划分

按交往的密切程度划分，可分为初级关系与次级关系，也称"首属关系"与

"次属关系"。前者指建立在感情基础上的社会关系，它反映人们之间广泛、深入、直接的交往，如夫妻关系、朋友关系等；后者则与此相反，它是以事缘为基础的社会关系，如同行关系、上下级关系等。

4. 按社会关系矛盾的性质划分

按社会关系矛盾的性质划分，可分为对抗性关系和非对抗性关系。前者交往双方的根本利益不一致，发展方向完全相反，如剥削与被剥削关系；后者交往双方的根本利益一致，发展方向大致相同，但局部和眼前利益上有不一致之处，如同一阶级内部各成员间的关系。

5. 按社会交往的方向与选择划分

按社会交往的方向与选择划分，可分为垂直关系与水平关系。中国古代社会的君臣、父子、夫妻之间的关系主要是垂直关系，现代社会的夫妻、兄弟之间主要是水平关系。中国传统社会价值观重垂直关系而轻水平关系。

6. 按社会关系规范化程度划分

按社会关系规范化程度划分，可分为正式关系与非正式关系。前者指已经制度化、比较稳定、有一定程序、受一定原则制约的关系，如法律关系等；后者指未制度化、没有固定模式、不受原则制约的关系，如恋爱关系、朋友关系等。

7. 按社会关系建立的基础划分

按社会关系建立的基础划分，可分为血缘关系、地缘关系和业缘关系。对此，社会学做了较深入的研究。

（1）血缘关系。以血亲或生理联系为基础而形成的社会关系。它是人类最早形成的社会关系，社会的发展又不断赋予它新的内容。纵观历史发展的不同阶段，以血缘关系联结的社会群体有种族、氏族、宗族、家族、家庭等。在不同时代、不同社会制度，血缘关系的紧密程度及地位、作用是不相同的。在原始社会，血缘关系是社会组织的重要基础。在奴隶社会和封建社会，血缘关系是区分社会阶级的重要标志。近代以来，血缘关系的地位、作用有所下降。

在中国，仍然起较重要作用的血缘关系有以下3种。

一是婚姻关系。它由自然与社会两重因素构成。自然因素指人进入青春期后对异性的追求，社会因素指两性关系受社会规范的约束。婚姻关系是两性间具有法律效力的权利、义务关系，它是两性的个体交往，具有排他性。

二是家庭关系，它是社会发展到一定阶段的产物。一夫一妻家庭关系的形成标志着文明时代的开始。

三是亲属关系。主要指非直系血缘关系，如姑侄关系，叔侄关系，舅甥关系，姨甥关系，堂兄弟姐妹关系，姑表关系，岳婿关系，丈夫与妻弟、妻妹关系等。血缘关系的正功能是联系社会与群体，使之增强内聚力，负功能是将人置于被动的地位。

（2）地缘关系。直接建立在人们空间与地理位置关系基础上的社会关系。它是人类最早产生的社会关系之一。比较稳定和牢固的地缘关系是人类采取定居形式后才形成的。在原始社会前期,人们以采摘果实和狩猎为生,一个地方的资源枯竭了就迁到另一个地方去,社会的地缘关系是变动不居的。原始社会中后期,随着种植和畜牧业的出现,人类的空间、地理位置关系有了较大的稳定性,人与人之间便形成比较牢固的地缘关系。牢固的地缘关系形成后,不断扩大,从最初的村落发展到国家,甚至出现了超越国界的联盟或国际组织。地缘关系可分为封闭型与开放型两种。封闭型地缘关系即产业革命以前的社会关系。那时,社会分工不发达,人们被限制在较小的地域范围内,很多人终生只在某一个村镇里生活。开放型地缘关系指产业革命以后的社会关系。机器大生产的发展使人们摆脱了小生产的束缚,城市的发展使很多人摆脱了土地的束缚,现代交通工具的发展使人们远距离的和较快的流动成为可能。在开放型的地缘关系中,人们的居住、职业等只有相对稳定性,地域性的人口流动会不断形成新的地缘关系。地缘关系的功能:一是可以维系社会的稳定,相对稳固的地缘关系能保障人们生产与生活的正常秩序;二是可能把人们约束在一个狭小的范围内,束缚人们的发展。

(3) 业缘关系。以人们广泛的社会分工为基础而形成的社会关系。它是在血缘与地缘关系的基础上发展起来的。在原始社会,最初的分工建立在性别、年龄等生理差别的基础上,它们还不是严格意义上的业缘关系。建立在广泛社会分工基础上的真正独立的业缘关系是随着阶级的出现而形成和发展起来的。在现代社会中,业缘关系的地位日益重要,其特征也发生了较大的变化。与工业化以前的社会相比,现代社会业缘关系的结构复杂,分工体系庞大,由过去的以初级关系和非正式关系为主,转变为以次级关系和正式关系为主。业缘关系的变迁也由缓慢转变为迅速。业缘关系的正功能是人类社会发展的重要基础,负功能则可能限制人们的发展。在以剥削制度为基础的社会里,分工使剥削者处于从事统治管理活动的有利地位,被剥削者则处于不利地位。这样,业缘体系就起着维护剥削制度的作用。在消灭了剥削制度的国家中,业缘关系不再具有统治与剥削的意义,但业缘与职业体系束缚人们发展的现象在一定意义上还存在。

三、社会网络

(一) 社会网络的含义

社会网络是指行动者在互动中形成的社会联系。英国人类学家布朗探讨网络概念聚焦于文化如何规定有界群体(如部落、乡村等)内部成员的行为。威尔曼于1988年提出"社会网络是由某些个体间的社会关系构成的相对稳定的系统",即把"网络"视为联结行动者的一系列社会联系(social ties)或社会关系(social relations),它们相对稳定的模式构成社会结构,随着应用范围的不断拓展,社会网络的概念已超越了人际关系的范畴,网络的行动者既可以是个人,也可以是集合单位,如家庭、部门、组织。

(二)社会网络与社会互动

社会网络与社会互动之间有着密切的联系。一方面,社会网络是社会互动的背景,大多数社会互动都发生在社会网络结构之中。有些网络是人们的互动自然形成的,如个人出生在家庭之中,就有了家族和亲属的网络。许多社会互动的产生是由于个体具有特定的社会地位,所以拥有一组社会关系。另一方面,社会互动虽然是在社会结构中进行的,但同时,社会互动也形成新的社会网络。个人也会有意识地通过各种社会互动与交往来建构社会网络,以获取各种资源。

(三)社会网络的类型

根据网络中所交换的资源,可分为符号资源网络(如信息、观念、价值、规范、消息等)、物质资源网络(如金钱)、情感资源网络(如赞赏、尊敬、喜欢、高兴等)。

按网络的主体是个人还是群体,可分为人际关系网、家庭网、组织关系网、国际关系网等。

按网络成员之间关系的亲密程度,可分为初级网络与次级网络。

按网络中联系的强弱程度,可分为强关系网络和弱关系网络。强关系是指人们在其中投入更多时间、更多情感,并且彼此更为亲密,也更为频繁地提供互惠性服务的关系。弱关系是指那种自我卷入不多,甚至没有卷入的关系。大多数人在社会中拥有更多的弱关系网络。

按网络成员相互联系的密切程度,可分为闭合性网络与开放性网络。闭合性网络中成员间交往频繁、联系紧密,开放性网络中成员间交往稀少、联系松散。社会网络中的封闭性对于规范的形成十分重要,一定程度的封闭为系统内部的人际信任提供了条件。

按网络的结构模式,可分为团体格局网络和差序格局网络。西方社会是团体格局的社会,由若干人组成一个个的团体,就像一捆捆扎在一起的柴火,柴与柴之间有明确的界限。中国社会结构和西方不同,我们的社会结构好像把一块石头丢在水面上所形成的一圈圈推出去的波纹,是差序格局的社会,其社会关系是以自己为中心,逐渐从一个个人推出去的,是私人关系的增加,社会范围是一个个私人联系所构成的网络,范围的大小根据中心的势力厚薄而定。团体格局里人们争的是权利,在差序格局里人们却是攀关系、讲交情。

(四)社会网络的功能

社会网络有正功能和负功能。

人们的生活机遇与其社会关系网络有密切关系,日常生活中的很多现象都与"关系"有关。获得实际收益,是社会网络最一般的功能。大量的网络分析都关注社会交往与网络被工具性地加以利用的情况。具体而言，社会网络的正功能体现为3个方面。

第一，社会资源获取功能。人们可以通过社会网络获取资源，改变自身的社会地位。研究表明，网络关系在求职过程中相当重要，甚至有人说得到一份工作"关键不在于你知道多少，而是你认识哪位有权力的人士"。在职业领域，人们会为了结识"合适"的人而进行社会交往，建构社会网络，目的是希望能够有助于以后的发展。例如，中国的农民工在从农村到城市的流动过程中，也主要是通过其传统的亲缘和地缘社会网络获取信息与寻求帮助的。

第二，组织管理辅助功能。根据社会网络的嵌入性观点，基于网络的社会关系在几个方面会影响经济交易，如影响对信息与机会的获得、减轻与交易或企业相关的风险和不确定性等。社会网络的作用在中国社会转型背景下更具特殊性，转型经济的高度不确定性可能会更促进社会网络的培植和利用，许多企业把社会网络当成最有效的寻找商业伙伴的方式，甚至企业间合同的签订与执行都大量利用熟人关系。

第三，日常生活联系功能。社会网络在日常生活中有重要的社会支持功能，如亲友网、聊天网、社会支持网等方面的研究都表明这方面的功能。各种网络能为其成员提供各种支持和保障，包括物质上的，更重要的是情感和精神方面的。从这方面而言，社会网络本身就是目的，而不再是工具。

社会网络的负功能体现为4个方面。

第一，建立网络需要花费很多的时间和精力。

第二，可能会导致人们过度依赖网络，限制人们获取信息的其他机会与渠道。

第三，网络会排斥圈外人。

第四，从宏观上看，社会网络嵌入社会结构之中，各类社会组织通过社会关系网寻求社会资源，若干社会网络的强势关系还可能形成利益集团和联盟，导致对社会资源的垄断从而扩大分裂，造成冲突，影响社会整合。

四、社会网络理论

社会网络理论有两大分析要素：关系要素和结构要素。关系要素关注行动者之间的社会性黏着关系，通过社会联结的密度、强度、对称性、规模等来说明特定的行为和过程。结构要素则关注网络参与者在网络中所处的位置，讨论两个或两个以上的行动者和第三方之间的关系所折射出来的社会结构，以及这种结构的形成和演进模式。这两类要素都对知识和信息的流动有着重要的影响。具体来说，强弱联结、社会资本、结构洞是社会网络理论三大核心理论。

（一）联结的强度：强联结与弱联结

社会网络的节点依赖联结产生联系，联结是网络分析的最基本单位。1973年，格兰诺维特在《美国社会学杂志》上发表的《弱关系的力量》一文最先提出联结强度的概念。他将联结分为强联结（strong tie）和弱联结（weak tie）两种，从互动的频率、感情力量、亲密程度和互惠交换4个维度来进行区分。强联结和弱联结在知识和信息的传递中发挥着不同的作用。强关系是在性别、年龄、教育程度、职业身份、收入水平等社会经济特征相似的个体之间发展起来的，而弱关系则是在社会经济特征不同的个体之间发展起来的。群体内部相似性较高的个体所了解的事物、事件经常是相同的，所以通过强关系获得的资源常是冗余的。而弱关系是在群体之间发生的，跨越了不同的信息源，能够充当信息桥的作用，将其他群体的信息、资源带给本不属于该群体的某个个体。

弱联结是获取无冗余的新知识的重要通道，但是，资源不一定总能在弱联结中获取，强联结往往是个人与外界发生联系的基础与出发点。网络中经常发生的知识的流通往往发生于强联结之间。强联结包含某种信任、合作与稳定，而且较易获得，能传递高质量的、复杂的或隐性的知识。过于封闭的强联结将限制新知识的输入，禁止对已有网络外部新信息的搜索，使拥有相似知识和技能的行动者局限在自己的小圈子当中。

（二）社会资本理论

法国社会学家布迪厄首先提出"社会资本"的概念。其后，科尔曼认为，社会资本指个人所拥有的表现为社会结构资源的资本财产，它们由构成社会结构的要素组成，主要存在于社会团体和社会关系网之中。个人参加的社会团体越多，其社会资本越雄厚；个人的社会网络规模越大、异质性越强，其社会资本越丰富；社会资本越多，摄取资源的能力越强。不仅个人具有社会资本，企业也有"企业社会资本"，通过联结摄取稀缺资源的能力就是企业的社会资本。由于社会资本代表了一个组织或个体的社会关系，因此，在一个网络中，一个组织或个体的社会资本数量决定了其在网络结构中的地位。

（三）结构洞理论

美国学者博特在1992年提出了"结构洞"的概念。无论是个人还是组织，其社会网络均表现为两种形式。一种是网络中的任何主体与其他主体都发生联系，不存在关系间断现象，从整个网络来看就是"无洞"结构。这种形式只有在小群体中才会存在。另一种是社会网络中的某个或某些个体与一些个体发生直接联系，但与其他个体不发生直接联系，无直接联系或关系中断的现象，从网络整体来看好像网络结构中出现了洞穴，因而称作"结构洞"。

可以看出，博特的结构洞观点是与格兰诺维特关于联结强弱重要性的假设有很深的渊源，结构洞之内填充的是弱联结，因而博特的观点可以看作格兰诺维特观点的进一步发展、深化与系统化。另外，结构洞与社会资本有关。博特认为，社会资本伴随行动主体的中介机会而产生。主体拥有的结构洞越多,具有的社会资本就越多。

五、社会资本

(一) 社会资本的含义

社会资本,一般是指个人在一种组织结构中,利用自己的特殊位置而获取利益的能力。一般就是指个人的亲戚、朋友、同学、老乡等关系,一个人能从这些关系中获取的利益越高,那么他的社会资本就越高。

社会资本是人与人之间的联系,存在于人际关系的结构之中。社会资本与物质资本、人力资本一样,这种个人与组织的他人之间的联系可以给他个人带来未来的收益。社会资本往往是针对某种组织而言的。个人在该组织中社会资本的多少反映了他与组织中其他人之间的联系。从长期来看,可以给个人带来的额外利益的大小,其外在的指标可以表现为声誉、人缘、口碑等。

宏观层次的社会资本研究主要从区域或国家的角度出发,研究社会资本存量对该地区经济增长的影响。在这个层次上,社会资本是组织内部为了成员间的相互利益而普遍认同和遵守的规范。普特南在对意大利中北部地区的研究中发现,这些地区弥漫着浓厚的信任与合作风气,这种丰富的社会资本能协调人们的行动,提高物质资本和人力资本的投资收益,推动区域经济发展。而著名学者福山给社会资本下的定义是:社会资本是促进两个或更多个人之间的合作的一种非正式规范。一个组织的社会资本的多寡反映了该组织内部所共同遵守的规范的强弱和成员之间凝聚力的大小,或者说组织对成员影响力的大小。如果个人违反了该组织的规范,就会受到惩罚,其社会资本会减少;相反,如果遵守规范,他的社会资本就会不断增加。也有学者概括为,一个社会的信任度、行为规范特征、联结网络的紧密程度决定社会资本的状况。

(二) 社会资本的特征

国外研究经验证明,社会资本能够减少不确定性和交易成本,提高交易的效率,鼓励专业化,增加在人力资本、物资资本和观念创新上的投资,社会资本决定了与生产(制造)和掠夺(拿走)之间的权衡。

社会资本除了正面的影响外,还存在负面的影响,而且后者也很重要。例如,一个集团内部加强合作,对集团内部成员带来好的影响,而对非集团成员往往不会带来很好的影响。尽管社会资本是无形的,而且其形式也各不相同,但它还是有着自己显著的特征。首先,社会资本与物质资本、金融资本、人力资本具有很大的相似性——它们都能够促进经济发展,有助于控制经济资源。

1. 非独占性

对于受益者来说,社会资本不仅是一种私人资产,更具有公共物品的性质,也就是说,社会资本更具有集体而不是个人的特性。社会资本具有公共物品的特性是社会资本与其他资本最基本的差别。虽然社会资本可以为个人所用,但这种资本形式并不完全受个人支配。社会资本不像金融资本那样容易转移,也不像人力资本那样具有流动性。

2. 共存性

社会资本的所有者可能是个人也可能是组织,甚至有可能是社会整体。但无论属于谁,社会资本具有不可转让性或者说不可让渡性,每个人拥有的社会资本都是独特的。社会资本与拥有者共存,并有其使用范围。

3. 可再生性

利用得越多,社会资本价值就越大。不同于物质资本,社会资本不会由于使用而减少,但会由于不使用而枯竭。它具有可再生性,是非短缺的,会因不断地消费和使用而增加其价值。

4. 很快失去

虽然社会资本是随着时间而慢慢地产生的,但它可以很快地失去,一个人的一次失误都会极大地浪费集体的信任资源和社会联系。

5. 收益扩散

社会资本是社会结构和社会关系的一种特性,社会资本的作用不仅体现在生产价值上,而且体现在有关方面可以共享收益上,体现在对利益共同体的维持和促进上。因此,较之其他形式的资本,社会资本更具有社会性,收益具有更大的扩散性。

6. 不可模仿

社会资本具有生产的不可模仿性。社会资本更多地表现为历史制度的沉淀,即人们共同遵守的行为准则、规范、情感等;它是社会大众或绝大多数人认可的价值观体系和文化资源,是一种"以人为本"的人文环境。这决定了社会资本的积累很难通过外部干预和主观努力而形成。

本章小结

互动是最基本、最普遍的日常生活现象,是每个人最直接体验到的社会现实。本章在社会学关于社会互动的基本观点与理论的基础上讨论互动过程中形成的社会关系,并延伸至社会关系网络和社会资本的讨论,包括社会网络的基本含义、特征和功能等,分析了社会互动、社会网络关系中出现的社会资本,以及如何运用这些知识来解释社会现象,形成良好互动关系。总之,社会互动技能是一种需要不断学习提高的能力。

本章知识与能力训练

一、判断题

1. 群体层面的社会关系可以分为3个方面,即血缘关系、地缘关系和业缘关系。( )
2. 符号互动论认为,符号在人们的社会互动过程中起着重要的中介作用,人与人的互动是运用符号进行的。( )
3. 齐美尔认为,各种社会现象、结构和过程最终都是人们之间具体互动的反映。( )
4. 大量的互动意义都是通过语言方式表达的,因此,非语言互动在实际互动中作用不是很大。( )
5. 社会网络中,节点之间的联结没有时间要求,人与人之间关系网是为了达到信息交流的目的而形成的。这种为了某工作的需要而建立的关系网络与"虚拟企业"类似,其形成不受时间的限制。( )

二、单项选择题

1. 产生社会互动的条件包括( )。
   A. 限于两个人之间　　　　B. 具有一定的互动结构
   C. 互相依赖　　　　　　　D. 有事相求
2. ( )是一种公开的对抗性行为方式,指两个或两个以上的个人或团体以压倒对方为目的的社会行为。
   A. 竞争　　　B. 战争　　　C. 冲突　　　D. 调适
3. 在现实生活中,社会成员依据一定的规则和程序来进行社会互动,这些日常生活中不成文的、大家公认的互动规则是一切社会生活的基础。这一假设属于( )。
   A. 符号互动学　B. 常人方法学　C. 社会交换论　D. 结构功能论
4. 在合作的类型中,一些农业地区逐步形成大家一起收获庄稼的合作习惯属于( )。
   A. 指导性合作　　　　　　B. 制度化的传统合作
   C. 契约式合作　　　　　　D. 自发性合作
5. 在霍尔的个人空间理论中,为演说家保留的个人空间是( )。
   A. 大众距离　B. 规定距离　C. 亲热距离　D. 亲近距离

三、多项选择题

1. 根据互动参与者之间人际关系的性质来分,可分为( )几种情景。
   A. 情感关系　B. 工具关系　C. 混合关系　D. 朋辈关系
   E. 工作关系

2. 戈夫曼对互动时的礼仪进行了详细的研究，他指出人际礼仪有（　　）几类。

A. 表达式礼仪　　B. 回避式礼仪　　C. 维系式礼仪　　D. 认可式礼仪

3. 社会网络理论的两大分析要素分别是（　　）。

A. 情感要素　　B. 疏密要素　　C. 关系要素　　D. 结构要素

4. 社会网络的功能有（　　）。

A. 社会资源获取功能　　　　　B. 互相学习功能

C. 组织管理辅助功能　　　　　D. 日常生活联系功能

5. 林南等人的社会资本理论把资源获取作为中介变量，以社会网络解释寻找工作等社会现象。其中，社会资源包括（　　）。

A. 财富　　　B. 地位和权力　　C. 学历　　　D. 自己的社会关系

四、思考题

1. 什么是社会互动？社会互动的类型有哪些？
2. 试析社会互动过程中的情境关系。
3. 谈谈社会网络的功能。

五、技能实践

在中国文化背景下，一个农民生了儿子，这是一件天大的喜事。在婴儿百日之际，此农民想设宴庆祝、四处传播，在众人面前炫耀，但以他家的年收入来看，他并没有经济实力达到高朋满座的效果。那么，如果他坚持要宴请，原因有可能是什么？

本次活动大约120分钟。

步骤1：阅读学习本章内容。

步骤2：重点了解社会转型中的社会互动形式。

步骤3：自学阅读给出案例并进行案例讨论。

参考答案

一、判断题

1. √　2. √　3. √　4. ×　5. √

二、单项选择题

1. B　2. A　3. B　4. D　5. A

三、多项选择题

1. ABC　2. ABCD　3. CD　4. ACD　5. ABCD

四、思考题

1. 社会互动是指社会上个人与个人、个人与群体、群体与群体之间通过信息的传播而发生的相互依赖的社会交往活动。这个概念包含7层意思：一是社会互动必须发生在两个或两个以上的人之间，一个离群索居的人不能互动；二是个人与个人之间、群体与群体之间只有已发生相互依赖的行为时才存在互动，并不是任何两个人的接近都能形成社会互动；三是社会互动以信息传播为基础；四是社会互动可以是面对面的，也可以在非面对面的场合下发生；五是社会互动总是在特定的情境下进行的，同一行为在不同的时间、不同的场合具有不同的意义；六是社会互动还会对互动双方及他们之间的关系产生一定的影响，并对社会环境形成一定的作用；七是人们的互动往往遵循一定的行为模式，具有一定的互动结构。

社会互动的类型有：①按情感关系，可分为友好的互动、敌意的互动及情感无涉的互动；②按利益关系，可分为合作、竞争、冲突；③按地位关系，可分为强制、服从与平等协商；④按互动广度，可分为单一角色性互动、多重角色性互动；⑤按互动深度，可分为表层互动与深层互动；⑥按互动媒介，可分为言语性互动与非言语性互动；⑦按互动单位，可分为人际互动与群体互动；⑧按互动途径，可分为直接互动与间接互动。需要说明的是，各种社会互动之间可能存在交叉。

2. 了解情境及情境的要求，是社会互动的基础。明白自己所处的情境，并选择与具体情境相协调的行为方式，才能顺利开展互动，达到互动的最终目的。

（1）根据参与互动的人数，可分为二人关系、三人关系、多人关系等不同的互动情境。两人的关系可以获得在其他任何社会形式中不可能存在的亲密感情和独特性，具有排他性特征。但这种亲密性也有可能使两人的冲突更加强烈。在三人组中，每一方都面对着两个人，需要考虑两个人的个性特征，很难达到二人关系中可能具有的亲密性。当三人组中有两人发生冲突时，由于相互关系的不同，第三者可能扮演多种不同角色。在多人关系中，会产生社会网络，互动形式更为复杂，在群体之中还可能形成亚群体。

（2）根据互动的目的，可分为熟悉情境、工作情境和社交情境3种不同类型。熟悉情境主要是指我们与熟人之间的日常交往的场合，家庭成员、亲戚朋友、邻居、下班后同事之间的交往就属此类，这时互动双方并没有特定的目的，行为方式可以较为随便，不必严守工作规则或社交礼貌，按社会习俗行事即可。工作情境包括商品交易、商业谈判、工作会议、上课等。在此情境下，互动双方有特定的目标，有明确的分工，言谈举止限制在一定的范围之内，而且很少情感的交流。宴会、舞会、郊游大都属于社交情境，人们往往为了互动而互动，并无其他目的。

（3）根据互动参与者之间人际关系的性质来分，有情感关系、工具关系和混合关系3种情境。情感关系是家庭、亲密朋友等初级社会群体中的人际关系，它可以满足个人在关爱、温情、安全感、归属感等情感方面的需要。工具关系是个体为了达成某种目的而与他人交往时发生的关系。这种关系只是交往双方达成目的的工具，他们并不预期有亲密的情感关系和长期交往。混合关系介于情感关系与工具关系之间，是个人与亲戚、一般朋友、邻居、同学、同事、同乡等建立的各种人际关系，兼具情感性和工具性。

需要说明的是，有的情境关系是可以发生转化的，在实际交往中有较大的灵活性。

3. 社会网络是行动者在互动中形成的社会联系。从现实上看，更多地被认定为社会交往和网络利用的工具性质，即获得实际收益。具体来说有如下功能：

第一，社会资源的获取功能。人们可以通过社会网络获取资源，改变自身的社会地位。

第二，组织管理辅助功能。根据社会网络的嵌入性特点，基于网络的社会关系会影响经济交易，如在影响对信息与机会的获得、减轻与交易或企业相关的风险和不确定性等。

第三，日常生活联系功能。社会网络在日常社会生活中有重要的社会支持功能，各种网络能为其成员提供包括物质、情感和精神等方面的各种支持和保障。

第四，在经济社会发展中的重要作用。其发挥作用的机制主要是提供信息、降低交易成本、促进信任和化解风险等。

第五，消极功能。如：建立和维护社会网络是有代价的；过分依赖社会网络反而限制了人们获取信息的其他机会与渠道；社会网络的强势关系可能形成利益集团和联盟，导致对社会资源的垄断；等等。

五、技能实践

【分析要点】首先，要看他在当地的人缘关系如何，会不会有人（甚至带重要人物）来捧场；没有人脉储备，这个活动就办不起来。

其次，按地方规矩，来的人都会随礼。这样，用随礼的钱来抵消设宴的花费，既实现了庆贺与加固关系的作用，又没有花自己的钱，甚至还赚了钱，这就是关系网络的作用。

最后，衡量一个人的能力大小不仅在于考察此人的勤劳、技能、智力和健康等状况（人力资本），还在于他调动其所处社会网络的能力，而这一方面的能力就是社会资本。

从以上事例我们没有发现关系与社会资本的不同，似乎社会资本的确可以用来研究中国人的关系现象。这里面有些关系意义被许多学者回避了，这就是中国的庆贺活动与编织人脉之间的名实分离。从表面上看，社会资本造就了活动，但目的未必是活动所能显示的，就如同中国人外出开会、进修、培训而聚合到一起，其活动目的是一回事，结识一批要人是另一回事；读EMBA或MPA、参加短训班等，学习也在其次，主要也是为扩张其关系网。

因为在中国人看来，在一起吃过饭、照过相、开过会、同过屋、做过同学等都意味着关系建立的起点。由关系理论来推导这类活动，我们的考察重点是，什么人去了，哪些人就会跟去；什么人不到（尽管这个活动本身异常重要），什么人也不会去；也需要研究一个人的发迹及其社会能量是靠什么形成的；等等。

由此，我们可以设想，此农民请客的动机有许多是隐性的，参与者的动机也是复杂的，也许这孩子的出生违反了计划生育，因此需要借助请客及要人到场来解决这件事；也许这家人望子成龙，想通过建立关系为孩子的未来铺路。至少在中国，许多请客吃饭不仅仅是简单的祝贺、聚会，或炫耀性消费，而可能是摆谱（显示自己的文化与政治实力）、求人办事、向众人显示自己的网络优势或储蓄人脉等。

如果我们认定此农民的请客活动只是限于前者的收支相抵（这也是完全可能的），则用社会资本理论解释足够了；如果其用意在于后者，那么，最好就要回到关系理论当中去，因为中国人想在关系中所做的投入和收益在社会资本理论中是看不到的，或者会被忽略，至少在研究网络规模、信任、规范、合作、互惠和参与等方面不足以解释这些现象。

第四章　初级社会群体和家庭

本章学习目标

1. 叙述社会群体的概念及特征。
2. 了解社会群体的分类。
3. 知晓社会群体的形成原因。
4. 认知初级社会群体的含义及特征。
5. 认知初级社会群体的类型和维系。
6. 认知初级社会群体的功能。
7. 叙述家庭的含义。
8. 掌握家庭的分类。
9. 明了家庭的功能。
10. 了解家庭的变迁过程。
11. 分析性与婚姻家庭的现实问题。

案例引导

儿童犯罪，究竟罪在谁？[①]

2012年4月，广西一名未满14岁少女，尚在就读小学六年级，邀请同学到家里玩耍，趁同学不注意，拎起棒子，将同学打昏在地。随后，当场将同学杀害。为避免事情败露，她从家中找来菜刀、割纸刀、剪刀等凶器，进行了一场尸体大解剖，毁尸灭迹。此等行径，成年人闻之都不寒而栗，一个13岁的孩子却能下此毒手，是有多大仇？少女说："因为我忌妒她长得比我漂亮。"

同年4月，湖南衡阳县突发一起特大命案，一名12岁的小男孩用水果刀将姑妈一家三口杀害。作案后，肖某换了一身黑色衣服，把走廊上的血迹拖干净，以至于旁人在进入家门前，一点都没看出异常。整个过程中，年仅12岁的肖某作案很镇定、很老练。随后，肖某从姑姑身上拿走手机、现金和钥匙，还用姑姑的手机约一名女同学出来玩。

[①] 参见法帮网（http://www.fabang.com/a/20181102/1080266.html）。

2018年3月，湖北一名13岁的少年黄某用刀挟持同学小静，刺伤小静10多处。临走时，男孩还晃了晃手中的刀，说："你记着，这是给你留作纪念的，我要你死后都记得我！"

《中国教育发展报告》白皮书显示，我国未成年犯罪开始呈现低龄化趋势。

一项对未成年犯罪的调查显示，14～18周岁未成年人罪犯中，14岁以内的犯罪比例，2001年为12.3%，而至2014年时，升至20.11%。在2016年，据全国法院新收未成年罪犯案例公布，初中生犯罪竟占68.08%。

这绝不是单纯的个案悲剧，未成年人犯罪已成为一个综合性的社会问题，也是世界各国都存在的难题。

2009年，美国11岁的乔丹·布朗枪杀了父亲的未婚妻。

2007年，印度一名8岁男孩杀害了3名婴儿。

1997年，代号为"男孩A"的14岁男孩在日本杀害了一名10岁女孩和一名11岁男孩。

1993年，英国两名男孩绑架并杀害了一名两岁的男童，这就是臭名昭著的詹姆斯·巴杰尔谋杀案。

这些案件在当时都引起了轩然大波。人们震惊于被视为最纯洁无辜的儿童，为什么竟会犯下如此耸人听闻的案件。至此，我们对"童年"这个概念的理解，恐怕要被颠覆了。

这些匪夷所思又十分惨痛的事件值得我们反思与追问。

儿童犯罪，究竟罪在谁？

提到"熊孩子"，你的第一印象是什么？有一点自私，有一点任性，有一点骄纵……

但是，一个又一个血淋淋的例子告诉我们，有些事不是一句"不过是个熊孩子"就能一笔带过的。如果小小年纪就为人恶毒，热衷于伤害别人，那这就不是"熊孩子"这么简单了，这叫"犯罪"！

伊索寓言有篇名为《小偷和他的母亲》的故事。长大后的小偷被法官判处死刑，执行死刑前，小偷说想和母亲说几句悄悄话，母亲凑过来，他却狠狠地咬掉了母亲的耳朵："如果小时候我第一次偷东西，你就打我一顿，教导我这么做是不对的，并监督我改正，我会走到今天这个地步吗？"寓言就是现实的写照。

据《青年犯罪现状研究》统计：初犯年龄小于11岁的，高达65%的人会再犯；初犯年龄在12～15岁之间的，其再犯率为54%；初犯年龄在16～21岁的，其再犯率为46%；在成年累犯率中，有高达88%的罪犯在少年时有过犯罪经历。

启蒙理性：家庭作为初级社会群体之一，在人们的社会生活中发挥着重要的功能。家庭是人社会化的重要桥梁。在人的婴儿期，父母就开始培养其生活能力与习惯，教习他们吃饭穿衣、待人接物之规范，教导他们谋生的能力和参与社会应具有的基本规范。然后，他们又在邻里和同辈群体里学会待人处世等行为规范。能够在初级社会群体中健康顺利生活的人都能很快适应更大范围的社会生活。可以说，家教是一个家庭的灵魂，是为人父母的职责。

当一个孩子做错事情乃至犯罪的时候，请别光想着"他只是个孩子"。真正的保护，是告诉他们什么是错、什么是承担；让他们学会尊重他人，懂得社会的规则；让他们明白一切的恶都要付出相应的代价。

家庭最好的教育是爱与陪伴。青少年犯罪不容忽视的原因之一是父母的缺位导致子女与父母的亲密度不够。童年缺失父母陪伴和引导，就可能导致儿童自制力差，性格出现缺陷，无节制地花钱、结交社会人士、抽烟、喝酒、沉迷网络，长期下来，很容易误入歧途。

父母与子女间沟通的不到位甚至缺失也是未成年犯罪率上升的一个诱因。现代社会中，很多家长总是太在意下一代的成绩，却忘记了关心他们活得快不快乐，心理健不健康。

得到过爱的人，才能学会爱；而缺乏爱的人，只能学会冷漠和憎恨。

第一节　社会群体概述

一、社会群体

一般而言，社会群体是指社会成员之间按照一定社会关系组成的彼此有共同行为模式的共同体。广义的社会群体包括家庭、乡村、城市、政党、国家，乃至人类各种不同类型的社会结合，实际上就是将群体概念扩展到了宏观社会。狭义的社会群体仅仅是指人际关系亲密的初级群体或小群体，如家庭、邻里、朋友群体等。这种初级群体或小群体的观点，最早是根据美国早期社会学家库利关于初级群体的概念提出来的。库利在《社会组织》一书中，从研究人的早期社会化出发，提出初级群体的概念，强调家庭、邻里和儿童游戏群体对幼儿的个性和人格的形成所起的重要作用，并指出研究这种人数不多的小群体的特殊意义。后来的一些社会学家从这一研究成果出发，形成了视社会群体为初级群体或小群体的观点。

社会群体产生的条件包括3个方面：第一，人为群居性的动物，人类物质和精神生活的满足依赖于群体；第二，社会分工的出现和细化不断促进群体的分化；第三，不同团体（如宗教团体）的出现也极大地推动社会群体的兴起。

社会群体的特征如下。

（一）基本特征

1. 有明确的成员关系

特定社会群体中的人称自己为该群体成员，并期望本群体成员做出某种有别于群体外成员的行为。

2. 有持续的相互交往

群体成员之间的关系不是临时性的，他们保持比较长久的交往。

3. 有一致的群体意识和规范

群体成员在交往过程中，通过心理与行为的相互影响或学习，会产生一些共同的观念、信仰、价值观和态度。

4. 有一定的分工协作

有明显或不明显的领导与服从的关系，以及伴随此种关系的内部权威。

5. 有一致行动的能力

在群体意识和群体规范的作用下，社会群体随时可以产生共同一致的行动。

（二）其他特征

1. 社会互动

社会群体是以一定的社会关系为纽带的个人的集合体。群体成员间保持着经常性的互动关系。社会群体中的人际关系以彼此了解为纽带，并以一定的利益和感情关系为基础，转瞬即逝的互动不能形成社会群体，群体互动关系的形成与发展需要一定时间的交往。

2. 成员关系

群体一旦形成，便具有相应的成员身份，这些身份便结成特定的社会关系。这种社会关系表现为两个方面：一是相当明确，二是相对模糊。如家庭中的成员关系，便是相当明确的。家庭成员通常由父母及子女组成，他们之间存在的夫妻关系、父子关系、母子关系、兄弟姐妹关系都是明确的，不能随意混淆。在相对松散的群体中，也存在着成员关系。如具有相同爱好，并经常在一起活动的人，大家能够彼此接受，而对于不认识的人则不愿意接受他们参加自己的活动。这就是成员关系的一种表现，在这种模糊的成员关系中，成员之间的关系不确定，但是相对稳定。

3. 行为规范

在群体最初形成的时候，可能只有简单的互相认同关系。随着群体的发展，往往会在内部形成稳定的交往方式，进而形成一定的公认的规范，用来协调成员的行为，以保证群体的功能得以实现。不论是简单的、非正规的通过互相信任、彼此接近形成的一些承诺，还是复杂的、正规的规章制度，都是群体内部有一定行为规范的表现。

4. 群体意识

群体要求成员在群体活动中保持一致并以此与群体外成员区分开来，这些独特的群体活动特征使成员能够明确区分群体内成员和群体外成员，并把本群体视为一个整体，形成一致的群体意识。具体来说，群体意识也就是一种群体归属感，就是成员认为自己属于某个群体。这种意识一旦建立起来，群体成员就与群体外的成员有了明显的区别感，对群体有了相应的期望和归属意识。

二、社会群体分类及其形成原因

（一）初级群体和次级群体

初级群体，也称"首属群体""直接群体"或"基本群体"，是指人际关系亲密的社会群体。这一概念最早由美国社会学家库利提出，他对这一概念的解释是，初级群体是指具有亲密的面对面交往与合作特征的群体。这种群体之所以是初级的，最主要是因为它在形成个体的社会性和思想观念（"社会化"）等方面发挥着初始作用。库利初级群体概念主要包括家庭、邻里和儿童游戏伙伴，强调它们在早期社会化过程中的重要作用，把它们看作"人性的养育所"。后来的社会学家将这一概念扩大到一切人际关系亲密的群体。从人类历史发展的过程来看，初级群体被认为是最早出现的群体类型，包括原始人群、氏族公社时期的氏族家庭、部落等。而就个体生命的发育成长过程而言，家庭、邻里、儿童游戏伙伴都是幼儿最早加入并在其中活动最多的群体形式。

次级群体，也称"次属群体"，是指规模较大，由彼此间情感联系较少的多数人组成，有严密的正式结构，成员间保持着稳定的间接接触的群体。与初级群体相比，次级群体的成员间情感接触并不紧密，成员间的联系不受直接交往或地理位置的限制。次级群体通常有正式的管理系统、等级制度和正式的规范。它的建构不是基于成员间的情感和人际关系，而是基于共同目标。政党、军队、企业、学校等都是次级群体。

（二）内群体和外群体

内群体，是指一个人经常参与的，或在其间生活，或在其间工作，或在其间进行其他活动的群体。内群体又称"我们群体"，简称"我群"。

外群体，是相对于内群体而言的，泛指内群体以外的所有群体。外群体又称"他们群体"，简称"他群"。

内群体和外群体之分是依照人们的群体归属感对社会群体所做的一种划分。这种归属是一种主观尺度。内外有别的观念内化在群体成员的心里，有时会通过外在形式加以突出和强调。制服就是一个例子。在各类集体项目的体育比赛中，每队的队员都身着统一的队服，一方面可防止比赛时自摆乌龙，另一方面可通过这种区分加强队员内部的认同。社会学家使用内群体和外群体概念时，主要用来分析个人对内群体的肯定和忠诚、对外群体的排斥和疏远的态度。

内群体和外群体之分是基于一种主观的归属感。如果成员的个人主观归属感消失，那就意味着该成员从内群体退出；反之，外群体的成员也能变成内群体成员。内群体和外群体的界限不是一成不变的，随着个人的加入或退出，外群体和内群体不时发生相互转换的现象。特别是现代社会，随着社会的发展，社会成员活动范围不断扩大，参与的内群体的数量也在增加。内群体的性质不再局限于血缘的联系或地域的联系，而逐步扩展到工作、社交、文化娱乐和体育运动等各个领域，从而形成业缘、社交、文体等多种类型的内群体。

（三）所属群体和参照群体

所属群体，即个人身为其中一员，实际参加的群体。

按照美国社会学家罗伯逊的说法，参照群体"是这样一种群体——人们可能实际上并不是它的成员，却感到自己'属于'它，是人们在对自己和自己的行为进行估价时所参照的群体"。因此，参照群体是成员心理上的归属，对个人的行为和态度具有重大的影响。参照群体具有对照比较功能和价值规范功能，个人的自我估价会受到选择的参照群体的重要影响。群体成员往往将参照群体的状况与自己进行对照和比较，进而评价自己的地位、品格、智力及受欢迎程度，或是将参照群体的规范视为自己的行为标准，努力培养与参照群体一致的价值观念和态度。因此，参照群体是个人社会化过程中一个重要的因素。小康之家的生活与资产万贯的豪门相比可能相形见绌，但若以还不能解决温饱的贫困家庭作为参照，还是令人满意的。正在准备参加研究生入学考试的人可能会选择研究生的标准对自己进行评估，而不会选择周围准备参加工作的同伴。

（四）正式群体和非正式群体

正式群体和非正式群体的区别在于群体的组织化程度。

正式群体，就是人们根据特定的组织目标或组织原则而建立起来的群体，群体成员的地位与角色都有严格的规定。在正式群体中，成员个人行为与群体目标一致，如军队、政党等。

非正式群体，也称"子群体"，相对于正式群体而言，它是指那些没有正式组织形式、结构较为松散，或者虽有正式组织形式，但属临时性，人员流动性强，或因多种需要自发形成的群体，如临时组成的登山队、互助组等。

正式群体和非正式群体在组织程度、群体目标、控制手段、满足需要等方面都有很大的不同。在组织程度方面，非正式群体较低，而正式群体较高；在群体目标方面，非正式群体是不明确的，是泛目标，而正式群体是明确而专一的；在控制手段方面，非正式群体依靠道德、习俗的力量，而正式群体则主要依靠纪律、制度的力量；非正式群体能满足人们多方面的需要，而正式群体则只能满足人们的部分需要。

任何一个正式群体内，一般都会存在非正式群体。非正式群体的存在可以弥补正式群体中成员未得到满足的需求。如果非正式群体的价值取向与正式群体的目标不冲突，那么，其存在对正式群体目标的实现是有积极意义的。反之，就会有阻碍甚至破坏作用。办公室工作群体内部常常会出现饭友、周末玩伴等一些非正式群体，这些群体有利于缓解工作压力,增强人们之间的感情联系。但如果因为吃饭的事而经常耽误工作,那么,领导可能就会出面干涉了。

除了以上分类方法外,社会学家还根据群体形成的直接原因,把群体分成血缘群体、地缘群体、业缘群体、趣缘群体及志缘群体。

三、社会群体结构及其作用过程

(一) 群体凝聚力与群体冲突

群体凝聚力又称"群体内聚力",是社会群体的特征之一,是指群体对其成员、群体内成员彼此之间的吸引力。当这种吸引力达到一定程度时,就可以说这个群体是具有凝聚力的群体。群体凝聚力不仅反映群体内部的团结,还包括可能出现的排斥其他群体的倾向。群体凝聚力对群体具有重要意义。它不仅作为群体维系的基础,而且也有助于保持群体的整体性、协调性,控制群体成员,保证成员的自信心与安全感。影响群体凝聚力强弱的主要因素有以下几点。

(1) 群体与成员的利益关系。当成员与群体、成员与成员之间具有互惠性或一致性利益关系时,群体凝聚力就会增强;当成员与群体、成员与成员之间缺乏互惠性或一致性利益关系时,群体凝聚力就会削弱或者不能形成群体凝聚力。

(2) 群体内人际关系状况。良好的人际关系会产生较大的吸引力,而紧张的人际关系会削弱这种吸引力。同时,成员间在能力、性格、知识结构等方面如果存在较多的一致性或互补性,也会增强群体凝聚力。

(3) 工作任务的目标结构。群体成员的任务如果互不相关,就会削弱群体内聚力;相反,把个人与群体的任务目标结合起来,就会增强群体的内聚力。

(4) 群体的领导方式。不同的领导方式对群体内聚力有不同的影响。

(5) 群体所处的外部环境的影响。研究表明,外来的威胁和同周围其他的群体竞争会增强群体成员的认同感与归属感,也会增强群体的内聚力。当外部压力来临时,群体会因共同利益而一致对外。

(6) 群体成员的个性特征和群体规模等其他因素。与群体凝聚力相对应的是群体内部冲突。冲突对群体有聚合功能,有助于建立和维持社会或群体的身份和边界线。冲突通过加强群体意识和分离感而在社会系统中的各群体间建立起边界线,由此使系统内的群体身份得以确立。互相"排斥"通过在不同群体间建立一种平衡而使整个社会系统得到维持。例如,印度种姓间的冲突虽然在不同种姓之间形成了一种分野和区别,但它也通过在对抗性种姓的要求之间建立平衡而保护了整个印度社会结构。这也说明,与外群体的冲突可以对群体身份的建立和重新肯定做出贡献,并维持它与周围社会环境的界限。

冲突论者认为,冲突具有正功能。第一,冲突具有群体保护功能,或者说具有"安全阀"的作用。冲突对发生于其中的关系并不总是负功能,它经常是维护这种关系所必需的。如果没有发泄互相之间的敌意和发表不同意见的渠道，群体成员就会感到不堪重负，也许会用逃避的手段做出反应。通过释放被封闭的敌对情绪，冲突可以起维护关系的作用。因此，社会系统提供排泄敌对和进攻情绪的制度是有意义的，这一制度被科塞形象地称为"安全阀制度"。安全阀可以使过量的蒸汽不断排出，而不破坏整个结构，冲突也能帮助一个动乱的群体"净化空气"。科塞认为，这样一个"安全阀"可以充当发泄敌意的出口，及时排泄积累的敌对情绪，从而阻止大冲突的发生或通过减轻其破坏性的影响而使系统得以维持。不过，科塞也认为，"安全阀制度"往往不能从根本上解决问题，它会为更具破坏力的群体冲突的发生埋下种子，因为"安全阀"的作用往往是替代冲突目标，这种替代暂时避免了冲突双方指向导致分裂的原初目标，但是会减轻迫使系统发生变动，以适应变化了的条件的压力，并使紧张由于阻塞而在个人中积聚起来，这就形成了毁灭性爆炸的潜在性。

第二，群体内成员的关系亲密程度与冲突的后果有密切联系。"初级群体中引起敌对感情的原因要多于次级群体，因为人们的关系越是以全部个人投入的参与为基础……越是可能产生爱与恨这两种感情。关系越紧密，感情投入越多，就越是趋于压抑而不是表现敌对感情。"也就是说，亲密性导致敌对感情的积累，它为那些由于感情投入而被压抑的冲突提供了理由。他们认为，群体成员关系越紧密，群体内的冲突破坏性后果可能会越强烈，因为在冲突发生时，紧密关系和更多的投入可以使冲突更加剧烈。不过，当人们意识到这种冲突具有破坏性后果时，就有动员起人格的全部影响来压抑冲突出现的趋势。因此，可以预见，"在参与者压抑敌对感情的关系中，冲突的强度是很高的；反过来，一旦冲突发生，这种感情的积累又会进一步强化冲突"。

第三，与外群体的冲突会增强内部的团聚力。因此，寻找敌人是增强群体凝聚力的必要手段。冲突的发生在于敌人的出现。科塞认为，对战斗群体成员而言，"群体敌人的目的不在于获得成果，而仅仅在于维持它的特有结构"。"即使最初把群体带入冲突的条件不再出现，以后，战斗群体仍然根据'他们最初进入舞台的规则'继续表演。"也就是说，最初敌人消失后导致群体寻找新的敌人，这样群体就可以继续从事斗争，不致陷入因敌人消失而群体本身也行将不复存在的危险境地。此外，冲突论者认为，与其他群体的冲突会限定群体结构及随之发生的对内部冲突的反应。

（二）群体规范

谢里夫从众实验（Sherif's Conformity Research）是谢里夫于20世纪30年代将游动现象用于遵从行为研究而进行的一项实验。实验在暗室里进行。被试者分别坐在暗室里，面前的一段距离内出现光点，光点出现几分钟后熄灭，然后让被试者判断光点移动的方向。实际上，光点并未移动，但如果在暗室观察的话，每个人都会觉得光点在移动。这样实验几次后，每个人都建立了自己的反应模式，有人觉得光点向上移动，有人觉得向下移动，还有人觉得向左右移动，不同的人反应模式各不相同。然后，实验者让被试者一起在暗室内看出现的光点，大家可以相互讨论，确定光点移动的方向。实验反复进行，经过一段时间之后，大家对光点移动方向的判断逐渐趋向一致，形成共识。

以上实验让人们看到，个人的判断会受到群体的影响，甚至群体判断往往会取代个人判断，不管这种群体判断是否正确、科学。个人处于群体之中时，会做出与群体较一致的选择，表现出对群体的服从。但我们知道，这种服从并不是生来就有的，它只有在群体的情境中才能得到催化，人们的服从似乎受到群体某种无形力量的支配。社会学家将这种无形的东西称为"群体规范"和"群体压力"。

群体规范是指在某一特定群体中，经由群体所确立的行为准则或行为标准，可以被认为是群体对合格的成员行为的一种期待。群体规范可以是显性的、成文的规章制度、法律条文，但大部分是隐性的、非正式的、不成文的或者带有约定俗成性质的群体舆论等。群体规范的形成受模仿、暗示、从众、服从等心理因素的制约。在群体生活中，成员们将外部事务的经验不断地格式化、规范化，逐渐达到彼此接近、趋同。因此，当人们再遇到同类事件时，可以根据以往或其他人较普遍的做法而反应，在这种过程中，群体规范就逐步确立了。而群体压力则可以理解为，群体中已经形成的规范对成员行为构成一种无形的压力，使得他们不得不顺从群体，一旦有成员违背群体规范或已经达到一致的群体意见，其他成员会向其施加不同程度的意见压力，同时，还有可能对其做出负向的道德评价，甚至惩罚。美国社会心理学家阿希（S. E. Asch）通过实验表明，成员在群体活动中多少都会感受到来自群体的压力，但成员倾向于与群体保持一致。如果人们看到群体其他成员对现实的理解与自己不同，他们就会自愿推翻自己感觉真实的证据。

群体规范显然是在群体生活中形成的。它一旦产生，便具有一种公认的社会力量，这种力量通常会通过群体成员认可，进而内化到个体中，成为成员对各种言行的判断标准，从而也为成员提供了行为预测和行为评价的可能。群体规范毫无疑问能协调成员间的行为，促使群体成员的行为一致，因此，对于维系一个群体具有重要的意义。而群体压力则是群体规范内化的结果。它的表现通常是无形的，但对成员遵从群体具有十分有效的指引。我们通常讲的"少数服从多数"就带有群体规范与群体压力的色彩。日常生活中，我们在做出某项决定前，总会或多或少地参考周围其他人的做法，这一方面是为了吸取经验，免走弯路，另一方面也说明我们通常不会采取冒险的反群体行为。

 延伸阅读

阿希实验

关于群体成员的行为有许多著名的心理学实验,阿希实验就是其中一个。该实验是所罗门·阿希主持的对群体成员遵从性的一项著名研究。每次实验设定一个被试对象,实验者另外邀请同伙和被试对象一起冒充被试对象参加实验。实验材料是18套卡片,每套两张。一张有一根标准垂直线,另一张有3条垂直线,其中一条与标准线等长。实验要求被试者从3条垂直线中选出那条与标准线等长的垂直线。实验方法是:真假被试对象围桌而坐,实验者依次拿出18套卡片由被试对象逐一回答,但规定好由假被试对象先回答,真被试对象在倒数第二个回答。第一至第六次假被试对象都做正确回答,第七次开始,假被试对象都故意做出错误的选择。实验结果是:被试对象第一至第六次回答是正确的,但从第七次开始,在假被试对象的一再坚持下,往往会放弃正确判断,并承认自己最初的判断是错误的。

第二节 初级社会群体

一、初级社会群体的含义及特征

(一)含义

初级社会群体是指由面对面的交往形成的,具有亲密的成员关系的社会群体。它反映人们最简单、最初步的社会关系,是构成社会生活的基本单位。"初级群体"一词是美国社会学家库利首先提出来的。有时也被翻译成"首属社会群体"或"基本社会群体"。库利使用这一概念时,指的是对人性的形成起着基本作用的那些群体,如家庭、邻里和儿童游戏群体。

(二)特征

(1)它是自然形成的。所谓自然形成,是指不是靠外力有目的地去组织,而是自然地形成。家庭的建立是要履行一定的手续,而子女的加入却近乎是自然的。

(2)成员之间具有多重角色,表现了全部人格。在长期交往中,成员之间形成多种角色关系,淡化了角色间的界限,打破了角色间的严格分工。个人通常将自己的个性全部投入,表现全部人格。在初级社会群体中,成员是作为一个具有完整个性的人而存在的。

(3)一般靠非正式的控制来维持,在初级社会群体中,没有严格的规章制度,而靠个人的自觉性来维持关系。

（4）成员关系带有浓厚的感情色彩，人际关系亲密。这是初级社会群体最重要的特征。亲密是指情感上的依赖，这种依赖使初级社会群体中的成员具有不可替代性。

（5）把满足成员需求放在首位。对于那些在正式组织中得不到满足的需求，初级社会群体总是想方设法加以满足。

（6）具有多方面的综合功能。同正式组织比较，从满足个人需要的角度来看，初级社会群体的满足手段是多方面的。

二、初级社会群体的类型和维系

（一）初级社会群体的类型

按照群体成员联系的纽带，初级社会群体划分为以下4种。

（1）血缘型初级社会群体，是指建立在婚姻、亲子关系基础上的群体，如家庭。

（2）地缘型初级社会群体，是指建立在紧密相连的地域空间基础上的群体，如邻里。

（3）友谊型初级社会群体，是指建立在友好、信任基础上的群体，如儿童的游戏群体、成年人的朋友群体。

（4）业缘型初级社会群体，是指建立在工作联系基础上的志同道合者，如工作小组。

（二）初级社会群体的维系

初级社会群体在本质上是一种情感联合小群体，其维持并没有社会强制力的保证。随着社会的发展及分工的日益发达，人类需要在大范围内进行相互合作，初级社会群体的小群体界限显然在这种大背景下会受到冲击；众多社会组织的出现及不断发展，取代了初级社会群体的某些功能，它们能为人们提供更专业、周到的服务。由于以上情况的出现，初级社会群体内成员间的交往也受到影响，在交往频次与程度上也发生了变化，现代社会发展使初级社会群体关系松懈，一些群体甚至名存实亡。伴随初级社会群体的衰落，社会组织兴起。

初级社会群体的衰落虽然体现了人类社会交往领域的扩展，但也带来了消极影响。现代社会面临着以下新问题，如人们的情感需求得不到满足，人际关系淡漠，互助关系松懈，群体不安定因素增加等，就是与初级社会群体的衰落相关的。

尽管初级社会群体的衰落是社会发展的必然趋势，但它的地位仍不可取代。

三、初级社会群体的功能

（一）人的社会化的基本场所

人的社会化首先是在家庭、邻里之中进行的，这种社会化不但是进一步社会化的基础，而且对个人的成长影响深远。

（二）能够满足人们多方面的需要

人们为了满足需要结成群体，但不同的群体满足成员需要的程度不同。

（三）人走向社会的桥梁

我们在初级社会群体中学习基本生活技能，掌握必要的谋生手段，学会待人处世的行为规范，以很快适应更大范围的社会生活。人们通过初级社会群体这道桥梁沟通与社会的联系，并跨越这道桥梁走向社会。

（四）初级社会群体有助于实现社会控制

人们对初级社会群体的认同感和责任感，使他们愿意自我约束，不做有损本社会群体的事，这就在客观上维持了社会秩序。

不同类型的初级社会群体发挥着不同的社会功能。除了在特征中归纳起来的在社会化、社会秩序维护方面的积极作用外，初级社会群体也具有负功能。初级社会群体的过分发展可能会妨害个人发展。在初级社会群体中过分亲密的感情，易造成个人对群体的过分依赖，从而抑制个人在社会中的发展。例如，家庭中父母对孩子的溺爱和过分保护，容易让孩子产生对家庭的深度依赖，降低其社会适应力。另外，对初级社会群体的忠诚也可能会形成小团体主义、本位主义，从而损害社会其他利益。

第三节　家　庭

一、家庭的含义

家庭是指通过婚姻和（或）血缘关系结成的以分享共同生活场域为最主要特征的初级社会群体。对上述定义的正确理解可以帮助人们更准确地认识家庭的内涵与外延。

家庭首先是一个初级社会群体，即具有面对面的成员关系密切的人际关系特征。家庭这一群体的形成可以基于婚姻、血缘、婚姻和血缘同时发生这 3 种途径。血缘关系可以是真实发生的血缘关系，也可以是虚拟的血缘关系，如养父母与养子女的关系；可以是直系血缘关系，也可以是旁系血缘关系。但是经由上述3种途径建立的群体必须具备"分享共同生活场域"这一特征，才能真正算是一个家庭。强调这一点对于理解中国的家庭有特别的现实意义。因为中国人口管理长期实行户籍制度，所以"户"成了与"家"相伴的重要概念。在现实生活中，既有一"家"分几"户"的情形（子女外地上学、夫妻两地分居），也有一"户"分几"家"的情形（户口本上是一户人，但实际上已分家生活）。强调"分享共同生活场域"就是为了避免把"家"与"户"混淆。"分享共同生活场域"既包括直接的共同生活，在特殊情况下也包括间接的共同生活。

延伸阅读

摩尔根[①]

路易斯·亨利·摩尔根（Lewis Henry Morgan，1818—1881），美国民族学家、人类学家。

摩尔根早年对研究印第安人社会产生浓厚的兴趣，与志同道合的青年们一起组织了"大易洛魁社"，其宗旨是促进美国白人对印第安人的感情，获得有关印第安人的知识，协助他们解决自身的问题。在易洛魁人塞内卡部落为夺回被诱骗出卖的土地、争取生存权利而进行的斗争中，摩尔根和同伴们为他们多方奔走。

1862年，摩尔根发表重要著作《人类家族的亲属制度》，摩尔根探讨原始社会的婚姻制度和亲属关系，从而发现了人类早期的社会组织原则及其普遍的发展规律。后摩尔根扩大了研究对象，不再局限于印第安人，而转到整个人类的原始社会。1877年，摩尔根毕生最重要的一部著作——《古代社会》首先由美国的亨利·霍尔特出版公司印行。

摩尔根是对亲属制度进行科学研究的开创者。他发现易洛魁人的亲属制度同实际存在的家庭关系相矛盾，这种现象也存在于其他印第安部落中。1859—1862年，每年夏季，他都去美国中西部印第安人地区做实地调查，着重研究印第安人的亲属制度和社会结构，并广泛考察其经济、社会生活的各个方面。这是他日后许多卓越发现的事实依据。他还把精心设计的调查表格寄到世界各地，通过驻外使节、传教士等调查当地的民族，这项活动历时10年之久。通过广泛的调查，他掌握了世界大多数民族近200种亲属制度的资料。1871年，他发表了《人类家族的血亲和姻亲制

[①] 参见百度百科"摩尔根"词条（https：//baike.baidu.com/item/%E6%91%A9%E5%B0%94%E6%A0%B9/8684522？fr=aladdin）。

度》。根据亲属制度和社会组织的研究，他系统地提出了家庭进化的理论，概述了人类家庭的发展历史。他认为，人类从杂交状态经过血缘家庭、普那路亚家庭、对偶家庭和父权家庭而达到一夫一妻制家庭，彻底推翻了先前的历史家们认为的一夫一妻制家庭自古就有，并且始终是人类社会的基本单位的理论。

摩尔根在原始社会史领域所做的研究，证实和丰富了马克思主义唯物史观，受到马克思和恩格斯的高度评价。马克思读过《古代社会》后，写了详细摘要和批语（见《摩尔根〈古代社会〉一书摘要》）。恩格斯写了《家庭、私有制和国家的起源》(1884)，称赞摩尔根"以他自己的方式，重新发现了40年前马克思所发现的唯物主义历史观"，"在原始历史的研究方面开辟了一个新时代"。

二、家庭的功能及分类

（一）家庭的功能

家庭的功能是指家庭对家庭成员的生存和社会发展所起的作用。

（1）经济功能，包括生产、分配、交换和消费等方面。在以生产资料私有制为基础的社会，家庭不但是生活的基本单位，也是生产的基本单位。家庭通过生产生活资料，保证产品分配和交换，满足人们的基本需求。在此基础上，人们参与社会活动，为社会创造财富。

（2）生物功能，包括性生活的满足与生殖两个方面。家庭使夫妻的性生活合法化，为人的健康和社会的稳定提供了基础。家庭是社会的生育单位，是种族繁衍的保证，生儿育女是家庭的一项重要任务。

（3）抚养和赡养功能。抚养是对子女生活的供养和通过社会化对他们的教育。人有较长的生活依赖期，在此期间，家庭的抚育作用显得十分重要。赡养是子女对父母生活上的供养和照顾。父母与子女之间所具有血缘和情感联系使家庭成为赡养老年父母的理想场所。

（4）休息和娱乐功能。这对儿童的社会化，对密切成员关系、调剂与恢复家庭成员智力和体力，从而满足家庭成员的心理和生理需要具有重要作用。

家庭的上述功能并不是固定不变的，随着社会的发展，一方面，家庭的部分功能会外移，另一方面，新的家庭功能又会产生。

（二）家庭的分类

如从配偶数量来分析，有3种性质的家庭，即一夫一妻制家庭、一夫多妻制家庭和一妻多夫制家庭；从核心成员的婚姻次数来分析，存在初婚家庭、再婚家庭、未婚家庭3种类型的家庭；从作为家庭核心成员的夫妻双方就业情况分析，家庭结构有两种基本类型，即单职工（单收入）家庭和双职工（双收入）家庭。

对家庭进行综合性的微观结构考察，社会学家常用的综合性考察标准或角度有两种，第一种是以夫妻共同体为主线，把种种形式的家庭结构串联成一个系列，第二种是把家庭成员的成分、数量及其相互关系综合起来对家庭建构进行描述。

（1）按照第一种综合性角度考察，可以把全部形式家庭结构归为4个系列。

单身家庭系列，包括未婚独居、离婚独居、丧偶独居。

夫妻缺一型家庭系列，包括同代残缺或一代残缺（即家庭中只有一代人，而这一代人有一个失去配偶的已婚家庭成员；或家庭中有第二代，但第二代均未结婚，而第一代有失去配偶的成员）、二代残缺型（父母与至少一个失去配偶的子女组成家庭或亲子两代都有失去配偶的成员）、多代或隔代残缺（除前述两种以外的具有夫妻缺一现象的家庭）。

配偶家庭系列，是指夫妻二人为家庭主要成员的家庭，包括未育配偶家庭、核心家庭（一对夫妻和未成年子女的家庭）、空巢家庭（指一对已生子女的夫妻，身边没有子女共同生活，通常是子女长大成人离开家庭工作或另建新的家庭）。

扩大家庭系列，指家庭中除夫妻共同体及其子女外，还有其他家庭成员，如"上有老下有小"的家庭就属此类。

（2）按照第二种综合性角度考察，可以将所有的家庭分为6种类型。

核心家庭，通常是指一对夫妻或一对夫妻与其未婚子女共同组成的家庭，但以一对夫妻与未婚子女家庭最为典型，而广义上的核心家庭包括夫妻家庭。

扩大家庭，是核心家庭的扩大化，可以理解为一个核心家庭加入非直系未婚家庭成员而组成的家庭。最典型的例子是一对夫妻和其未婚子女与该夫妻中一方的未婚兄弟姐妹组成的家庭。

直系（主干）家庭，是核心家庭另一种扩大化形态。它的基本特点是至少有两代的已婚成员但任何一代中顶多有一对夫妻的家庭。

联合家庭，是一个家庭中任何一代有两对夫妻的家庭，它是两个核心家庭共同平等组成一个大家庭性质的家庭。

隔代家庭，是家庭成员有3代血缘关系，但第二代成员缺位的家庭。第二代缺位有两种情形，一是不共同生活（如在外地工作），二是死亡。

除上述结构形式以外的家庭均可以称为"特殊家庭"，如单身、残缺、同性恋家庭等。

对家庭微观结构考察的意义主要有两点。首先，有利于对不同家庭的特点做更为深入细致的研究，从而获得关于家庭更深刻全面的认识。其次，对家庭微观结构的考察有利于展开对家庭的宏观结构的考察。对家庭微观结构的考察是对家庭宏观结构的考察的基础。

延伸阅读

家庭的起源和发展

家庭是人类社会历史发展到一定阶段的产物,并随着社会历史的发展而逐步由低级向高级发展。恩格斯在《家庭、私有制和国家的起源》一书中根据美国早期人类学家摩尔根的研究,指出人类家庭的发展经历了4种形式。

(1) 血缘家庭。这是家庭发展的第一阶段。该阶段是人类社会的蒙昧时期,生产力水平低下,人们过着简单的群居生活。婚姻家庭是按照辈分区分的,即辈分相同的男女互为夫妻。这种家庭形式中仅是祖辈和子孙间、父母和子女间不容许有夫妇间的权利和义务。同胞兄弟姐妹间的相互性关系则被视为自然而然的事情。

(2) 普那路亚家庭。"普那路亚"是夏威夷语,意为"亲密的伙伴"。在这发展阶段,禁止近亲兄弟姐妹之间的性关系,后来逐步发展到禁止旁系兄弟姐妹之间的通婚,它是群婚制的高级形式。这种形式的出现是"自然选择规则"的胜利。此时仍然处在蒙昧状态,人们只知其母不知其父,为母系氏族社会。

(3) 对偶家庭。这是从群婚制到一夫一妻制家庭形式的过渡。其状况是,一个男子在许多妻子中有一个主妻,而他相对于这个主妻来说,也是她的许多丈夫中的一个主夫。即成对的配偶在或长或短的时期内相对稳定的同居现象,还不是十分牢固的一夫一妻制家庭形式。此时社会的基本组织仍是母系氏族,子女有可能确认其父,从而也为进入父系氏族社会创造了条件。

(4) 一夫一妻制家庭。这是在野蛮期中级阶段和高级阶段的交替时期由对偶家庭发展而来的。即按规定,一个男子只能拥有一个妻子,婚姻关系更加坚固和持久,不能由任何一方任意解除。铁制工具的出现使生产力有了很大的发展,男性在社会生产和财富分配中逐渐占据了主导地位,为了保证自己的财产交给自己真正的后代,要求女性只有一个丈夫,婚姻支配权建立在丈夫手上,所以一夫一妻制一开始就具有其特殊性——只是对女性而不是对男性的一夫一妻制。

三、家庭关系的变迁

对于任何一个家庭来说,家庭关系及其维护、运作是家庭生活中的重要内容,而家庭关系的全部无非是横向成员关系和纵向代际关系。夫妻关系是所有横向关系中最重要的关系,而亲子关系(即父母与子女的关系)则是纵向关系中的代表。

(一) 夫妻关系

1. 从恋人、对象到丈夫/妻子

结婚之前双方是恋人或对象,结婚之后成为夫妻。当恋人或对象变为丈夫或妻子之后,双方从此撩开了原来温柔的面纱,显露出原本的种种个性特征来。在双方

看来，现在的丈夫或妻子与原来的恋人或对象有了很大的不同，有人甚至感觉"变了一个人"。当然，对于那些以欺骗方式来恋爱、择偶的人来说，婚后的本性显露是理所当然的。但是，即使对于大多数并非以欺骗方式来恋爱、择偶的人来说，也同样存在许多变化。这些变化无论其本人是否愿意，都会发生。总结起来，这些变化主要有以下几个方面。

（1）浪漫与现实的变化。结婚之后，显然现实生活的功利性思考会压倒浪漫的想法。

（2）隐饰缺点与暴露缺点的变化。婚前双方交往最重要的动机是彼此希望对方与自己的感情能够维持下去，彼此都尽可能把有可能影响感情维系的因素排斥在外，所以在婚前交往中，彼此会尽可能掩盖自己的缺点。而结婚之后，双方的关系趋于稳固，彼此对排斥影响感情的因素的注意力都放松下来，因此，缺点也就逐一显现。

（3）奉献与索取的变化。在婚前交往中，恋人间的奉献是双方互动模式的基本特征之一，如赠送礼物、为对方购物、主动帮助对方解决难题等。尽管在许多恋人关系中，彼此的奉献并不对等，但双方依然相处愉快。结婚后的夫妻关系则发生了明显的变化，至少在彼此或一方的主观感受上发生了明显的变化：对原来的主动奉献没有了，有时连被动奉献也不愿付出。相反，对方可能会不断要求自己奉献。这种变化在夫妻双方互动的模式上可称为从奉献到索取的变化。

以上诸变化，如果处理不当，就会导致夫妻关系紧张甚至破裂。

2. 夫妻的地位与权力关系

夫妻地位与关系错综复杂。夫妻地位问题既有社会规定性的一面，又有夫妻间实际情形的一面；夫妻权力同样既有社会规定性的一面，又有夫妻间实际情形的一面。而在社会规定性和实际情形之外，又有夫妻双方各自的角色表演问题。为简明起见，在此把夫妻地位与关系合并描述，进行类型分析。

从最简明的角度来分析，夫妻地位与权力关系基本模式有3种类型：夫主妻从型、夫妻平等型、夫从妻主型。

（1）夫主妻从型。这是在传统意义上最为普遍的一种夫妻关系类型。在中国古代社会规范中，有相当多的关于女性在夫妻关系中地位低下的内容。如《礼记》对妇女"三从"的解释：妇人，从人者也，幼从父兄，嫁从夫，夫死从子。"三从"中第二从便是从夫。东汉班昭《女诫》关于妇女"四德"的解释为妇德、妇言、妇容、妇功，基本都是取悦丈夫、服从丈夫的内容。现代社会夫主妻从型夫妻关系相比古代而言有所变化，有些是出于社会规范的要求，有些只属于夫妻间分工的形成。现代社会夫主妻从型夫妻关系的基本关系和行为特征有如下几个方面：在家庭对外交往中，妻子服从和依赖丈夫，而在家庭内部生活中，妻子承担大部分日常生活中的事务性工作；丈夫的职业收入是家庭收入的主要来源，妻子没有或很少有职业收入；丈夫对妻子的要求通常是贤妻良母。从权力分配角度看，丈夫是以提供部分家庭内部权力来交换妻子对自己的服从和依赖。

（2）夫妻平等型。这是现代社会大多数青年夫妻之间的一种夫妻关系类型，夫妻在家庭中的地位和权力关系是彼此平等的。一个典型的夫妻平等的夫妻关系具有如下基本特征：夫妻双方各自有相对独立的社会交往范围而且互不干涉，夫妻双方在处理家庭内外各种事务时共同决策，夫妻双方基本上共同承担家庭内部日常生活的事务性工作，夫妻双方都有职业收入而且差距不悬殊。

（3）夫从妻主型。这类夫妻关系基本特征包括如下几个方面：妻子有较强的社会交往能力和家族管理能力，或有较高地位的社会职业（包括收入、声望等），而丈夫较缺乏社会交往能力，职业地位不高；丈夫通常承担大部分家庭日常生活事务，妻子有时被社会评价为"女强人"；在处理家庭内外重大事情时，妻子是主要决策人和发言人，丈夫是服从者。

（二）亲子关系

从家庭关系而言，亲子关系是由家庭衍生的各种纵向关系的主轴。在传统社会中，亲子关系主要由父亲与子女的关系来表现或代表。在现代社会中，亲子关系则由父母双方与子女关系来表现。父母在子女尤其是未成年子女面前，往往是社会的合法代言人。家庭中亲子关系既可以代表社会中世代之间的关系，又可以代表社会与个人之间的关系。

人们常说，父母是子女的第一任老师。在中国的传统社会中，教化子女是最受重视的家庭事务，许多圣贤都有家训、家书一类教育子女的文字材料。受传统影响，今天中国的家庭社会化具有以下3个特点。

第一，家庭作为一个儿童社会机构，在儿童社会化过程中处于绝对重要地位。父母不但承担了子女哺育者的责任，而且承担了子女知识传授者的责任。

第二，家庭不仅是礼仪行为的教育场所，而且也是知识的家庭教育场所——许多家庭几乎是私立学校，父母成了课外教师。这一特点与两个因素相关。其一是在中国，社会性幼儿教育副业不发达，甚至初等教育事业也不是很发达，而社会竞争激烈程度又日益增进，父母不得不肩负起教师的角色。其二是社会赋予父母或家庭的权力和责任都太多，而社会总是把个人的荣辱与对家庭的评价关联起来，因此，每个家庭都不得不尽力培养子女，让他们光耀门第。父母包办过多，从而造成中国儿童社会化阶段漫长。青年如果在高中阶段基本完成社会化，那么，他们无论就业工作还是学习深造，都可以独立应付种种问题。但是，许多中国青年在高中阶段未能完成社会化，无论是踏入社会还是进入大学，都不能立即独立生活。这与父母只注重子女的智力发展，把智力发展等同于学校的考试成绩，而忽视子女其他方面的培养是大有关系的。

第三，在社会化内容方面，父母感情投入较多而忽略对子女自我意识的培养。父母常要求子女和自己行为模式一致、思想观念一致，而且用亲子感情的投入来巩固这种一致，这常常导致子女自我意识难以建立起来。

四、家庭的未来趋势

随着社会的进一步发展，随着工业社会向后工业社会的转变以及相应的文化价值观念的变化，家庭也呈现出新的变化趋势。这些变化趋势主要包括以下6个方面。

（一）高离婚率、低结婚率

在目前最发达的资本主义国家美国，20世纪80年代离婚率已经达到相当高的水平，如以当时的结婚率为准，则差不多一半的婚姻要以离婚而告终。与这样高的离婚率相反，结婚率则呈下降趋势，据20世纪80年代中期的统计，以年龄在25～30岁的妇女为例，根本不想结婚的比例达到15%。然而，也有人认为，"高离婚率、低结婚率"并不能概括美国当前婚姻的特点，应该说"高离婚率、高再婚率"才确切。20世纪70年代以来，美国的再婚率提高了，再婚率和离婚率的增加几乎相等。有研究表明，在如今的美国，大约有一半婚姻中，夫妇的一方或双方是再婚者。再婚率的增加反映了人们期望而且认为再婚可以实现更美满的婚姻，组建更幸福的家庭。"结婚—离婚—再婚—离婚—再婚……"被有些学者称为"连续的多配偶制"。

需要指出的是，就离婚率的提高而言，美国的情况只是一种总体趋势的代表而已。事实上，在其他许多国家，包括中国都同样处于这样一种总体趋势之中。我国于20世纪80年代修订颁布的新婚姻法加入了"感情破裂原则"，改变了长期以来坚持的"对有资产阶级思想的人提出离婚，原则上是不准离"的做法，随后，离婚率迅速上升。有人还分析指出，今后我国离婚率将在长时间内缓慢、持续地增长，并且再婚率也将与离婚率同步增长。

（二）单亲家庭和继父母家庭的增长

离婚率和再婚率的提高直接带来单亲家庭和继父母家庭的增加。当然，有些单亲家庭是由未婚母亲和其非婚生子女组成的。在20世纪80年代初期，单亲家庭占欧洲和北美的经济合作与发展组织国家中所有户数的20%或更多一点。此后这一数字继续增长，如在1980—1993年，美国单亲家庭的比重就从20%上升到26%。同样的趋势在其他很多国家中也很明显，而且官方的数据很可能被低估了，因为如果家庭中有一名超过15周岁的男性，妇女即使是主要的挣钱养家者都不算家长，因而也不算作单亲家庭。由于一般情况下，离婚后男子的再婚机会多于女子，因此单亲家庭多以妇女为户主。据统计，以妇女为户主的单亲家庭占了美国家庭的19%。单亲家庭要克服许多经济的、社会的和心理的问题。这些家庭经常会遇到经济不稳定、家庭角色和责任转换、情感紧张等问题。

因为多数离婚者都再婚了，所以继父母家庭或者说混合家庭的数量也大为增加。1990年，美国有530万混合家庭，生活在这种家庭中的孩子有730万。在混合家庭数量激增的同时，目前却没有什么良策或建议可以帮助他们成功建立一个和谐幸福的混合家庭。在这些家庭中，比较普遍地存在着子女和成人之间的紧张对立乃至仇恨敌对情绪。

（三）生育率的下降

生育率的下降也是家庭变迁的一个明显趋势。自20世纪以来，美国的生育率一直在下降。在20世纪初，美国家庭平均有4个孩子；到20世纪30年代，下降到平均3个孩子；到20世纪末期，则平均只有两个孩子。如今，许多人甚至选择不生孩子，选择"丁克"家庭模式。不独美国如此，其他国家也是如此。我国近年来生育率下降固然主要是由于国家计划生育政策的实行，但相比从前，特别是在城市中，人们也越来越自觉地选择少生孩子，有人甚至也选择不生孩子。

（四）未婚同居者增加

在以前，未婚同居被认为是伤风败俗，未婚同居者往往会遭到周围人们的道德谴责，承受舆论的压力。但如今，这种行为已越来越被人们宽容、接受或不被人们理会了。与此同时，未婚同居者的数量也呈直线上升趋势。据调查，这种现象在大学生中尤其普遍，美国如此，今日中国也是如此（在今日中国，另一未婚同居者比较多的社会群体是外出打工者）。同居与结婚有某些相似之处，这表现在双方相互之间往往有较深的感情和较多的义务，他们之间的性关系也往往是排他性的。当然，同居和正式的婚姻毕竟不同，既缺乏社会的承认，也没有法律的保护，并且由于某些原因，同居者还会谨防承担正式婚姻的责任和义务。事实上，同居在很多情况下都起着"试婚"的作用，双方在明确决定开始正式婚姻生活之前先试验一下是否能和谐相处。随着社会观念的进一步开放和宽容，随着人们生活条件（比如单身住房）的进一步改善，未婚同居现象可能还会继续增长。

（五）单身户增加

所谓单身户，是指一个家庭只留下一个人。据调查，1980年，美国有将近23%的家庭是单身户。它主要由两个年龄组的人组成，没有结婚的年轻人和以前结过婚的人，还包括一些失去配偶的老年人。当然，现在的单身户也和过去有不同的意义，即单身不单，事实上很多单身户或者与别人同居，或者与别人保持"某种联系"（包括一些与亲属的联系）。尽管目前我们不知道这些单身的人群以后是否会结婚，但有一点是可以肯定的，即这些所谓"独身"的人事实上并不一定都是"独身"的。

（六）妇女在家庭中地位的变化

一直以来，妇女主要充当贤妻良母的角色，将其绝大部分的时间用于家务劳动中。但由于没有独立的经济收入来源，她们的这种贡献往往得不到承认，得不到公平的对待。如今，这种情况已经有所改变，并还将继续发生变化。如今许多妇女外出就业，在工业化国家里，她们占到正式劳工的40%。妇女的外出就业使她们有了独立的经济收入，在有些家庭中，她们的收入还是家庭的主要收入，甚至唯一的经济来源。这自然提高了妇女在家庭中的地位，加强了她们的独立性。妇女外出就业，一方面是由于她们受教育程度提高，从而增加了就业的竞争力和机会；另一方面也与现代社会产业结构的变化有关，新出现的许多职业事实上都更适合妇女去从事。不过，需要指出的是，妇女外出就业一方面固然提高了其在家庭中的地位，另一方面也在某种程度上加强了她们的角色紧张。

第四节 性、婚姻与家庭

一、性、婚姻、家庭和生育的分离

一方面是由于避孕工具的发展和普遍可得，另一方面是因为道德观念的变化，总之，性、婚姻、家庭和生育这些原本密切相关的方面如今日趋分离了。在性交势必导致怀孕的时代，把性关系限制在已婚夫妇之间是有其社会意义的。但是，如果性交和怀孕之间的必然联系不复存在了，那么，对于以性行为为娱乐的许多禁令也就会趋于失效。许多研究表明，美国人的现实行为已经否定了性、婚姻、家庭和生育之间的联系。性可以在婚姻之外；性行为的直接结果或目的不在于生育而在于寻求快乐；人们可以不结婚而同居，成立家庭的目的在于浪漫主义的爱和生活，而不一定要生育；甚至，生育也不一定要通过性交。事实上，不仅在美国，许多发达国家也是如此。在许多国家，性、婚姻、家庭和生育之间原先那种不可分的联系正日益趋于瓦解。

二、婚姻关系中的暴力

婚姻关系中的暴力也称"夫妻暴力"，其基本形式有丈夫虐待妻子、妻子虐待丈夫。丈夫向妻子施暴是最为传统也最为常见的一种夫妻暴力形式。这与社会性别不平等相关。在传统社会的婚姻观念中，丈夫对妻子施暴是维护统治权的一种行为，常常为社会舆论所接受和认可。妻子虐待丈夫的现象只发生在某些特定的婚姻关系中，其前提条件是妻子有能力和胆量向丈夫施暴，而丈夫没有勇气或能力反抗和报复。无论是何种形式的夫妻暴力，对婚姻和对夫妻感情的伤害都是极其严重的。而丈夫虐待妻子的暴力行为对妇女身心健康的危害则更为明显。

尽管婚姻中的暴力有很大的危害，但是，婚姻关系中的暴力并不一定导致婚姻关系的解体。从理论上分析，夫妻暴力是否导致婚姻关系解体受4种因素的影响。

第一种因素是夫妻暴力的程度和频率。夫妻暴力程度较轻，在暴力冲突后夫妻情感恢复得越快，越不容易导致婚姻解体。夫妻暴力程度越剧烈，且暴力结束后夫妻感情恢复得越缓慢，则越有可能导致婚姻解体。另外，夫妻暴力的次数越少，夫妻之间连续相处的时间越长，夫妻感情越稳固，因而不会导致婚姻解体；夫妻暴力的次数越多，夫妻间持续相处的时间越短，夫妻感情越不牢固，较容易导致婚姻解体。因此，婚姻中暴力的程度和频率是影响婚姻解体的重要因素。

第二种因素是受暴方对暴力承受程度和认识程度。在暴力冲突中，受暴方对暴力的承受能力越强，对暴力的认可程度越高，那么，暴力越不容易导致婚姻解体。婚前处在父母暴力管束中成长的社会成员在结婚后往往有较高的暴力承受能力，这是因为他们的父母培养了他们的暴力承受水平。从社会分层角度看，因暴力而导致婚姻解体的，通常发生在社会地位较高的家庭之中，而处于社会低层的家庭较少因暴力而婚姻解体。因为低层家庭中的成员成长的暴力氛围远远超过地位较高的家庭成员，因此，他们对暴力的承受度也较高。

第三种因素是受暴方的能力、权力和财产状况。当受暴方没有能力独立生活（如没有稳定的职业收入），没有充分的家庭权力，也没有充足的财产资源时，即使再剧烈的暴力，他们也不得不承受，不愿意轻易解除婚姻关系，因为婚姻是受暴方唯一的生存机制。而一旦受暴方有能力独立生活，或者拥有足够的家庭权力或充足的财产资源时，他们会设法阻止暴力的再次发生，或者以解除婚姻关系的方式来摆脱暴力。许多受虐待的妻子不愿意离婚，多数是因为她们没有办法独立生活而不得不生活在丈夫的暴力阴影下。

第四种因素是社会支持力量。社会支持力量包括两个方面：一方面是夫妇双方各自原来的家庭力量，另一方面是社会组织的力量。当社会支持力量倾向于维护婚姻关系时，受暴方的离婚努力不会得到支持；当社会支持力量倾向于维护个人尊严时，受暴方的离婚努力就会得到支持。从社会支持力量角度看，妻子总是处于不利的一方，因为在社会组织中，男性总是掌握着重要的权力，当女性受暴者提出援助主动诉求时，往往会被劝解。

三、血缘关系中的暴力

在家庭中，如果说夫妻是由缔结婚姻关系而形成的家人概念，那么父母与子女、兄弟姐妹之间就是真正的基于血缘关系的亲人，因此，来自血浓于水的至亲的伤害更加引人深思。

血缘关系中的暴力有3种基本形式：兄弟姐妹之间的暴力冲突、父母虐待子女的暴力冲突和子女虐待父母的暴力冲突。

在独生子女家庭，兄弟姐妹间的暴力是不存在的，只有在大家庭中，兄弟姐妹间的暴力才是常见的。在大家庭中，同胞间的暴力常常是家庭成员成长的一个组成部分。因为在社会化过程中，未成年的少年儿童并不懂得如何用理性方式处理彼此的争端，非常容易使用暴力方式（打架）来解决彼此的矛盾。兄弟姐妹间的暴力通常只发生于青少年时期的兄弟姐妹之间，而成年兄弟姐妹之间是很少发生暴力冲突的。这是因为他们在有了各自的家庭之后，已经没有太多的时间相处。这种小家庭的区隔既增加了兄弟姐妹间见面时的亲切感，又减少了发生暴力冲突的机会。

父母虐待子女的暴力冲突是最为日常化的一种暴力行为。在中国家庭中，很少有没挨过父母打骂的子女。在多数情况下，人们不把父母殴打子女看作虐待行为，而当作管束子女、爱护子女的行为。只有在父母以故意伤害子女为目的来殴打子女时，人们才认为是虐待子女的行为。

子女虐待父母的方式有很多（如拒绝提供生活来源），其中，暴力方式是最受社会谴责的虐待方式。子女公开地殴打父母的现象虽然存在，但不普遍，即使那些虐待父母的子女也不敢轻易使用暴力方式，因为社会的惩罚力量非常强大。

因为兄弟姐妹间的暴力冲突和子女虐待父母的暴力冲突不十分典型，所以我们只着重分析父母虐待子女的暴力冲突问题。从广义上讲，父母虐待子女就是指父母殴打子女的行径。从殴打子女的动机来分，有两种性质的殴打子女行为。第一种性质是父母出于管束、教育、爱护子女的动机而采用暴力方式约束、惩罚子女，以加强子女记忆。中国自古有"棍棒出孝子"的说法，恰是这种动机的暴力行为的写照。在中国家庭中，许多父母就是在"为子女好"的名义下向子女施暴的，而社会对这种暴力往往也持宽容态度。第二种性质是父母以故意伤害子女为动机来向子女施暴。这种施暴是被社会公认的虐待子女的行为，是受社会谴责和约束的。

一个值得讨论的问题是，第一种性质的父母殴打子女的行为是否真是"好"的暴力、"管用"的暴力？也就是说，父母运用暴力教育孩子是否真的对子女有益？在我们看来，答案是否定的。

首先，以暴力方式管教子女的父母虽然动机上是为子女"好"，但在实质或效果上是为父母自己好。有些父母认为，殴打子女可以让子女乖顺、听话、守规矩，然而，子女的顺从实际上为父母的管教提供了方便。有些父母认为，殴打子女可以让子女不再粗野，专心学习，将来有出息。然而，实际上，这也是为了让子女为父母争光、争气。

其次，父母以暴力方式处理子女的冲突问题是极不公平的。父母对子女尤其是未成年子女来说，在地位、经验、能力、体格方面都占着优势，在冲突中已具有各种获胜的条件，如果父母再用暴力方式来处理冲突，对于子女而言纯粹是仗势欺人，毫无公平可言。运用这种不公平的方式获得对子女的权威是十分不道德的。

再次，父母向子女施暴带来的危害远远超过这种暴力带来的所谓"好处"。父母以向子女施暴的方式处理与子女的冲突，其基本危害是伤害子女的自尊心，压制子女的反抗精神和创新精神，剥夺子女的个性自由，培养子女的暴力倾向等。与这些危害相比，子女从暴力中所获得的"好处"实在是微不足道的。因此，成熟理智的父母在与子女发生冲突时，必须尽力避免使用暴力，必须克制自己的暴力倾向，要采取明智、冷静的方式与子女沟通。

当然，父母对子女的教育是必要的，同时，这也是父母对社会、对家庭、对子女们负责任的表现。在家庭中，父母与子女代际间的不协调可能没有办法彻底避免，但家庭教育的方式显然有多种，只有本着对话、沟通和理解的态度，父母与子女才能找到和谐的解决问题之道。家庭暴力是家庭生活中一个极不和谐的音符，每个人都要学会向家庭暴力说"不"。

本章小结

人的各种社会关系的交织、互动产生了共同利益和集体意识，在此基础上，形成了各种各样的社会群体。而社会生活是以群体形式进行的，社会群体既是人们生存与生活的基本单位，又是社会的结构要素之一，它在个人与社会之间发挥着重要的桥梁作用。

作为最重要的初级社会群体的家庭是人类初级生活圈。在这个初级生活圈里的家庭、婚姻、性是一种整体存在状态，是人类社会生活的重要组成部分。人们给家庭、婚姻、性赋予了许多不同的定义和价值。社会学在此领域的研究是系统的、整体的，作为连接个人生活与社会运行的中介，对家庭、婚姻的研究具有重大的现实意义和应用价值。

本章知识与能力训练

一、判断题

1. 群体凝聚力是群体对成员的吸引力，以及使成员留在群体内的各种力量的总和。（　　）
2. 在初级群体中某个成员的空缺，可以随意按程序再挑选一个人来顶替，人员是可以不断变更的。（　　）
3. 一夫一妻制家庭产生于原始社会中期。（　　）
4. 家庭这种群体之所以经久不衰，就在于它具有满足人类个体和社会需求的一定功能，同时，家庭的这种功能随着社会的发展变化不会发生变化。（　　）
5. 从个人活动角度来看，家庭、婚姻都是个人选择与行为的结果，表现为一种客观存在的生活实体。（　　）

二、单项选择题

1. 群体规范的行为约束力表现在（　　）。
   A. 促进群体成员的行为一致协调　　B. 规定人们日常行为的范围和准则
   C. 限制群体成员的自由　　　　　　D. 对成员的违规行为经常惩罚
2. 初级社会群体是指由面对面的交往形成的（　　）的社会群体，它反映人们最简单、最初步的社会关系，是构成社会生活的基本单位。
   A. 间接交往形成　　　　　　　　　B. 具有亲密成员关系
   C. 成员关系疏散　　　　　　　　　D. 成员互动较少

3. （　　）是最典型的初级社会群体。
   A. 邻居　　　　　　　　　　B. 儿童游玩群体
   C. 家庭　　　　　　　　　　D. 朋友圈子
4. 核心家庭中包含两种最基本的家庭关系：夫妇关系和（　　）。
   A. 亲子关系　　B. 亲戚关系　　C. 亲人关系　　D. 长辈关系
5. 关于家庭的发展趋势，下面观点正确的是（　　）。
   A. 家庭将消亡　　　　　　　B. 家庭将更兴旺
   C. 核心家庭将增多　　　　　D. 功能将日益增强

三、多项选择题

1. 群体凝聚力的作用表现在（　　）几个方面。
   A. 保持群体的整体性　　　　B. 群体的协调性
   C. 保证群体成员的安全感　　D. 群体规范的严厉性
2. 初级社会群体是一个规模相对较小，有多重目的的群体，其特点有（　　）。
   A. 互动是持续的、直接而全面的　　B. 人际关系亲密
   C. 强烈的群体认同感　　　　　　　D. 实行非正式的控制
3. 现代社会初级群体的衰落表现在（　　）等方面。
   A. 功能的外移　　　　　　　B. 初级关系逐渐松懈
   C. 某些初级群体解体　　　　D. 邻里交往减少
4. 影响家庭变迁的社会因素有（　　）。
   A. 社会生产力　　B. 社会流动　　C. 社会传播　　D. 社会发展
5. 社会学视角下的性表现为（　　）。
   A. 是社会化的行为　　　　　　B. 是人际活动、网络化的行为
   C. 是情境中的现象　　　　　　D. 是初级生活圈的构成之一

四、思考题

1. 试述初级社会群体的功能。
2. 如何认识中国社会转型期家庭所发生的结构变迁？
3. 如何理解性、爱情、婚姻三者的关系？

五、案例分析

民政部发布的《2016年社会服务发展统计公报》数据显示，2016年办理结婚登记1142.8万对，比上一年下降6.7%，结婚率为8.3‰。25～29岁办理结婚人数最多。2016年办理离婚手续的共有415.8万对，离婚率为3.0‰。

2016年办理结婚登记1142.8万对，比上年下降6.7%，结婚率为8.3‰。目前，中国结婚人数已经持续3年下降。2007年结婚人数仅为991.4万对，同比增长4.9%。但是2008年后，中国结婚人数增长率持续下降。据悉，2007年中国"80后"进入结婚高峰时期，然而，"80后"多为独生子女，人口基数少，导致结婚人数增长后劲不足。2014年中国结婚人数更是负增长，"90后"迈入结婚高峰时期，

2014年中国结婚人数仅为1306.7万对,同比减少0.3%。

另外,中国结婚年龄持续增大。2007年,20~24岁办理结婚登记的公民占结婚总人口比重最大,占39.2%,25~29岁占34.8%,30~34岁占10.8%。2012年,20~24岁办理结婚登记的公民占结婚总人口比重最大,占35.5%,但呈逐年下降趋势,比上年降低1.1个百分点;而25~29岁办理结婚登记的公民呈逐年上升趋势,占34.2%,比上一年提高0.8个百分点。2016年,25~29岁办理结婚登记的公民占结婚总人口比重最大,占38.2%。数据显示,我国正处在第四个单身潮,全国上下性别比例失衡较严重,对于择偶标准的选择也越来越高,所以单身人口接近两亿。主动单身的女性明显增多,超过5800万人单身。

此外,还有很多已婚人士走出"围墙",2016年办理离婚手续的共有415.8万对,比上一年增长8.3%,离婚率为3.0‰,比上一年增加0.2个千分点。2007—2016年10年时间,中国离婚人数累计达3062.8万对,累计增长率为98.1%。

国家民政部最新统计显示,全国各省市离婚率排行榜上,排在第一位的是新疆,离婚率高达4.61‰,黑龙江、吉林分别以4.08‰和4.01‰居第二、第三位。而夫妻关系最和谐的是陕西,离婚率仅为0.18‰。中国离婚率居前十的城市分别是北京、上海、深圳、广州、厦门、台北、香港、大连、杭州和哈尔滨。其中,北上深广位居前四。①

近年来,中国离婚率走高、单身人口增加已是不争的事实,试从社会学视角分析中国的婚姻问题。

参考答案

一、判断题

1. √   2. ×   3. ×   4. ×   5. √

二、单项选择题

1. B   2. B   3. C   4. A   5. C

三、多项选择题

1. ABC   2. ABCD   3. ABCD   4. ABD   5. ABCD

四、思考题

1. 初级社会群体在人们的社会生活中发挥着重要功能。

第一,初级社会群体是人的社会化的基本场所。初级社会群体包括家庭、邻里和儿童游戏群体。在人的社会化过程中,初级社会群体发挥着极其重要的作用。社

---

① 参见《2017年中国结婚人数、离婚人数、结婚率及离婚率走势分析》(https://baijiahao.baidu.com/s?id=1575394476521893&wfr=spider&for=pc)。

会学家库利认为，一个人从生物个体成长为一个社会成员的过程中，"镜中我"观念形成是一个关键步骤，而这一观念的形成是在初级社会群体中，通过具有亲密关系的家庭成员、邻里、儿童游戏群体之间的互动而形成的。在初级社会群体中，人性逐渐产生，初级社会群体是人性的养育所，是人的社会化的基本场所。

第二，初级社会群体能够满足人们多方面的需求。初级社会群体曾承担过多方面的功能，如教育、抚育、社会控制、安全保障、情感满足等。随着社会的发展，虽然有些功能外移了，但初级社会群体的许多功能至今仍不能为其他组织所替代。如儿童游戏群体，未成年人通过这个群体与同伴互动，逐渐理解别人的需要和愿望，并适应先人后己的群体生活，逐渐产生人性。

第三，初级社会群体是人走向社会的桥梁。任何人走向社会，顺应社会生活，完成自己的人生目标，必须首先学习基本的生活技能，掌握必要的谋生手段，学会相应的社会规范。初级社会群体为人实现上述目标提供了很好的条件。家庭里，在人的婴儿期，父母就开始培养其生活能力与习惯，教习他们吃饭穿衣、待人接物的规范，教导他们谋生的能力和参与社会应具有的基本规范。然后，他们又在邻里和同辈群体里学会待人处世等行为规范。能够在初级社会群体中健康顺利生活的人都能很快适应更大范围的社会生活。

第四，初级社会群体有助于实现社会控制。成员的认同感、责任感、归属感使他们产生了对群体的荣誉感。有了这些意识，群体成员就会自觉维护群体利益，做对群体有利的事，而不愿意因自己而有辱群体。初级社会群体通过对其成员的吸引和群体成员对它的依赖和归属限制了他们不利于社会的行为的产生，从而达到了社会控制的效果。任何社会都十分重视借助初级社会群体的作用来维护社会的正常秩序。

2. 社会学家古德（Goode）分析了工业化对核心家庭的影响：一是在工业化变迁的趋势中，小家庭必然会取代大家庭；二是多偶制的规范势必让位给一夫一妻制的规范；三是家庭经济功能和社会保障功能日渐淡化；四是家庭的形式趋于多元化。同时，女性地位逐渐提升，平权家庭和双系制逐步成为主流的家庭模式。

中国当代的家庭制度是符合这一基本趋势的，即以核心家庭为主，平权家庭比重逐步上升。随着中国社会转型的深入，家庭模式和家庭制度发生了深刻的变化。

在城市，社会转型改变了城市家庭收入水平和收入格局，改变了家庭成员的职业和与此相连的家庭成员的社会地位和家庭观念，进而影响了家庭的各个方面，包括家庭的功能、结构和家庭关系。主要表现为两方面的影响：一是代际、夫妻之间的独立性增大，家庭成员的关系变得"密中有疏"，从"家本位"向"个人本位"转化，家庭的稳定性受到了冲击；二是向市场经济转型的过程中，社会保障制度改革的落后，使城市居民产生不安全感和对未来的不可预测性，使城市居民退而依靠家庭来应对各种风险，反而使家庭凝聚力增强。

在农村，传统家庭的两大主要功能——经济功能和生育功能正在弱化，家庭作为生产的唯一组织单位的重要性正在逐步降低，家庭原来的权利结构也更加分散，婚姻的自主性越来越高，家庭向多元化、平等化发展。

3. 这实际是考量性、爱情、婚姻三者的相互关系中，哪个因素占据主导或优势地位的问题。在过去的社会中，基本是婚姻占主导地位，主宰着爱情，即先结婚，后恋爱状态；婚姻也主宰着性，即性专一。20世纪80年代初，中国社会开始加速转型以来，性的因素、性生活的满意度，对夫妻感情和婚姻质量的作用日益增大，爱情逐渐变成性生活和婚姻生活中必不可少的内容。30年来，在三者的相互关系中，爱情和性的作用越来越大，而婚姻的主宰地位正在日益丧失。在现实中，婚前和婚外的爱情关系和性关系也在增加，与婚姻主宰的矛盾正在日益显化，并且已经成为热门话题，甚至发展成为社会问题。

五、案例分析

【分析思路】①社会失范，如出轨、家庭暴力、家庭关系不和（性格不合）、不良嗜好等。②人口问题，如独生子女多、适龄人口基数大幅度缩小、性别比例失调等。③社会经济发展，如近10年来，中国经济社会变化较大，各类社会环境也出现比较大的变化，如经济社会方方面面的变化以及舆论环境、社会观念变化等。这些变化对婚姻赖以稳定的条件形成了一定的冲击，如个人经济地位可能发生迅速变化，社会方面也发生变化（阶级分层、社会地位升降），加之人口流动率越来越高，婚姻在这些变量中就比较不稳定。

第五章　社会组织

本章学习目标

1. 阐述社会组织的定义、特征和分类。
2. 认知社会组织的构成要素。
3. 分析社会组织的结构。
4. 叙述社会组织目标的含义。
5. 认知建立社会组织目标的重要意义。
6. 分析社会组织目标的结构。
7. 认知社会组织目标的制定过程和决定因素。
8. 熟悉社会组织的组织和运行。
9. 认知中国的单位组织。
10. 认知组织管理的方式。
11. 阐述科层制及功能。

案例引导

学长？抑或主席？

2018年10月1日，有网友爆料，成都某高校学生会群里一位女同学问了句"7号要开会吗，学长？"，并@了该校学生会主席，紧接着，该群管理员立即跳出来提醒她，让她注意自己干事的身份和对主席说话的方式。微博发布后，迅速登上热搜，引来了大批网友"围观"。

该事件再一次将学生组织里的不良作风、官僚做派赤裸裸地展示在众人面前。在一个不允许@主席，不允许称呼主席为学长的组织里，可见其组织氛围恶劣到怎样的程度。

那么，究竟何为组织？组织有哪些构成要素？组织可以发挥什么样的作用？如何对组织进行有效的管理？

启蒙理性：组织是社会次级群体的表现形式，我们的社会存在各种各样的组织，同样，高校也不例外。在高校里面，有一种学生组织就是学生会。像其他组织一样，学生会也是由人员、机构、目标等要素构成。学生会里面的学生干部要以服务集体、锻炼自己为目标，做到个人成长与组织发展互相促进，相得益彰。学生干部不是官，仍是学生的身份，作为学生干部，绝不能在学生组织中颐指气使，拿着鸡毛当令箭，满身官气，满口官话。同时，在学生会里，除了公开场合的工作需要，只有学长、学姐之分，而没有主席、部长之别。主席、部长抑或干事，只有承担责任大小的不同、工作范围的不同，而不存在所谓身份和等级上的差异。所有的学生干部都是为了同学间的相互帮扶，积极地完成自己所应负责的学生工作。

第一节 社会组织概述

一、社会组织的含义

社会组织是社会次级群体的表现形式，它是社会经济发展到一定阶段的产物，有特定的含义和构成要素，在整个社会发展过程中具有重要的作用。

在社会学中，社会组织的定义有广义、狭义之分。广义的社会组织泛指一切人类共同活动的群体，即人们从事共同活动的所有群体形式，这里面同样也包括家庭、家族、村社等初级社会群体。狭义的社会组织，即相对于初级社会群体的次级组织形式，也可以称之为"正式社会组织"。它是指人们为了实现某种共同的目标，将其行为彼此协调与联合起来所形成的社会团体，如企业、政府、学校、医院、非政府组织（NGO）等。需要指出的是，社会学中所研究的社会组织主要是指狭义的组织。

二、社会组织的特征

社会组织是社会发展到一定阶段的产物，是与初级社会群体不同的另一类社会群体。与初级社会群体相比，社会组织具有以下6个特征。

第一，社会组织具有特定和明确的组织目标。初级社会群体的目标一般是很难说明的，但社会组织是人们有目的、有意识地组织起来的群体，所以在它成立之初，一般就会有明确、具体的目标。组织目标是社会组织活动的灵魂，它既可以是单一的，也可以是具有内在联系的一种目标体系。

第二，社会组织具有一定数量的固定成员。社会组织是由至少两个或两个以上的人组成的系统，组织成员是相对固定的，成员明确地意识到自己属于某一组织；社会组织如无固定的成员，也就失去了自身存在的实体基础。

第三，社会组织有明确的稳定的正式规章制度。为了实现特定的目标并提高活动效益，社会组织一般都具有一套稳定的正式规章制度，并且根据这些制度来规定组织的性质、目标、结构、纪律、成员资格和权利义务等。组织的规章制度是组织成员进行活动的依据，是每个成员必须遵守的。

第四，社会组织成员间的关系不太亲密。初级社会群体中的成员之间具有较为亲密的关系，但社会组织是一种业缘组合，其成员是为了实现共同的组织目标，通过分工合作组合在一起的，因此，他们之间的关系主要是业缘关系或工作关系，彼此之间关系不会像初级社会群体那样亲密。

第五，社会组织成员的可替代性比较强。社会组织的成员是因为共同的目标和不同的劳动分工结合在一起的，所以他们之间是一种事业上的合作关系，是一种可以置换的关系，彼此之间的可流动性、可替代性比较强。而在初级社会群体中，成员关系是在互动过程中逐步形成的，并且带有浓厚的感情色彩，彼此的角色难以置换。

第六，社会组织是一个开放的系统。就每一个社会组织来说，它不仅自身要与周围环境进行物质、人员、信息的交换，而且还根据与其他组织的关系，组成不同的组织体系，在更大的范围内和更高的水平上与外界环境进行各种形式的交换。任何一个社会组织都不会孤立、封闭地存在，一个组织如果自我封闭，离终结也就不远了。

三、社会组织的构成要素

社会组织一般由4个方面的要素构成。

一是规范。规范是指稳定的规则与规章制度。规范是社会运行的基础，是社会关系及其功能价值的具体表现。它要求个人或团体应如何思考、感觉与信仰，在各种情况与关系当中应如何行动。规范的目的是使社会生活中的互动行为标准化。

二是地位。地位是指个人或团体在社会关系空间中所处的位置。在现代社会中，人们之间的互动基本上是地位之间的互动，社会组织的互动也是经由地位而建立的。社会地位包括归属地位和成就地位两种形式，其中，成就地位居于主要位置。

三是角色。角色是指按照一定社会规范表现的特定社会地位的行为模式。角色与地位关系紧密，角色是地位的动态表现，地位则是角色的静态描述。社会组织就是由一组互相依存、相互联系的角色构成的。

四是权威。权威是指一种合法化的权力，是维持组织运行的必要手段，它使成员在组织内受到约束和限制。

四、社会组织的分类

当代社会是一个高度组织化的社会，因此，社会组织的数量庞大、种类繁多，各种社会组织由于其目标、性质、规模、活动方式等不同，可以被划分为许多类型。对此，社会学家依据不同的标准对社会组织的类型进行了划分。

（一）西方的社会组织的分类

1. 以功能和目标为基础来划分

美国社会学家帕森斯根据组织的功能和目标，把社会组织划分为4类。

（1）经济生产组织：是指那些制造物品或进行生产的组织。这类组织的典型代表就是各种各样的公司。

（2）政治目标组织：是指那些为保证整体社会目标的实现而形成的各类组织形式，如国家的立法机关、司法机关、行政机关等。

（3）整合组织：是指那些从社会层次上提供功能的组织形式。这类组织的活动主要涉及调解冲突和指导动机，如精神病医院、戒毒所、律师事务所等。

（4）模式维持组织：是指那些具有文化、教育和价值承载功能的组织，如教会、学校等。

2. 根据组织目标和受益者的关系来划分

美国著名社会学家布劳和史考特根据组织目标和受益者的关系，把组织划分为4类。

（1）互惠组织：是以组织的参与者或成员为主要受惠对象，组织的目的在于维护及促进组织成员所追求的利益。政党、工会、商会、俱乐部等均属于这一类组织。

（2）服务组织：以服务为主，主要是为组织的受惠者提供良好的服务，如学校、医院等组织。

（3）经营性组织：是指那些可以用货币形式衡量活动价值的组织。工厂、公司、商行、银行、保险公司等均属这一类型的组织。

（4）公益组织：主要受惠对象是全体社会公众。公益组织的目标在于谋求社会大众的利益，保护社会的安宁与秩序，如军队、警察、消防队、环保局等。

3. 以组织谋求的顺从方式为基础来划分

美国组织社会学家艾提佐尼以组织中人员对上级的服从程度、上级对下级权力运用的关系，即组织中权威产生的基础对社会组织进行分类，将组织划分为3类。

（1）疏远型组织：是指利用职权指导个人或群体活动的组织。

（2）功利型组织：是指以实际性奖励和非实际性奖励为基础的组织。

（3）道德型组织：是指以劝导和感召将人们的行为引导到被认为是正确的轨道上的组织。

4. 根据组织规模来划分

美国社会学家凯普勒认为，虽然根据组织成员的数量来划分组织类型，有些随心所欲，毫无标准可言，但依然是常见而普遍的一种分法。据此，他把组织分为4类。

（1）小型组织：指成员人数一般为3～30人的组织。

（2）中型组织：组织规模一般是30～1000人。

（3）大型组织：人数甚多，一般为1000～50000人。

（4）巨型组织：人数极为众多，少则50000人，多则不限。

5. 根据组织结构来划分

美国著名组织学家梅约根据社会组织的内部结构将组织分为两类。

(1) 正式组织：是指以明文规定的形式确立下来，成员具有正式分工关系的组织，如学校、军队、政府机关等。

(2) 非正式组织：这类组织成员之间的关系是一种情感关系，没有成文的规章制度，其内部也没有正式组织那样严密的权力和权威结构，如组织中的小团体、小帮派等。

（二）我国常见的社会组织的分类

1. 以三大产业为标准的分类

(1) 第一产业组织：是指以自然为开采对象的产业组织形式，包括我们熟知的农、林、牧、副、渔业组织等。

(2) 第二产业组织：是指在第一产业组织基础上形成的产业组织，包括工业（采掘业、制造业、电力、自来水、煤气等）和建筑业组织等。

(3) 第三产业组织：通俗理解，第一、第二产业组织之外的所有产业组织都属于第三产业组织。第三产业组织包括的行业多、范围广，主要涉及流通部门和服务部门两大类。具体又可分为4个层次：第一层次是流通部门，包括交通运输、邮电通信、商业、饮食等；第二层次是生产和生活服务部门，包括金融保险、房地产、公用事业、居民服务、旅游、信息咨询等；第三层次是为提高科学文化水平和居民素质服务的部门，包括教育、文化、广播电视、科技、卫生、体育、社会福利等；第四层次是为社会公共需要服务的部门，包括国家机关、党政机关、社会团体、军队、警察等。

2. 以机构编制为标准的分类

按照机构编制来划分，大致可以分为国家机关编制的组织、国家事业编制的组织、国家企业编制的组织等。

(1) 国家机关编制的组织：包括国家立法、司法、行政机关等组织，以及各级各类党派组织，全国政协及人民团体等。

(2) 国家事业编制的组织：是指为国家创造和改善生产条件，促进社会福利，满足人们文化、教育、卫生等需要而设置的，其经费实行预算拨款制的国家事业机构，具体包括农田水利、气象事业组织，文教卫生事业组织，科学研究事业组织，勘察设计事业组织，社会福利事业组织，城市公用事业组织，交通事业组织，文史档案馆，各类援外机构等。

(3) 国家企业编制组织：是指直接从事工农业生产、交通运输和商业流通等活动，其产生的价值能够通过货币来表现的相对独立的经济实体。其类别有国有企业和集体企业两种，包括各类农场、冶炼、建筑业、交通运输等。

3. 以组织的功能为标准的分类

有的学者认为，社会组织是人类社会分工和社会协作的产物，体现的是社会行动者的关系，据此可以将社会组织分为4类。

（1）政治组织：是指那些保证社会目标实现、进行权力分配的组织，是国家上层建筑的重要组成部分，包括党政组织和政权组织。

（2）经济组织：是指那些以行业关系为基础，以经济生活为中心的人类组织形式，如各种公有制经济组织和非公有制经济组织。

（3）文化组织：是指满足人们各种文化需求，传播人类文化成果，保障社会成员健康生活的内容广泛的多层次、多种类组织，包括各种文艺组织、教育组织、医疗卫生组织、科研组织、大众传媒组织等。

（4）社团组织：以共同的团体利益、专业知识、志趣爱好等为纽带建立起来的组织形式。社团组织包括政治性社团组织，如共青团、妇联、工会等；技术服务性社团组织，如科技协会等；互助协作性社团组织，如个体劳动者协会等。

五、社会组织的运行

社会组织运行是引起组织自身的运动过程，它是社会组织不断进行输入、输出或投入、产出的过程。组织运行的过程实际上是组织实现自己的目标和发挥自己功能的过程，是组织自身跟环境之间物质、能量、信息以及其他资源的交换过程。社会组织的运行一般经历3个阶段：一是投入，即调动和使用资源；二是生产，即对投入的资源进行处理和加工；三是产出，即输出加工后的产品。

在组织运行过程中，组织冲突不可避免。组织冲突包括组织内部冲突与组织外部冲突两类。组织内部冲突主要有组织成员个人之间的冲突、组织内部不同职位之间的冲突、组织内部不同部门之间的冲突、非正式组织之间的冲突、非正式组织与正式组织之间的冲突。组织外部冲突主要有组织与组织之间的冲突、组织与社区之间的冲突、组织与公众之间的冲突。需要特别说明的是，冲突的存在并不一定都是坏事，它既有破坏性的一面，也有建设性的一面。冲突的适度存在有利于鼓励人的进取心，有利于集思广益，开辟解决问题的新思路，有利于组织的健康发展。

第二节　社会组织目标

一、社会组织目标的含义

社会组织目标简称"组织目标"，它是每个社会组织致力于达到和实现的某种理想中的未来状态。它是组织开展活动的依据和动力，是指向未来的东西，代表着一个组织的未来和发展方向。

二、建立社会组织目标对组织存在与发展的意义

第一，组织目标是组织的灵魂。从某种程度上来说，组织的所有活动都是围绕目标而进行的，因此，失去目标，组织就没有了奋斗的方向，也就意味着组织活动

失去合法化的基础。

第二，组织目标是各种不同类型社会组织之间相互区别的标准。各种纷繁复杂的社会组织只有通过其目标才能区分其性质与职能。例如，医院和学校是两种截然不同的组织，医院以救死扶伤为主要目标，学校则以教书育人为主要目标。

第三，组织目标是社会组织内部分工和合作的基础。各个社会组织根据其目标给其成员下达各种工作任务，形成工作关系。而合作同样也是为了完成组织所设定的目标。

第四，组织目标是团结和鼓舞社会成员的力量。成员加入组织都是抱有某种目的，因而组织目标就成为引导、鼓舞成员努力的力量。

第五，组织目标是衡量组织活动效益与效率的标准。组织的所有活动都是围绕着目标进行的，这种活动是否有效益或效率，甚至效益和效率究竟怎么样，主要就是看组织活动的结果接近于组织目标的程度。

三、社会组织目标的分类

（一）主要目标和次要目标

主要目标指的是起支配地位和决定作用的目标，它的存在和发展规定和影响其他目标的存在和发展，主要关系到组织的主要受益人群体的需求。次要目标相对于主要目标而言，是指组织必须满足各种各样的次要受益人群体的需求。

（二）长期目标和短期目标

长期目标是根据组织的战略目标，结合对主客观条件分析，给组织的发展提出的一项基本任务。这项任务是要在今后一个相当长的时期内才能完成的。短期目标就是具体的操作计划，也可以叫作"操作目标"。这种目标把任务落实到每一个基层单位甚至每一个成员，一般短期就能实现。

（三）平衡性目标和改进性目标

平衡性目标是指有意识地做了与组织的宏观环境相适应的决策。改进性目标是指一种以改进工作和以更高效率完成计划的愿望为基础的目标。

（四）显目标和隐目标

显目标是指组织所建立的官方的、正规的目标，主要用来给组织之外的股东、政府或各类宣传机构参阅。隐目标是指组织在事实上所朝向的非官方目标，这种目标有时与正规目标有所差异。

四、社会组织目标的结构

如果把组织看成社会分工的产物，那么，它是承担一定社会职能的社会单位；

如果把它看成人们为了某种利益结合而成的协作共同体，那么，组织目标就是多元的。这说明社会组织目标内部是可分的，社会组织目标有自己的结构。

（一）组织目标与个人目标

组织目标是该社会组织整体利益的反映。而个人目标是组织成员个人的目标，即作为组织的参与者所追求的目标。在一般情况下，一个人是由于认同组织目标而加入组织，成为其中的一员的。这样，组织目标应该内化为参与者的个人目标。当然，个人目标与组织目标也不见得完全相同，甚至不排除个别组织成员的个人目标会背离组织目标而存在。

（二）整体目标与部门目标

组织的整体目标是指作为一个系统的社会组织的目标，部门目标则指组织的各个职能部门或基层单位在一定时间内所要达到的目标。在一般情况下，组织的整体目标比较宏观、概括、笼统，而部门目标则比较具体、明确。组织的整体目标与部门目标之间存在着密切的关系，在组织的正式规定中，它们是高度一致的，因为部门目标基本上是由整体目标分解而成的。

（三）中长期目标与近期目标

社会存在和发展要求社会组织不断发挥其职能，对社会的正常运行和发展起促进作用，因此，社会组织必须有其长期目标。同时，长期目标又是一步一步实现的，因此，制定近期目标对社会组织的运行同样非常重要。长期目标能够对社会组织的运行起到宏观引导作用，指引它持续地向着既定的目标前进。近期目标则对社会组织的运行具有直接的指导作用，它的实现不但可以鼓舞组织成员的士气，而且能够对长期目标的实现起到积累作用。

（四）组织目标的系统结构

组织目标是一个复杂的结构，可以分为外向目标和对内目标；从层次上来看，可以分为整体目标、部门目标、成员目标；从时序上来看，又可分为近期目标、中期目标、长期目标。实际上，组织的上述目标是有机地联系在一起的，它们共同构成了组织的目标系统。

五、组织目标的制定和实施

制定组织目标是一个复杂的不断协调、不断平衡的过程，受诸多因素（如环境的需求、组织的资源、组织能力、上级指令等）制约。在这一过程中，不同利益集团都力争反映自己的利益。

一般来说，组织目标的制定应遵循以下原则：互惠原则，即目标对所有参与人员都有利；评估原则，即运用能够进行测量的技术特征以评估目标实现程度；选择原则，即要遵循选择最优目标的科学程序。

目标确定之后，就要安排人力、物力和财力贯彻实施。在组织目标的实施过程中，一般应注意两个问题：第一，找准适当机会实施目标；第二，在目标的实施过程中，不断地进行监督检查。

六、组织目标的实现程度与评估

组织目标实现程度是决定组织能否持续运行的主要因素。作为管理部门，应运用各种技术手段对组织目标的实现程度进行评估。

对于一般组织来说，评估其目标实现程度及效果如何的标准有3个。一是有效性。有效性指组织实现各种目标的实际能力，它意味着组织能以最终实现全部目标的方式来安排和使用其资源，它能够直观地反映出组织是否达到预期目标。二是效率。效率指组织在实现目标的过程中，消耗的资源与产出的结果之间的比例关系。三是人道主义或人文关怀，即组织应追求最大限度地发展个人才能，而不仅仅是追求效率。随着社会的进步，"注重人的因素"变得越来越重要。这也提醒组织的管理者在追求组织目标实现的同时，要尽量满足组织成员个人的需求和目的。

第三节 社会组织结构

一、社会组织结构的含义

"结构"原是生物学的一个名词。就生物学而言，结构是一有机体诸多部分的一种特定的排列组合。从系统论的角度来看，所谓结构，是该系统内部各组成要素之间在空间或时间方面的有机联系与相互作用的方式或顺序。

社会组织结构是指社会组织各个构成部分之间所确定的、相对稳定的关系形式。具体来说，它是指一个社会组织由哪些部分组成、各个部分在组织整体中所处的地位以及它们在组织运行中比较稳定的相互关系。

二、社会组织结构的特征

一般来讲，社会组织的结构具有一些共同的特点，体现在以下4个方面。

（一）组织结构的稳定性

稳定性是组织结构存在的一个基本特点，组织结构的稳定性意味着组织各个构成部分之间所确立的关系模式总是趋于保持某一状态。例如，组织中的职权、管理层次、管理幅度等必须保持相对稳定，这样组织才能相对稳定。

（二）组织结构的层级性

就像生物系统的结构可以分为亚细胞、细胞、器官、机体等不同层次一样，社会组织结构也具有层次性。例如，对于一个组织结构，我们可以划分为战略层、协调层、作业层，每一层次具有不同的功能和活动方式。

（三）组织结构的相对性

组织结构的层级性决定了组织结构具有相对性。例如，在我国政府系统中，省、市、县、乡政府相对于国务院来说，是其下面的层级机构，而其本身又是一个独立的结构系统。

（四）组织结构的开放性和变异性

任何一个组织结构都不可能是封闭的，而是开放的。任何一个组织结构也不可能是静止的，随着社会经济的不断发展，组织结构不是一成不变的，也要与时俱进。对此，改革开放以来国务院历次机构改革就是一个很好的说明。

三、社会组织结构的设计原则

社会组织结构的设计遵循一定的原则。

第一，目标任务原则。结构设计应因事设职，因职设人。组织内部的机构、职务、职位应根据工作的实际需要来设计。

第二，有效跨度原则。每位管理者所能直接有效管理的下级人数是有限度的，因此，设计组织结构时要注意跨度有限。

第三，分工协作原则。分工与协作是有效提高组织活动效率的保障。分工可以明确职责、提高效率，协作则有利于实现组织的总体目标。

第四，统一指挥原则。即每个下级应该只对一个上级负责，这样才能避免多头指挥时无所适从。

第五，责权对等原则。设计组织结构应保证组织内的每一职位拥有的权力与其所承担的责任对等。

第六，精简与效率原则。结构设计应尽可能简单，减少层次和职务，这样才能保证组织结构最有效地使用资源。

第七，统一领导与分级管理原则。高层管理人员应负责处理组织的总体事务和下级处理不了的问题，属于下级管辖范围内的事务则应交给下级全权处理。

四、社会组织结构的模式

（一）社会组织的正式结构

社会组织的正式结构是组织内部各个职位、部门之间正式确定的比较稳定的相互关系。为了实现组织目标,由组织的规章制度正式规定各层次、各职能部门之间的稳定的关系模式,便形成了社会组织的正式结构。因此,社会组织的正式结构具体表现为不同层次、不同部门之间的分工合作关系。按照这种关系结构,社会组织中的各部门之间,以及组织成员之间可以实现有效的分工和合作,因此,社会组织的正式结构具有明显的理性色彩。

按照组织结构中权责关系的不同,通常将组织的正式结构分为直线式组织结构、职能式组织结构、直线职能式组织结构、事业部式组织结构、矩阵式组织结构。

（二）社会组织的非正式结构

社会组织中除了正式结构外,还存在着各种各样的非正式结构。实际上,个人在以组织成员的身份参与组织互动时,不可能完全做到纯粹的形式化的互动,而是或多或少地会将一些纯个人特征带进交往过程。因此,任何组织内部都会产生非正式的人际关系。

所谓社会组织的非正式结构,指的是组织系统的成员以共同的观点、爱好、情感为基础,自发形成的一种群体结构关系模式。这种关系主要有两种：一种是社会组织中的非正式群体；另一种是在正式的工作关系中衍生出来的,在日常工作中经常性地联系可能会加深相互之间的了解,并在此基础上产生感情沟通而形成的非正式关系。

所谓非正式群体,是指有一定数量的个人（通常规模不大）经过长期的相互作用所形成的社会群体。非正式群体内部具有确定的结构,它们通常有自己的领导,有一系列组织目标,有一套用以规范群体成员行为的价值和规范,但在初期没有自觉的目标和方向。从范围上讲,一般是在组织规则不严密的地方产生的。

非正式群体的产生条件有两个：一是在正式关系中,人们不可能做到完全的非人格化；二是在组织中经常接触的个人有可能基于互相同情、钦佩、兴趣和趣味相投等而在正式关系中加入某些非正式行为模式。

非正式群体对组织成员的正功能主要体现在：第一,减轻单调、厌烦和疲劳；第二,获得非正式地位的机会,减少群体紧张；第三,提供充分表露情绪的渠道；第四,提供独立的机会。

非正式群体对组织活动的正功能主要体现在：第一,有助于完成工作任务；第二,减轻管理者的工作负担；第三,提高工作满意度。

非正式群体的负功能主要体现在：第一,抵制变革；第二,目标冲突；第三,盲目遵从非正式群体规范；第四,谣言。

非正式结构是社会学研究的一个重要课题。非正式结构的出现说明,社会组织并非人们凭主观意愿设计出来的理性结构,它本身就是一个复杂的社会。我国社会组织中的私人关系、派系、关系网,就是典型的非正式结构。非正式结构既有可能弥补正式结构的不足而发挥积极作用,也有可能干扰正式结构的运行而影响组织目标的实现。

正式结构与非正式结构共同影响着组织活动的成效。两种结构在各自发挥不同功能时，都具有正反两个方面的影响作用。正式结构能够通过专业化和制度化的协调方式开展组织活动，以谋求组织的最高效率，即以最低代价通过合理的转换来实现组织目标；但忽视成员的需要则是其不足之处。非正式结构能够创造一种团体气氛和吸引力以获得成员的忠诚感，保护个人情感、志趣和利益，在一定条件下有助于提高工作效率，弥补正式结构的不足；但是，不加干预地任其发展，则有可能妨碍效率目标的实现，破坏组织系统的正常运行。

五、我国社会转型期的组织结构

改革开放前，我国社会组织结构的基本特点是"政企不分"和"党政不分"，它是建立在条块分割基础上的高度中央集权体制。这种一元模式强调政府管理社会经济的全面性与合法性。

改革开放以来，随着市场机制的逐步引入，我国的社会组织结构开始分化，不同组织在结构上的独立性和功能上的自主性相对增强，新的中介组织也开始出现。

转型时期我国组织结构的变化具有3个特点。一是与农业社会向工业社会转型相联系。我国组织结构普遍受初级关系畸形发展的影响，虽说市场机制实施了40年，但一些非正式结构依然存在，有时甚至还会干扰正式结构的运行。二是与传统社会向现代社会转型相联系。随着单位制的解体，现代社会急须建立现代化的组织结构，但目前我国社会组织的正式结构依然存在大而全、小而全，结构分化程度过低的问题。三是与产品经济向市场经济的转型相联系。我国社会组织由于长期处在产品经济环境下，无论是社会组织的内部关系，还是各个社会组织之间的关系，主要是纵向行政控制结构，缺乏建立在功能互补基础上的横向联系。

上述特点决定了为适应社会转型而调整组织结构的基本任务：关注非正式结构及其影响，控制其消极功能，适当发挥其积极功能，使其与正式结构相协调；以功能分化为导向促进组织结构的分化，并在分化的基础上，加强管理的整合功能，从而形成多元开放式组织结构；以功能互补为基础，以市场为中介，打破条块分割的行政控制结构，在组织内部以及不同的组织之间建立横向联系网络。

第四节 社会组织理论与管理

一、组织管理的方式

（一）组织管理的含义

组织管理是指运用权威来协调组织内部人力、物力以实现组织目标的活动，其主要目的是提高组织活动的效率。这种效率除了受环境的影响之外，在很大程度上依赖于组织管理。

组织管理是一项复杂的系统工程。在这一工程中，管理者的角色具有两种基本职能：向内要观察组织内部秩序，向外要观察环境的变化。

（二）组织管理的方式

1. 家长制

在组织管理的历史上最早出现的是家长制，它是建立在下级对上级的个人效忠、绝对服从和信赖基础上的组织管理方式。家长制产生于农业社会，是小农经济的产物，是与封建家庭制度相似的管理制度，也是前资本主义阶段比较普遍的管理方式。

家长制作为一种组织管理方式有5个特点。第一，组织管理的权力集中于最高领导人手里，领导者的权力既没有划分，也不受限制，组织的一切活动均由领导者一人决定。第二，最高领导人和管理者基本上凭个人经验进行管理。领导者缺乏科学管理思想，其人生阅历、工作经验成为其决策的重要参考依据。第三，领导者把组织当作自己的私人领地，绝对不允许别人干涉。第四，管理行为有较大的随意性。管理者甚至凭个人情感、喜好来对组织活动产生重要影响。第五，组织中缺乏严格的办事规则，没有明确的组织规范，或者组织制定的规则形同虚设，组织中基本上是人治、"家天下"。

由于组织中的权力掌握在极少数人手中，大多数组织成员只有执行决定的义务而没有过问组织事务的权利，所以家长制极大地挫伤了组织成员的积极性和责任意识，不利于充分动员组织资源去实现组织目标。

家长制是一种落后的组织管理方式，它的存在与一系列经济、政治和文化因素有关，它的产生和存在有一定的合理性。家长制是手工作坊式企业普遍采用的管理方式。在这种管理方式下，组织的规模小，内部分工不发达，组织中的技术比较单一，外部环境比较稳定。同时，这种组织多是经由最高领导人一手创办，或者因其资历和与上层的关系而对组织的发展做出过有益的贡献，这使得最高领导人在组织发展中处于绝对权威的地位。另外，组织成员具有臣民思想，很少把组织作为自己成就事业之所，而只是"听差""混事"，不在其位，不谋其政的思想和行为使得家长制得以持续存在。随着经济、政治、文化和环境的变化，家长制变得越来越不适应，它逐渐被一种新的管理方式——科层制取代。

2. 科层制

科层制也叫"官僚制"，是一种以正式规则为主体的管理方式，是韦伯根据纯粹理想型观点提出的社会组织内部职位分层、权力分等、分科设层、各司其职的组织结构模式和管理方式。这种组织具有细密的分工和复杂的规章制度体系。科层制是现代社会组织管理的典型方式，其特征包括6个方面。第一，明确的分工。成员彼此之间都有固定的职责，明确每位成员的权力和责任。第二，明确的职权等级。

组织中的职位权力遵循层序原则，即下一级职务接受上一级职务的管理和监督。第三，明确的规章制度体系。组织的规章制度是最高权威，它规定成员的权力、责任和活动程序等。第四，私人关系和公务关系的分离。处理公务时不能掺杂个人感情。第五，量才用人。科层制招聘人员按技术资格录用，并经过专门的训练；同时，科层组织内还有一套按年资、工作表现或两者兼顾的提薪晋职制度。第六，管理权力依附于职位，而不依附于个人。有职则有权，无职则无权。

韦伯认为，科层制在企业或在慈善机构和事业组织中，以及在政治或宗教团体中都适用，并认为纯粹从技术上看，结构和制度是实施统治最合理的形式。

从韦伯对科层制的特征的陈述可以发现，科层制在组织结构和运行机制方面有如下特点。第一，组织中有严格而缜密的规则，它指导着各个职位上职员的行动，从而使组织成员的行为都有章可循。这样，组织中的职员就是照章办事，组织中的管理就是规则的管理。第二，组织中的成员都是有专业资格的，他们以此工作为职业而且胜任工作，于是组织是一个能人结构。第三，组织是以工作为核心的，它以事为本，或遵循了事本主义的原则，甚至排除了人的感情，以保障组织的运行效率。

韦伯认为，科层制是理想型的组织结构和管理模式。这里的理想型是指并非建立在对所有事实经验的概括之上，而是参照某些事实进行的主观建构的概念类型。虽然这种科层制并不是现有组织的写照而带有理想成分，但是所有领域的现代团体的发展都与科层制的行政管理相一致。

在韦伯看来，依照科层制原则组织起来的机构是合理的，这种合理性表现为它能体现组织追求高效率的目标。通过对科层制特征的分析可以发现，科层制在保证其成员行为的准确性、稳定性和可靠性方面要远远优于其他管理方式。明确的分工、明确的职权等级和规章制度等原则的实施共同保障了科层组织的有效运转，从而有效地达到既定目标，这也正是科层制的功能之所在。

当然，科层制也有负功能。社会学家默顿认为，科层制之所以会有负功能，其原因是：第一，严格的纪律、烦琐的规则使组织成员只照章办事，形成"官僚主义人格"，他们有时忘记组织的目标，甚至把规则当作目标；第二，由于组织按专才选用人员，所以当那些专家遇到规则未能涉及的问题时可能会束手无策；第三，组织中严格的分层及权力的明确划分使上下级之间的沟通变得烦琐，特别是层级过多时，下级遇到新情况可能会因层层向上请示而贻误时机；第四，事本主义原则把组织成员限制在工作范围内，缺乏感情沟通，久而久之会影响其积极性。

对于科层制可能引起的非人格倾向的负面影响，韦伯也有所注意，但他对科层制可能产生的更多的消极后果认识不足。当然，也有学者，如布劳认为，科层制本身并不像韦伯说的那么理性化，科层组织中也有非理性成分，而且这种非理性成分对组织的运行发挥着积极作用。

另外一些社会学家，如塞尔兹尼克通过研究发现科层组织中存在着非正式机构，它们在外部力量的影响下可能使组织目标发生偏离。这也是对韦伯的科层制的理性化假说的一种质疑。

总的说来,韦伯的科层制是资本主义社会理性化的理想模式,也成为分析西方社会和现代社会组织的重要概念和模式,甚至在某种程度上,它也成为现代组织发展的理论模型。但是,它与社会现实之间的差距常常成为人们攻击它的地方。应该说,正是韦伯的科层制理论为后来现代组织理论的发展奠定了基础,同时,正是对这种理论的批评、质疑使组织理论不断得到丰富。

延伸阅读

韦 伯①

马克斯·韦伯(Max Weber, 1864—1920),德国经济学家、社会学家、历史学家,他被公认是现代社会学和公共行政学最重要的创始人之一。韦伯在柏林大学开始教职生涯,并先后于维也纳大学、慕尼黑大学等大学任教。他对当时德国的政界影响极大,曾前往凡尔赛会议代表德国进行谈判,并且参与了魏玛共和国宪法的起草设计。

韦伯的主要著作围绕社会学的宗教和政治领域,但他也在经济学领域做出极大的贡献。他的知名著作《新教伦理与资本主义精神》是他对宗教社会学最初的研究。韦伯在这本书中主张,宗教的影响是造成东西方文化发展差距的主要原因,并且强调新教伦理在资本主义、官僚制度和法律权威的发展上所扮演的重要角色。韦伯将国家定义为一个"拥有合法使用暴力的垄断地位"的实体,这个定义对于西方现代政治学的发展影响极大。他在各种学术领域的重要贡献通常被称为"韦伯命题"。

二、组织管理理论

社会组织的管理是一个复杂的系统工程,它与社会工业化有着直接密切的联系,而组织管理的理论随着工业化的发展一般经历了3个阶段:古典组织管理理论、行为科学组织管理理论和现代组织管理理论。

(一)古典组织管理理论

随着资本主义大生产的发展,组织的规模在迅速扩大,组织内部的分工也变得

---

① 参见百度百科"马克斯·韦伯"词条(https://baike.baidu.com/item/%E9%A9%AC%E5%85%8B%E6%96%AF%C2%B7%E9%9F%A6%E4%BC%AF/955480?fr=aladdin)。

日益细致，这就给组织管理提出新的要求。19世纪后期至20世纪初出现了一些用科学的方法进行组织管理的经验和理论，被称为"古典组织管理理论"。其代表是泰罗的科学管理理论、法约尔的一般行政理论和韦伯的科层制理论（科层制如上述，在此不再赘述）。

1. 泰罗的科学管理理论

泰罗出生于美国，被后人称为"科学管理之父"。他既有从事科学研究和发明的才能，又有从事社会活动和领导工作的才能。他在管理方面的主要著作有《计件工资制》《车间管理》《科学管理原理》等。

科学管理理论是泰罗为企业管理设计的一套价值理念和管理方法。它推崇经济合理性和个人主义的价值观，认为只要给工人合理的报酬，就能刺激起他们的积极性，从而提高企业的效率，并带来劳资两利的效果。以这种假设为基础，泰罗通过科学实验设计了一套提高工人工作效率的方法，包括工作程序的标准化、确定工作定额和计件工资制等，并形成了以工人的工作任务为中心的管理方法。这套管理方法后来被称为"泰罗制"。科学管理理论是建立在"经济人"假设之上的，即认为工人为了挣钱才来工作，只要多劳多得，就能激励工人勤奋工作、提高效率。这种管理方式确实有利于刺激工人的积极性和提高工作效率，所以得到普遍实行。但是，它把工人看成挣钱的机器的观点和不人道的做法也遭到了广泛的批评。

2. 法约尔的一般行政理论

法约尔出生于法国，大学毕业后在一家煤矿公司工作直至退休。在漫长而卓有成效的职业生涯中，他一直从事管理工作。他对组织管理进行了系统的、独创的研究，特别是关于管理组织和管理过程的职能划分理论，对后来的管理理论研究具有深远的影响。他还是一位概括和阐述一般管理理论的先驱，是伟大的管理教育家，被后人称为"管理理论之父"。其代表作是《工业管理和一般管理》。

法约尔提出了一般行政（也称"一般管理"）理论。他最早把行政分为计划、组织、指挥、协调和控制5个环节，并提出行政管理的14条原则（又称为"法约尔十四条"），即组织中进行分工、权力与责任相称、组织中要有纪律、坚持统一指挥、实行统一领导、个人利益服从整体利益、报酬公平、权力集中、组织成员按职位形成等级链、建立以职位为基础的秩序、组织内部公平和公道、人员的稳定性、发扬成员的创造精神、成员之间的团结。法约尔认为，他提出的行政过程和原则不仅适用于企业，也适用于政府、军队和其他组织，因而是一般行政理论。这种行政（管理）思想和原则至今仍被广泛应用于组织管理领域。

（二）行为科学组织管理理论

行为科学组织管理理论是用科学方法探究人的积极行为动因的学派，它发端于20世纪20年代的霍桑实验，40年代以后被理论化。行为科学组织管理理论最初是对工人的行为及其原因进行探究，以调节企业中的人际关系并提高生产效率的科学研究。后来它涉及人的需要和激励、对人性的假设、人的成长等诸多方面，并对组织管理时间产生了重要影响，至今行为科学学派的管理方法仍然被广泛运用，其代表人物有梅奥和巴纳德等。

1. 梅奥和霍桑实验

从20世纪20年代开始，社会心理学家梅奥及其研究小组在美国西部的霍桑工厂进行了连续8年的实验，以求发现影响工人积极性的因素。通过实验，他们有如下几个重要发现。第一，工人是社会人。研究发现，工人从事工作不仅仅出于经济上的考虑，除了金钱收入，他们还有感情及心理方面的需要。第二，组织中存在着非正式群体。在正式组织中存在着以感情联系为基础的非正式群体，它对组织成员的行为乃至正式组织的效率产生了重要的影响。第三，通过提高士气来提高工作效率。由于人际关系对组织成员的积极性有重要的影响，因此，领导者应该注意设法满足成员的需要，以鼓舞成员的士气。这样，霍桑实验就得出了一项重要结论：社会因素是影响工人生产积极性的决定性因素。这种认为工人不但有经济方面的需要，而且有广泛的社会需要的观点被称为"社会人假设"。这种假设改变了企业和组织管理的理念，经过马斯洛的"人类需要层次论"和其他研究成果，逐渐形成了一套以"关心人"为中心的全新的管理思路和方法，并对后来的组织管理实践和管理理论的发展产生了重要的影响。

2. 巴纳德的组织协作论

巴纳德从个人必须协作这一基本的假定出发，认为每一个个人都只有有限的选择权。这是因为个人一方面受到他所处的活动环境限制，另一方面又受人的生物性质限制。而克服个人这种局限性的有效方法，则是通过采取相互合作的社会活动。它要求个人采取集体的或非个人的意志，并考虑到人与人之间的交往过程。协作的维持有赖于组织在实现协作目的的时效力，以及满足个人需要的效率。

行为科学组织管理理论在组织形态上重视民主的、非集权而少等级结构的组织形式，强调权力均等，反对非人格化的科层制。但是，它在集中注意人际关系改善的同时，却忽视了对工作本身和经济技术等其他同样重要因素的研究。

（三）现代组织管理理论

现代组织管理理论主要产生于"二战"以后。这段时期的理论已经不只是注重组织管理的某个方面，而是全面、系统地加以研究，提出了若干重要观点，包括系统的观点、权变的观点和发展的观点。这些观点促进了组织管理理论的新发展。

1. 组织系统理论

从20世纪60年代起，社会科学研究进入一个新的纪元——系统时代。系统理论认为，一个系统就是一个整体，只要被拆散，就会损失它的一些重要特征，因此，必须以整体来研究它。系统学派是在传统理论和行为科学理论基础上建立起来的，将系统理论和数学理论应用于组织研究的学派。

系统论观点总是把系统作为由从属部分结合成的集合整体来对待，从来不把系统看成孤立因果关系中的机械聚集体。在传统组织理论中，人们都是孤立地对各分系统进行研究，然后再将各部分联为整体；系统方法则强调必须以整个系统作为看待事物的出发点。

美国著名社会学家帕森斯是系统理论的代表，它创立了开放系统的组织理论。该理论认为，任何一个组织都是社会大系统中的一个小系统，而组织内部又存在着多种不同的系统。处在系统环境中的社会组织应当具有4种素质：①适应周围环境提出的各种要求，并做出积极的反应；②树立和实现组织目标；③在组织内部建立协调一致的组织关系；④通过争取社会性的认可而维持组织形态。以上4种素质需要通过社会组织中的3个子系统去完成。这3个子系统是决策系统、管理系统和技术系统。其中，决策系统负责解决组织与环境之间的关系，根据环境特点及其变化制定相应对策。管理系统主要负责解决组织内部的统一协调性问题。技术系统的任务在于运用各种技术、知识完成组织目标。

帕森斯①

塔尔科特·帕森斯（Talcott Parsons，1902—1979），美国社会学家，结构功能主义的主要代表人物。

生平与著作

1902年12月13日生于美国科罗拉多州的斯普林斯。1927年获博士学位。回国后，一直在哈佛大学从事教学与理论研究工作。先任哈佛大学经济系讲师，从1931年开始在社会学系讲授社会学，1944年成为社会学教授，1946年出任新成立的社会关系系主任，1973年退休。他曾于1949年被推选为美国社会学学会会长。1979年5月8日病逝于德国。主要著作有《社会行动的结构》（1937）、《社会学理论论文集》（1949）、《社会系统》（1951）、《关于一般行动理论》（与E. 席尔斯等合著，1951）、《经济与社会》（与N. J. 斯梅尔塞合著，1956）、《现代社会的结构与过程》（1960）、《社会结构与人格》（1964）、《社会：比较观和进化观》（1966）、《现代社会的社会学理论》（1967）、《政治与社会结构》（1969）、《现代社会的系统》（1971）、《社会演化》（1977）、《社会系统与行动理论的演变》（1977）、《行动理论与人类状况》

---

① 参见百度百科"塔尔科特·帕森斯"词条（https：//baike. baidu. com/item/% E5% A1% 94% E5% B0% 94% E7% A7% 91% E7% 89% B9% C2% B7% E5% B8% 95% E6% A3% AE% E6% 96% AF/5356231？fr = aladdin）。

(1978）等。

社会行动理论

帕森斯在《社会行动的结构》一书中，以社会学家 V. 帕累托、杜尔克姆、M. 韦伯和经济学家 A. 马歇尔的学术思想为经验材料进行了广泛、深入的分析。帕森斯认为，他们对一般社会理论的探讨虽然方法论起点不同，但都趋向意志自主的行动理论。在此综合研究的基础上，帕森斯提出了自己的意志论行动理论。他认为，社会行动最基本的单位是单元行动。在分析的意义上，单元行动具有如下性质：①有一个行动者；②有某种行动目的；③有一定的行动情境，这样的情境包含两个要素，即行动者能加以控制的手段要素和不能控制的条件要素；④有一定的行动规范取向。

结构—功能分析学说

帕森斯从 20 世纪 40 年代开始致力于建立其结构—功能分析理论。他在《社会系统》一书及与 E. 席尔斯合写的《价值、动机与行动系统》一文中，对结构—功能分析理论做了系统阐述，并在后来的许多论著中不断加以发展。帕森斯认为，社会行动是一个庞大的系统，它由 4 个子系统，即行为有机体系统、人格系统、社会系统和文化系统组成。行为有机体系统与行动者的生物学方面有关。人格系统组织着个人行动者的各种习得性需要、要求和行动抉择。社会系统组织着社会互动中的个人或群体，使之处于一定的相互关系形式之中。文化系统由规范、价值观、信仰及其他一些与行动相联系的观念构成，是一个具有符号性质的意义模式系统。这 4 个系统都有自己的维持和生存边界，但又相互依存、相互作用，共同形成控制论意义上的层次控制系统。

社会变迁观点

帕森斯提出，社会变迁过程是从原始阶段经中间阶段过渡到现代阶段。在社会阶段的转变过程中，文字的出现和一般法律体系的制定相继起了重大作用。社会变迁有 4 种主要的结构变迁过程。①分化。社会原先的某一单元分化成一些在结构与功能上皆不相同的新单元。②适应性提高。社会诸单元可利用的资源范围变宽，因而摆脱了原先较少演进的单元所施加的某些限制。③容纳。新出现的资源被整合入更大的结构。④价值普遍化。通过在比原先较少演进情形时更高的一般化水平上所建立的价值模式，使新出现的资源与结构合法化。帕森斯认为，社会发展的趋势是从注重先赋性与特殊性转变为注重成就性和普遍性。

帕森斯还在许多论著中对经济组织、现代职业、社会分层、官僚制、民主过程与法律、宗教世俗化、科学、教育、家庭、儿童社会化、年龄—性别角色、越轨行为、病态角色与精神健康、种族问题以及反文化问题等方面做了广泛的探讨，其中包含关于现代化问题的大量论点。

学术影响

帕森斯的社会学学术生涯长达半个世纪之久，他对古典社会学进行了现代重建，他的社会行动理论和结构—功能分析学说不仅在国际社会学界有着巨大的影响，对其他社会科学，如人类学、政治学、社会心理学、管理学等也有广泛影响。他培养了众多的学生，其中如R. K. 默顿、K. 戴维斯、M. J. 利维、斯梅尔塞、H. 加芬克尔等人都是当代有名的社会学家。

帕森斯的理论在其追随者和反对者两方都引起了强烈反响，当代西方社会学的主要流派，如冲突理论、交换理论（社会交换论）、符号互动论等，都是在不同程度上批判或补充其理论的过程中产生的。

2. 组织权变理论

组织权变管理理论学派是20世纪70年代在西方形成的一种管理学派。所谓权变，就是权宜应变，随机应变，因地制宜，具体问题具体分析。主要强调各分系统之间相互关系模式及其特殊性。组织权变管理理论学派认为，在管理中要根据组织所处的内外条件随机应变，没有一成不变的、普遍适用的、"最好的"管理理论和方法。主要代表人物为卡斯特和罗森茨韦克。

组织权变管理理论学派的一个基本命题是：一个组织与其他组织的关系，以及与总环境的关系依赖于具体情境。组织权变管理理论学派认为，组织系统是由各分系统构成的，需要研究的是组织与其环境之间的相互关系和各分系统内与各分系统之间的相互关系。权变理论强调组织的多变量性，并试图了解组织在变化的条件下和在特殊环境中运行的情况。组织权变管理理论学派的最终目的在于提出适应具体情况的组织设计和管理行动。

第五节　中国的单位组织

曾几何时，中国社会中几乎每一个人，其生存和活动的方方面面都和所谓的"单位"具有紧密的联系。今天，单位组织依然与我们绝大多数人的生活息息相关，所以单位组织研究也是研究分析以理解中国社会，特别是中国社会组织结构的一个重要视角。

一、中国单位组织的特点

单位组织是中国特有的一种社会组织现象，是对特定机构组织的统称，如企业、学校、政府机关等各种社会组织。一个较大的单位往往就是一个完整的小社会。20世纪80年代初，美国社会学家华尔德（又译沃德）关于中国国有企业的研究开创了单位组织和单位制度研究的先河。90年代之后，中国学者在单位组织方面进行了较为深入的研究。

单位制度是中国在20世纪50年代以后实行的，以企事业组织为单位，承担政府的社会分工目标并对其成员进行全面管理的制度。执行这种制度的企事业组织被称为"单位组织"，简称"单位"。

与西方的各类组织不同，在中国，单位既是一种组织形态，也是一种社会制度。

从组织层面看，单位组织是具有相对独立职能、向上负责并对其成员进行管理的部门。从制度层面看，单位制度是国家对社会进行管理并推动其运行的一套制度，凭借这一制度，全国成为一个以中央政府为最高权威的特大的组织体系。

在单位制度下，单位被分为三大类型：第一类是机关单位，主要由党政系统和群团系统的各级机关构成，包括党委系统、政府系统、工会、妇联和共青团等；第二类是事业单位，包括以非物质产品为产出物的组织，如科技系统、教育系统、文化系统、卫生系统的各类组织；第三类是企业单位，包括国有企业和城市集体所有制企业，如公司、工厂等。

中国的单位组织有如下特征。第一，功能合一。任何单位组织都有自身的专业分工，同时又承担政治管理职能和社会职能。它组织其成员进行专业活动，又代表政府对其成员进行全面管理，同时满足他们的多种需要。特别是改革开放之前，单位具有很强的社会控制功能。不仅职工的住房与伙食均由单位提供，就连结婚与外出等也要单位批准。第二，组织资源的非流动性。组织中的人力、物力和财力资源归国家所有，国家将一系列管理制度（如身份制度、户籍制度、档案制度等）加于组织之上，使资源难以在组织间自由流动。第三，组织成员对组织有很强的依赖性。由于组织掌握了其成员所需要的多种重要资源，而在组织之外缺乏这些资源，所以形成成员对组织的依赖性。第四，行政等级性。单位组织都具有一定的行政等级，由此决定了它从政府获取的资源和权力的大小。

二、单位组织的功能

中国的单位制度和单位组织是计划经济的产物和核心，它们是在继承了中国共产党在根据地时期的军事共产主义制度的基础上，根据20世纪50年代以后国家建设的任务而形成的。因此，可以说，单位制度与计划经济体制、集中管理和官本位的传统密切相关。

单位组织发挥了如下功能：实现了资源的有效动员和综合利用。单位组织对组织的人力、物力和人的潜力进行了最大程度的有效动员和开发，并应用于国家的工业化建设之中，取得了明显的效果。向组织成员提供较好的福利待遇，使组织成员具有较强的向心力，促进了成员对组织的忠诚，实现了对组织成员的有效管理。

单位组织也有明显的负功能：单位制度是一种向上负责的体制，它的行政性特征削弱了单位组织的专业特征，带来专业上的低效率。"单位办社会"使得组织大而全，负担沉重，效率低。另外，单位组织的行政等级性也造成了组织的自我膨胀冲动，即每个单位组织都希望在级别上不断提升，在规模上不断扩大。正如帕金森定律所指出的那样，以提高组织等级为目的的组织膨胀会导致组织运行的低效率和官僚主义。

"单位制"的变迁与研究①

"单位制"曾经被认为是中国社会主义社会在城镇地区最具特色的组织制度。相对于农村地区的"人民公社",所谓"单位",是改革开放前在城镇地区,基于中国社会主义政治制度和计划经济体制所形成的一种特殊组织,是国家进行社会控制、资源分配和社会整合的组织化形式,承担着包括政治控制、专业分工和生活保障等多种功能;其典型形态是城市社会中的党和政府机构(行政单位)、国有管理及服务机构(事业单位)和国有企业单位。在有关当代中国社会结构变迁的研究中,农村、城镇社区、地方政府等基本社会结构单位及其组织制度,都得到了较为系统、详细的调查和研究,但是,对于"单位制",包括单位组织的变迁却缺乏系统的、持续的研究。这里,我想通过对单位制的变迁及其研究做一个初步的总结式讨论,希望能够引起更多研究者对"单位制"变迁的兴趣,从而不仅通过单位制的变迁透视中国社会改革的过程、路径和机制,而且将单位制作为研究中国组织现象和制度的重要参照物,有助于对中国组织现象和组织制度的研究。

通常我们会将"单位制"分为两个基本层次,即单位体制和单位组织,前者主要涉及社会体制的层面或曰宏观的层面,后者主要涉及组织制度和结构的层面。下面的讨论也将从这两个层面进行。我将试图回答:究竟单位制的特征是什么?发生了什么变化?在多大程度上发生了变化?如何界定或认识现在的状况?为了给读者更清晰的印象,我将按照单位制的特征分别讨论上述问题。

首先必须明确的是单位制的基础或制度背景。简单地说,中国的单位制是建立在社会主义公有制、中央计划经济体制和共产党的领导基础之上的,这是我们讨论单位制的特征或者进行比较分析时不应忘记的。

当我们分析"单位体制"时,关注的是下述问题。

在中国传统的社会主义社会中:一切微观的社会组织都是"单位组织"

1. "单位组织"是国家基于社会主义基本制度建立起来的或对原有的社会组织进行改造后建立起来的,由国家直接控制的组织形式。而在其他社会中,社会组织大多不是由国家建立起来并由国家直接控制的,例如私人组织、财团法人等。改革开放以来,这一特点已经发生了很大变化。最基本的变化是:仅就工业企业这种组织形式来说,2009 年,国有和集体工业企业仅占全部工业企业总数的 4.9%,可以说,大部分企业组织都不再是"单位组织"。当然,就其性质来说,行政单位和大部分事业单位仍然是国有单位。

2. 单位组织中普遍设立党组织,在政治上和法律上代表党和政府。首先,现在

---

① 李路路:《"单位制"的变迁与研究》,载《吉林大学社会科学学报》2013 年第 1 期,第 11~14 页。

的国有单位中仍然普遍设立党组织；其次，这些党组织在政治上代表党和政府，但"党政分开、政企分开"的改革，使得这些党组织在法律上已经不再代表党和政府；再次，大量的非国有单位中党组织已经不是普遍的存在，而是成为需要努力的目标。

3. 以国家行政制为基础的普遍行政等级制度，每一个单位组织都被组织到国家的行政等级制度中，获得一个相应的行政等级位置，承担相应的责任，享有相应的权利和义务。政企分开和市场化改革，已经造成在非国有单位和中小国有企业中，国家行政等级制度解体；但在大型国有企业和事业单位中，仍然存在国家行政等级制度，而且在国家行政权力越来越"升值"的背景下，这些组织的行政化倾向还有发展的趋势。

几乎一切城镇地区的就业人员都是由国家按照计划分配至"单位组织"成为其成员

这一特征已经发生了巨大变化。首先，随着就业体制的改革，国家已经基本上取消了计划就业体制，就业基本上实现了市场化；其次，随着非国有单位的发展，在国有和集体单位就业的人员占城镇全体就业人员的比重，已经由1980年的99.2%下降为2009年的20.5%。也就是说，在城镇地区，大部分就业人员不再是国有单位的成员，也没有统一安排人们工作单位的就业制度。

单位组织具有功能合一性、非契约性、资源的不可流动性等内在特质

1. 功能合一性。伴随政企分开和市场化改革，国有企业组织所承担的社会保障功能已基本上市场化，例如养老、医疗保险、社会福利、住房等；国有事业单位和行政单位还承担着养老和医疗保险等社会保障功能，在社会化的保障体系建立过程中，这些单位的社会保障功能显著"升值"。尽管国有单位，特别是国有企业单位在功能上已经发生了很大变化，但它们仍然在一定程度上要承担国家赋予的政治和社会功能，例如社会稳定功能等。

2. 非契约性。组织性质、地位和环境的改变，使得国有单位组织和其成员的关系已经基本上转变为普遍的契约制，即普遍的合同制，相对于过去的非契约性关系有了根本的变化。

3. 资源的不可流动性。国有单位组织与国家关系的改变和市场化的发展，国有单位组织对自己实际控制的资源有了相当程度的经营自主权，市场化的环境也推动资源在市场中的大规模流动。

强制性的依附关系结构：单位依附于国家，个人依附于单位

因为国家控制着绝大部分的资源和机会，所以单位组织必须依附于国家；由于国家是通过单位组织将资源分配到个人，所以个人必须依附于单位，这样就形成了一个国家—单位—个人之间强制性的依附关系结构。改革开放使得强制性的依附关系结构有了很大改变。第一，非国有单位对国家不存在那种强制性的"依附关系"；第二，国有单位政企分开，扩大自主权，市场化改革导致国有单位特别是国有企业组织具有了相对独立的地位；第三，劳动力市场和就业制度改革，使得个人对单位组织的强制性依赖转变为"利益型依赖"；第四，国家控制的战略性资源使得所有的组织实际上对国家都存在程度不等的"依赖"；第五，国家对国有单位领导人的任免权和国有资产产权，使得国有单位仍在很大程度上强制性地依附于国家；第六，"项目制"也许在某种程度上取代"单位制"成为组织对国家新的依赖和国家对组织的新的控制方式。

单位地位等于个人地位

国家—单位—个人之间强制性的依附结构，以及国家根据单位组织的行政级别（权力）、所有制性质，自上而下的分配资源，造成了单位组织之间的巨大差异，因此，个人的单位身份成为标志个人地位的重要特征。在改革过程中，国家控制的放松，市场化和现代化的发展，都使得个人特征，特别是个人的人力资本在决定个人社会经济地位中的影响力上升，但单位组织的影响仍然强大。例如，在决定收入获得因素中，个人的人力资本以及国有垄断行业地位等都会起到重要作用。

单位组织内部的权力/权威结构

对于单位组织的内部权力/权威关系结构，实际上我们知之有限，对于改革开放之后的状况，甚至可以说是知之较少。尽管如此，我们还是应该根据现有的研究成果对此做出一个小结。

"领导和积极分子之间的庇护关系（依附关系）"，这几乎是对中国传统社会主义社会中的国有企业组织内部权威关系结构最为经典的也最为系统的表述。"一系列上下延伸、平行断裂的关系网络（派系结构）"，是国内学者在庇护模式基础上对单位组织内部权威结构研究的推进。在改革的过程中，由于制度环境发生了根本性变化，单位组织中的权威结构也发生了很大变化。例如，有研究表明，在中小型国有企业中庇护关系和派系结构已经不复存在，代之而起的是所谓"去组织化的专制主义"工厂政体；或者在限制介入性大型国有企业中，庇护关系和派系结构向"层化关系模式"转变；业绩导向使得原来的以政治忠诚为基础的庇护关系转变为以效率差别和人力资本为基础的多级层化结构。

其实，对于传统单位组织中的权威关系模式就存在不同的看法。例如，有学者提出，庇护关系模式强调的是单向度的自上而下关系，忽视了单位成员的反抗能力，没有注意到普通群众的利益表达方式。国有企业资源分配的身份化、合法性认同的非科层职位化、产权不清导致的"看门人"地位和角色混同等因素，导致国有企业实际上存在严重的领导权威不足现象。

遗憾的是，我们没有在上面这些研究基础上向前推进。一方面，无法对单位组织权威关系的变化做出更为系统的分析；另一方面，没有对已经高度分化的组织化类型，包括国有单位和非国有单位及其内部的各种类型进行系统的调查和分析。如果说，对于单位体制的变化我们还能够较为系统地做出一些判断（例如"新单位制""后单位制"），尽管有时不那么精确，那么，对于单位组织（或各种社会组织）内部权威结构的状况和变化，我们实际上无法说出超出上述成果更多的东西，留下或形成了一个巨大的研究"黑洞"。

不仅如此，在单位制的研究传统中，我们还面临更大的挑战。研究者们曾经将单位制的功能归结如下：第一，单位制是国家集中、分配和利用社会资源的组织化形式；第二，单位制是国家实现社会控制的组织化形式；第三，单位制是国家实现社会整合的基本形式。经过30多年的改革开放，正如前面已经指出的，国有单位组织在规模上已经不是多数，尽管在质量上还占有重要位置；市场已经成为日益主要的资源分配机制和经济协调机制；国家—单位—个人的强制性依附关系结构已经在不同程度上发生松动，甚至解体。国家如何分配它所掌握的资源，社会如何实现新的组织化，社会如何在市场化和现代化背景下实现新的整合，都是我们从单位制出发面临的挑战。

回到一开始提出的问题，也许系统、具体、精准的分析相对于总体的判断，对于解决这些问题更重要。

三、中国单位制度的改革

中国的单位制度和单位组织是历史的产物，在计划经济时期，它的存在有一定的合理性，成为一种高效的社会资源动员、配置和社会控制的制度，但同时也是一种高能耗、低效率的制度。

经济体制改革以来，单位制度发生了一些变化。国有企业的用工制度的改革、社会保障制度的改革使企业逐渐回归到本身应有的承担经济职能，走向市场的经济竞争机制正在使企业逐渐弱化其行政色彩，多种经济成分并存使人们可以在单位组织之外获得自己所需要的资源，这也削弱了单位组织的唯我独尊地位。国有企业的不断改革使得很多企业现在处于"后单位制"状态，同时，职工的归属感也发生了一些变化。类似的改革在事业单位中也逐步展开，我国的国有企事业组织正在失去其全能特征，向适应市场经济体制的专业化的方向发展。

概括来讲，改革开放之后，特别是20世纪90年代实行市场经济体制以来，中国的单位开始发生许多重大的变化。

一是单位的性质和作用开始改变。政府组织的改革逐步推进，精简机构，建立高效政府、廉洁政府成为组织改革的目标，政府组织直接管理经济的行政功能开始衰退，用经济和法律手段与方式对经济进行宏观调控的功能得到加强。市场竞争机制的建立，使得企事业单位失去其全能的特征，单位的种种社会功能逐渐减弱消失，开始向适应市场经济体制的职业化的方向发展。

二是单位的自主性增强。随着改革的深化，单位对政府的依赖性慢慢减弱，事业单位分类改革正在如火如荼地开展，同时，企业有了更多的经济管理自主权。一些新型的社会组织逐渐摆脱国家和政府的控制，直接从市场中获取资源。

三是单位与成员的关系发生了较大的变化。改革开放之前，单位的每个职工都跟自己所在的单位紧密地"捆绑"在一起，但随着用工制度、社保制度的改革，"铁饭碗""金饭碗"正在逐步被打破，职工对单位的依附性正在逐步减弱。

延伸阅读

以大刀阔斧改革激发社会活力——党的十八大以来推进事业单位改革综述[①]

让人民有更好的教育、更稳定的工作、更满意的收入、更可靠的社会保障、更高水平的医疗卫生服务、更舒适的居住条件、更优美的环境……承载这些重要使命的正是各类事业单位。

党的十八大以来，按照《中共中央 国务院关于分类推进事业单位改革的指导意见》的设计和要求，中央统筹部署大力推进事业单位改革，各地各部门积极稳妥扎实推动，基本完成事业单位清理规范和分类工作，改革取得明显成效。

系统谋划、正名归类

作为计划经济条件下的产物，有的事业单位任务已经萎缩，有的设置分散、规模过小，有的重复设置，有的长期大量空编，有的早已名存实亡。

改革的第一步，就是要清理规范。各级机构编制部门经过一年攻坚，在全国范围内清理了一批"僵尸单位"，整合了一批交叉重复的机构，核减了一批闲置浪费的编制。

在此基础上，各级机构编制部门实施精准改革，将现有承担行政决策、行政执行、行政监督职能的事业单位划入行政类，将完全由市场配置资源、从事生产经营活动的划入经营类，将从事公益服务的划入公益类，其中承担基本公益服务的划入公益一类，承担一般公益服务的划入公益二类。

此外，结合事业单位分类，各级机构编制部门采取多种减编控编措施，不仅将机构编制总量严控在2012年年底的基数内，而且进一步撤并了机构、精简了编制。

大力推进政事分开、事企分开

多年来，有的事业单位承担行政职能，不符合公益服务的定位，政事不分、机构重叠、职责交叉、效能不高等问题比较突出。

承担行政职能事业单位改革是分类明确后推进的第一项重点改革。改革范围主要是一些政府直属事业局、部门所属事业单位和各级各类行政执法机构。

为此，中央确定环境保护部、交通运输部、水利部作为中央试点部门；江苏、安徽、广东、宁夏作为重点试点省省区，在省、市、县三级开展试点，其他省区在市、县两级试点。

一是清理职能。各试点地区和部门结合简政放权和推行政府权力清单，取消下放了一大批行政审批事项，平均每个试点县清理的职能任务为500项左右。

二是推动行政职能回归。政府直属事业局、部门所属事业单位承担的行政许可、行政裁决等行政职权划归了行政机构。

[①] 罗争光：《以大刀阔斧改革激发社会活力——党的十八大以来推进事业单位改革综述》，见新华网（http：//www.xinhuanet.com/politics/2017-10/12/c_1121793441.htm）。

目前,试点地区和部门的改革实施方案已经全部批复,相关的机构设置、编制配备、人员调整等具体工作正在有序实施,改革试点基本完成。

从事生产经营活动事业单位,多数是在计划经济体制下建立起来的,多是宾馆、招待所、咨询中心等竞争性领域机构。这些单位戴着事业单位的"帽子",实质上却从事生产经营活动,从总体上看,普遍管理体制不顺,运行机制不活,国有资产使用效率不高。

经营类事业单位改革,方向是转为自主经营、自负盈亏、平等竞争、自我发展的市场主体。

根据不同情况,中央分步推进改革,经济效益较好的,2017年前转企改制;经济效益一般的,2018年前转企改制;人员、资产规模较小或资不抵债、债权债务不清晰,基本不具备转企条件的,妥善做好资产处置、人员安置等工作,2020年年底前退出事业单位序列。

目前,中央一级正在抓紧审核转企改制工作方案,积极推进改革,10多个省份已经印发改革实施意见,一些省份已基本完成省一级改革任务。

公益类事业单位改革固本强基

公益类事业编制占整个事业编制的90%多,目前主要存在总体规模偏大、布局结构不够合理、管理行政化与服务营利性并存、一定程度上偏离公益目标、自主权落实不到位等问题。

党的十八大以来,各地区各部门积极推进公益类事业单位改革:

——改革配套政策不断完善。出台了干部人事管理、创新机构编制管理、政府购买服务、规范收入分配、加强和改进党的建设等一系列政策,事业单位新的改革管理制度框架正在形成。

——事业单位公益属性不断强化。大力破除事业单位逐利机制,如环境保护部完成了各级环保部门所属环评机构与机关脱钩工作,清理了"红顶中介";上海等省市明确公益一类与所办企业脱钩,公益二类所办的与主业无关的企业也要脱钩,划清公益与市场经营的边界。

——机构编制管理进一步创新。各级机构编制部门积极推进以审批制与备案制相结合、编制保障与购买服务相结合、事前审批与事中事后监督相结合为目标的编制管理创新改革。如中央一级在有代表性的主要新闻单位试点人员编制总量管理;江苏、湖北、河北、天津等省市推进公立医院、高等院校人员总量管理改革试点,着力解决编制资源不足、编内编外二元身份管理、同工不同酬等问题。

——法人治理结构试点不断扩大。中央编办会同相关部门研究制定了事业单位章程范本,指导地方开展法人治理结构建设,明确了中央地方共同联系试点单位。山东、青海省积极探索取消学校、科研院所、医院等事业单位的行政级别。

——教育、科技、文化、卫生等部门按照"分业推进"的方针,继续深化行业体制改革,积极与事业单位改革做好衔接。

本章小结

人们总是以群体的方式来生存，因此，每个人总要生活在各种各样的组织中。在现代社会，社会组织对每个社会成员和整个社会都有越来越重要的作用。社会组织已经成为我们日常生活中不可或缺的群体形式之一。社会组织的广泛存在也在改变人们原有的生活状态，从而使社会变得更有组织性。本章系统地介绍了社会组织的含义、特征、构成要素以及分类，社会组织结构，社会组织理论及其管理，并结合我国的国情，分析了我国的单位组织。

本章知识与能力训练

一、判断题

1. 社会组织成员间的关系非常亲密。（　　）
2. 社会组织是一个开放的系统。（　　）
3. 立法机关属于政治组织。（　　）
4. 俱乐部属于服务组织。（　　）
5. 小团体、小帮派是一种非正式组织。（　　）
6. 组织目标是社会组织内部分工合作的基础。（　　）
7. 非正式群体对组织只有负功能。（　　）
8. 家长制是前资本主义阶段比较普遍的管理方式。（　　）
9. 韦伯的科层制重视组织成员的多种需要。（　　）
10. 韦伯的科层制是纯粹理想型的。（　　）

二、单项选择题

1. 下列组织中，不属于正式组织的是（　　）。
   A. 学校　　　　　　　　　　B. 公司
   C. 同乡会　　　　　　　　　D. 教会
2. 下列组织中，属于布劳等人所说的互惠组织的是（　　）。
   A. 工会、政党、俱乐部　　　B. 工会、医院、会计师事务所
   C. 政府、邮局、学校　　　　D. 工会、学校、会计师事务所
3. 提出"经济人"假设管理理论的主要代表是（　　）。
   A. 古利特　　　B. 法约尔　　　C. 泰罗　　　D. 帕森斯
4. 霍桑实验得出的著名结论：人是（　　）。
   A. 社会人　　　B. 经济人　　　C. 复杂人　　　D. 决策人
5. 注重对人的管理，以工作任务为中心，从而具有强烈的"任务本位"和机械主义色彩，这种管理理论属于（　　）。

A. 家长制 B. 古典管理理论
C. 行为科学管理理论 D. 当代管理理论
6. 体现手工业作坊的管理方式的管理理论是（　　）。
A. 家长制 B. 古典管理理论
C. 行为科学管理理论 D. 当代管理理论
7. 科层制的最大优点是（　　）。
A. 能更好地实现社会效益 B. 能更快地实现经济效益
C. 能更有效地实现组织目标 D. 能促进工作积极性
8. 在计划经济时代，我国城市中普遍实行的组织制度是（　　）。
A. 城乡二元管理体制 B. 社区制
C. 科层制 D. 单位制
9. 组织中直接关系到组织受益人群体的需求和愿望的满足的目标是（　　）。
A. 主要目标　　B. 次要目标　　C. 长期目标　　D. 短期目标
10. 每个下级应该只对一个上级负责，这是组织结构设计的（　　）。
A. 分工协作原则 B. 责权对等原则
C. 统一指挥原则 D. 精简与效率原则
11. "科学管理之父"是（　　）。
A. 法约尔　　B. 巴纳德　　C. 梅奥　　D. 泰罗

三、多项选择题

1. 与初级社会群体相比较，社会组织的特征有（　　）。
A. 成员关系亲密 B. 明确的行动目标
C. 成员不可替代 D. 规范的制度
2. 下列属于社会组织的是（　　）。
A. 球迷协会　　B. 篮球玩伴　　C. 校党委　　D. 市教育局
3. 社会组织的构成要素包括（　　）。
A. 规范　　B. 地位　　C. 角色　　D. 权威
4. 古典组织理论的主要代表人物有（　　）。
A. 韦伯　　B. 法约尔　　C. 泰罗　　D. 梅奥
5. 下列对于中国单位组织论述正确的是（　　）。
A. 在特定时期内，单位制度实现了资源的有效动员
B. "单位办社会"使得组织负担沉重，专业效率较低
C. 单位制有利于实现资源的合理配置
D. 一般而言，单位组织对成员有较强的向心力
6. 社会组织结构的特征主要有（　　）。
A. 组织结构的稳定性 B. 组织结构的层级性
C. 组织结构的相对性 D. 组织结构的开放性

7. 根据组织目标和受益者的关系，把组织划分为（　　）。
   A. 互惠组织　　B. 服务组织　　C. 经营性组织　　D. 公益组织
8. 组织外部冲突主要有（　　）。
   A. 组织与组织之间的冲突　　B. 组织与公众之间的冲突
   C. 组织成员个人之间的冲突　　D. 组织与社区之间的冲突
9. 非正式群体对组织活动的正功能有（　　）。
   A. 有助于完成工作任务　　B. 盲目遵从非正式群体规范
   C. 减轻管理者的工作负担　　D. 提高工作满意度
10. 组织管理理论主要经历了（　　）几个阶段。
    A. 家长制阶段　　B. 古典组织管理理论
    C. 行为科学组织管理理论　　D. 现代组织管理理论

四、思考题

1. 什么是社会组织？它由哪些要素组成？
2. 试述社会组织结构的设计原则。
3. 试述科层制的特点，并对其进行功能分析。
4. 比较家长制的管理方式与科层制的管理方式。

参考答案

一、判断题

1. ×　2. √　3. √　4. ×　5. √　6. √　7. ×　8. √　9. ×　10. √

二、单项选择题

1. C　2. A　3. C　4. A　5. B　6. A　7. C　8. D　9. A　10. C　11. D

三、多项选择题

1. BD　2. ACD　3. ABCD　4. ABC　5. ABD
6. ABCD　7. ABCD　8. ABD　9. ACD　10. BCD

四、思考题

1. 社会组织是社会次级群体的表现形式，它是社会经济发展到一定阶段的产物，有特定的含义和构成要素，在整个社会发展过程中具有重要的作用。

社会组织一般由规范、地位、角色、权威4个方面的要素构成。

2. 社会组织结构的设计原则有目标任务原则、有效跨度原则、分工协作原则、统一指挥原则、责权对等原则、精简与效率原则、统一领导与分级管理原则。

3. 科层制是现代社会组织管理的典型方式，其特征包括：第一，明确的分工；第二，明确的职权等级；第三，明确的规章制度体系；第四，私人关系和公务关系的分离；第五，量才用人；第六，管理权力依附于职位，而不依附于个人。

韦伯认为，科层制在企业或在慈善机构和事业组织中，以及在政治或宗教团体中都适用,并认为纯粹从技术上看,结构和制度是实施统治最合理的形式。依照科层制原则组织起来的机构是合理的,这种合理性表现为它能体现组织追求高效率的目标。

当然,科层制也有负功能。突出表现在:第一,严格的纪律、烦琐的规则使组织成员只照章办事,形成"官僚主义人格";第二,由于组织按专才选用人员,所以当那些专家遇到规则未能涉及的问题时可能会束手无策;第三,组织中严格的分层及权力的明确划分使上下级之间的沟通变得烦琐;第四,事本主义原则把组织成员限制在工作范围内,缺乏感情沟通,久而久之会影响成员的积极性。

总的说来,韦伯的科层制是资本主义社会理性化的理想模式,也成为分析西方社会和现代社会组织的重要概念和模式,甚至在某种程度上,它也成为现代组织发展的理论模型。但是,它与社会现实之间的差距常常成为人们攻击它的地方。应该说,正是韦伯的科层制理论为后来现代组织理论的发展奠定了基础,同时,正是对这种理论的批评、质疑使组织理论不断得到丰富。

4. 在组织管理的历史上最早出现的是家长制,它是建立在下级对上级的个人效忠、绝对服从和信赖基础上的组织管理方式。家长制作为一种组织管理方式有如下特点:第一,组织管理的权力集中于最高领导人手里;第二,最高领导人和管理者基本上凭个人经验进行管理;第三,组织的领导者把组织当作自己的私人领地,绝对不允许别人干涉;第四,管理行为有较大的随意性;第五,组织中缺乏严格的办事规则,没有明确的组织规范。

家长制的管理方式适合组织规模不大、分工不发达的传统社会。管理的好坏受个人经验、品质的影响。随着社会生产力的发展,分工越来越精细,逐渐出现了大规模的社会组织。因而完全依据个人经验已无法对其进行管理,家长制不再适应现代社会的发展,逐渐被新出现的管理方式——科层制代替。

科层制是现代社会组织管理的典型方式,其特征包括:第一,明确的分工;第二,明确的职权等级;第三,明确的规章制度体系;第四,私人关系和公务关系的分离;第五,量才用人;第六,管理权力依附于职位,而不依附于个人。

科层制的优点在于分工清楚,责任明确,任人唯才,能够提高工作效率,保障组织活动开展。因此,现代社会组织多采用科层制的管理方式。但是,科层制也有它的不足,它的最大缺点是忽视人的主动性,只强调照章办事,行为受规则约束,而不讲灵活性、应变性,容易导致官僚主义。

第六章　社区和城市化

本章学习目标

1. 理解和掌握社区的含义。
2. 了解社区的构成要素、分类、功能。
3. 了解社区研究的意义。
4. 了解社区研究的相关理论和研究方法。
5. 掌握农村社区和城市社区的特征。
6. 了解城中村和集镇社区。
7. 了解和掌握城市化的含义和城市化的表现形式。
8. 掌握影响我国城市化的因素。

案例引导

现代化农村社区：华西村[①]

江苏省江阴市华西村地处江阴鱼米之乡，面积0.96平方千米，350多户，1500多人。该村在党委书记、集团公司董事长吴仁宝的带领下，经过30多年的奋斗，发展成为富庶、文明的现代化农村社区。1998年，该村社会总产值28.7亿元，销售收入27.61亿元，利税3.61亿元，人均收入9000元。他们既创造了全国首屈一指的村级物质文明，也建设了具有特色的精神文明，既有现代的理想追求，也有传统的文化沿承，连续10多年被评为"江苏省文明单位"，成为"中国农村的希望所在"。

华西人从实践中认识到小农意识和产业单一的局限性，较早举起了发展乡村工业的旗帜。他们从小作坊起步，经过工厂、企业、公司、集团等几个阶段，从简单的农机修造到铝型材、铜型材、钢材、纺织、化工、电子六大生产系列，从20世纪60年代的几个小厂到1999年的江苏华西集团公司下设的13个分公司和40多个工厂企业，从农业起家、工业发家到第三产业兴家。用华西人自己的话来说，华西家家

[①] 转引自周沛《农村社区发展道路与模式比较研究——以华西村、南街村、小岗村为例》，载《南京社会学》2000年第10期。标题为编者所加。

都是富裕户。村民实现了"八有八不"。"八有"为：小有教（从幼托到中学提供学费，考上大学给予鼓励），老有靠（男60虚岁、女55虚岁享有退休保养金，每月至少200元），房有包（民房由集体建筑），病有报（人人有定额医疗费，工伤全报），购有商（村中有商场），玩有场（有各种娱乐场所），餐有供（有各类档次的餐厅），行有车（30%以上的农民家庭有轿车）。"八不"为：吃粮不用挑（集体送粮到户），吃水不用吊（村里有自来水厂），做饭不用草（家家装有管道煤气），便桶不用倒（户户有抽水马桶），洗澡不用烧（热水管道通到户），通信不用跑（家家有电话），冷热不用愁（夏天有空调，冬天有暖气），雨天不用伞（村内有长廊环通）。

启蒙理性： 华西村的发展历程和取得的成就说明，由传统型乡村到现代化社区，路径是以发展工业为前提和基础的经济建设、政治建设、文化建设、社会建设、生态文明建设"五位一体"发展，在内涵上体现了物质文明、精神文明、政治文明、社会文明、生态文明"五位一体"协同发展。吴仁宝带领华西人从战略高度，从多方面着手，全面推进了华西村政治、经济、社会和文化事业的发展，使华西村成为经济繁荣、设施完善、环境优美、文明和谐的社会主义新农村。

第一节 社 区

一、社区的含义

"社区"这一概念可追溯到德国社会学家滕尼斯在1887年出版的《共同体与社会》一书中提出"Gemeinschaft"，这一概念指的是一种成员之间唇齿相依、感情深厚、关系协调、靠习惯和共同的价值来维系的社会组织形式，其中并没有地域的含义，指的是"共同体"。滕尼斯主要讨论了3种不同类型的共同体：地域共同体、精神共同体和血缘共同体。美国社会学家在使用"Community"这一学术概念时，它的含义与滕尼斯的"Gemeinschaft"是十分相近的，但赋予了其地域方面的含义。

由于各国的国情不同，学者们分析的对象不同，所以对社区的理解也不完全相同，但几乎所有学者都认同它所具有的共同体的含义。20世纪30年代，费孝通等人使用"社区"一词作为"Community"的中文翻译，用"社"和"区"的组合来强调人类共同体中的地缘组织。综合中国的情况，可以认为社区是聚居在一定地域内的相互关联的人群形成的共同体。

由此，我们可以这样理解"社区"：第一，社区存在和发展的前提是具备一定的地域条件；第二，以一定社会关系为基础，通过相互交往而形成人类生活共同体；第三，具有独特的共同的文化聚力；第四，有社区认同感和归属感。

二、社区的构成要素

社区一般具有5个要素。第一个是群体要素。一个社区中必须生活着一定数量的通过一定社会关系关联起来，进行共同社会生活的人群。第二个是区位要素，指人文空间和地域空间的结合体，是指有明确的以地界、围墙等形式存在的地域以及人们在长期共同社会生活互动中积淀下来的风俗、价值观和行为规范等，体现社区的人文氛围。第三个是生活要素。社区中必须有一套相对完善的生活设施，包括商业、服务业等设施和配套的管理机构和制度。第四个是文化要素。即社区独特的社区文化，指社区成员在长期共同生活中积淀下来的风俗、价值观念和行为规范。社区成员的经济地位、社区本身的政治经济等条件、社区的历史都会影响社区文化的形成。第五个是归属要素。社区成员对自己生活的社区有认同感和归属感，了解自己在社区中的权利，清楚自己对社区及社区其他成员的责任。

三、社区的分类

在社区研究中，按照不同的分类标准，社区可分为不同的类型。

按照社区的形成方式划分，社区可分为自然社区和法定社区。农村中的自然村就是自然社区，行政村就是法定社区。

按照社区关系划分，社区可分为亲缘社区、同事社区、邻里社区。亲缘社区的成员之间普遍存在血缘、姻缘关系，如农村单一姓氏的村落是典型的亲缘社区。同事社区中各家庭都有成员在某一单位工作，如单位宿舍区。邻里社区的成员主要是因地缘关系聚居在一起，不存在亲缘和业缘关系。

按照社区中人们的主要活动或功能划分，社区可分为经济社区、政治社区、文化社区、宗教社区，还可根据其活动特征做更具体的分类，如经济社区又可分为工业社区、农业社区、商业社区、林业社区等。

按照社区中人群大小、地域广狭划分，社区可分为巨型社区、中型社区和小型社区，如一个几百万人口的大城市可以被视为巨型社区，一个小城市、工业区可视为中型社区，人口少和地域相对小一些如村落、小居民区是微型社区。社区的大小分类没有绝对严格的标准。

按照人们的接触空间环境和方式划分，社区可分为虚拟社区和现实社区。

按照社区的综合表现，结合人类的社会生活的演变划分，社区可分为农村社区和城市社区。

社会学在研究中比较重视的社区分类是农村社区和城市社区的划分。这两种社区之间的区分涵盖了划分社区的多元标准，能够充分体现各种分类标准下不同类型社区的特点，而且农村社区和城市社区之间的比较也可以反映出人类社会所经历的一些重要的社会变迁。

四、社区的功能

（一）经济生活功能

社区的经济生活功能，即生活、分配、交换、消费的功能，表现为社区通过生产或进口为其成员提供衣、食、住、行等基本的生活必需品和服务，并为社区成员提供就业与谋生的机会，担负这一功能的主要是社区的各个经济组织。社区的工厂、商店、旅店、餐馆以及第三产业等能为居民提供生产、流通、消费娱乐文化等服务。一个大的社区产品的生产和消费不仅在本社区内，同时还流通到邻近社区，辐射到其他社区。

（二）社会化功能

社会化指自然人成长为社会人的过程。社会通过各种教育手段，使自然人逐渐学习社会知识、技能与规范，从而形成自觉遵守与维护社会秩序和价值观念与行为方式，取得社会人的资格，这一成长过程即社会化。社区内的家庭、学校和儿童游戏群体对儿童与青少年的社会化起重要作用。社区的文化教育活动对青少年、成年人都产生重大影响。社区所有成员在参加社区各项活动中受到教育，不断社会化。社区有一套社会化的体系，对社区成员起到社会化的功能。社区社会化的最大特点，是能否密切协调各种组织的活动，使社区的社会化活动形成一个整体，从而在功能上达到最大的效果。

（三）社会控制功能

社会控制具有把维护社会稳定的任务落实到基层社区的功能，社区通过社会化来实现其对成员的内在控制，通过各种组织及其规章制度来实现它对成员的外在控制，以维护社会秩序。社区各类机构与团体在维护社区秩序、保障社区安全等方面发挥重要的作用。社区有一套完整的社会控制体系，一方面发挥正面教育的作用，鼓励人们遵守社会规范，维护社会秩序；另一方面对违反社会规范的人给予惩罚，发挥着反面教育的作用。社区的风俗习惯和规范约束居民的行为，社区的赞誉与责备等社会舆论促使居民遵守社区的习惯和规范。

（四）社会福利保障功能

社区具有社会福利保障功能，补充国家和单位福利的不足，实现社会福利的社会化。社区服务把国家、单位或企业的多余负担转移给社会，实现公共福利事业的社会化。社区通过组织社会福利机构与居民互助体系，发动组织本社区的力量，为社区成员解决困难和提供各种福利服务。它所提供的是就地、直接和及时的帮助。这种功能表现为社区福利部门或慈善团体、民政部门扶贫助弱，社区居民之间相互帮助、相互支援，社区医院、诊所为居民提供医疗保健服务等。守望相助、邻里相帮是我国社区居民的一个优良传统，远亲不如近邻，近邻能解决彼此的燃眉之急。许多生活中的困难往往在邻里的互助中消化。因此，和睦邻里成为社区文明建设的一项内容。

(五) 社区参与功能

社区是居民生活交往的场所，也是社会成员直接参与社会事务的活动的地方。社区通过其基层组织开展各种社会活动、文化娱乐活动、体育活动等，促进人们相互交往与互动，提高社区居民的参与意识。社区越是能动员其居民积极参与社会活动，就越有利于促进社区的建设与发展。社区为居民提供经济、政治、教育、康乐和福利等方面活动的参与机会，促进社区内人们的相互交往与互助，使居民对社区有更多的投入和更强的认同感，提高社区的价值整合。

(六) 扩大就业功能

社区服务是第三产业的重要组成部分，能够为社会提供新的就业岗位，特别是对安置下岗再就业人员具有重要的意义。

(七) 缓解社会矛盾功能

社区服务通过互助互济协调人际关系，转化消极因素。通过尊老爱幼、扶弱助残、互帮互济的社区服务，增进居民团结，改善社会风气，培养居民的自治精神、集体精神和社区意识。

在参与社区活动中产生互助，发挥居民的潜能，充分挖掘社区资源，促进社区的繁荣与发展。社区的功能随着社区的变迁和发展而发生相应的变化。现代社区的发展趋势是一方面在复杂化，一方面在专门化。一个大的社区往往聚集为商业区、文化区、政治区、工业区、开发区。

五、社区研究的意义

社区研究具有重要的实践意义。社区研究就是社会研究的具体化。对社区的研究有利于因地制宜地进行改革和建设。

第一，通过社区研究，可以了解一个社区的地方特点，从而因地制宜地进行改革和建设。整个社会是由一个个或大或小的社区组成的，因此，对于一个社区本身或整个社会，社区研究都有重要的意义。任何一个社区就是一个规模不等的具体的小社会，是整个大社会的不同程度的缩影，社会的一切活动都是在一个个具体的社区里进行的，社区研究是研究整个社会的起点。而与整个社会相比较，社区具体可感，易于把握。

社会的普遍现象必然会在各个社区里有所表现，社区研究就是社会研究的具体化，通过社区研究开展典型调查，见微知著，进而探讨社会发展的普遍规律和共同特点，同时了解某一具体社区的地方特征，因地制宜地进行改革和建设。

第二，是我国经济社会发展的需要。随着改革开放的进一步深化，我国工业化和城市化的发展，人们生活水平的提高和生活多样性的要求，怎么建设社区成为一个重大的研究问题，我国社区研究起步晚，理论研究和对策研究均落后于世界水平，不适应我国社会经济发展和现代化发展的需求。

第三，为世界社区研究做贡献。我国有着非常特殊的国情，又处在快速变迁的过程中，社区建设研究不仅是现实需要，而且也将对世界社区研究提出很多创新性的观点、思想和理论。

第二节 社区研究的理论和方法

一、社区研究的理论

（一）人文区位学

"区位（生态）"一词译自英文"ecology"，它源于希腊语词"oikos"，指家庭或住所。19世纪后期，动植物学家开始使用"ecology"一词描述生物如何在环境中生活，由此产生了生物学的一个分支学科——生物生态学，简称"生态学"。20世纪20—30年代，社会学家借用该词，用以说明社区的区域位置，创立了社会学的一个分支学科——人文区位学。

人文区位学（human ecology）借用生物学进化论原理，研究都市环境的空间格局及其相互依赖关系的学说，又称"人类生态学"。它是由美国芝加哥经验社会学派的代表人物 R. E. 帕克和 E. W. 伯吉斯提出的。人文区位学注重研究区位对人类组织形式和行为的影响。

人文区位学的理论研究主要有古典区位学派和现代区位学派。

古典区位学派又称"芝加哥学派"，主要代表有帕克、伯吉斯和美国社会学家 R. D. 麦肯齐等。古典区位学派强调，人文区位学研究的主体是人，人与动植物不同，人有创造文化并按自己的意志行事的能力。因此，人文区位学不仅要研究不同群体之间的生物关系，还要研究文化和有目的的人类行为所造成的区位状况。

古典区位学派认为，都市是一种生态区位秩序，支配都市组织的基本过程是竞争和共生。在都市环境中，为了生存而彼此依赖的个体或群体同时在为匮乏的资源进行竞争，竞争关系的性质因时因地而异。

都市区位的形成过程表现为7个层面。第一个层面是浓缩，指既定区域内安置的同类人口和机构在数量方面增长的趋势。各种区位单位浓缩的程度由密度来衡量。所谓密度，是指同类单位在某一特定地区的数量，如每平方千米的人口等。第二个层面是离散，指既定区域内同类人口和机构在数量方面下降的趋势，也由密度来衡量。第三个层面是集中，指有相同职能的机构在都市中枢地带产生和发展的趋势。第四个层面是分散，指人口或机构离开都市中枢位置的现象。第五个层面是隔离，指人口和机构分别并入与自己同质的地区，这些地区彼此分离。第六个层面是侵入，指一个群体进入另一个群体居住区域的运动过程。第七个层面是接替，指进入另一居住区域的群体取代原有群体之后对这一地区实施的有效统治。都市区位的形成过程反映了都市的竞争和共生的复杂关系。

现代区位学派主要指社会文化区位学派和新正统区位学派。社会文化区位学派是现代区位学的主要理论流派。与古典区位学派的不同点在于：它强调文化在人类行为中的重要作用；认为文化是一种习得性行为，既可与土地和稀有资源的合理利用息息相关，也可与此毫无关系。美国社会文化区位学家法尔里经过对实例的区域位置分析后断言，除了次社会的自然变量外，文化变量也是区位学理论的有机组成部分。乔纳森通过对纽约挪威人社区地域流动的分析，也得出与法尔里一致的结论。这说明在美国都市中，人们的区位行为受到多种变量的影响。

新正统区位学派是现代区位学的另一个主要理论流派，代表人物有美国的霍利、奎因、邓肯等。新正统区位学派将社会生活的社会因素和次社会因素结合起来分析，强调自然经济变量对都市土地利用模式的决定作用。新正统区位学派认为：第一，人类区位学应该专门研究劳动分工问题及其对空间分布的影响，区位研究应该限制在人类群体及其与环境的相互关系上；第二，把社会文化定义为人类群体努力适应环境的方式，文化适应性应成为区位学研究的合理课题；第三，社会现象、职业区别和自然空间存在着一定的关系，并非截然分离，提出了区位复合体的范畴。区位复合体由4个变量组成，即人口、组织、环境和技术，简称"POET变量"。一个区位系统中的各种因素都可分别归纳到这4个变量之中，从而能够以简单的形式描述各个变量之间的关系。整个区位系统结构是建立在社会体系内部各要素的相互关系基础之上的。区位系统是一个不断变化的体系，它不断进行自我调整，在每一次变化之后，新的调整便接踵而至。而大多数区位系统在调整之后的一段时间内，能保持相对的稳定。

人文区位学理论有4个基本特征：一是强调环境的重要性；二是认为人口是研究问题的出发点；三是将一个人口单元——社区视为完整的或自给自足的整体；四是认为社区区域位置的各个部分的相互关系经常处于不平衡—平衡的变动状态中。

（二）同心圆学说

同心圆学说指城市土地利用的功能分区，环绕市中心呈同心圆带向外扩展的结构模式。20世纪20年代，伯吉斯创立了该学说。

伯吉斯用古典人文区位学的理论和方法对芝加哥城的调查资料进行了统计分析，他认为，都市空间的扩展是竞争的结果，都市的发展呈放射状，由中心到边缘循一环一环的同心圈扩展。他总结出城市人口流动对城市功能地域分异的5种作用力：向心、专业化、分离、离心、向心性离心。

这5种作用力在各功能地带间不断交叉变动，使城市地域形成了由内向外发展的同心圆式结构体系。（如图6-1所示）其结构模式是：

（1）中心商业区。它是商业、文化和其他主要社会活动的集中点，城市交通运输网的中心。

（2）过渡带。其最初是富人居住区，后来因商业、工业等经济活动的不断进入，环境质量下降，逐步成为贫民集中、犯罪率高的地方。

（3）工人居住区。其居民大多来自过渡带的第二代移民，他们的社会和经济地位有了提高。

（4）高级住宅区。其以独户住宅、高级公寓和上等旅馆为主，居住着中产阶级、白领工人、职员和小商人等。

（5）通勤居民区。它是沿高速交通线路发展起来的，大多数人使用通勤月票，每天往返市区。上层和中上层社会的郊外住宅也位于该区，并有一些小型卫星城。

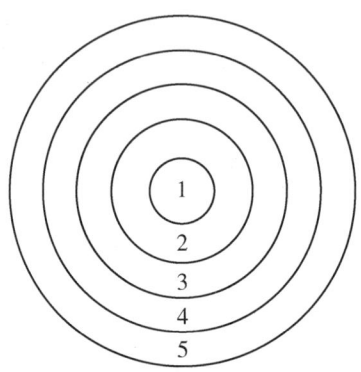

图6-1 同心圆学说示意图

1. 中心商业区；2. 过渡带；3. 工人居住区；4. 高级住宅区；5. 通勤居民区

伯吉斯通过这个"理想的模型"首次对芝加哥城的发展过程进行了分析，他在《城市发展：一项研究计划的导言》一文中指出，"不论芝加哥或是任何其他大都市，实际上都不会完全符合这一理想模式"。因为都市的发展除了受经济因素影响外，还有其他社会因素的影响。自然的或人为的障碍、以前土地利用的情况、都市规划中的政治干预、盛行的运输形式等，这些变量都会引起同心圆区域的变形。

（三）扇形学说

扇形学说是用扇形模式解释城市发展的理论，是美国社会学家霍伊特在1939年根据对美国142个城市地产目录资料研究提出来的。这种理论对伯吉斯的同心圆理论做了修正。霍伊特把城市分为5个区域：市中心、批发轻工业区、低级住宅区、中级住宅区和高级住宅区。他认为，租金高的市区多数是在城市外围的一个或若干个扇形地带或1/4的地区，而某些租金低的市区地段呈现蛋糕状态，由市中心扩展到外围。按照这种理论，当城市人口增长时，租金高的地区便沿着某一线路向外迁移，即高收入居民外迁，低收入居民迁入。扇形结构的特点是：第一，最具价值的居住区居于城市的一侧，并且有时是从城市中心连续向外扩展；第二，中产阶级或中等租金区域在最高租金区域的两侧；第三，最低租金的扇面位于最高租金扇面的对面。

这个理论是在伯吉斯同心圆学说的基础上，进一步考虑交通因素对地带结构形成的影响，因而它描述的分带区组合呈扇形结构形态。实际上，扇形理论是同心圆学说的变种。这两种理论都是城市规划和城市管理的重要依据，也是城市景观的一个重要特色。

霍伊特认为，决定城市区位分布的是交通线路分布。这一点可根据工业区沿河流和铁路线发展来说明，显然，扇形理论主要从经济角度分析城市的区域分布，而没有考虑其他非经济因素，因此和同心圆理论一样都有一定的局限性。

（四）多核心学说

多核心学说，是城市区位结构的理论模型，是城市地域结构3个基本理论之一。

1933年，麦肯齐最先提出了多中心理论。该理论强调，随着城市的发展，城市中会出现多个商业中心，其中一个主要商业区为城市的核心，其余为次核心。这些核心不断地发挥着成长中心的作用，直到城市的中间地带被完全扩充为止。而在城市化的过程中，随着城市规模的扩大，新的极核中心又会产生。多中心理论也是基于地租理论，但它认为城市内土地并不是均质的，所以各种功能区的面积大小不同，空间布局具有较大的弹性。

1945年，美国社会学家哈里斯和乌尔曼通过对美国大部分城市的研究，发展和完善了多中心理论。

多核心学说的要点是，城市的地域发展呈多元结构，除市中心外，城市不同地域还存在各自的支配中心，每一中心都有其独特的功能。其形成因素主要有4个方面：①地理位置和自然条件的有利性；②互利的活动将彼此聚集在一起；③互碍、互斥的设施使彼此分离；④理想的区位结构和经济实力之间的矛盾。多核心理论与扇形理论和同心圆理论相比更具现实性，当今大城市的发展趋势是多核心化。

20世纪90年代，克鲁格曼建立了多中心城市空间自组织模型——边缘城市模型。据此模型得出结论：在任何满足该模型假设的城市中，无论商业活动沿地域分布的初始状态如何，都会自发地组织成为一个具有多个截然分开的商业中心的形态格局。而且对于满足假设的许多城市来说，商业活动沿地域的任何初始分布不但会演化成一个具有多个商业中心的形态格局，而且会演化成这样的形态格局——商业中心在其间大体上均匀分布，相互间具有一特征性的距离，该距离因模型的细节和参数而异。商业活动的初始分布越均匀，其最终的间隔距离也越均匀。

> **延伸阅读**

芒福德①

刘易斯·芒福德（Lewis Mumford，1895—1988），美国技术哲学家，写过很多建筑和城市规划方面的著作。他极力主张科技社会同个人发展及地区文化上的企望必须协调一致。1943年受封为英帝国爵士，获英帝国勋章。1964年获美国自由勋章。主要作品有《枝条与石头》（1924）、《技术与文明》（1934）、《生存的价值》（1946）等。1961年出版的《历史名城》一书获美国国家出版奖。

芒福德的贡献和影响远远超出城市研究和城市规划的领域，而深入哲学、历史、社会、文化等诸多方面。他曾10余次获得重要的研究奖和学术创作奖，其中包括1961年获英国皇家建筑学金奖，1971年获莱昂纳多·芬奇奖章和1972年获美国国家文学奖章。

芒福德的名作还有很多，有1961年出版的《城市发展史：起源、演变与前景》等。其突出贡献在于揭示城市发展与文明进步、文化更新换代的联系规律。学术上的影响深入哲学、历史、社会、文化诸领域。20世纪五六十年代，他曾在美国宾州大学、加州大学等校任教。他一生中曾获得10余次重要研究奖和学术创作奖。

芒福德出版专著41部，其他文集10部。芒福德的著作涉及建筑、历史、政治、法律、社会学、人类学、文学批评等。他既是一位城市规划学家、哲学家、历史学家、社会学家和文学批评家，又是一位著名的技术史和技术哲学家。芒福德涉及技术史和技术哲学的论文和著作数量繁多，其中影响最大的有4部，除《技术与文明》外，还有《艺术与技术》（1952），以及两卷本《机器的神话》，即第一卷《技术与人类发展》（1967）和第二卷《权力五角形》（1970）。

二、社区研究的方法

（一）一般研究方法

一般研究方法指那些不仅适用于社区研究，同样适用于其他社会现象研究的普遍性、通用性方法，包括文献调查法、实地调查法、访谈调查法、问卷调查法、观察调查法等。文献调查法是通过对文献资料的搜集和分析，获取对研究有用的内容信息，了解与课题相关的各种理论知识和调研方法，为研究假设和调研方法的设计提供理论基础。实地调查法是根据研究需要，有目的地运用自己的感官或借助科学工具，直接观察了解研究对象。其优点是方法简单、灵活、适应性强，资料真实可

---

① 参见百度百科"刘易斯·芒福德"词条（https：//baike. baidu. com/item/% E5% 88% 98% E6% 98% 93% E6% 96% AF% C2% B7% E8% 8A% 92% E7% A6% 8F% E5% BE% B7/4632999？fr = aladdin）。

靠；缺点是适用于定性研究，而不适合定量研究，易受时间、空间等客观条件的限制，资料有一定的偶然性，主观性比较强。访谈调查法是与被访者进行深层次的交流，获取被访者更深层次的体验，分为个体访谈和集体访谈、结构式访谈和非结构式访谈、直接访谈和间接访谈。访谈讲究对象的选择和规模以及访谈方式等，要制定严谨的访谈框架和计划，选取合适的时间和地点，营造良好的访谈气氛；要注意适当提问和聆听的技巧，善于捕捉隐藏的信息，把握好节奏，最后是整理和处理数据。问卷调查法是通过统一设计的结构化、标准化的问卷向被选取对象了解情况。优点是范围广、容量大、成本低，宜于定量研究等；缺点是回复率和效率低，缺乏弹性，难以定性研究，缺乏具体性和生动性等。观察调查法指运用调查者自己的感官或凭借某些工具对所研究的对象进行现场观察，从而搜集研究资料的调查方法。观察法是一种最基本、最普通，同时也是最容易使用和操作的调查方法。这是一种有明确目的的、系统的观察活动。观察法分为结构式观察法和非结构式观察法、直接观察法和间接观察法、参与观察法与非参与观察法等。

（二）分类研究方法

1. 人类生态学的方法

人类生态学方法的研究焦点在于揭示人类在不断适应环境的过程中所形成的时空活动特征，强调环境的重要性。

人类生态学是研究人类与其环境之间的关系，研究人类在其对环境的选择力、分配力和调节力的影响下所形成的在空间和时间上的联系的学科。人类生态学运用生物学、地理学、人类学、人口学、经济学、社会学和其他学科的相关理论和方法，探讨人与环境的相互关系，研究主题包括对环境的影响、环境对人进化与发展的影响，以及人与其他生物物种之间的关系等。人类生态学的研究对象是人类生态系统，既要研究作为生物的人，又要研究社会人；既要研究人与环境的辩证统一关系，又要研究人类文化与环境的关系。

2. 文化人类学的方法

该研究方法的侧重点是通过田野调查的方式，对社区的文化和社会形态进行考察。文化人类学在研究社区时，注重对社区文化和生活方式的考察。

田野调查法也称为"田野工作"，是一种对一个社会及其生活方式亲身从事的长期性的调查和体会工作。文化人类学家虽然也要利用图书馆、档案馆、博物馆等查阅有关资料，而其研究资料应主要来源于自己的实地考察。衡量田野调查的指标是民族志资料准确与否。可靠的民族志资料需要通过一定的人类学田野调查程序和方法获得。

不同的研究计划选取不同的研究方法，在实地调查的长期实践中，人类学家形成了许多行之有效的具体方法，如观察与参与观察法、访谈法、调查会法、问卷法、谱系调查法、自传调查法、定点跟踪调查法、文物搜集法、概率取样法等，还有实地参与观察法、全面考察法、比较法、概念分析法等。

3. 社会系统研究的方法

该研究方法将社区看作一个社会系统，考察系统的结构和功能，以及系统内的社会互动和社会场域。

社会系统研究主要从3个方面研究社区：一是研究社区系统的结构和功能，研究社区内各社会单位和部分的类型及其相互关系，研究它们之间是如何协调和运转的；二是研究社区居民的交往和相互作用，即把社区当作居民从事共同生活的系统来研究；三是把社区视为人们从事社会生活、社会交往的场所，研究这些活动的社会范围及地域特征，实际上是对社区内关系网络的研究。

社会系统研究的方法，主要把握4个层面：

一是掌握社会系统研究方法的理论定位。马克思主义社会科学方法论强调社会系统的研究方法，以社会生产实践为基础，形成了对社会系统的构成要素、功能优化和形态演变等一系列唯物辩证的方法论原则。

二是对"社会是一个复杂的大系统"的认知。唯物主义历史观从社会生产实践出发，把人类社会理解为复杂的大系统。包括五大系统。①生产力系统。生产力是人类在生产实践中利用自然、改造自然的能力，是在社会系统中起决定性作用的力量。生产力系统包括实体性要素、渗透性要素、运筹性要素。②生产关系系统。生产实践是一种社会性活动。人们在生产过程中结成的社会关系即生产关系，包括生产资料所有制关系、人们在生产中地位和相互关系，以及产品的分配关系。这3个方面的关系体现在社会生产和再生产过程的生产、分配、交换、消费等各个环节当中。③上层建筑系统。由一定发展阶段的生产力所决定的占统治地位的生产关系的综合构成一个社会的经济基础。建筑在一定经济基础之上的各种制度、设施和意识形态的总和，构成社会的上层建筑。上层建筑系统包括政治上层建筑和思想上层建筑两个部分。④人口系统。马克思指出，"全部人类历史的第一个前提无疑是有生命的个人的存在"。人口系统是构成人类社会的有生命的个人的总和。⑤自然环境系统。自然环境系统是指对人类生存和发展产生直接或间接影响的各种天然形成的物质和能量的总体，如大气、水、土壤、日光辐射、生物等。自然环境系统主要由自然资源和气候条件两大类要素构成。

三是对社会有机体与社会形态的关系的理解。马克思运用唯物辩证法和唯物史观考察人类社会，把社会系统称作"社会有机体"，而且是一个能够变化并且经常处于变化过程中的有机体。社会有机体思想体现了社会系统组成要素之间的相互联系和相互制约的关系，并且突出了社会系统自我运动，不断发展变化的性质。

四是研究社会系统的重要原则。①整体性原则。系统是由若干部分组成的整体，其整体功能具有非加和性，不是各个孤立组成部分功能的简单相加，并且系统整体对于组成部分具有制约性。②结构性原则。系统的结构决定系统的功能，结构的变化决定功能的变化。合理的结构促进系统功能的优化，不合理的结构造成系统功能的内耗，通过结构调整才能实现功能优化。③层次性原则。社会系统的不同层次既有共同的运动规律，又有各自不同的特殊运动规律。社会科学研究既要重视研究社会系统之各个层次的共同规律，又要重视研究各个层次的特殊规律。④开放性原则。开放系统就是与外界环境进行物质、能量、信息交换和传递的系统。系统只有与外界环境进行物质、能量、信息交换，才能维持和更新自身的结构。系统不能正常地与外界进行物质、能量、信息的交换，将不可避免地导致结构解体和混乱无序。开放是发展的必要条件，而非充分条件。

第三节 农村社区和城市社区

在人类历史发展过程中，有两种最基本的社区类型，即农村社区和城市社区。两者既有密切的联系，又有明显的区别。农村社区是人类出现的第一种社区形态，城市社区是在农村社区中产生的，随着社会的进步和发展，城市社区逐渐成为人类社会的生活中心，在人口、经济、生活方式、价值观念等诸多方面，两者有着明显的区别。

一、农村社区

（一）农村社区的含义和特征

农村社区是指以农业为主要活动聚集起来的人们的生活共同体。它可以是一个小村落，也可以是由几个毗邻的村落组成的社会区域。农村社区的人际关系基础以血缘和地缘关系为主。

我国的农村社区是行政型社区，基本上与行政机构对位，自然型社区很少，这有利于各种政府行为协调一致地推行某项国家政策，能够动员社会各方面的力量。然而，自治力弱，凝聚力不强，居民认同心理不明显，权利义务观念淡薄，以传统道德和礼俗作为社会控制的主要手段等则是我国农村社区突出的弱点。

根据不同的划分标准，农村社区分为多种类型。根据农村社区的经济活动性质进行分类，可以分为农村、牧村、渔村、林果业村和狩猎村等；根据农村社区的规模进行分类，可以分为大村、中村、小村；根据农村社区发展水平进行分类，可以分为初级社区和次级社区。

典型传统农村社区有5个特征。

（1）经济产业特征。农村社区的经济产业活动以农业生产为主。

（2）居住特征。农村社区基本采取了大聚居、小分居的居住方式。大聚居是指相对广阔的地域空间内人们聚集在一起生活，从而形成一个个村落。小分居是指在村落内，各家各户分立而居。

（3）社会关系特征。血缘关系和地缘关系是农村社区占支配地位的社会关系。

(4) 人口特征。人口密度低，人口聚居的规模小。

(5) 生活特征。农村社区的社会结构相对简单，基本上农村人的生活特征与其生产方式密切相关。一是生活节奏慢。农村社区的基本活动随着农事而变化，忙时紧张，闲时松散，总体节奏缓慢。二是自给性强。传统的农业生产以自给自足为特点，农民在土地上生产出自己所需的粮食和蔬菜，自己生产棉花织布做衣，较少进行商品交换。三是生活水平低。土地产出少、城市对农村的剥夺以及封闭性等因素，使农民产生安贫心理，形成了生活俭朴的习惯。四是农村生活同质性高。村落间从事的活动大体相同，人们又长期居住在一起，因而造成了生活同质性高的现象。一家如此，家家如此。

改革开放后，我国逐步由计划经济体制转入市场经济体制，使农村社区充满了活力，呈现出一些新的特征与功能，主要表现在4个方面。

(1) 社区结构系统由封闭化趋于开放化。改革开放前，农村社区是以血缘关系和地缘关系为纽带，社会结构简单，血缘关系更是农村关系的中心。市场经济的大潮冲击着千百年来形成的以血缘为纽带、以小农经济为根基的社会关系，传统的封闭的乡村社会向现代工业社会转变，田园农耕式村落社区的结构开始分化。在经济快速发展的农村，形成了独特的与城市不同的工业、农业、商业、建筑、运输、服务业齐全的产业结构，以及特有的开放化的社区结构。

(2) 劳动人口群体由同质化趋向异质化。改革开放前，农村社区居民无论从内在心理还是外在表现上，均趋向于同质化，而城市居民则趋于异质化。改革开放后，市场经济体制的确立促进了农村家庭联产承包责任制的形成与发展，由此带来了社区劳动组织方式、农民生产资料占有形式、劳动产品分配方式，社区居民思想观念、文化素质、家庭功能，以及产业结构的大变化。由此，农民群体开始分化，出现了多样化的职业类型。

随着我国农村社会的变迁，农村社区同质性的劳动人口逐渐分化为异质性的各行各业的劳动人口。劳动人口群体的流动与分化，众多农民成为相对自由的、不必固守土地的社会流动群体，从而改变了原先僵化的社会关系结构，使乡村社会具有了多元性、复杂性的特质。

(3) 社区经济活动由简单化趋于复杂化。改革给农村带来了两个巨大的变化：一是农村社区生产力的大发展，粮、棉、油等农产品产量大量增长；二是农村社区人口摆脱了千百年来对土地的依附关系，农业劳动力获得了空前的解放，农业剩余劳动力的大量涌现，相对自由的劳动力要素的流动，加快了农民向城乡第二、第三产业的转移。商品经济逐渐取代了传统的自然经济，由此带来农村经济的非农化趋势和乡镇企业的发展，突破了旧有的农村经济的封闭式的生产格局。乡镇企业、私营企业与个体工商业为离开土地的农民提供了新的载体。由此，农民从单纯的种植业这一经济活动中解脱出来，走向更加广阔的农、工、商、贸多种经营的生产和生活空间。

（4）社区组织由行政归属型趋于利益归属型。在市场经济条件下，原来计划经济下的经济、政治、社会组织，在利益的驱动下，其功能日趋分化、专门化，开始与行政组织进行结构关系重组，乡村组织的变迁使初级关系（血缘或地缘的群体）的重要性日益下降，而次级关系（如具有共同利益的正式组织、政府机构和商业公司）的重要性逐步提高。社区组织已不完全依附于行政部门，由于利益分化、具体化，形成了不同组织和层次间的利益关系网络，村民自治在农村社区管理与发展中的地位和作用越来越明显。社会关系由乡村取向趋于城市取向，社会组织形式也从简单的行政依附型向复杂的利益归属型发展。

（二）新农村建设

20世纪90年代以来，我国农村发展面临着突出的问题，在农业收益率下降和农业成本上升的共同作用下，农民收入增长困难，城乡居民收入差距进一步拉大，农村劳动力，特别是大量青壮年劳动力向非农产业的转移和流动，对农业生产、农户和农村活力构成潜在威胁。为了治理"三农"问题，促进农村社区的发展，我国将新农村建设作为农村社区建设的重大历史任务。

新农村建设包括经济建设、政治建设、文化建设和社会建设和法制建设。建设社会主义新农村是从宏观层面、从战略高度多方面着手，通过综合措施全面推进农村政治、经济、社会和文化事业的发展，最终目标是把农村建设成为经济繁荣、设施完善、环境优美、文明和谐的社会主义新农村。

二、城市社区

（一）城市社区的含义和特征

城市社区是指在一定地域范围内大多数从事工商服务业和其他非农产业的一定规模的人口组成的人类生活共同体。

根据不同的划分标准，城市社区分为多种类型。根据规模划分，可以分为特大城市（都市）、大城市、中等城市、小城市。根据功能划分，可以分为政治城市、经济城市、文化城市、旅游城市等。

相对于农村社区，城市社区的特征有很大的不同，表现在6个方面。

（1）产业特征。城市社区以工商服务业和其他非农产业为主，职业众多、复杂，社会分工明确而精细。

（2）居住特征。城市社区人口聚居规模大、密度高。

（3）社会关系特征。城市社区主要的社会关系是业缘关系。

（4）人口特征。人口密度高、流动大。

（5）结构特征。城市居民的组织程度高，组织结构复杂。

（6）生活特征。一是居民生活方式多样化。由于城市居民的迁出点不同、职业不同、所受教育不同,又容易受到其他文化的影响,因而各种不同的生活方式在城市中并存。二是城市社区成员的异质性高,城市不是由家庭繁衍而成,而是因为人口迁移杂居而成,而且居民从事的职业多样,使得城市社区居民之间,无论是生活方式还是行为方式,其差异性都比较明显。三是生活节奏快、压力大。四是人际交往中情感色彩淡薄。

(二) 城市的区位结构

城市的区位结构是指人们不同类型的活动空间在城市中的分布方式,即指城市居民的工作、生活和其他活动场所在城市地域中所处的相对位置及空间结构。文化传统不同,城市形成的过程不同,城市的规模不同,城市的区位结构也不同。有的城市在空间上是环状结构,即各功能区是按照同心圆的模式向外扩展的,也有的城市是以某一点为中心,按扇形展开的,即各功能区由市中心向外延展。有的城市是多中心结构,一个大城市可能会形成几个相对独立的结构,在每一部分都有自己的次中心和相关的功能结构。从区位结构来看,我国大多数城市是以政治为中心的。

延伸阅读

城乡二元结构①

城乡二元结构体制是我国经济和社会发展中存在的一个严重障碍,主要表现为城乡之间的户籍壁垒、两种不同的资源配置制度,以及在城乡户籍壁垒基础上的其他问题。城市和农村、工业和农业,无论在形态上还是运行机制上,都是不一样的,都是二元的表现。

城乡二元结构表现在3个方面。①城乡之间的户籍壁垒。户籍以城市社区和农村社区分别登记管理。②两种不同的资源配置制度。改革开放前,中国社会中的资源是行政性的再分配,如教育和公共设施的投入,城市中的教育和基础设施几乎完全是由国家财政投入的,而农村中的教育和设施,国家的投入则相当有限,有相当一部分要由农村自己来负担。③以户籍制度为基础的城乡壁垒,事实上是将城乡两部分居民分成了两种不同的社会身份。这两种社会身份在地位上的差别,从城乡之间存在的事实上的不通婚就可以看得出来。

改革开放以来,在我国经济社会面貌已经发生巨大变化,社会生产力和综合国力已经有了明显提高的情况下,城乡二元经济结构依然十分突出,除了受工业化阶段和生产力发展水平制约外,关键还是制约城乡二元经济结构的诸多体制性问题尚未得到根本解决,主要表现在4个方面:①城乡治理体制有别;②城乡居民在就业

---

① 参见百度百科"城乡二元结构体制"词条(https://baike.baidu.com/item/%E5%9F%8E%E4%B9%A1%E4%BA%8C%E5%85%83%E7%BB%93%E6%9E%84%E4%BD%93%E5%88%B6/11034723?fr=aladdin)。

机会和社会福利水平方面的不平等还未根本改变；③城乡市场体系分割；④实行有别的投入机制。体制性因素事实上形成了农业和农村发展与工业化和城市发展的相互隔离，是城乡二元经济结构的关键。

因此，需要深化改革，统筹城乡发展。建立和完善有利于城乡一体化的体制和机制，以体制和政策创新为突破口，改革不适应社会主义市场经济体制要求、不利于城乡经济一体化的各项制度，从根本上消除阻碍城乡一体化的体制和政策障碍，促使城乡经济体制向不断适应完善社会主义市场经济体制内在要求的方向转变，为促进城乡二元经济结构向现代一元经济社会结构转变创造良好的体制条件。包括：①深化户籍制度改革，逐步统一城乡劳动力市场；②推进农村土地征占用制度改革，实行"土地换社保"的政策；③加快农村税费制度改革，逐步统一城乡税制；④加大农村基础设施和公共设施投入，提高农民的福利水平；⑤积极发展农村金融，活跃农村金融市场。

城乡二元结构全世界都存在，美国有二元结构问题，日本也有二元结构问题，值得重视的是二元结构下的体制机制问题。

解决这种体制机制问题，根本的办法是用城乡统筹的方式予以解决。当前，要努力在城乡规划、产业布局、基础设施建设、公共服务以及劳动就业等方面实现城乡工农平等发展。当然，城乡二元结构造成的深层次矛盾不是一天两天就能够解决的，需要花大功夫，经过长期努力予以解决，要从城乡二元结构的薄弱环节入手，比如说先解决劳动力的平等就业问题，进而解决城乡公共产品的平等供给问题，再解决土地资本等要素在城乡间配置的公平问题。

从根本上讲，化解城乡结构的深层次矛盾，既需要按市场化取向深化改革，也需要政府的不懈努力。这里边有大量的制度安排，也有大量的政策导向，需要逐步地建立健全和完善。

三、城中村和集镇

改革开放40多年来，城市化的进程不断地加速发展，产生了城中村和集镇这两类特殊的社区。这两类社区有共同的特点，但其发展和形成的过程、路径和现状又各有不同。两者都是农村社区城市化进程的产物，两者的不同之处在于，城中村一般贴近中心城市，是"城市包围农村"的产物，而集镇则是离中心城市较远的社区，是农村社区走向城市化的渐进式进程中的"过渡带"。

（一）城中村

城中村是指农村村落在城市化进程中，由于全部或大部分耕地被征用，农民转为居民后仍在原村落居住而演变成的居民区，也称为"都市里的村庄"。城中村是改革开放以来迅速城市化过程中突生的社会现象。

客观上，城中村是我国城市化进程快速发展的结果。城市的快速发展需要通过征收周边农村的耕地,以获得扩展的空间。耕地被征收了,当地的农民却仍然留在原居住地,并且保有一部分供他们建房居住的宅基地。这是一场"城市包围农村"的运动。村庄进入城市,形成了城中村。主观上,城中村是我国城乡二元管理体制及土地的二元所有制结构造成的,这也是深层次的制度原因。所谓城乡二元管理体制,是指城市和农村分属不同的管理模式,二元所有制结构是指城市的土地属于国家所有,而农村的土地属于农村集体所有的制度。在城中村内形成了以城市与农村二元所有制结构并行存在、共同发挥作用的"边缘社区"特征。

(二)集镇

集镇是指以非农业劳动人口为主体的介于农村社区与城市社区之间的人类生活共同体。它有村镇和乡镇两种类型。其特征包括:人口流动性较大,人口数量不确定;经济上具有综合性和易变性;社会特征比较突出,初级社会群体(如家庭和邻里)在社会生活中起着非常重要的作用;文化习俗交融混合,成分比较复杂;等等。

四、城乡一体化

城乡一体化是城市与农村在一个相互依存的区域范围内结为一体,互补融合、协调发展、共同繁荣的过程。农村城市化不仅指农业人口向城市聚集,也包括居民过上城市式的生活。按照这种理解,只要农村发展达到了较高水平,农民也可以在农村过上城里人那样富裕健康、丰富多彩的生活,这样,农民就不一定非要涌进城市。农村发展了,减轻了城市的压力,城乡可以互相结合、互相促进,从而形成城乡协调发展的局面。在这方面,我国发达农村如华西村、南街村等,在生活方式城市化方面已经做出了有益的尝试并取得了成功。

延伸阅读

虚拟社区①

虚拟社区又称为在线社区(Online Community)或电子社区(Electronic Community),是相对现实社区而言的。它是指由网民在网络空间进行频繁的社会互动形成的具有文化认同的共同体及其活动场所。作为社区在虚拟世界的对应物,虚拟社区为具有相同爱好、经历或专业相近业务相关的网民提供了一个聚会的场所,方便他们相互交流和分享经验。

虚拟社区具有以下特性:一是虚拟社区通过以计算机、移动电话、互联网等高

---

① 参见百度百科"虚拟社区"词条(https://baike.baidu.com/item/%E8%99%9A%E6%8B%9F%E7%A4%BE%E5%8C%BA/112130?fr=aladdin)。

科技通信技术为媒介的沟通得以存在，从而排除了现实社区；二是虚拟社区的交往具有超时空性；三是人际互动具有匿名性和彻底的符号性；四是虚拟社区的互动具有群聚性；五是人际关系较为松散，具有自由、平等、民主、自治和共享的特性。

虚拟社区与现实社区的关系主要体现在：①虚拟社区是对现实社区的反映和重构，而现实社区中的生活方式和观念、规范又影响虚拟社区的建构；②虚拟社区反作用于现实社区，为现实社区的重组和再造增加新的元素；③两者功能互补。

第四节　城市化

城市化是指社会经济关系、人口、生活方式等由农村型向城市型转化的过程。

城市化包含两个层面的含义。一是指一个社会的人口向城市不断集中的过程。人口集中表现为越来越多的人口由农村向城市转移，使得城市人口相对于整个地区人口的比例不断上升。二是指城市生活方式逐步成为社会主流的生活方式的过程。生活方式的传播和转换，表现为城市的价值观念、行为模式、道德规范、闲暇娱乐等不断影响农村地区，吸引农村人口流向城市，并逐步接受城市的生活方式。

可以说，城市化是一种落后的农村社区变为城市社区的综合的社会经济运动，经由这一过程的社区的农村固有特质消失，城市特质增长。

一、城市化的表现形式

（1）城市数目不断增加。

（2）城市规模不断扩大。城市规模不断扩大主要表现在城市用地规模不断扩大，城市面积扩展。

（3）城市人口占总人口的比例不断提高。城市人口增多，城市人口占总人口的比重增大，城市化水平不断提高。城市人口比重增大是城市化的标志。

（4）城市化的其他表现。除上述3个方面外，城市化的其他表现主要体现在两个方面。一是无形的城市化。城乡居民的劳动方式、人均收入、文化教育差别不断缩小，价值观念和生活方式等逐渐趋同。二是假性城市化。农村人口以"打工"的方式进入城市。

二、影响中国城市化的因素

中国是世界上最早出现城市的国家之一，但近代城市发展开始远远落后于欧美国家。从1840年开始，中国的城市化发展出现两极状态。一方面，一大批古都名城呈现出停滞和衰败景象；另一方面，东部沿海的一些商埠迅速畸形膨胀。20世纪前50年，由于战乱不断，加上政府腐败无能，城市化进程仍然十分缓慢。1949年，中国的城镇人口占全国人口的比重不足10%。根据《2012中国新型城市化报告》，新中国的城市化发展历程迄今大致包括1949—1957年城市化起步发展、1958—1965

年城市化曲折发展、1966—1978 年城市化停滞发展、1979—1984 年城市化恢复发展、1985—1991 年城市化稳步发展、1992 年至今城市化快速发展 6 个阶段。[①]

改革开放以来,中国城市化已进入有史以来最为活跃的发展时期,中国城市人口估计占总人口的 30%～35%。

那么,影响中国城市化的因素有哪些呢?

（一）工业化的影响

城市化是工业化发展的必然结果,生产力的不断发展导致农业对劳动力的需求越来越少,而工业的不断发展反使得城市对劳动力有了极大的需求,并且随着工业化进入成熟阶段,又促进了商业和服务业的发展,所以工业化的持续发展促使人口不断从农村向城市进行转移,同时,也在不断推动着农村生产和生活方式发生变化。

（二）经济市场化的影响

市场化改革鼓励非国有经济的发展。非国有经济的发展创造了很多非农业工作的机会。国有经济的就业机会在减少。市场机制的引入也大大提高了农业劳动生产率,在农村创造出一个庞大的产业后备军。

（三）城市化战略与对策的影响

一是农业政策的影响。农村土地承包责任制客观上阻碍了大多数的农民涌向特大城市和大中城市。二是户籍管理制度的影响。从法律层面看,农民可以自由进入大中城市;从经济层面看,农民进入大中城市是受到限制的。三是城市管理体制的影响。城市管理体制需要负责农村暂时或长期移民给城市带来的诸如卫生、治安、市场管理和计划生育等方面的问题。

中国特殊的农业政策和城市化战略将导致大批集镇（社区）的产生,大中城市的发展速度将受到遏制,候鸟型的农民工将会继续存在,城乡二元经济结构将维持相当长一段时间。未来中国城市化的速度将主要取决于中国工业化和经济市场化的速度,但国家的城市化战略与对策也会影响城市化的速度和形式。

三、中国的城市化道路

城市化道路主要指以什么类型城市为主来实现城市化。下面探讨关于中国城市化道路的几种主要观点。

（一）小城镇重点论

1983 年,中国城镇化道路学术研讨会一致认为,中国应该走一条"适合中国国

[①] 参见《中科院报告：中国内地城市化率已突破 50%》，见中国新闻网（http://www.chinanews.com/gn/2012/10-31/4290659.shtml）。

情、具有自己特点的社会主义城镇化道路","各不同地区的城镇化道路也应各具特色"。讨论会的总结报告注意力的焦点在"积极恢复和发展小城镇,特别是广大的农村集镇",小城市"是符合理性的,是有生命力的"。

(二) 大城市重点论

有学者认为应重点发展"条件较好的大中城市""中心城市"。有学者则明确指出,大城市具有远大于小城镇的规模效益。还有学者提出适合国家当前条件的100万~400万人口的优化城市规模区间。也有学者认为,城市规模效益仍然在发挥主要作用,须适当放宽对大城市规模上的限制。此外,还有学者认为,在落后地区,大城市必然要首先发展,形成"极核",然后带动中小城市的发展。

(三) 多元论

有学者试图从两种针锋相对的意见中寻求平衡,提出农村城镇化和"城市圈为中心的提高内涵为主的"城市现代化、城市内涵化的二元(或多元)城镇化道路模式,或大中小城市互相协调,东中西部差异化发展道路。

延伸阅读

智慧城市[①]

智慧城市(Smart City)是城市化发展的高级阶段。

智慧城市是指利用各种信息技术或创新意念,集成城市的组成系统和服务,以提升资源运用的效率,优化城市管理和服务,以及改善市民的生活质量。智慧城市把新一代信息技术充分运用在城市的各行各业之中的基于知识社会下一代创新(创新2.0)的城市信息化高级形态,实现信息化、工业化与城镇化深度融合,有助于缓解"大城市病",提高城镇化质量,实现精细化和动态管理,并提升城市管理成效和改善市民生活质量。关于智慧城市的具体定义比较广泛,目前在国际上被广泛认同的定义是,智慧城市是新一代信息技术支撑、知识社会下一代创新(创新2.0)环境下的城市形态,强调智慧城市不仅仅是物联网、云计算等新一代信息技术的应用,更重要的是通过面向知识社会的创新2.0的方法论应用,构建用户创新、开放创新、大众创新、协同创新为特征的城市可持续创新生态。

智慧城市经常与数字城市、感知城市、无线城市、智能城市、生态城市、低碳城市等区域发展概念交叉,甚至与电子政务、智能交通、智能电网等行业信息化概念发生混杂。对智慧城市概念的解读也经常各有侧重,有的观点认为关键在于技术

---

① 参见百度百科"智慧城市"词条(https://baike.baidu.com/item/%E6%99%BA%E6%85%A7%E5%9F%8E%E5%B8%82/9334841?fr=aladdin)。

应用，有的观点认为关键在于网络建设，有的观点认为关键在于人的参与，有的观点认为关键在于智慧效果，一些城市信息化建设的先行城市则强调以人为本和可持续创新。总之，智慧不仅仅是智能。智慧城市绝不仅仅是智能城市的另一个说法，或者说，信息技术的智能化应用，还包括人的智慧参与、以人为本、可持续发展等内涵。①

早在2007年，欧盟就提出了建立智慧城市的设想。接着在2009年，欧盟委员会提出了建设智慧城市的具体计划，并且决定投入100亿～120亿欧元用于智慧城市建设。欧盟的智慧城市评价标准包括智能经济（即创新型经济）、智能移动（即不仅是智能交通，也延伸到教育、购物等领域）、智能环境（即注重城市的生态环境）、智能治理（即政府管理模式的调整和改善）等多种指标。

本章小结

社区是我们日常生活的场域，生活在什么环境、什么氛围的社区，是人们提升生活质量和幸福感的重要关注点之一。本章以概述的形式对社区进行了介绍，包括社区的概念、构成要素，社区的类型、功能、研究的意义等，重点介绍了社区研究的理论和方法等，以帮助学习者了解和掌握社区的调查研究和分析的依据及方法。城市社区和农村社区之间有什么区别和联系？是什么原因造成的？本章依据中国社区发展的实际情况对中国的农村社区和城市社区的发展特点进行了介绍，并对改革开放以来社区和城市发展出现的特殊社区——城中村和集镇做了对比介绍。社区与城市化发展息息相关，两者不可分割。城市的起源、演变与发展有着一定的历史轨迹和规律，从中国的国情可以看到影响中国城市化的若干因素，由此，不少学者对中国城市化的发展道路提出了各种尝试性的做法。

本章知识与能力训练

一、判断题

1. 城市社区即现代社区。（　　）
2. 按照社区关系划分，社区可分为虚拟社区和现实社区。（　　）
3. 人类生态学方法的研究焦点在于揭示人类在不断适应环境的过程中所形成的时空活动特征，强调文化的重要性。（　　）
4. 按照中国官方对城市类型的划分标准，50万人口以上的城市为中等城市。（　　）

---

① 参见百度百科"智慧城市"词条（https://baike.baidu.com/item/%E6%99%BA%E6%85%A7%E5%9F%8E%E5%B8%82/9334841?fr=aladdin）。

5. 社区具有缓解社会矛盾的功能。（　　）

二、单项选择题

1. 中国城乡发展的理想目标为（　　）。
   A. 城乡对立　　　　　　　　B. 缩小城乡差别
   C. 农村发展为城市　　　　　D. 城乡协调发展
2. 同心圆学说是20世纪20年代由（　　）创立的。
   A. 麦肯齐　　B. 伯吉斯　　C. 霍伊特　　D. 滕尼斯
3. 社区有的是自然形成的，有的是人为规定的。这种划分方法是（　　）。
   A. 按人们的主要活动分类　　B. 按社区中人群大小分类
   C. 按社区的形成方式分类　　D. 按社区地域广狭分类
4. 居民的组织程度高，组织结构复杂的是（　　）。
   A. 城市社区　　B. 农村社区　　C. 郊区　　D. 城乡融合区
5. 人口向城市聚集，城市数量不断增加，城市规模不断扩大的过程称为（　　）。
   A. 超城市化　　　　　　　　B. 逆城市化
   C. 城市化　　　　　　　　　D. 过度城市化

三、多项选择题

1. 社区的构成要素包括（　　）。
   A. 一定的地域　　　　　　　B. 一个人群
   C. 共同的生产、生活方式　　D. 共同的利益
2. 按照社区的空间特征，可将社区划分为（　　）。
   A. 自然的社区　　　　　　　B. 法定的社区
   C. 专能的社区　　　　　　　D. 多能的社区
3. 影响中国城市化的因素有（　　）。
   A. 工业化　　　　　　　　　B. 经济市场化
   C. 城市化战略与对策　　　　D. 城市管理体制
4. 从历史发展的角度来看，城市化的发展有许多必然性，主要有（　　）。
   A. 工业化进程的不断推动　　B. 农业生产的工业化发展趋势
   C. 城市文明不断向农村传播　D. 农村生活环境不断恶化
5. 下列属于现代城市生活方式特点的有（　　）。
   A. 生活水平和质量高　　　　B. 社会化程度高
   C. 开放性强　　　　　　　　D. 生活节奏快

四、思考题

1. 社区的构成要素有哪些？
2. 试述人文区位学理论。
3. 试述农村社区的特征。

五、分析题
试分析中国城市化的困境。

参考答案

一、判断题
1. × 2. × 3. × 4. × 5. √

二、单项选择题
1. D 2. B 3. C 4. A 5. C

三、多项选择题
1. ABCD 2. ABC 3. ABC 4. ABC 5. ABCD

四、思考题
1. 社区一般具有5个要素。第一个是群体要素。一个社区中必须生活着一定数量的通过一定社会关系关联起来，进行共同社会生活的人群。第二个是区位要素，是指有明确的以地界围墙等形式存在的地域以及人们在长期共同社会生活互动中积淀下来的风俗、价值观和行为规范等，体现社区的人文氛围。第三个是生活要素。社区中必须有一套相对完善的生活设施，包括商业、服务业等设施和配套的管理机构和制度。第四个是文化要素。即社区独特的社区文化，指社区成员在长期共同生活中积淀下来的风俗、价值观念和行为规范。社区成员的经济地位、社区本身的政治经济等条件、社区的历史都会影响社区文化的形成。第五个是归属要素。社区成员对自己生活的社区有认同感和归属感，了解自己在社区中的权利，清楚自己对社区及社区其他成员的责任。

2. 人文区位学理论有以下内容：

"区位（生态）"一词译自英文"ecology"，指家庭或住所。社会学家借用"生态学"一词，用以说明社区的区域位置，创立了社会学的一个分支学科——人文区位学。

人文区位学（human ecology）借用生物学进化论原理，研究都市环境的空间格局及其相互依赖关系的学说，又称"人类生态学"。它是由美国芝加哥经验社会学派的代表人物帕克和伯吉斯提出的。人文区位学注重研究区位对人类组织形式和行为的影响。

人文区位学的理论研究主要有古典区位学派和现代区位学派。

古典区位学派又称"芝加哥学派"，主要代表有帕克、伯吉斯和美国社会学家R. D. 麦肯齐等。古典区位学派强调人文区位学研究的主体是人，人与动植物不同，人有创造文化并按自己的意志行事的能力。因此，人文区位学不仅要研究不同群体之间的生物关系，还要研究文化和有目的的人类行为所造成的区位状况。古典区位学派认为，都市是一种生态区位秩序，支配都市组织的基本过程是竞争和共生。在都市环境中，为了生存而彼此依赖的个体或群体同时在为匮乏的资源进行竞争，竞争关系的性质因时因地而异。

现代区位学派主要指社会文化区位学派和新正统区位学派。社会文化区位学派是现代区位学的主要理论流派。它强调文化在人类行为中的重要作用；认为文化是一种习得性行为，既可与土地和稀有资源的合理利用息息相关，也可与此毫无关系。

新正统区位学派是现代区位学的另一个主要理论流派。新正统区位学派将社会生活的社会因素和次社会因素结合起来分析，强调自然经济变量对都市土地利用模式的决定作用。认为整个区位系统结构是建立在社会体系内部各要素的相互关系基础之上的。区位系统是一个不断变化的体系，它不断进行自我调整，在每一次变化之后，新的调整便接踵而至。而大多数区位系统在调整之后的一段时间内，能保持相对的稳定。

人文区位学理论有4个基本特征：一是强调环境的重要性；二是认为人口是研究问题的出发点；三是将一个人口单元——社区视为完整的或自给自足的整体；四是认为社区区域位置的各个部分的相互关系经常处于不平衡—平衡的变动状态中。

3. **典型传统农村社区有5个特征：**

(1) 经济产业特征。农村社区的经济产业活动以农业生产为主。

(2) 居住特征。农村社区基本采取了大聚居、小分居的居住方式。

(3) 社会关系特征。血缘关系和地缘关系是农村社区占支配地位的社会关系。

(4) 人口特征。人口密度低，人口聚居的规模小。

(5) 生活特征。一是生活节奏慢，二是自给性强，三是生活水平低，四是农村生活同质性高。

改革开放后，农村社区充满了活力，呈现出一些新的特征与功能，主要表现在4个方面：

(1) 社区结构系统由封闭化趋于开放化。受到改革大潮冲击，传统的封闭的乡村社会向现代工业社会转变，形成了独特的与城市不同的工业、农业、商业、建筑、运输、服务业齐全的产业结构，以及特有的开放化的社区结构。

(2) 劳动人口群体由同质化趋向异质化。市场经济体制的确立，带来了社区劳动组织方式、农民生产资料占有形式、劳动产品分配方式、社区居民思想观念、文化素质、家庭功能，以及产业结构的大变化，农民群体开始分化，出现了多样化的职业类型，改变了原先僵化的社会关系结构，使乡村社会具有了多元性、复杂性的特质。

(3) 社区经济活动由简单化趋于复杂化。一是农村社区生产力的大发展，粮、棉、油等农产品产量大量增长；二是农业剩余劳动力的大量涌现，加快了农民向城乡第二、第三产业的转移。农民从单一的种植业中解脱出来，走向更加广阔的农、工、商、贸多种经营的生产和生活空间。

(4) 社区组织由行政归属型趋于利益归属型。在市场经济条件下，经济、政治、社会组织在利益的驱动下,开始与行政组织进行结构关系重组,乡村初级关系(血缘或地缘的群体)的重要性日益下降,而次级关系(如具有共同利益的正式组织、政府机构和商业公司)的重要性在逐步提高。社会关系趋于城市取向,社会组织形式也从简单的行政依附型向复杂的利益归属型发展。

五、分析题

【分析要点】(1)城市化滞后。1949—1978年间,中国城市总体上处于停滞状态。改革开放后,大量人口迅速从农村向城市转移,城市化进程才以突然爆发的形式呈现出来,但至今中国的城市化水平仍然滞后。①城镇人口比重低。②中国的就业结构中,第二、第三产业的从业人员只占就业人口的50%,仍然是工业化的初期的就业结构。③滞留在农村的居民消费水平较低,出现消费者缺乏的状况。城市化的滞后制约了中国经济的进一步发展。

(2)城乡二元结构并未发生根本性变革。城市中工作的农民的户籍身份仍然被绑定在他们离开的村庄,他们并不能够获得在城市的合法居住权,无法享受城市的社会福利和社会保障。即使在城市定居下来的农村人口,由于他们不被计入城市人口,无法纳入正常的城市行政管理体系,他们生活的社区往往公共设施落后,公共卫生和社会治安情况差。城乡二元结构造成了相当多的社会问题,影响了中国城市化的发展。

(3)城市管理滞后。①城市基础设施建设长期滞后。城市的公共交通、公共卫生设施未能跟上城市发展的步伐。②城市社区的社会管理水平较低,未能为城市居民提供充足的社会服务;对于社区暂住人口缺乏有效的管理手段,也没有对这一人群提供社会服务的具体规划。③随着城市化进程的推进,城市人口膨胀,超大型城市也开始出现,但城市可持续性发展规划较弱,城市生态保护、城市资源的有效利用等都是急待解决的问题。

第七章 社会制度

本章学习目标

1. 阐述社会制度的含义及基本特征。
2. 认知社会制度的构成。
3. 叙述社会制度的基本分类。
4. 认知社会制度的功能。
5. 辨析制度化、制度创新与制度变迁。
6. 认知我国的体制改革。

案例引导

如何分粥

7个人住在一起,每天分一大桶粥。要命的是,粥每天都是不够的。

一开始,他们抓阄决定谁来分粥,每天轮一个。于是乎,每周下来,他们只有一天是饱的,那就是自己分粥的那一天。

后来,他们开始推选出一个所谓德高望重的人出来分粥。但是大权独揽,没有受到相应的制约,也就必然会产生腐败。大家开始挖空心思去讨好他,互相勾结,搞得整个小团体乌烟瘴气。

然后,大家开始组成3人的分粥委员会及4人的评选委员会,互相攻击、互相扯皮,结果每天粥吃到嘴里全是凉的。

最后,他们想出一个办法:轮流分粥,但分粥的人要等其他人都挑完后拿剩下的最后一碗。为了不让自己吃到最少的,每人都尽量分得平均,就算不平,也只能认了。

从此,大家快快乐乐,和和气气,日子越过越好。

同样的人,不同的制度,可以产生不同的文化和氛围以及差距巨大的结果。一个好的制度可以使人的坏念头受到抑制,而坏的制度会让人的好愿望四处碰壁。建立起好的制度,能解决很多社会问题。

这就是制度的力量。

启蒙理性: 好的制度能够解决很多社会问题。在这个案例中,分粥者最大的资源不是所分的粥,而是制度的设计,不同的制度设计自然会带来不同的结果,分粥者就是要想方设法设计出那个最优的结果。这里的粥只是一个载体而已,关键是要建立公平公正的分粥制度。

这个案例告诉我们,"先进适用而高效化、公平公正而民主化、奖惩分明而激励化"的制度,是搞好组织内部管理的基础,任何组织都要根据自身实际而建立合适的制度。制度安排不同,制度出台后就会形成不同的单位风气。一项好的管理制度,需要在实际的操作过程中不断修订与创新,使其逐渐合理实用、清晰高效,既有利于简便操作,又能体现效果的公平性。因此,适用的制度是根据自身实际的需要制定出来的,而不是照着别人生搬硬套制造出来的。

同时,这个案例也提醒我们,不同的制度能孕育不同的人性,好人和坏人完全可以因为制度而发生质的变化。只要把制度建立在对每一个人都不信任的基础上,就可以制定出合理、有监管实效的制度。监督严密可以迫使坏人也去做有利于公众的事;监督松懈,好人也可能变得心动手痒。

第一节　社会制度的含义及基本特征

俗话说,没有规矩,不成方圆。"规"是画圆形的工具圆规,"矩"是画方形的工具曲尺。画方圆需要规与矩,人们的言行举动同样要循规蹈矩,规行矩步。人们行为遵循的这些规矩其实就是社会制度和各种社会规范。

一、社会制度的含义

不同的社会有不同的社会规范,也有不同的社会制度。那么,究竟什么是社会制度呢?对此,不同的社会学家有不同的理解。著名社会学家郑杭生认为,"社会制度(又叫社会设置)是指制约和影响人们社会行动选择的规范系统,是提供社会互动的互相影响框架和构成社会秩序的复杂规则体系"。老一辈社会学家孙本文在其著作《社会学原理》中把社会制度定义为:"社会公认的比较复杂而有系统的行为规则。"台湾地区社会学家龙冠海认为:"社会制度可说是维系团体生活与人类关系的法则;它是人类在团体生活中为了满足或适应某种基本需要所建立的有系统有组织的并为众所公认的社会行为模式。"《中国大百科全书·社会学》指出:"社会制度是人类活动的规范体系,它是由一组相关的社会规范构成。"由此可以看出,社会学家往往是在不同意义上使用"社会制度"这个概念的。

社会制度概念的使用有不同的层次:

第一个层次是社会形态或体系意义上的制度,一般是在区分人类社会不同发展阶段和不同性质的社会时使用,是社会经济、政治、法律、文化制度的总称,是对制度所做的宏观尺度的观察。例如我们通常说的"资本主义制度""社会主义制度",就是指这个层次。

第二个层次是一个社会中的具体制度,它以具体的组织机构、制度设施作为实体,一般在分析不同的社会关系和研究不同的社会生活领域里的问题时使用,是对制度所做的中观尺度的观察,如经济制度、政治制度、文化制度等。

第三个层次是各种社会组织、群体中的规章制度,是狭义的社会制度,代表某种行为或办事程序、规则,是对制度所做的微观尺度的观察,例如某个公司中的上下班制度、考勤制度等。

综上所述,我们可以给社会制度下这样一个定义:社会制度是在一定的历史条件和现实条件下形成的人们的社会关系,以及与此关系相联系的社会活动的规范体系。

通过这个定义可以看出:第一,社会制度是为了满足人类的社会需要而产生的,是由社会关系所决定的;第二,社会制度是一定历史条件下的产物;第三,社会制度是人们社会关系和社会活动的规则体系,或者说制度是一些体系的、成套的规范,而不是单独的、个别的规范。

二、构成社会制度的基本要素

社会制度是一个系统,它是由各种不同要素组成的综合体。构成社会制度的要素一般包括概念系统、规则系统、组织系统和设备系统4个部分。

(一) 概念系统

任何社会制度内部都有一套理论,以此作为自己存在的根据和令人接受的理由。这套理论可以叫作"概念系统"。概念系统是社会制度得以存在的理论基础,是用来阐明其制度的终极目标或存在价值的观念系统。例如,法律制度就是根据一整套的法律概念所组成的法学理论来制定的。社会制度的概念系统常常体现在一系列有关的社会学说、理论或思想中,特别集中地体现在社会的主导意识形态上,它们支持和维护着某一社会制度的存在和发展。社会制度的概念系统是在人类长期的实践活动中形成的。不同的历史条件下有不同的制度理论,不同的统治阶级也有不同的制定制度的指导思想,而且不同的社会制度所依据的理论体系也有所不同。一种社会制度可以从概念系统出发,建立起整套的规范体系,并设立与之相适应的机构和设施,从而日臻完善和发展。同样,当人们抛弃这些概念原则时,这一社会制度也会随之逐渐消亡,新的概念原则代之而起,确立起新的社会制度。例如,中国在改革开放以前,社会主义经济制度的概念系统是建立社会主义公有制,倡导"一大二公"的原则;而改革开放以后,人们开始普遍接受多种经济成分并存的社会主义公有制思想,经济制度随之也由计划经济制度转向市场经济制度。

(二) 规则系统

社会制度的规则系统是指一切社会制度中都包含着一整套行为规则,用以规范社会成员之间的相互关系。例如,在家庭制度中规定了结婚的条件和夫妻双方的权利与义务，在教育制度中规定了教育方针和教育过程的各种学制、考试、升级、毕业等规则。它们都以一定的行为准则来规定和限制人们的社会关系与社会行为。规则系统包括不成文的和成文的各种规则，前者包括风俗、习惯、惯例、伦理、道德等，后者包括准则、条理、章程、法律等。我们经常说"党有党纪，国有国法"，这里的"纪""法"指的就是制度的规则系统。构成社会制度的规则系统不是一成不变的，大到国家的法律条文，小到每个单位的组织章程，都会随着社会的发展变化而不断变化。当社会制度不能满足社会生活不断发展的需要而逐步变化的时候，其赖以存在的一套规则系统也就会相应地发生改变。

（三）组织系统

仅有概念系统和规则系统，社会制度还只是一个空架子，只有通过社会生活中具体的人、群体和组织，遵照根据概念系统而设置的规则系统进行社会互动时，社会制度才能运转并发挥其特定的功能。制度本身是抽象的，看不见，摸不着。制度的有形代表是它的组织系统，用以推动和检查制度的执行。制度的组织系统包括组织的领导、职能部门和具体的工作人员，它是保证制度运行并发挥作用的不可缺少的要素。一种社会制度能否顺利运行并发挥职能，除了必须有一套使人接受的概念系统、一套有效的规则系统外，在很大程度上要依靠一套领导有方、成员精干、工作效率高的组织系统。在特殊情况下，制度的组织系统也会阻碍制度的变革和发展。当以先进的生产力为代表的社会活动超越了制度所规定的社会关系的规范界限时，制度的组织系统就成为以维护旧的生产关系为代表的社会关系的保守力量，这时就需要进行制度改革。

（四）设备系统

社会制度要发挥作用，还必须具备一套相应的设备系统，它是保证社会制度正常有效发挥作用的物质手段和物质条件。设备系统包括实用的设备和象征性的设备。实用的设备指政治制度中的政府、军队、法庭和监狱等，经济制度中的货币、银行、公司、工厂、商店等，宗教制度中的教堂、神庙、神物和经书等，教育制度中的学校、教科书等。象征性的设备显示出制度的特征和权威，具有较强的感召力，它包括国家的国旗和国徽、政党的党旗、军队的军旗、学校的校徽、商品的商标等。所有这些都具有象征性的意义，象征一个社会组织、一个制度的权威和力量，能起到团结成员，使之行动一致的作用。在某些情况下，它们能起到实用设备起不到的作用。

社会制度的上述4个构成要素是相互联系、相互影响、缺一不可的。任何一个健全的社会制度都必须有理论概念的指导、明确的规则、完善的组织和相应的物资设备。其中，概念系统和规则系统构成制度的"灵魂"，组织系统与设备系统构成制度的"躯体"，它们有机地结合在一起，构成了有血有肉的社会制度。通常所说的制度建设，往往是指这4个方面的共同建设。

三、社会制度的基本特征

社会制度是在人类社会生产生活的实践中逐步形成并丰富起来的，它属于人类文化的一部分。其特征主要表现在以下5个方面。

（一）制度的普遍性

从人类现在能够看到的社会或能够发掘的古代人类社会遗迹中可以发现，人类社会最基本的一些社会制度，如政治制度、经济制度、家庭制度、宗教制度、教育制度等，普遍地存在于世界上一切国家、一切民族中。婚姻家庭制度和经济制度在人类的史前时期就形成了。政治的、教育的、宗教的制度等也贯穿于人类社会数千年的历史。这些制度对所管辖范围内的人们无一例外地起着制约作用。根据美国人类学家摩尔根考察，社会制度在空间上和时间上的普遍性是由人类的基本需要大体相同决定的。因为没有社会制度指导的社会生活是混乱的，人们为了使共同生活具有稳定性和秩序性，才创造了各种制度，从经济活动到政治选举，从教育活动到科学研究，从邻里互助到婚丧嫁娶，社会制度无处不在、无时不有，指导着人们的行为，调节着人们相互之间的关系，满足了人们长时间共同生活的需要。

（二）制度的特殊性

社会制度虽然普遍存在，但其内容和形式又各不相同。从纵向上来说，不同时代的社会制度有不同的内容与表现形式。同是经济制度，农业社会的经济制度与工业社会的经济制度就有很大差别。从横向上来看，同一时代的不同国家，其社会制度也有不同的内容与表现形态。同是家庭制度，西方国家的家庭制度与中国社会的家庭制度存在着较大的差异。因此，社会制度是一定历史条件和现实条件下的产物，它随着条件的变化而变化。那么，社会制度变化的条件究竟是什么呢？从宏观上说，它首先取决于生产力发展水平。一定社会的生产力水平有了变化和提高，必然引起以生产关系为主的各种社会关系的转变。其次是某种社会制度在实际生活中不适合人们社会生活的需要，丧失了它原来存在的功能，从而发生改变。例如，中国20世纪50年代确立的人民公社制度、计划经济制度，随着80年代社会生活的变化，逐渐退出历史舞台。在阶级社会，阶级利益的对立以及社会各阶级发展状况的不同也对社会制度的变化产生了重要的影响。

（三）制度的相对稳定性

社会制度是相对稳定的、规范化的社会结构的组成部分，是社会系统在运作过程中各种社会力量相互作用、相互制约的产物。除非社会各方面力量的平衡受到破坏，产生失衡，或社会大系统有了变化，要求它的各个组成要素也相应起变化，否则一般社会制度是不会轻易变动的。稳定性既是社会制度的优点,也是它的弱点。社会制度具有稳定性,人类社会秩序才能得到有力保障。如果制度朝令夕改,就不可能形成安定有序的社会生活。但同时,也正因为社会制度有稳定性,自然会产生一定的惰性,落后于充满活力的社会生活的变化,进而成为社会的保守力量与社会发展的阻力,成为社会改革的对象。社会制度的稳定性总是相对的,随着社会的发展,社会制度一定要发生变化。

(四) 制度的强制性

社会制度作为制约人们社会关系、社会行为的一种规范体系,对社会成员的作用具有强制性。首先,社会制度不是随意的,而是一套必须遵守的规范体系,一旦推行,就不允许有例外。例如,经济制度、政治制度、教育制度等一旦确立下来,就会在现实生活中被强制执行并发挥作用。其次,社会制度决定着社会生活的一般形式,它可以强制改变人们的社会生活。例如,宗教制度、婚姻家庭制度、社会救济制度等对人的生活所造成的强制性影响。再次,社会制度是以强力作为后盾的。例如,军队、警察、监狱以及各类执法部门是社会制度得以推行和维护的强制性的工具。如果有人不遵守或违反某种制度,就必定要受到一定的谴责和惩罚。

(五) 制度的阶级性

在阶级社会,社会制度不可避免地或多或少地受到阶级利益和阶级意识的影响,打上阶级的烙印,例如剥削阶级对被剥削阶级的经济剥削制度、统治阶级对被统治阶级的政治压迫制度。中国封建社会存在的"刑不上大夫,礼不下庶人"就充分显示了社会制度的阶级性。

延伸阅读

孙本文[①]

孙本文(1891—1979),江苏吴江人,著名社会学家、社会心理学家。1918年毕业于北京大学哲学系;1921—1926年留学美国,获纽约大学哲学博士学位;1926—1928年在复旦大学讲授社会学;1929—1949年任国立中央大学教授,并长期兼任社会学系主任。1928年与吴泽霖、吴景超等发起成立"东南社会学会"。1930年,发起成立中国社会学社,任理事一职,并主编《社会学刊》。1928年国立中央大学设社会学系后,孙本文任系主任。

中华人民共和国成立后,他长期在南京大学任教,1979年2月21日逝世。

---

① 参见百度百科"孙本文"词条(https://baike.baidu.com/item/%E5%AD%99%E6%9C%AC%E6%96%87/2008279?fr=aladdin)。

孙本文的主要研究领域为系统社会学理论体系、文化社会学、社会心理学。他既是中国社会学奠基人之一，也是系统介绍西方社会学到中国的主要学者。主要著作有《社会学上之文化论》（1927）、《社会变迁》（1929）、《社会学原理》（1935）、《现代中国社会问题》（4卷，1942—1943）、《社会思想》（1945）、《社会心理学》（1946）、《近代社会学发展史》（1947）、《当代中国社会学》（1948）。

孙本文先后受教于美国社会学家 F. H. 吉丁斯、R. E. 帕克、W. F. 奥格本等人，深受心理学派和文化学派的影响。他侧重于社会文化因素与心理因素的研究，着力阐释文化与态度的交互作用，运用文化与态度二因素（积极活动的要素）剖析社会现象，说明社会问题。他以"社会学的社会心理学"观点研究个人行为所受的社会影响和个人行为对社会的影响，认为人类心理特质是在文化环境中陶冶而成的，是文化的一种反映，文化达何种程度，心理即生何种变化。他强调无文化即无社会，欲改造社会即在改造文化，并力主用文化社会学的观点来具体解释人口现象。他认为文化是人口现象的基本因素，人口发展的状况须视文化的状况而定。

他综合国内外社会学的研究成果，建立了综合学派的社会学体系，即从社会整体的观点、结合的观点、有机的观点、演进的观点综合观察社会中人与人之间的社会行为。他认为，个人在社会中的行为，或社会中个人的行为是社会心理学的研究对象，社会行为则是社会学研究的对象，也是社会学体系的出发点。社会行为大致包括：①人与人之间性质最单纯的社会行为，即基本的社会行为，如交互行为、集体行为；②人与人之间性质复杂的社会行为，即复合的社会行为，如团体行为、社区行为。他认为，从社会行为出发，可引发出有关社会行为的5类重要的问题，即社会行为的因素问题（或社会因素问题）、社会行为表现的过程问题（或社会过程问题）、社会行为表现的机构问题（或社会组织问题）、社会行为表现的功能或控制问题（或社会控制问题）、社会行为变迁的内容与方向问题（或社会变迁问题）。前4类为静的问题，后一类为动的问题。从上述5类问题出发，可展开社会学的主要内容。他借鉴社会学创始人的分类法，按照各种科学的性质，分一切科学为物质科学、生物科学与社会科学。每类科学又各分具体与抽象两类。具体科学中又分为普通、特殊、叙述、应用4小类。他把社会科学分为普通的与特殊的两类，认为社会学研究社会的共通现象与共同原理，所以是一种普通的科学，而研究社会的特殊方面则为特殊的科学。后来，学术界把这种分类称为"折中的科学分类"。孙本文的研究领域还包括经济学、人口学等学科，他曾提出过8亿人口是中国"适度人口"的主张。

第二节 社会制度的功能及类型

一、社会制度的层次

社会制度不是单一的、具体的,而是一套复杂的规范系统,是由不同层次的制度体系构成的。

一般来说,社会制度系统是由3个层次的制度组成的。

第一,一个社会的基本社会制度,如奴隶制度、封建制度、资本主义制度、社会主义制度等。这一层次的制度代表着某个历史时期一个社会宏观制度的基本性质和特征。它不是指某种具体的制度,而是指各种具体制度所具有的整体特征。这是宏观层面的社会制度。

第二,一个社会相对稳定的、正式的、成文的具体制度,如各种法律、政策、规章制度等。这通常是一个社会的制度主体部分,通过这些具体的制度,构建起社会互动和社会秩序的框架。这是中观层面的社会制度。

第三,一个社会生活领域中的不成文、非正式的制度,如习俗、惯例、道德等。日常生活中的规则一般属于这一范畴。尽管这一层次的制度不是明文规定的,但常常是众所周知和约定俗成的,影响也较为深远。这是微观层面的社会制度。

二、社会制度的功能

任何社会制度的建立都是为了满足社会运行与发展的需要,因而社会制度对社会的运行和发展发挥着极其重要的作用。

(一)满足人类社会生活需要

社会制度是一套规范体系,它把人们的社会活动纳入一定的轨道,以维持社会秩序,保证人类生活的正常进行,这是群体生活的需要。人的需要是多种多样的,为了满足人类的基本需要,不至于因需要不同而相互妨碍,必须依靠社会制度给予引导。社会制度通过规定行为模式,以提倡或禁止某一行为的方式,把社会所需要的行为模式树立起来,以便形成一定的社会生活秩序。任何人要想满足某方面的需要,都必须了解、学习有关的社会制度,并按照制度规定的方式去满足,如消费需要的满足要按照消费制度的规定,否则就会受到社会的惩罚。

(二)行为导向功能

从人的社会化角度看,社会制度对人的行为具有规范与导向作用。社会制度通过权利和义务系统确定个人的地位和角色,为人们提供思想和行为模式,使其较快地适应社会生活,以避免个人与社会的矛盾和冲突。任何人类个体,一方面作为一种动物性存在，他具有内在的、深层的动物性本能和冲动，具有转化为行为动机的潜在可能性；另一方面，人类个体又是一种社会性存在物，在社会生活中，他具有自身的特殊利益、特殊的价值观念、理想和性格特征，这些差异使人们可能在行为上发生冲突。但是，社会生活要求人们的行为协调一致，保持一定的社会生活秩序。在这种情况下，必须对个体的某些行为加以限制，使社会中的个人或群体知道应该做什么以及怎样做，不应该做什么等，使其社会行为有规可循，在这里，制度就是人们行为的指南。社会制度是人类对自己的长期生活经验进行选择的结果，是人们在参考各方面经验的基础上形成的。所以，真正能实施的社会制度绝大多数具有现实合理性，能够指导人们的行为。作为社会中的个体，需要不断学习有关社会的各项制度，以此规范自己的行为；作为社会制度的组织系统，也要通过鼓励和惩罚的手段，促使人们按照社会制度的要求去行动。

（三）社会整合功能

社会整合是指调整或协调社会中不同因素的矛盾、冲突和纠葛，使社会系统内部达到协调的过程和状态。作为规范体系的社会制度，能够协调社会行为，调适人际关系，清除社会运行的障碍，建立正常的社会秩序，因而具有社会整合的功能。在社会生活中，如果一种重要的社会制度失灵，就可能带来整个社会的混乱，特别在人口数量众多的社会，更是如此。试想在一个发达的城市社区，几百万人在一天中的行动，可以数以亿万次计，如果没有社会制度的保证，怎么能使社会秩序井井有条，社会活动有条不紊，各个方面配合默契？怎么能做到每个组织、每个个人都能按照他们的计划行事，并达到一定的目的？

（四）社会化功能

社会化是人们学习知识、技能和规范及社会向个人灌输知识、技能和规范的相互作用的过程。而社会制度则包含人们社会生活的知识和经验、生活目标、角色模式等内容的一套行为规范体系，个人社会化的基本内容绝大多数在社会制度中得到了反映。因此，社会制度实际上也给个人的社会化提供了一个大体的模式。

（五）传递社会文化功能

文化是历史的积淀，具有历史的连续性，文化是靠一代代人不断地继承、总结、改造、创新、积累和发展起来的。但是，人们不能把自己已有的文化知识通过遗传留给下一代，下一代要想掌握这些文化知识，就必须从头学起。不过，下一代有一个便宜之处：在他们从头学起的时候，他们首先要学会使用一套语言工具，学习前人已经给他们准备好了的成套的文化知识和相应的设施，这就大大缩短了学习的时间，使他们可以在不长的时间内，获得前人几千年积累的文化遗产，并在此基础上，通过自己的实践创造，增添新的文化。而所有这些工具、言行、设备都是借助社会制度而保存、施行、表现出来的,是依靠制度的规定开展实践活动的。所以,社会制度既是人类文化的重要组成部分,又是人类传递文化的重要工具。社会制度使人类文化的发展具有历史的连续性,社会文化发展的实践活动也遵循一定制度的规定进行。就此而言,社会制度还成为促进文化发展的重要手段。

三、社会制度的类型

社会制度是一种复杂的系统,其形式和内容复杂多样。根据不同的维度,我们可以对社会制度进行不同的分类。

（一）本原的社会制度和派生的社会制度

按照社会制度的起源,可以把社会制度划分为本原的社会制度和派生的社会制度。本原的社会制度是指在人类社会中出现得最早,并且成为其他社会制度的母体的社会制度。其特点有：第一,这些社会制度是人类社会生活中较早出现的；第二,这些社会制度发生于人类生活的基本领域,并发挥着基本作用；第三,这些社会制度可能会衍生出新的社会制度。经济制度、婚姻家庭制度被认为是本原的社会制度。

派生的社会制度是指从本原的社会制度中分化、产生和发展起来的社会制度。其特点是：第一,这些社会制度是人类社会生活中后来出现的；第二,这些社会制度是在本原社会制度的基础上产生的,甚至是由本原社会制度的某一部分发展而来的；第三,这些社会制度的功能与本原社会制度相比不是那么综合,其作用领域比较明显。政治制度、教育制度、宗教制度等都属于派生的社会制度。

随着人类社会的发展,新的派生的社会制度不断产生和发展,如科学制度、医疗卫生制度、社会福利制度等。派生的社会制度并不意味着它们在社会生活中不重要。相反,作为社会发展、文明进步的产物,它们在社会生活中具有重要的作用。社会越发达、越先进,派生的制度就越多,发挥的作用也越重要。

（二）自生的社会制度和人为的社会制度

按照社会制度形成的方式,可以把社会制度划分为自生的社会制度和人为的社会制度。尽管每种社会制度的形成都有其客观依据,但是具体的形成方式和过程是不同的。社会制度形成的途径一般有两条：一是自发形成,二是立法产生。前者属于自生的社会制度,后者属于人为的社会制度。

（三）社会自存制度、社会自续制度和社会自足制度、宗教制度

美国社会学家萨姆纳按制度的性质,把社会制度分为4类：一是社会自存制度,包括工业组织、财产和统治组织制度；二是社会自续制度,包括婚姻与家庭制度；三是社会自足制度,包括许多不相关联的社会形式,如服饰、装束、礼节等,以及关于娱乐的游戏、赌博、艺术等；四是宗教制度,包括灵魂、鬼怪等信仰。

（四）正式制度和非正式制度

按照社会制度的正式程度，可以把社会制度划分为正式制度和非正式制度。正式制度是指人们有意识地创造的正式的由成文的相关规定构成的规范体系。它们在组织和社会活动中具有明确的合法性，并靠组织的正式结构来实施。非正式制度是指人们在长期交往中无意识地形成的不成文的指导人们行为的道德观念、伦理规范、风俗习惯等。一些学者认为，非正式制度对正式制度发挥着支持、补充等作用，因此，不能忽视非正式制度的作用。在中国社会，非正式制度繁多而复杂，一直在社会生活中发挥巨大的作用。改革开放以来，原来的相对严格的计划经济体制下的办事规则被削弱，而规范的与市场经济体制相适应的制度规则还未完善。在这种情况下，一些非正式制度在社会运行中开始发挥突出作用。

四、几种基本的社会制度

（一）家庭制度

家庭是人类生活的基本形式。所谓家庭制度，是关于家庭的性质、关系、功能、权利和义务的一套规范体系，是整个社会制度体系的重要组成部分。家庭制度包括婚姻制度与相应的习俗礼仪、生育制度、亲子制度、父母与子女的权利和义务、家庭财产继承制度等。家庭制度是所有社会制度中最普遍、最悠久的。在古代社会，尤其是原始社会中，家庭制度（非严格意义的制度）主要表现为有关习俗、惯例等不成文的规范；在现代社会中，它一般表现为相应的民法，并辅之以社会文化传统、道德和舆论等相关的社会规范。

（二）经济制度

经济制度是一种确立和规范社会经济关系和经济行为的社会制度，旨在满足人类物质生产活动的需要。对财产所有方式的规定、对社会经济活动中的劳动分工的规定、对社会经济运行中产品交换活动与分配形式的规定、对市场运行的规定、对经济活动中相互承诺的规定以及资源的利用、经济管理机制等，都属于经济制度的主要内容。经济制度的主要功能包括规范经济活动，调整经济关系，保障社会生产和再生产的持续发展，为人类社会的生存与发展提供物质基础。与家庭制度一样，经济制度也是本原性的社会制度，即在社会上出现得最早并且是其他制度的母体，许多其他社会制度的结构与功能大都根据经济制度派生出来。经济制度也是人类社会最主要的制度，它对社会的发展具有决定性影响。到目前为止，人类社会经历了原始社会、奴隶社会、封建社会、资本主义社会和社会主义社会 5 种不同的社会经济形态，与此相对应，产生了 5 种不同的经济制度。

(三) 政治制度

政治制度是对国家的管理和社会秩序的维护做出的各种规定，它旨在满足公共事务的管理和社会秩序的维持的需要。政治制度的核心部分是有关国家性质、政体、国体、各阶级在政治生活中的地位和国家管理的原则、方式等方面的规定。国家具体的法律制度、干部制度、行政管理制度、军事制度和对外关系制度等也属于政治制度的重要组成部分。

一个国家的性质主要是由其政治制度决定的。政治制度不是人类社会一开始就有的，而是随着国家的产生而产生。任何国家的政治制度都是该国统治阶级意志的表现，一般由统治阶级制定和推行。政治制度不是独立的社会因素，它要依赖于社会的经济结构，表现和反映经济制度的内容，受经济制度的制约。同时，政治制度也对经济制度产生重要的影响。

(四) 教育制度

教育制度是为了满足文化知识与观念传授需要而设立的各种制度的总和。它包括教育活动的组织准则、活动程序规定和各种教育管理章程等。教育制度保证了社会成员的社会行动与相关的知识、观念的发展符合一定历史阶段的社会要求，也是确保文化继承和发展的一种必要的手段，它在推动社会进步方面起着越来越重要的作用。

(五) 宗教制度

宗教制度是人类有组织的信仰及相应的群体活动的规范体系。它由神圣崇拜物、信仰体系、宗教仪式及组织设备等方面的基本内容构成。人类对复杂的社会现象的理解往往受到超自然力量的影响，这种超自然的力量所形成的一系列价值准则、仪式、组织和章程就构成了宗教制度。宗教制度旨在满足人类对超自然力量的崇拜和敬畏的需要。

第三节 制度化与制度变迁

一、制度化及其基本作用

社会制度形成后会不断发展和演变。社会制度的这种不断发展演变并模式化、定型化的过程就是制度化。需要指出的是，社会制度指的是社会规范体系，而制度化表现的是一个过程，这个过程并不是指社会制度本身的演化，而是指制度对人类现实的社会行动产生影响并使之模式化的过程。制度化包含两层含义。第一，它是指人类社会行为的定型化与模式化。如果某种社会行为没有受到制度的严格制约，而具有随意性，那么，就不能称之为制度化。所以，制度的定型化与模式化是反映在人们重复的共同活动之中的。第二，指人类的社会行为普遍被制度制约。制度化的过程是人们的每一种社会行为都被纳入明确的制度轨道的过程。如果某些行为受到制度制约，而另一些行为却没有明确的制度制约，那就不能称之为制度化的社会。制度化不仅反映在微观的社会互动之中，如人们在彼此交往中会按照彼此预知的并被认为是正当的与合法的方式去行动，也反映在更广阔的社会生活之中，如法制化就是在一定社会生活领域，人们普遍按照法律规范去行动的过程。

制度化是现代社会的一个特征。近现代社会以前，人们的行为主要靠风俗习惯、伦理道德等规范调节，而非靠明确的具有约束力的制度来制约，社会管理带有浓厚的人治色彩，主观随意性比较大。现代社会则是高度制度化的社会，各种各样的制度几乎渗透到人们社会生活的一切领域，成为调节人们社会关系、制约社会行为的主要手段。

制度化的主要途径有两种：一是角色学习，即一个人根据自己所处的地位与扮演的角色来学习相应的社会规范；二是组织灌输，即组织根据社会要求并结合个人需要，把一定的社会规范灌输给个人，使其接受并按照社会规范行为做事。

制度化的基本作用也有两个方面。第一，促使人们内化规范，认定某种行为的合理性。一般来说，符合规范属于合理的行为，越出规范的轨道则被认为是违反制度，就是不合理的行为。第二，使人们的社会行动具有可预测性。人们必须遵循一定的规章或规范来行事处世，可期望性的依据就是制度规范。例如，在当代中国的教育制度中，如果期望获得大学毕业文凭，就必须通过参加高考这一大学入学考试制度，这是一种制度化的模式。

二、制度的生命周期

与任何事物的发展过程一样，制度本身也有一个产生、发展和完善，以及不断面临被替代的过程。这个过程被称为"制度的生命周期"。这个周期一般经过4个阶段。

（一）形成阶段

当人们选择了某个制度后，就会通过明确和强化制度的价值，逐步设计出与之相适应的规则，建立执行制度的组织体系，使制度逐步发挥作用。由于制度尚在建立初期，在很多方面不见得非常完备，这就使得制度的功能发挥非常有限。然而，正是社会的需要与制度发挥功能之间的差距推动着制度的不断完善。

（二）成熟阶段

制度的成熟阶段表现为制度的规则体系已经建立，组织体系已经配套，并且在价值体系的强有力的指导下开始高效能地发挥功能，基本上能够满足人们的需要，制度的使用者基本上是积极的评价。在这个阶段,制度规则及其运行与人们的需要基本上是吻合的,但是制度仍要不断完善,调整那些与社会需要不太适应的部分。

(三) 形式化阶段

制度成熟之后就会开始自我运行,这是制度的各部分有效衔接、共同发挥作用的阶段,即有效地发挥制度的定型化功能模式。然而,人们的需要始终处在变化之中,新的需要不断产生,社会各方面或制度的运行环境也在发生变化,使得制度的定型化功能模式与制度的功能目标发生一定的脱节,结果制度变得越来越形式化。制度的形式化其实就意味着制度功能的衰退,这是一种制度达到巅峰状态之后走向老化的表现。

(四) 消亡阶段

当一种制度基本上不能满足人们的需要,不能完全发挥积极功能的时候,它就会进入消亡阶段。在这一阶段,制度表现为下列特征:一是制度存在的价值非常模糊,不能反映社会的需求,或者说跟不上社会需求发展的需要;二是制度规范基本上失去约束力;三是制度结构内部出现严重混乱,不能发挥功能;四是制度化的活动流于形式,不仅不能满足人们的需要,而且引起人们的普遍反感。这表明制度已由原来的正功能状态转向负功能状态,制度创新、制度变迁就成为必然。

三、制度创新与制度变迁

(一) 制度创新

1. 制度创新的含义

制度创新是指在一定的制度框架内对原有的制度规范系统进行革新和创造的过程。这一过程旨在改变旧的制度框架,以提高制度的合理性、有效性和效率。制度创新也是社会改革或改良过程。改革不是彻底打破一个社会的基本制度,而是在现存制度基础上进行一些制度创新。创新既包括改变旧制度框架的某些行为规则,也包括增加新的选择范围和规则。

2. 制度创新的类型

按照动力和机制的不同,制度创新一般可分为两类:一是强制性制度创新,二是诱致性制度创新。

强制性制度创新是指依靠某种创新力量强制推行制度改革,实行新制度。强制性制度创新的动力主要来自知识存量和革新力量,也就是知识和权力。当知识存量积累到一定程度时,对旧制度的不合理性、低效率的认识更加深入和全面,而且对革新制度也有较清晰的设计,这样,对制度创新就构成了越来越强烈的需求。此外,如果革新旧制度的力量,特别是改革派的权力越来越大,那么,强制性制度创新就会出现。

诱致性制度创新的概念及理论是由新制度经济学提出的,在经济史中,"最重要的制度创新之一是各种要素市场和产品市场的出现",而"要素市场的出现是由生产单位间的这些差异所引致的制度创新"。由于边际产品在生产单位间的差异的存在,市场交易就会是互利互惠的。也就是说,市场交易就会带来利益。由此可见,诱致性制度创新在创新的成本小于收益的时候,或者说当交易费用较低时,就会诱致人们选择创新行为。

(二) 制度变迁

从一般意义上来说,制度变迁就是改变旧的制度框架、建立新的制度框架的过程。在从旧制度向新制度转变的过程中,制度建设和创新贯穿整个过程。同时,制度创新为新制度框架的设计和建立提供关键性的内容,因为区分旧框架与新框架的边界就在于制度创新所产生的具有实质性的变迁,而制度中的其他部分可能还保留着、延续着。

(三) 制度变迁的动力

由于制度规则具有一定的稳定性,制度的影响力也有一定的惯性,因此制度规范系统形成之后,并不总是自动地发生变迁,而是需要动力来促进制度的变迁。推动制度变迁的动力主要有以下3种。

1. 国家

国家是维护社会秩序的重要力量,同时也是制度规范的提供者。国家的出现对制度变迁有着特别重要的影响。在国家出现之前,制度主要来自人们生活中的共同经验,如习俗和道德。国家出现后,意味着一种更为复杂的制度体系得以产生,因为一个国家本身就代表了一定时期的政治、经济与文化体制的综合体。国家给各种社会经济组织提供了最基本和最重要的制度基础。在现代社会,国家既是多种制度的载体和执行者,也是基本制度的提供者。从某种意义上来说,当国家意识到制度创新和制度变迁的重要性时,制度变迁的可能性就会大大提高。

2. 集体行动

集体行动是指人们按照集体共同目标的要求而采取一致的行动,也就是集体成员为达到共同目标而选择合作性的行动。就制度变迁而言,一个新的、高效的制度框架能否对一定的社会群体发挥作用,关键就在于群体成员是否可以在制度创新和选择上达成集体行动,即采取合作的态度。如果集体行动顺利达成,新的制度框架也就很容易在集体中被接纳和推行。相反,如果达成集体行动的困难和成本非常高,那么,推进制度变迁的动力就会大大削弱,甚至会失败。

3. 交易费用

新制度主义的产权学派在关于制度变迁的论述中,引入了对交易费用的分析。

所谓交易费用，是指在设计、制定、实施和维护制度过程中所需要支付的各种成本或费用。交易费用理论是从成本—收益分析的视角来考察制度变迁的。这种理论认为，任何制度之所以产生和存在，是因为人们对该制度有需求；之所以有需求，是因为制度给人们带来了收益。但是，要想维持和执行一种制度又需要一定的成本。这样，人们从制度中获得净收益就与交易费用直接相关。如果制定、实施和维持一项制度的成本降低，其净收益无形中就会提高，那么，社会对这种制度的需求也就自然增强，制度变迁的动力也就提高了。

四、我国的体制改革

正如前面已经指出，社会制度之间的相互联结会形成制度体系。从中观层面上来讲，中层制度的结合就是社会总的制度体系，这种社会制度体系的核心就是我们所说的体制。从某种意义上来说，体制改革就表现为各重要领域的制度改革，如经济体制改革、政治体制改革、教育体制改革、文化体制改革等。

我国体制改革的目标是逐步建立和完善社会主义市场经济体制。与此相应的是在社会运行上以经济建设为中心，在社会组织和管理方面改变政府包揽一切的集中管理的体制而建立"小政府大社会"的格局，发挥多个方面的积极性。众所周知，这场至今仍在进行的改革是从农村的经济领域开始的，后来在政府的主导下由农村进入城市，由经济领域扩展到教育、卫生、社会管理和政治领域。因此，从总体上来说，这是一场诱导性制度变迁，即整个社会为了走出困境、追求更大利益而进行的改革。当然，在改革过程中，政府在某些方面也做了一些强有力的推动，从而使改革带有强制性制度变迁的性质。另外，由于国情和任务的复杂性，中国的改革是渐进式改革，而没有选择激进式改革。渐进式改革不但反映在某一领域改革的进程采取由浅入深、先易后难的策略上，也反映在改革领域的选择上，即首先进行的是经济体制改革，而后才是其他领域包括政治体制的改革。这种策略一方面保证了改革中的秩序，使改革不至于混乱；另一方面也因各领域改革不同步而使各种制度之间出现摩擦，进而降低改革效率。正是因为考虑到改革的复杂性，所以中央政府一再申明：我们的改革是全面的改革，包括经济体制改革、政治体制改革以及其他各个领域的改革。

 延伸阅读

制度漏洞根源与"改革悖论"①

任何制度转型的过程，都不可避免地存在一定的制度漏洞。中国目前所面临的种种问题，在一定程度上都与制度转型所伴生的制度漏洞有关。

---

① 王宁：《制度漏洞根源与"改革悖论"》，载《人民论坛》2011年第2期，第22～23页。

漏洞出现的根源在于制度转型

为什么制度转型会伴随制度漏洞呢？这与"转型悖论"有关。制度转型就是规则体系的转换，即新规则取代旧规则的过程，但旧的规则在新规则出台过程中不可能瞬间消失，而新的规则的出台、成型和完善又需要一个过程。在这期间，新制度的出台与成型既受到旧制度的残余及其代理人的钳制，又受到自身的完善化需要时间和经验积累这一事实的约束。这一转型悖论意味着，制度漏洞是制度转型的伴生现象。

制度漏洞可以分为设计上的制度漏洞和实施中的制度漏洞。前者指的是制度设计不周全、不配套或制度之间不能有效衔接所留下的漏洞。后者指的是在实际运行中，制度得不到真正的贯彻、落实和实施，从而留下漏洞。

出现制度漏洞的主要原因有3个：第一，意识形态禁忌。制度转型分两种，一种是全盘抛弃旧的意识形态及其相关制度。苏联和东欧采取的就是这种模式，所谓的"休克疗法"，即让旧的制度迅速瓦解和退出，同时推出全新的制度安排。另外一种是不触动旧的意识形态的内核，而是为之加进新的内容或对之进行改造。中国采取的是后一种改革模式。这种模式决定了中国的改革先天地存在意识形态禁忌。新的制度和旧的意识形态禁忌之间就难免会常常处于张力之中。这种张力的直接后果之一就是出现制度漏洞。例如，2003年以来出现的房地产问题，在一定程度上就是旧的意识形态禁忌与新的制度之间的张力所导致的结果。

第二，认知局限。新制度的制定者缺乏经验，存在认知上的局限与盲区或残留的传统思维定式，要么在环境和时机不成熟之际推出新政策，要么在发现问题需要追加配套政策时反应滞后，导致新出台的制度或者在设计上存在漏洞，或者在实施中难以得到落实。而这些漏洞被一些人利用，导致背离改革初衷的未预料的负面后果。例如，房改、医改、教改等改革中出现的问题，都或多或少与这种漏洞有关。

第三，既得利益集团的影响。中国的改革进程是分阶段的。首先推进的是经济改革，政治改革（如对权力的监督与制约）则滞后于经济改革。分阶段的改革必然造成制度漏洞，因为制度无法配套。于是，客观上就存在这些漏洞被人利用的可能性（即钻制度的空子）。随着既得利益集团从制度漏洞所获得的利益"理所当然化"，要革除这些制度漏洞就变得困难重重。于是，许多应该及时跟进的配套改革政策，迟迟不能出台，导致制度漏洞不但不能被堵上，反而被既得利益集团强化。这种情形，导致了奥尔森所说的"制度硬化症"。从制度漏洞中获得既得利益的集团捍卫、强化，甚至利用制度漏洞，使得社会的整个制度系统应变能力丧失，制度变得僵化。中国经济在自主品牌创新和产业升级上的迟缓，正是"制度硬化症"的一个具体体现。

漏洞累积政治、社会、文化、经济领域风险

制度漏洞必然导致一系列负面后果。从社会后果来看，制度漏洞导致社会两极分化。制度漏洞提供了漏洞机遇。谁能攫取这种漏洞机遇，谁就能获得超常的利益回报。根据对漏洞机遇的攫取模式,可以把漏洞机遇分为两类:开放式漏洞机遇和封闭式漏洞机遇。前者是人人都可以利用的。例如,从2003年到2009年,理论上,只要愿意,似乎谁都可以"炒房",从房地产的制度漏洞中分到一杯羹。许多人就是在这一时期通过各种手段"炒房"而让财富暴增的。当然,地方政府、银行和房地产开发商则是这一制度漏洞的最大赢家。封闭式漏洞机遇指的是,这种漏洞机遇不是人人都可以获得的,只有那些处于特定位置的人才能获取。正是由于漏洞机遇的不均衡配置,使中国社会在短时期内发生了触目惊心的两极分化。大众对公平与正义的诉求必然与对暴富群体的质疑联系在一起。于是,阶层或集团之间的心理对抗便不可避免地形成了。现在的中国社会似乎正在步入"对抗社会",如仇富、仇官、仇警等。"对抗社会"必然是一个高冲突的社会,日益增加的群体性事件和维稳费用,就是高冲突社会最好的脚注。

制度漏洞也导致负面的经济后果。由于制度漏洞的存在,生产要素未能充分市场化,权力对稀缺资源的垄断导致寻租空间的大量存在。为了应对竞争劣势,一些民营企业不是想方设法去"修炼内功",而是处心积虑地建立和经营与官员的关系网,甚至不惜为此行贿。官商勾结的结果是制度漏洞被强化,而不是被修补。于是,糟糕的结局出现了:人们常常不是按照正式规则来进行充分的市场竞争,而是按照潜规则来进行不正当竞争。这就导致"劣币驱逐良币"的后果。不难理解,一些原本在本国循规蹈矩的洋企业,到中国以后也很快学会了行贿,因为不遵守潜规则很难行事。而潜规则恰恰是制度漏洞的体现。潜规则盛行的经济体是很难有发展后劲的,因为潜规则会从根基上瓦解一个经济体的制度竞争优势。中国现在所面临的产业升级的困难,恰恰是制度缺乏竞争优势的体现,而制度竞争劣势则同制度漏洞有密切的联系。

制度漏洞还会导致负面的政治后果。制度漏洞给一些官员形成设租和寻租的空间,从而导致官员的腐败。而官员的腐败必然导致政府的合法性资源的逐步流失。制度漏洞也导致公共财政的暗箱化,从而导致"三公"消费居高不下,民众对此颇有怨言,政府的声望因此受到严重损害。

最后,制度漏洞会导致负面的文化后果。制度漏洞的存在,常常让那些利用漏洞的机会主义者成为赢家,而那些循规蹈矩的人成为输家。这就形成了一种逆向激励机制:它鼓励人们不择手段和采用机会主义的方式进行竞争,而不是鼓励人们公平竞争。例如,既然买通裁判吹"黑哨"可以赢球,谁还会好好下功夫去提高球队的竞争力呢?在这种逆向激励机制下,人们就可能形成一种机会主义和急功近利的心态,变得只问结果而不问是非,甚至为了这个结果不择手段。

漏洞本身造就了"制度惰性"

既然存在制度漏洞,就应当去修补它,使制度体系完善化。但诡异的是,恰恰是制度漏洞本身滋养了反对修补制度漏洞的势力。一旦这种势力坐大,就会导致"制度惰性",因为这股势力不愿意改变有利于自身的现状,或者担心制度变革带来不可掌控的风险。

制度惰性是一种锁定效应。根据格拉伯禾的分类，锁定有3种形式：功能锁定、认知锁定和政治锁定。在本文的语境下，功能锁定指的是，制度漏洞所形成的漏洞机遇被限定在有限的集团范围内进行分配和交换，"外人"很难分享。于是，尽管GDP蛋糕越做越大，民众所分到的却不成比例。认知锁定指的是，人们习惯于制度现状，对制度漏洞见怪不怪，形成了司空见惯、理所当然、安于现状的团体思维或体制化思维定式。例如，"求稳怕乱"就是这样一种同质化团体思维的体现。在这种思维取向下，制度变革的心理动机正在趋于消失。政治锁定指的是，既得利益集团担心政治改革或制度创新会使他们的既得利益丧失，从而采取预防性措施来拒绝政治改革。

从社会动力学的角度看，人们愿意改革，是希望从改革中获得收益。但有些收益是改革不到位所形成的制度漏洞导致的。因此，尽管社会的成功转型要求修补这些漏洞，但是，如果进一步改革会使既得利益（包括不正当收益）丧失，可能曾经的改革者就会变成反改革者。这正是转型国家所面临的"改革悖论"。许多中等收入国家之所以难以最终进入发达国家的行列，就是因为无法克服"改革悖论"：改革只能走半程，而制度的成功转型，则在遥远的彼岸。

本章小结

任何社会都需要一定的社会规范，这些社会规范就属于社会制度。社会制度是一种非常重要的社会结构形式，能够使社会运行的各个有机组成部分联结在一起，是社会正常运行的重要保证。本章介绍了社会制度的含义、构成及其基本特征，社会制度的类型及其功能，并介绍了制度化以及制度变迁理论。

本章知识与能力训练

一、判断题

1. 社会制度可以是一些单独的、个别的规范。（　　）
2. 社会制度普遍存在于人类社会之中。（　　）
3. "党有党纪，国有国法"，这里的"纪""法"指的就是制度的概念系统。（　　）
4. 政治制度是一种本原的社会制度。（　　）
5. 道德观念、伦理规范、风俗习惯等属于正式制度。（　　）
6. 制度本身也有一定的生命周期。（　　）
7. 交易费用的存在是制度变迁的动力之一。（　　）
8. 社会制度的特殊性就是它的多样性。（　　）
9. 经济制度属于一种派生的社会制度。（　　）

10. 在短期内，制度的兴起和替代是经常性的。（　　）

二、单项选择题

1. 在一定的历史条件和现实条件下形成的人们的社会关系，以及与此关系相联系的社会活动的规范体系是（　　）。
   A. 社会结构　　B. 社会制度　　C. 社会秩序　　D. 社会行动

2. 中国封建社会存在的"刑不上大夫，礼不下庶人"，充分显示了社会制度的（　　）。
   A. 强制性　　B. 稳定性　　C. 普遍性　　D. 阶级性

3. 社会制度之所以能够使人们接受，其内部都有一套理论作为自己存在的根据和令人接受的理由。这套理论，我们名之曰（　　）。
   A. 规则系统　　B. 概念系统　　C. 组织系统　　D. 设备系统

4. 社会的风俗、道德、准则、法律等规范是属于（　　）。
   A. 概念系统　　B. 组织系统　　C. 规则系统　　D. 设备系统

5. 政治制度的政府、军队、法庭和监狱等属于（　　）。
   A. 组织系统　　B. 规则系统　　C. 实用设备　　D. 象征性设备

6. 制度本身也有一个产生、发展和完善，以及不断面临被替代的过程。这个过程被称为（　　）。
   A. 制度的生命周期　　　　B. 制度改革
   C. 制度创新　　　　　　　D. 制度变迁

7. 道德观念、伦理规范、风俗习惯等属于社会中的（　　）。
   A. 正式制度　　B. 政治制度　　C. 宗教制度　　D. 非正式制度

8. 下列制度中，不属于派生的社会制度是（　　）。
   A. 政治制度　　B. 教育制度　　C. 经济制度　　D. 宗教制度

9. 人们有意识地创造的正式的由成文的相关规定构成的规范体系，被称为（　　）。
   A. 文官制度　　B. 政党制度　　C. 非正式制度　　D. 正式制度

10. 下列关于制度化的说法中，不正确的是（　　）。
    A. 制度化只是一个过程，它没有程度上的差异
    B. 制度化可以反映在微观的社会互动之中
    C. 制度化说明某种互动方式可以稳定下来
    D. 制度化是人们活动方式模式化、定型化的过程

11. 下列关于制度变迁的说法，不正确的是（　　）。
    A. 制度变迁可以分为渐进变迁和剧烈变迁
    B. 制度化是社会运行的常态
    C. 在短期内，制度的兴起和替代是经常性的
    D. 制度变迁的原因是多种多样的

三、多项选择题

1. 本原的社会制度包括（　　）。
   A. 经济制度　　B. 家庭制度　　C. 政治制度　　D. 宗教制度
2. 派生的社会制度包括（　　）。
   A. 政治制度　　B. 教育制度　　C. 经济制度　　D. 宗教制度
3. 社会制度的构成要素有（　　）。
   A. 概念系统　　B. 规则系统　　C. 组织系统　　D. 设备系统
4. 社会制度的基本特征表现在（　　）。
   A. 制度的普遍性　B. 制度的稳定性　C. 制度的特殊性　D. 制度的阶级性
5. 不成文的规则系统主要包括（　　）。
   A. 伦理　　B. 法律　　C. 道德　　D. 风俗
6. 社会制度的功能主要有（　　）。
   A. 满足人的需要　B. 导向功能　　C. 整合功能　　D. 文化传递功能
7. 下列制度中，属于经济活动领域的制度有（　　）。
   A. 产权制度　　B. 亲属制度　　C. 宗教制度　　D. 商品流通制度
8. 制度的生命周期包括（　　）。
   A. 形成阶段　　B. 成熟阶段　　C. 形式化阶段　　D. 消亡阶段
9. 制度变迁的动力有（　　）。
   A. 国家　　B. 集体行动　　C. 交易费用　　D. 制度惰性
10. 按照社会制度的起源，可以把社会制度划分为（　　）。
    A. 本原的社会制度　　B. 自生的社会制度
    C. 派生的社会制度　　D. 人为的社会制度

四、思考题

1. 什么是社会制度？它有哪些特征？
2. 试述构成社会制度的四要素。
3. 社会制度具有哪些功能？
4. 试比较强制性制度创新和诱致性制度创新。

参考答案

一、判断题

1. ×　2. √　3. ×　4. ×　5. ×　6. √　7. √　8. √　9. ×　10. ×

二、单项选择题

1. B　2. D　3. B　4. C　5. C　6. A　7. D　8. C　9. D　10. A　11. C

三、多项选择题

1. AB　2. ABD　3. ABCD　4. ABCD　5. ACD

6. ABCD　　7. AD　　8. ABCD　　9. ABC　　10. AC

四、思考题

1. 社会制度是在一定的历史条件和现实条件下形成的人们的社会关系，以及与此关系相联系的社会活动的规范体系。

社会制度是在人类社会生产生活的实践中逐步形成并丰富起来的，它属于人类文化的一部分。其特征主要表现在5个方面：制度的普遍性、制度的特殊性、制度的相对稳定性、制度的强制性、制度的阶级性。

2. 社会制度是一个系统，它是由各种不同要素组成的综合体。构成社会制度的要素一般包括概念系统、规则系统、组织系统和设备系统4个部分。

3. 社会制度对社会的运行和发展发挥着极其重要的作用。它具有以下功能：满足人类社会生活需要、行为导向功能、社会整合功能、社会化功能、传递社会文化功能。

4. 按照动力和机制的不同，制度创新一般可分为两类：一是强制性制度创新，二是诱致性制度创新。

强制性制度创新的动力主要来自知识存量和革新力量，也就是知识和权力。当知识存量积累到一定程度时，对旧制度的不合理性、低效率的认识更加深入和全面，而且对革新制度也有较清晰的设计，这样，对制度创新就构成了越来越强烈的需求。此外，如果革新旧制度的力量，特别是改革派的权力越来越大，那么，强制性制度创新就会出现。强制性制度创新是指依靠某种创新力量强制推行制度改革，实行新制度。

诱致性制度创新的概念及理论是由新制度经济学提出的，在经济史中，"最重要的制度创新之一是各种要素市场和产品市场的出现"，而"要素市场的出现是由生产单位间的这些差异所引致的制度创新"。由于边际产品在生产单位间的差异的存在，市场交易就会是互利互惠的。也就是说，市场交易就会带来利益。由此可见，诱致性制度创新在创新的成本小于收益的时候，或者说当交易费用较低时，就会诱致人们选择创新行为。

第八章　社会分层与社会流动

本章学习目标

1. 正确理解社会分层的概念。
2. 知晓产生社会分层的原因（社会分化及后果）。
3. 认知社会分层理论和标准。
4. 辨析社会地位及其差别。
5. 认知社会分层的功能。
6. 运用社会分层的基本知识和理论分析社会平等问题。
7. 了解改革开放前后中国的社会分层状况。
8. 了解认知社会流动的含义和分类。
9. 认知社会流动的模式。
10. 分析影响人们获得社会地位的条件。
11. 辨析合理的社会流动。

案例引导

警惕阶层固化[①]

"张华考上了北京大学；李萍进了中等技术学校；我在百货公司当售货员：我们都有光明的前途。"

上面这句话，收于蒙学孩童人手一册的《新华字典》，作为一个例句，示范了冒号的一种常见用法，"用于总括性话语的前面，以总结上文"。既然用作《新华字典》的示范例句，它就不可能背离中国人的生活经验。那么，为什么这句话曾经道出了普通中国人生活中的天经地义，现在读起来却如同天方夜谭，荒诞不经——这个句子的讲述者，也就是做了售货员的"我"，何以如此很傻很天真呢？

再进而言之，妙处还在于这个句子是在示范冒号的用法，按字典所做之说明，冒号之出现，用于总结前文，那么这个句子就基于如此这般的生活常识："张华"

[①] 节选自田雷《再见美国梦，警惕美国病——读帕特南〈我们的孩子〉》，载《中央社会主义学院学报》2018年第3期，第87～88页。标题为编者所加。

"李萍",还有"我",是同一个"我们",而位于"我们"生活之前方的,是"都有"的光明前途。一个原本再普通不过的例句,数十年后被好事者翻出来,读起来如此魔性,归根究底,当然是今日读者所据以生活的社会语境发生了巨变——我们常听说,中国改革开放40年来,跨越的是西方国家数百年走过的长路,这可不是一句轻飘飘的话。

如此黑色幽默的素材,当然逃不过网络段子手的眼睛。有好事者在网上写微小说,对这3位小伙伴的人生境遇进行了基于合理想象的再创作。人生万变,但"张华"的情节往往不离其宗,自考上北大后,他的生活就是运交华盖;文章要做在"李萍"或者"我"的身上,往往越魔幻,反而显得越合乎情理——无论付出多少个人奋斗,却经不住历史进程的碾压。而命运的十字路口,回头去看,就是若干年前"我"在畅想"光明的前途"的那个时刻。在通过高考完成了大分流之后,这3位小伙伴就已经有了各自不同的人生,他们不再成为一个共同的"我们",即便站在"我"造句的那个当下,这一切还不识庐山真面目,但回头去看,所有人生的可能性却是在那个分流的时刻就已经框定了的。之所以这个字典中的例句是如此魔幻,就在于它所包含的生活已经完全超出了当下对社会流动和分层的可能想象。

启蒙理性:上述文字节选自华东师范大学教授、香港中文大学博士田雷为美国政治学权威、哈佛大学教授罗伯特·帕特南的著作《我们的孩子》撰写的书评。该书通过严谨的分析,得出结论:阶层固化早已让"奋斗即有成就"的美国梦破碎。

那么,何为社会阶层?何为社会流动?阶层固化能够避免吗?

社会学把经济、政治、社会等多种因素导致的,在社会层次结构中处于不同地位的社会群体称为"社会阶层"。正常情况下,不同的社会阶层之间是可以流动的,但是也存在各阶层之间流动受阻的情况。这种各社会阶层之间流动受阻的情况就被称为阶层固化。前几年流行的"拼爹""官二代""贫二代""蚁族"等,都是阶层固化的表现。

一个阶层固化的社会,由于缺乏公平的竞争、选拔和退出机制,这就使得来自弱势群体的精英无法跻身社会的中高层,领导社会发展和社会变革,同时,在这个过程中获得相应的政治和经济待遇;而大量把持这些优势社会资源和地位的原有的利益群体,他们唯一的动力和目标就是不惜牺牲公共利益来维护自己的既得利益,没有进取和创新精神。

一个理想的社会是,富人不敢堕落,穷人也能看到希望。只要公平还在,只要肯奋斗,就能有收获,大家也就没有理由怨天尤人、自甘堕落。

第一节 社会分层概述

"分层"原本是地质学家分析地质结构时使用的名词,是指地质构造的不同层面。社会学家发现,在我们的社会中,也存在着不平等,人与人之间、群体与群体之间,也像地层构造那样,分成高低有序的若干等级层次,因而借用地质学上的概念来分析社会结构,形成了"社会分层"这一社会学范畴。

所谓社会分层,是指按照一定具有社会意义的标准,一个社会的成员被区分为高低有序的不同等级、不同层次的过程与现象。社会分层体现了社会不平等,社会分层研究强调的是人们在社会中所处位置的不平等。研究社会分层是分析社会结构及其变迁时必然要涉及的一个重要方面。

一、社会地位及其差别

社会地位的不同构成了社会分层的标准。在现实社会中,面对同样的社会现象,人们会给出不同的态度和评价;甚至在同一社会情境中,人们的表现也会差别很大。在社会学家看来,这是彼此社会地位的不同导致的。

(一) 自然差别与社会差别

自然差别是指根据某种自然属性将社会成员划分为不同类别,各类别成员在生理或遗传机制方面存在的差异。例如,性别、肤色、血型、容貌等方面的差别就属于自然差别。

社会差别则是指根据某种社会属性划分的各类社会成员在社会境况方面的差异。例如,职业类型、收入多少等属于社会差别。社会差别是影响人们态度行为、制约人们之间互动关系的重要因素。

(二) 社会地位

社会地位通常是指社会成员基于社会属性的差别而在社会关系中的相对位置及其围绕这一位置所形成的权利和义务关系。通俗地说,社会地位就是社会关系网中的各个纽结。它既是人们相互识别、相互对待的重要标志,又是人们互动影响力的主要源泉和基础。

社会地位一般可以通过两种方式决定:一种是通过自致地位,即通过自己的努力争取的社会地位,或者指一个人在其一生中通过行使知识、能力、技巧所取得的结果;另一种是先赋地位,即一个人通过承袭得到其在社会分层体系中所处的位置。先赋地位也指在某些社会中,一个人从出生起就被赋予无法改变的社会地位。例如,我们俗称的"富二代"就是一种典型的先赋地位。

二、社会分化及其类型

（一）社会分化及其后果

社会差别的历史根源就是社会分化。分化的最一般含义是指事物从同质性向异质性的变化。社会分化是指社会结构系统不断分解成新的社会要素、各种社会关系分割重组最终形成新的结构的过程。它不仅包括社会异质性增加，还包括社会不平等程度的变化，即社会群体间的差距拉大。因此，社会分化具有两个重要特征：功能专一化和地位多样化。功能专一化是指原来的社会单位可以同时承担多种不同的功能，后来变成由不同单位、不同部门分别承担某种功能。地位多样化是指原来在社会结构中地位相同或相近的社会单位变得越来越不同。地位多样化直接反映了社会发展过程中社会地位差别的扩大趋势。

造成社会分化的最根本原因是社会生产力的发展。随着社会生产力的发展，社会发展到工业化大生产阶段，社会分工越来越细，不同的人从事不同的职业，因而形成不同的生活习惯和价值观念。

社会分化还表现在其他社会领域，如政治领域的权力结构、社会生活领域的生活方式结构、精神生活领域的文化价值结构等。这些都反映了社会成员的差异性。虽然社会差异是社会发展过程中不可避免的现象，而且有其积极意义，但它同时也带来了很多社会问题，如贫富两极化、社会分化与个人全面发展之间的矛盾等影响整个社会系统的运行，如果处理不当，就会产生社会问题。

社会分化会产生两方面的后果。一方面，社会分化有助于提高社会的整体功效。社会分化导致的专门化，可以提高社会管理的专业化程度。社会正是通过内部结构的不断分化来适应环境，求得自身发展，因此，社会分化程度可以作为社会发展水平的重要判定标准。另一方面，社会分化对整个社会系统的协调提出了更高的要求，加大了社会整合的难度。分化程度越高，协调的任务越重，协调的难度越大，协调的要求越高。

延伸阅读

杜尔克姆①

杜尔克姆（Emile Durkheim, 1858—1917），又译涂尔干、迪尔克姆），法国社会学家，社会学的学科奠基人之一。1858年4月15日出生于法国孚日省埃皮纳尔一个小城镇的犹太教教士家庭。幼年曾学习希伯来文、旧约和犹太教法典。青年时

---

① 参见百度百科"埃米尔·杜尔克姆"词条（https://baike.baidu.com/item/%E5%9F%83%E7%B1%B3%E5%B0%94%C2%B7%E6%9D%9C%E5%B0%94%E5%85%8B%E5%A7%86/22877146？fr=aladdin）。

代放弃了宗教信仰,走上实证科学的道路。1879 年,就学于巴黎高等师范学校,1882 年毕业。1882—1887 年,在省立中学教书。其间赴德国一年,学习教育学、哲学、伦理学,深受 W. 冯特实验心理学的影响。1887—1902 年,在波尔多大学教书,并在那里创办了法国第一个教育学和社会学系。1891 年,被任命为法国第一位社会学教授。1898 年,创办了法国《社会学年鉴》。围绕这一刊物形成了一批年轻社会学家的团体——法国社会学年鉴派。1902 年后执教于巴黎大学。第一  次世界大战中断了这位反战学者的学术研究,他的儿子和许多学生死于战场,他受到极大的刺激。1917 年 11 月 15 日在巴黎去世。主要著作有《社会分工论》(1893)、《社会学方法的规则》(1895)、《自杀论》(1897)、《宗教生活的基本形式》(1912) 等。

(二) 社会分化类型

社会分化一般有两种形式:水平分化和垂直分化。

水平分化指的是依据某种社会属性或特征,将社会成员分为不同类型的地位群体或集团,这些群体从公认的社会价值序列看,不存在高低差别,即他们的生活境况和互动影响力等大体相等。水平分化一般表现为社会分工和生活的多样化,使得社会异质性增强。例如,同样一个班级的大学毕业生,有的考取了公务员,有的去了高校,有的进了银行,他们在职业上的这些不同就是水平分化。

垂直分化指的是依据某种社会属性或特征,将社会成员分为不同层次的地位群体或集团,这些群体从公认的社会价值序列看,存在着高低差别,即他们的生活境况和互动影响力等各不相同。由垂直分化所造成的差别即社会不平等。例如,同是大学毕业生,工作几年后,有些走向了领导岗位,有些则下岗失业。

社会学更加关注和侧重对垂直分化的研究。

三、阶级、阶层与社会不平等

(一) 阶级、阶层的一般含义

阶级、阶层是社会分层研究的基本范畴,一般是指社会垂直分化所产生的各个社会地位层次以及处于这些地位层次的人群。阶级、阶层的概念表明,垂直分化所造成的社会差别不仅是社会成员个人间的差别,更主要的是一种集体性的差别。

西方社会学对阶级、阶层的概念通常不加区分,但不同的人在使用这些概念时其所指并不一定相同。

(二) 社会不平等

社会不平等是对垂直分化所产生的各阶级、各阶层之间关系的集中概括,指的是各阶级、阶层对相对稀缺的社会价值物在占有量、获取机会和满足需求的程度上存在着差异性。

人类社会中不平等现象长期、普遍存在两个重要的原因，一是人类需求具有不断发展的特性，二是人类需求具有社会性。但这并不一定是决定性原因，还有其他因素制约和影响着社会不平等。

（三）分层研究的理论视角

社会阶级、阶层关系既是一种稳定的地位结构，同时又是具体的群体关系，涉及地位和人两个层面。这两个层面之间的关系状态决定了社会学考察社会不平等的两个理论视角，其中每个视角都由一对既区别又联系的范畴构成。

第一对范畴是法律上的不平等与事实上的不平等。法律上的不平等直接与地位相联系，指的是各个层次的社会地位享有不同的法定权利和义务。这里的法律包括那些得到普遍公认的社会规范。事实上的不平等则涉及具体人群间的关系，指的是尽管各个地位群体和个人在法律上享有同等权利和义务，但由于各自在行使自身权利的手段上存在着差别，因而导致实际行使权利上的差别。

第二对范畴是稳定性不平等和暂时性不平等。稳定性不平等指的是社会分层地位同处于这些地位上的社会成员具有长期固定的联系，社会成员自身的努力往往难以改变自己的地位，如性别属性就是一种稳定性不平等。暂时性不平等指的是社会分层地位同处于这些地位上的社会成员间的联系是短暂的、临时性的，社会成员通过自身努力可以改变自己的地位，如教育程度差异就是暂时性不平等。

第二节　社会分层的理论

社会分层研究有两大理论传统：一个是以马克思主义阶级理论为代表的分层理论，另一个是以马克斯·韦伯三位一体分层论为渊源的理论传统。其中，马克思主义阶级理论更多地强调了社会冲突的方面，而韦伯三位一体分层论则更多地强调了社会协调的一面。

一、马克思主义阶级理论

（一）马克思主义阶级理论的基本内容

马克思的阶级理论在社会学领域有着重要的地位。马克思对于阶级斗争的分析、对于社会批判的观点对社会学的发展有着重要意义。列宁系统地阐释了马克思主义的阶级定义，精确地揭示了阶级的实质。他指出，"所谓阶级，就是这样一些大的集团，这些集团在历史上一定社会生产体系中所处的地位不同，对生产资料的关系（这种关系大部分是在法律上明文规定了的）不同，在社会劳动组织中所起的作用不同，因而领得自己所支配的那份社会财富的方式和多寡也不同。所谓阶级，就是这样一些集团，由于它们在一定社会经济结构中所处的地位不同，其中一个集团能够占有另一个集团的劳动"[①]。这一定义表明，划分阶级的标准就是对生产资料的占有的多少、人们在社会劳动组织中的地位和作用、他们占有劳动所生产的社会财富的方式和多少。

马克思强调，无论在前工业社会还是在现代工业社会，阶级之间的关系就是剥削关系，没有拥有生产资料的阶级的劳动成果中相当一部分被生产资料的拥有者拿走了。

具体来说，马克思主义的阶级理论主要包括以下内容：

（1）阶级产生的条件。阶级是一种社会历史现象，阶级的产生与生产力发展的一定阶段相联系，以剩余产品的出现为前提。同时，阶级还与生产资料的私有制相联系，私有制造成了社会大分工，也造成了社会大分裂。

（2）阶级的内部关系和发展。阶级是有相同的经济地位和共同利益的社会集团，共同利益的存在使它们具有共同行动的可能性，其共同行动的实际能力与其是否已从"自在阶级"过渡为"自为阶级"相联系，阶级意识的形成和阶级组织化程度的提高则是这种过渡的重要标志。

（3）阶级斗争是阶级对立的必然产物。在私有制社会中，阶级之间具有敌对的一面。这种敌对发展到一定阶段，必然采取阶级斗争的形式，它是私有制条件下社会结构变迁和发展的直接动力。

（4）阶级内部又可以划分为不同的阶层。虽说同一阶级的不同阶层在对待问题的态度上有差异，但它们的根本利益还是一致的。

（5）阶级的历史发展趋势。阶级是个历史现象，仅仅同生产力发展的一定阶段相联系，它的消亡与其产生一样是不可避免的，消灭私有制和生产力高度发展是阶级消亡的基础。阶级消亡意味着人类最终能够消灭社会不平等。

（二）在新形势下坚持和发展马克思主义阶级理论

现代西方社会中的阶级状况与马克思所处时代的阶级状况相比，已经发生了天翻地覆的变化，特别是在所有权与经营管理权划分的基础上产生了一大批"新中间阶级"。但是，从整体上看，阶级不平等的状况并没有实质性的改变。因此，马克思主义的阶级理论还是有着重要的现实意义的。

在坚持阶级理论的基本观点的同时，面对当代世界和中国的实际，我们也应该积极发展它，丰富它。

[①] 中共中央马克思恩格斯列宁斯大林著作编译局编：《列宁选集》（第4卷），人民出版社1995年版，第11页。

二、西方社会学的分层理论

(一) 西方社会分层论的代表性观点

1. 马克斯·韦伯三位一体的分层模式

西方社会学有关社会分层理论研究最有代表性的当属德国社会学家韦伯的三位一体分层理论。

韦伯承认,在研究社会不平等时,把经济作为分层标准是必要的,但是至少还有两个同样重要的因素影响和制约着社会不平等,那就是声誉和权力。由此,韦伯主张从经济、声誉和权力3个角度综合考察一个社会的经济、文化和政治三大领域中的不平等。

在社会分层的经济标准方面,韦伯并不反对马克思的生产资料占有在经济地位中的作用,他同意马克思的看法,即生产资料占有权是确立阶级的首要基础,对生产资料的占有不同会造成社会分化。但是,韦伯主要是从更直接反映一个人的经济地位——财富多少的角度来分析问题。

声誉是社会分层的社会标准。声誉是指个人在其所处的社会环境中所得到的声望和尊重。韦伯认为,声誉与人们的身份有关,也与知识教养、生活方式有关。在西方社会学中,具有相似身份和生活方式的人被称为"身份群体"。不同身份群体在社会生活中具有不同声誉,也就具有不同的社会地位。

社会分层的政治标准是权力。在韦伯看来,权力是处于社会关系中的行动者即使在遇到反对时也能实现自己的意志的可能性。很明显,权力是一种强制力。韦伯认为,任何有组织的社会生活都有权力存在,而权力分配反映了政治领域的不平等。

对于这3种角度,韦伯虽然承认它们在一定条件下可能相互强化,但在理论分析层次上,他认为必须将其严格区分,认定它们是各自独立的。

韦伯的三位一体分层理论强调的是一种多元的、动态的社会分层理论,他与马克思把阶级视为生产关系的结构的理论完全不同。韦伯的分层理论对西方学者产生了重大的影响,当代分层研究的一些重要特点都可以追溯到韦伯那里。例如,采用多元分层标准,采用具有连续性的定量标准,引进了主观分层标准,等等。

2. 帕累托的精英理论

帕累托的精英概念是在人之天生能力和才干基础上提出的,它并不表示由社会地位所确定的特定集团,而是指那些具有特殊才能,在某一方面或某一活动领域具有杰出能力的成员。帕累托认为,社会分层结构的存在是普遍的和永恒的。但是,这并不意味着社会上层成员和下层成员的地位是凝固不变的。稳定僵化的等级结构是稳定的经济状态的产物,因而仅仅是静止的农业社会的典型结构。现代社会是建立在创新、竞争和变革基础上的动态性工业社会,因而现代资本主义社会中不存在终身的或世袭的阶级。现代社会的不平等主要是由个人与生俱来的生理差异决定的,即基于自然差别。社会成员归属于哪个社会层次取决于他们天生的能力和才干。精英分子总能改变自己的地位，实现向上流动，而非精英分子则不得不向下流动。凭着这种流动，社会系统，特别是其中的政治系统得以维持和稳定。因而，社会系统稳定与否，不在于是否存在不平等的分层结构，而在于是否拥有完善的精英循环流动机制。

精英理论与马克思主义的阶级理论有着十分明显的区别，这种区别体现在对以下几个问题的不同回答上：①社会不平等是由自然差别还是社会差别决定的？②个别成员的流动能否改变社会不平等的性质？③个人努力能否弥补人们在竞争起点上的差距？④社会冲突的根源在于阶级关系的对立性质还是在于精英循环渠道不畅？

延伸阅读

帕累托[①]

维尔弗雷多·帕累托（Vilfredo Pareto，1848—1923），意大利经济学家、社会学家。1848年7月15日生于巴黎。1923年8月19日卒于瑞士塞利尼。早年学习自然科学。1868年在都灵大学获工程博士学位。毕业后从事过工程技术工作。1889年左右转向研究经济学。1893年任瑞士洛桑大学政治经济学教授。1906年后致力于社会学研究。主要著作有《政治经济学讲义》（1896—1897）、《社会主义体系》（1902—1903）、《政治经济学教程》（1906）、《社会学通论》（1916）等。

帕累托的社会学思想主要来源于意大利传统的 N. 马基雅维里的社会理论和19世纪 A. 孔德、H. 斯宾塞等人的实证主义社会学思想。他的社会学思想主要有3个方面的内容。①行动理论。主要涉及人的行动的非逻辑方面。他认为，人的大量行动并不是真正基于手段—目的理性模式，而是对人的情感或心理状态的一种反映。人们总是有把自身的行动用各种类型的意识形态逻辑化、理性化的倾向，从而掩盖了人的行动的真实方面——它的非逻辑性和非科学性。社会学的主要任务之一是把行动的非逻辑性方面揭示出来。②精英理论。主要讨论社会分层和社会统治问题。帕累托认为，在一个社会中，人的能力即体力、智力和道德是不相等的，具有最高能力的人们构成了社会精英。社会精英有政治精英和经济精英两种类型。③社会系统理论。主要是研究社会的动态均衡问题。帕累托认为，任何社会系统主要有4个方面的特征：经济生产力的水平、

---

① 参见百度百科"帕累托"词条（https：//baike.baidu.com/item/%E5%B8%95%E7%B4%AF%E6%89%98/6667349）。

政治权力的分布状态、意识形态的性质、不平等的模式。如果社会系统的某一方面特征的变化是充分的,整个社会系统就将相应地发生变化,以达到一种新的均衡;如果社会系统的某一方面变化不充分,它就要受到来自社会系统其他方面的压力,使社会系统维持原来的均衡状态。

帕累托全部社会学分析的理论前提,是他对残余物和衍生物的区分。他认为,残余物是指从社会活动中除去人们所有的理性想法之后,依然保留下来的那种东西,它是社会活动的常数;衍生物则表示观念、信仰、理论等意识形态系统,它们是派生的,是社会活动的变数。人们对非逻辑行动的逻辑化就产生了许多衍生物。帕累托认为,人的非逻辑行动、社会精英的不同类型、社会系统的不同特征,都在一定程度上表现了人所具有的不同类型的残余物。

帕累托的社会学思想对美国社会学家T.帕森斯产生了重要影响,并成为20世纪50年代西方社会学中占主导地位的结构功能主义的理论来源之一。

(二) 正确对待西方社会学分层研究

正确对待西方社会学分层研究,首先要求分清马克思主义阶级论与西方社会学分层论的区别。这种区别主要体现在3个方面。①两者确立分层标准的指导思想不同。马克思主义阶级理论以科学的唯物史观为基础,而西方分层论则缺乏科学理论的指导。②两者研究目的和重点不同。马克思主义的阶级理论旨在批判和推翻私有制社会,建立能够消除不平等的公有制社会,而西方分层论则是维护私有制,企图通过改良,把社会冲突控制在一定范围内,以促进资本主义社会的良性运行。③两者所要达到的最终结论不同。马克思主义阶级理论认为,社会不平等是可以消除的,而西方分层论则断言不平等是永存的。其次,对西方分层研究的大量成果要有选择地加以借鉴。①借鉴西方分层研究所发展出来的一些理论概念,以促进对于我国社会良性运行的研究;②借鉴西方分层研究所提出的一些缩小社会不平等的对策,以控制我国社会主义初级阶段的不平等现象;③借鉴西方分层研究所创造的一些方法,促进我国的相关社会学研究。

第三节 社会分层的研究

社会分层的研究范畴包括社会分层的方法和标准、社会分层的功能等。

一、社会分层的方法和标准

(一) 社会分层的方法

社会学的分层一般采用3种方法,即主观法、声誉法、客观法。

(1) 主观法。主观法也称"主观评分法",它是由人们根据某种标准,对自己的情况进行归类,判断自己处在社会分层体系中的哪一层的方法。主观法的目的是测量人们的阶层归属意识,因此,自我主观评价与客观情况可能会有所偏离。

(2) 声誉法。调查员从一个社区中选出一些熟悉该社区情况的人作为评判员,让他们按照事先规定的高低层次给本社区成员分层归类。调查员可以对各层成员的情况进行比较分析,从中找出人们进行声誉分层的标准。

(3) 客观法。客观法是用可以直接测量的标准,如收入、受教育程度等对人们进行层次划分的方法。由于收入、受教育程度、住房条件等现象客观存在,并且这些因素不受主观因素的影响,因此,使用这种方法可以客观地进行分层,较少受人们价值观的影响。

除了上述3种基本分层方法外,社会分层实证研究使用的具体方法还有基尼系数法、恩格尔系数法、不平等指数法等。

(二) 社会分层的标准

社会分层的标准一般包括两类:一是以外显地位为划分标准,如以人们所从事的职业为标准;二是以潜在地位为划分标准,如收入、教育程度、技术水平等。

常用的社会分层标准包括以下几种:

(1) 收入。收入与人们的消费方式、生活习惯、安全感和积极性有着密切的关系,收入多寡是社会分层的重要标准。

(2) 职业。职业地位是人们在现代社会中的主要社会地位,是个人进行社会活动的主要场所。职业环境、职业声望、职业生活的范围和性质等因素不仅影响着在职人员的社会表现,同时也极大地影响着社会流动的方向。

(3) 教育程度。教育程度的高低直接影响着人的能力、知识、技术、价值观、审美观等。教育程度全面、持续地影响人的一生。随着社会发展,它在划分层级方面的作用将越来越大。

(4) 权力。权力意味着一个人在群体和社会中向别人施加影响的能力,因而权力的大小往往会影响一个人的性格、态度和行动意向。处于同一权力层的人对社会政策的评价、对社会现象的看法具有较大的共同之处。

此外,家庭背景、居住区位等都可以作为分层的标准。

二、社会分层的功能

在社会学领域,关于社会为何分层这个问题一直都是社会学者关注的焦点之一,由此产生的各种理论派别众多,学说杂陈。其中主要有功能论、冲突论的视角。功能论学说强调社会分层的统一性和整体性,以杜尔克姆、沃纳、帕森斯、戴维斯为代表;冲突论学者则强调社会分层的对立性,认为冲突关系、不同社会发展时期的主要社会关系对社会分层现象的出现起决定作用,以马克思、达伦多夫等为代表。

（一）功能论视角

功能主义源于社会有机体观点，即认为社会是一个整体，各个部分分别承担着一定的功能，以保证社会有机体的稳定和生存。在功能论看来，社会分层是客观存在的，分层在维持社会方面具有某种有益的功能。

法国社会学家杜尔克姆是最早对社会分层原因做出解释的功能论学者，他认为，原始社会到文明社会进化的特征是，群体中专门化分工的不断发展，导致了相互依赖的合作关系，而这种合作关系是由社会规范所创造的。人们的分工是以"分工"为基础的有机结合关系，社会分工造成异质性和相互依赖两种后果，这种有机的结合主张维护人的个性，个体部分的个性越鲜明，社会的团结或合作越牢固，因为相互依赖的程度越高。也就是说，在杜尔克姆看来，社会分层的产生是因为它对社会成员和社会中各种工作的配置有利于整个社会的发展，即它将发挥有利于社会的功能。

20世纪三四十年代，美国学者沃纳对美国一个小社区的社会分层进行了实证研究。对于社会分层的原因，沃纳认为，社会分层对于复杂社会有着必不可少的功能，它将社会中的人们安置在高低不同的各种位置上，使得他们相互协调地形成了一个社会有机体。

帕森斯从自己的结构功能理论的角度也对社会分层产生的原因做了说明。他并没有像杜尔克姆、沃纳等那样直接地去强调社会分层的功能，而主要是关注社会分层是什么。在他看来，社会分层的出现是由社会的历史、文化、环境等因素决定的。各种制度在社会中的重要性不同，而这些制度的重要性程度排序则塑造了这个社会的共同价值体系。这种价值体系是决定人们社会地位的依据。尽管帕森斯的这一论断没有直接将社会分层与它对社会所能发挥的功能联系起来，但他分析中的功能主义基础仍然是很明显的，他只是在社会分层与功能之间加入了制度与价值体系这两个中介变量而已。

由此可见，功能论把社会分层产生的原因主要归结为它对社会、社会成员所发挥的功能，尤其是正面的功能。

（二）冲突论视角

冲突论是社会学中分层理论的另外一种视角，其代表人物是德国的马克思和达伦多夫等人。冲突论者认为，由于有价值物的稀缺性，人类的冲突是难以避免的，表现为一种常态的社会互动形式，冲突是推动社会变迁的根本动力。

马克思被西方学者公认是早期冲突论的代表。在马克思看来，是自然分工导致了社会分工，社会分工导致了私有制的出现，而私有制的出现是阶级产生的基础。这一社会发展的过程充斥着社会成员与社会成员之间、社会成员与社会整体之间的冲突关系。达伦多夫是继马克思之后又一个对社会分层做出较多论述的冲突论者。

他认为,社会分层之所以出现,是因为任何社会中都存在着权力关系,这种权力关系对个人或群体强制地实施奖惩是必要的。在达伦多夫看来,社会具有两副面孔,一副是稳定、和谐与共识,另一副则是变化、冲突与强制。而他的冲突论的假设之一就是任何社会都基于某些成员对它的另一些成员的强制之上。

总的来说,社会冲突论认为,社会分层制度是由有权势者的利益促成的,它是有权势集团的价值标准的表现,这种分层实际上包含着不平等,而且它妨碍了社会发挥其最理想的功能。

很显然,西方的功能理论和冲突理论在对社会分层的社会功能问题上各持一端,但都提出了一些有价值的观点和看法。事实上,对社会分层的功能和作用要用马克思主义的辩证方法来分析,既要看到社会分层的积极作用,也要看到社会分层的消极作用。

从积极作用看,第一,社会分层现象的存在,使社会在生产力水平不能满足全体成员需要的情况下,能够保证一批社会精英把全部精力投入社会创造性活动中,从而有力地推动社会进步。第二,由于社会分层和社会差别的存在,形成了一种竞争机制,激励着人们去奋斗、去竞争,争取向上流动,取得较好的社会地位,从而有力地推动社会的发展。

从消极作用看,第一,社会分层导致社会不平等,尤其是导致剥削、压迫现象的出现,不可避免地要形成阶级对抗和阶级斗争。第二,社会分层和社会差别的广泛存在,也是社会犯罪的重要根源。一些人无法通过合法手段谋取更多的社会资源和报酬,就会转而通过非法的途径去争取。

延伸阅读

达伦多夫①

拉尔夫·达伦多夫(Ralf Dahrendorf,1929—2009),德国社会学家,冲突理论的主要代表人物之一。1929年5月1日生于汉堡。1944—1945年被囚禁在纳粹集中营。1947年入汉堡大学学习哲学和古典语文学。1952年到英国伦敦政治经济学院学习社会学,1956年获博士学位。1959—1969年先后在萨尔大学、汉堡大学、图宾根大学、康斯坦茨大学执教。1974年出任伦敦政治经济学院院长。主要著作有《马克思的观点》(1953)、《工业社会中的阶级和阶级冲突》(1957)、《走出乌托邦》(1958)、

---

① 参见百度百科"拉尔夫·达伦多夫"词条(https://baike.baidu.com/item/%E6%8B%89%E5%B0%94%E5%A4%AB%C2%B7%E8%BE%BE%E4%BC%A6%E5%A4%9A%E5%A4%AB/5330149)。

《社会人》(1958)、《德国的社会和民主》(1967)、《社会理论文集》(1968)、《新自由》(1974)、《生活机会》(1979)等。

达伦多夫针对第二次世界大战后在西方社会学中一度占主要地位的结构功能主义片面强调共识、秩序和均衡的倾向，指出要更多地关注社会生活现实中的变迁、冲突和强制方面。他要求社会学家走出T.帕森斯所建构的和谐与均衡的"乌托邦"，恢复业已丧失的问题意识，建立冲突的社会分析模式。但他又认为，冲突理论并不排斥均衡理论，两者都是说明社会问题的有用工具。达伦多夫提出，权威的不平等分布是社会冲突的根源。制度化的权威和权力结构必然导致系统的社会冲突。和谐与秩序只是局部的和暂时的，强制和冲突则是普遍的和持久的。社会是冲突与和谐的循环过程，权力和抵制的辩证法则是历史的推动力。

达伦多夫对德国社会、现代化和发展中国家的前途等问题的研究引起社会学界的重视。

三、中国现阶段社会分层与社会平等问题

（一）对中国社会结构进行分层研究的必要性

关于是否有必要对中国社会进行分层研究的问题，有两种基本意见。一种意见认为，中国基本上消灭了私有制和剥削现象，铲除了社会不平等的主要根源，因此，中国社会是平等社会，进行分层研究没有必要。另一种意见认为，总体上废除私有制确实缓解了社会不平等，但是这并不意味着中国社会已经基本上不存在社会不平等。实际上，不平等现象依然普遍存在，并且出现了一些新的不平等，特别是在社会主义初级阶段。因此，为了了解中国目前社会结构的基本性质以及整个社会的运行状态，不仅有必要，而且应当加强对社会结构的分层研究。

（二）中国现阶段的平等原则及其实施过程

1. 中国现阶段的平等原则

中国正处于社会主义初级阶段，在当前的生产力水平及经济体制由计划向市场转轨的背景下，其主导性的平等原则只能是机会均等。只有机会均等原则才能最有效地激发社会成员的积极性，实现最高效率，这也是为实践所证明了的。同时，也只能依据机会均等来考察社会平等问题。

2. 如何实施机会均等原则

实施机会均等原则应当注意以下要点。①严格界定实施领域。实施机会均等原则并不意味着让它完全支配社会生活的一切领域，也不意味着其他平等原则不起任何作用。在与人的基本权利相关的领域，如政治生活中公民权利的分配，就必须实行等额分配的原则。即使是在以机会均等原则为主导的经济生活领域，也应根据具体条件区别对待。此外，在一定的社会领域中，如医疗，还应该根据条件实行效用

平等原则，以治病救人为最高目标。②摈弃先赋条件，强调基于个人努力的自获性条件。根据人们生而具有或自然得到的先赋条件来分配机会是前资本主义时期的特点，这样做的后果是将原有社会差别扩大化、固定化并赋予它世代继承性。把自获性条件同机会相联系，则有助于每个社会成员根据社会效率的要求，努力开发自身潜能。③根据社会活动各个领域的特点制定具体规则。机会均等原则的实施必须靠明确的规则来保证。但是，在制定规则时，应该综合考虑各活动领域的基本宗旨、功能以及实施规则所带来的后果，并将上述方面置于整合与效率、稳定与发展的宏观背景中加以权衡，切不可随意制定规则或在某一领域盲目照搬其他领域的规则。④创造社会环境，努力缩小人与人之间在各种起始条件上的差距。如果人与人之间起始条件差距过大，所谓机会均等就会流于形式，造成实际上的不平等，扩大现实的差距。⑤限制实施机会均等原则所带来的某些消极后果，如社会有价值物的分配过于悬殊等。

（三）中国的社会分层问题

中国社会分层与西方资本主义社会的分层有着本质上的差别。首先，随着私有制的基本废除，中国社会结构发生了深刻的变化。在新的社会结构体系中，社会矛盾主要表现为人民内部矛盾，不再带有阶级对抗的色彩。其次，中国社会在很大程度上铲除了剥削制度的基础，那些由此产生的社会不平等也随之消亡，整个社会的平等程度高于资本主义社会。再次，各阶级间关系的发展趋势发生了根本性变化，最终不再是一个阶级推翻另一个阶级，而是各阶层之间相互依赖，整个社会结构日趋一体化。

若以机会均等的原则为尺度，目前中国社会的不平等主要表现为以下几个方面。①制度、措施和规则的不完善，使得机会均等原则无法实施或遭到破坏，从而导致不平等。②机会均等原则是一种相对平等原则，其前提是肯定人与人之间业已存在的各种差别对机会的影响。这样，在中国各种社会差别仍然存在的情况下，不平等也会产生。③即使完全实现了机会均等，这种平等原则的实施结果也不可避免地产生事实上的不平等。因此，在某种意义上，中国社会的不平等现象还将长期存在。

四、现代社会的理想结构模型

任何社会都有其社会分层结构，即不同社会阶层所形成的总体社会结构的类型。传统社会的社会分层结构是金字塔形的，即极小规模的在财富、权力、声誉上占有垄断地位的上层与极大规模的贫困者、无权者组成的基本社会。这种社会自然要靠强力来维持。尽管社会成员都希望进入社会上层，但是由规模庞大的上层和小规模的下层组成的社会是不存在的。这样，一个合理的选择就是尽量缩小下层社会的规模，同时扩大中层和上层社会的规模。在发达国家，符合这一要求的社会结构是形成一个庞大的中产阶级，而极富有群体和极贫穷群体都相对较小，这就是以中产阶级为主体的社会结构。在这种社会结构中，阶层之间在经济、权力方面的差距（不平等）较小，内在冲突也较小，社会结构处在相对稳定的状态之中。

第四节　改革开放前后中国的社会分层

1949 年中华人民共和国成立以来，我国社会分层结构出现过两次重大变化，第一次是中华人民共和国成立后至改革开放前的 30 年，第二次是改革开放后的 40 年。

一、改革开放前我国社会分层结构

（一）分层结构的制度背景

中华人民共和国成立后，我国在一段时期内实行高度集中的中央计划经济体制，这一体制具有以下几个特点：

一是行政权力控制社会资源的再分配。国家中央机构全面控制着主要社会资源，从而在计划制订者、实施者和生产者之间形成了稳定的资源分配体系。

二是城乡分割。1958 年全国人大常委会通过的《中华人民共和国户口登记条例》，标志着城乡二元身份体制的定型，从而构建了中国城乡阶层分割的基本框架。城乡分割制强化并突出了地域和空间的分层。

三是城市社会的单位化。"单位"是具有中国特色的特殊类型的组织。其不同于一般社会组织的特点有隶属性、行政性、多功能性、低流动性。

如上所述，公有制和以身份制、单位制、行政制为代表的次级制度化结构，构成了改革开放前中国社会结构体系的基本框架。

（二）改革开放前我国社会分层状况

1. 分层结构

（1）社会的核心阶层——干部阶层。他们是计划的制订者和实施者，位居社会权力中心，决定着社会稀缺资源的分配并确定劳动力价格。

（2）专业技术人员和知识分子阶层。他们一般受过高等教育，在生产建设及各项社会事业中发挥着不可替代的作用。

（3）中坚阶层——工人阶级。工人，特别是产业工人具有较高的政治地位，被宪法确定为领导阶级、国家和企业的主人，并享有一系列法定的社会福利待遇。

（4）社会分层体系的最边缘地带——农民。城乡分割的二元体制把农民排斥在中心社会之外，"人民公社"严密组织农民的生产、生活，严格限制他们"盲目流动"，特别是向城市的流动。

2. 分层特点
（1）分层属于一种政治性分层。
（2）分层是一种权力化分层。
（3）分层是一种身份制分层。

二、改革开放以来我国社会分层结构的变化

我国社会结构的变迁在改革开放之后包括两个重大的社会转变过程：一是从农业的、乡村的、封闭半封闭的传统型社会，向工业的、城镇的、开放的现代型社会转变；二是从高度集中的计划经济体制向市场经济体制的转轨。现代化转型和经济体制的转轨，构成考察我国社会分层结构变化的宏观背景和理论视角。

（一）现代化转型对我国社会分层结构的影响

中华人民共和国成立以后，便开始了政府主导的工业化、现代化进程。改革开放以来，这一进程得到全面推进，中国日益加速地融入世界现代化潮流。现代化这一历史进程主要体现着技术和经济的合理化趋势，即基于计算的对经济效率的合理追求。它对社会阶层化的影响表现在以下方面。

第一，随着经济和科技的发展，劳动分工体系发生巨大而深刻的变化，推动着原有职业结构的不断改变。劳动力从农业向工业转移，产品生产者向服务行业转移，增加了一批劳动强度较低而技术含量较高的新兴职业，非体力劳动者的比例不断上升。

第二，新兴职业要求自获性成就，因而更加依赖于教育和训练。类似的职业将获得大体相同的报酬。教育、职业声望及收入之间的联系日益紧密，社会经济综合地位构成社会分层的基本指标。

第三，职业结构的改变，催生出一个庞大的中间阶层，使整个社会的贫富差距逐渐缩小，从而缓解社会冲突，促进社会稳定。

第四，职业体系日趋开放，社会自由流动空间扩大，从而能够依照经济发展的需要合理配置人力资源。

总的来看，由于现代化以科技和效率为向导，在现代化的推动下，教育体系成为重要的职业分配机制，整个社会的职业一般会出现结构性向上流动趋势。

考察现代化进程对社会分层结构及其变化的影响，除了要关注上面的一般趋势以外，还要考虑以下特殊因素。

第一，任何社会的现代化过程均发生于特定的历史文化传统之中，不同的文化传统完全可能影响经济合理化的具体途径，形成各具特色的社会分层模式。

第二，每个社会在步入现代化进程时具有不同的社会起点，具有不同的政治架构、意识形态、组织制度和社会利益结构。这些差别有可能导致不同社会分层结构的最终差异。

第三，我国是社会主义社会，基本制度和体制与资本主义社会有很大区别，国家对社会经济生活具有更强的干预功能。

第四，外部国际环境的差异，我国属于"迟发—外生"型的现代化，集中表现为受到"全球化"趋势的影响。

综上所述，在工业化、现代化过程中，我国的社会分层化过程在总体上可能会接近某种共同模式，出现一些现代化国家的共同特征，但在一定程度上必然具有自己的特色。

（二）经济体制转轨对我国分层结构的影响

经济体制转轨是社会主义社会面临的特殊问题。20世纪80年代，几乎所有的社会主义社会都发生了由中央计划经济体制向市场经济体制的转轨。这一变化构成研究我国当前社会分层的重要背景。经济体制向市场化转轨的实质是变革原有的权力结构以及社会资源的占有、分配关系，因而是一场影响深远的社会利益结构的重大调整。

考察我国在市场化转轨中社会分层的变化，必须充分关注以下特点。

第一，我国的经济转轨是国家主导的、渐进的、和平的改良过程。国家逐步引入市场机制，不断提高市场化程度，从而形成一种多种经济成分并存的"混合体制"。"混合体制"意味着社会不同部分的转轨是不同步的、非均衡的。

第二，自上而下的市场化转轨意味着市场并不是由经济关系的发展而自发形成的，而是在政治权力的干预下创造出来的。因此，权力阶层可能具有双重身份——既是市场规律的制定者和维护者，又是具有自身特殊利益取向的行动者。"经济市场化"很可能伴生出"政治市场化"，即财富和权力有可能相互交易。

第三，"混合体制"不是纯粹的市场经济体制，原有的"再分配"体制中的主要成分，如所有制形式、产权关系、户籍制度等在很大程度上被保留下来，仍然是影响社会分层的制度性要素。

第四，市场化导致"体制外"经济成分逐渐扩大，市场机制的作用不断扩展，出现了"自由流动资源"和"自由活动空间"，在社会分层过程中发挥着重要影响。

总之，我国当前正处于经济体制向市场化转轨的过程之中。这一过程尚未完结，社会主义市场经济体制尚未完善，因而社会分层结构也处于急剧变化之中，两种体制的并存是解释我国社会分层模式变革的基础。

（三）当前我国社会分层研究的若干问题

社会结构转轨和经济体制转轨引发了我国社会分层体系的深刻变化，这一变化将极大地影响我国未来的社会发展走向以及社会的基本运行状态。

当前社会分层研究中，下述问题引起了广泛关注。

（1）社会精英的构成问题，即谁是改革的最大受益者。

(2) 中间阶层的走向问题，即中间阶层能够成为我国社会分层结构中的主体。
(3) 弱势群体问题。
(4) 阶层范畴与阶级概念的关系问题。

（四）中国当代社会分层

中国社会科学院课题组完成的《当代中国社会阶层研究报告》中，提出了以职业分类为基础，以组织资源、经济资源和文化资源的占有状况为标准来划分社会阶层的理论框架，并将目前我国的社会阶层划分为10个层次。

(1) 国家与社会管理者阶层：主要指在党政、事业和社会团体机关单位中行使实际的行政管理职权的领导干部。

(2) 经理人员阶层：主要指大中型企业中非业主身份的高中层管理人员。

(3) 私营企业主阶层：主要指拥有一定数量的私人资本或固定资产并进行投资以获取利润的人，按照现行政策规定，即包括所有雇工在8人以上的私营企业的业主。

(4) 专业技术人员阶层：主要指在各种经济成分的机构（包括国家机关、党群组织、全民企事业单位、集体企事业单位和各类非公有制经济企业）中专门从事各种专业性和科学技术工作的人员。

(5) 办事人员阶层：主要指协助部门负责人处理日常行政事务的专职办公人员，主要由党政机关中的中低层公务员、各种所有制企事业单位中的基层管理人员和非专业性办事人员等组成。

(6) 个体工商户阶层：主要指拥有少量私人资本（包括不动产）并投入生产、流通、服务业等经营活动或金融债券市场，而且以此为生的人。

(7) 商业服务业员工阶层：主要指在商业和服务行业中从事非专业性的、非体力的和体力的工作人员。

(8) 产业工人阶层：主要指在第二产业中从事体力、半体力劳动的生产工人、建筑业工人及相关人员。

(9) 农业劳动者阶层：指承包集体所有的耕地，以农（林、牧、渔）业为唯一或主要的职业，并以农（林、牧、渔）业为唯一收入来源或主要收入来源的人员。

(10) 城乡无业、失业、半失业者阶层：指无固定职业的劳动年龄人群（排除在校学生）。体制转轨和产业结构调整导致一批工人和商业服务业人员处于失业、半失业状态。

延伸阅读

陆学艺[①]

陆学艺，男，汉族，1933年8月出生于江苏无锡。1962年毕业于北京大学哲学系，同年考入中国科学院哲学研究所。1965年毕业后留哲学所工作，任助理研究员、副研究员。1983—1986年以中国社会科学院派出人员身份在山东陵县长期蹲点，并兼任该县县委副书记，调查研究农村实行家庭联产承包责任制后的经济社会问题，研究县级政治经济体制改革问题。1985—1987年任中国社会科学院农村发展研究所副所长，被国家科学技术委员会评为有突出贡献专家。1987年调任该院社会学研究所副所长。1988年任所长、研究员，兼任中国社会科学院研究生院教授、博士生导师。先后担任中国社会学会副会长兼秘书长、会长、中国民营经济研究会副会长，中国农村社会学研究会理事长，中国社会科学院学术委员会委员，北京工业大学人文学院院长，是第八届、第九届全国人大代表。1995年被评为全国先进工作者。

研究特长：社会学理论、社会结构研究和农村发展理论研究。

主要成就：1978—1980年，陆学艺通过对安徽、甘肃包产到户试点的调查，撰文为在全国推行包产到户不断呼吁。1982年，陆学艺提出，农村单靠推进家庭联产承包责任制改革、单兵突进远远不够，必须进行县级体制综合改革，并亲率课题组到山东陵县蹲点3年，兼任县委副书记，研究农村改革发展问题。陆学艺开启了"农村发展理论"研究的先河，他主编《当代中国社会阶层研究报告》，把社会群体划分为十大阶层，一度成为研究中国社会转型的重要参考。

作为一名"三农问题"专家，陆学艺提出了许多解决"三农问题"的改革方案和对策，较早地指出"计划为体、市场为用"的体制在中国农村行不通，应走出"城乡分治，一国两策"的困境，并认为中国农村必须要在实行家庭联产承包责任制和其他一些初步改革的基础上进行"第二次改革"。其学术思想在实践和理论层面对中国农村改革产生了深远的影响。

---

① 参见百度百科"陆学艺"词条（https：//baike. baidu. com/item/%E9%99%86%E5%AD%A6%E8%89%BA/74332？fr=aladdin）。

第五节 社会流动

在研究社会分层时，我们不但要注意各个社会阶层之间的静态差异，还应该考虑个人或群体社会阶层的动态变化。社会结构的调整过程主要就是通过社会流动实现的。如果说社会分层研究主要是从静态角度研究社会地位结构，那么，社会流动研究则是从动态的角度研究社会的地位结构。

一、社会流动的含义和类型

（一）社会流动的含义

社会流动是指社会成员从一种社会地位向另一种社会地位，从一种社会职业向另一种社会职业的转移和变动。同时，由于社会关系空间与地理空间在一定程度上具有密切的联系，一般也把人们在地理空间的流动归为社会流动。社会流动不仅对个人有着重要的意义，对社会结构的维持和发展也产生重要影响。

（二）社会流动的类型

1. 根据流动方向划分

根据流动方向划分，可以把社会流动分为水平流动与垂直流动。

水平流动是指同一等级社会地位间的社会流动。它多半是地区间的流动，也包含在同一地区的不同工作群体或组织之间的流动。水平流动可以使自然资源、物质财富和人才资源得到合理的分配和使用，影响着人口的地区分布和同一产业的内部结构。它带来人员的交往，有利于各地区和群体之间的文化交流，能打破地区和人群的封闭状态，有利于社会的发展。

垂直流动是指不同等级的社会地位间的变动，它既可以是朝向更高社会地位等级的移动，也可以是朝向更低等级的移动。前者为向上流动，后者为向下流动。垂直流动可以伴随地区间流动，也可是原地升降。垂直流动无论对个人还是对社会都极为重要，它影响社会的阶级、阶层和产业结构。如果一个时期内向上流动的频率超过向下流动的频率，说明社会在进步；反之，说明社会在倒退。

2. 根据衡量流动的不同参照基点划分

根据衡量流动的不同参照基点划分，可以把社会流动分为同代流动（一生中的流动）和代际流动（异代流动）。

同代流动是指一个人在相当长的时间里，其社会地位所发生的变化。参照基点一般是自己的最初职业。它用来记录和研究社会成员社会地位的变化方向和速度等情况，以便考察这些变动的原因和规律。同代流动通常以社会成员的职业地位为标准。

代际流动是指同一家庭中上下两代人之间的社会地位的差别。参照基点是父亲（母亲）在同一年龄时的职业或其他地位。社会学家通过比较父母与子女的社会地位在同一年龄阶段的差异，研究和分析导致代际流动的原因，从而揭示出社会发展变化的趋势。

3. 根据流动原因划分

根据流动原因划分，可以将社会流动分为自由流动与结构性流动。

自由流动是个人原因所造成的地位变化。这种社会流动通常不会导致社会基本结构和人口分布的重大变化，因而又被称为"非结构性流动"。

结构性流动是由于社会结构的变迁而造成的个人地位变化。这种社会流动通常具有规模大、流动速度快、变化急促等特点。结构性的流动会在短期内影响社会结构和人口分布的变化。

二、社会流动的模式

（一）开放式流动

开放式流动是社会成员在各阶层、职业间流动不受制度性限制的流动模式。在这种模式中，所有的职业、职位对全体社会成员都是开放的。

（二）封闭式流动

封闭式流动是社会成员只能在一定范围内流动的社会流动模式。这种流动模式存在于传统社会中，它常常把社会成员分为几大类别，彼此之间建立壁垒，限制了社会成员能力的最大限度发挥，容易积累社会矛盾和冲突。

（三）混合式流动

混合式流动是在一个社会中既有开放式流动，又有封闭式流动的状况。社会成员可以在一定的范围内流动，但不能进入另一个封闭的领域。例如，在封建社会，平民可以由仕途或军功而为将相，但一般不能封王，除非他们造反而自立为王。

三、影响社会流动的因素

社会流动作为影响所有社会成员和社会群体生活的普遍现象，受诸多因素的制约。影响社会流动的因素大体可归纳为经济、自然、人口、社会4个方面。

（一）经济因素

一般来说，经济发展水平高的地方都是人口流向的中心，而经济发展水平相对低的地方都会向高的地方流动。高水平的地方是人口输入地区，低水平的地方一般都是人口输出地区。高水平的地方的物质条件、医疗、教育、环境都相对较好，很多人都向往，这是人之常情。

（二）自然因素

自然环境的变化是引起社会流动的一个重要原因，由此引起的社会流动多半是空间上的流动，它调节着人口和资源的重新分配。突发性的自然灾害，如地震、火山爆发、洪水、干旱，以及其他自然灾害等，都会使一定地域内的人口短期内大量外流。

（三）人口因素

人口是生活在自然环境之中并依靠自然资源（包括土地、动物、植物、矿物和淡水）而生存的。自然资源中较突出的是土地资源，它有一定的承载力。如果人口密度超过资源的承载力，就势必引起人口的向外流动。

（四）社会因素

从一定的意义上讲，引起社会流动最根本的原因来自社会。从个别人的流动来探究原因是纷繁复杂的，只有从总体上分析流动，才能真正把握其社会原因。社会因素概括起来表现为3个方面。①社会价值观。这是引起社会流动的一个重要原因。被一定的社会价值观肯定的东西，如地位、声望、财富等，人们竞相追求，成为推动人们向上流动的原因。②战争、民族歧视与民族压迫。这是社会流动的一个常见原因。中国人曾把由自然灾害引起的流动叫"逃荒"，而把由战争和民族压迫引起的流动称为"逃难"。哪里有战争和民族压迫，哪里就有难民逃出。③社会改革与社会革命。这是引起社会发生结构性流动的原因。社会改革调整了政治经济制度和产业结构，是一场深刻的社会变迁，必然引起人口在空间和职业阶层间的流动。

四、合理的社会流动是社会良性运行的重要机制

（一）合理的社会流动的一般标准

合理的社会流动是指那些促进社会良性运行的社会流动。一般应符合两项标准：①量的合理性，即能够适应社会需要和社会承受力的流动量，使社会流动量保持在社会发展和社会承受、容纳能力之间的特定范围内；②质的合理性，指社会流动所体现的原则要与社会的基本制度要求相适应。

现阶段合理流动的基本原则是机会平等原则。而为了实现机会平等的社会流动，必须同时实行普遍性原则和自获性原则。普遍性原则是用来衡量社会地位的开放性质是否合理的标准。自获性原则是用来衡量个人获得社会地位的条件是否合理的标准。

（二）合理的社会流动对社会运行的协调作用

分层现象归根结底反映着人们观念上和利益上的差异，以及由此产生的人们在社会表现方面的差异。这些差异是各个社会层次之间沟通和协调的障碍，也是产生社会隔阂和社会冲突的根源。

但合理的社会流动会促进社会的良性运行，具体表现在以下几个方面。

（1）合理的社会流动有利于社会保持一种开放式社会分层结构，从而形成开放、动态的封层结构来取代封闭、固定式分层结构，有助于消除人与人之间的不平等。在社会分层现象不可避免的情况下，合理的社会流动减少了人与人之间的差异，缓解了由地位差异而产生的隔阂和冲突，不断调整个人与社会分层结构之间的关系，增加社会成员改变自身社会地位的机会，促进社会公平发展，从而发挥维护社会稳定的功能。

（2）合理的社会流动有助于拓宽社会各层次之间的接触界面，增进不同社会阶层之间的相互了解与相互联系，加强社会整合，缓解社会冲突，促进社会良性运行和协调发展。

（3）合理的社会流动能够有效地激发人的积极性和开拓进取精神。较高的社会地位是对有能力的人的一种奖赏，从而能够有效地激发人们的积极性，促使人们充分发挥自己的聪明才智，给社会系统注入强大的活力，从而实现高水平的社会良性运行。

延伸阅读

社会流动中的"二代"现象
——关于代际传承和阶层固化问题的调查分析[①]

经过 30 多年的改革开放，中国社会的阶层结构已经发生了根本性的变化。近年来网络等媒体频繁出现的"富二代""官二代""贫二代""农二代"等热词，也反映出我国社会阶层代际传承性问题及社会阶层固化问题受到了普遍关注。这里分类进行分析。

"官二代"：出身背景等先赋性因素的作用减弱但并未消失

中国社会科学院"当代中国社会阶层结构变迁"课题组研究认为，国家和社会管理者阶层表现出一定的代际继承性。父亲职业为干部、企业管理人员和企业主的人最可能成为国家和社会管理者。这些人 100 个中大约有 7 个成为国家和社会管理者（6.6%），专业技术人员和办事人员家庭出身的人也具有一定的优势，这个比例

---

① 顾辉：《社会流动中的"二代"现象——关于代际传承和阶层固化问题的调查分析》，载《北京日报》2015 年 1 月 26 日。

分别为 3.1%和 2.7%。郑辉、李路路分析发现，精英的子女成为精英的比例是非精英的子女成为精英的 1.925 倍。这说明精英阶层的确是再生产的。周玉对南方两地省委党校学习班干部的研究发现，对于干部的社会网络资源积累而言，出身背景等先赋性因素的作用减弱但并未消失，人力资本等获致性因素的影响日渐显现，政治资本作为体制性因素依然发挥着巨大的影响力。

这些研究基本上认同：无论改革开放前后，干部阶层都存在较高的继承性。改革开放以来，尤其是 20 世纪 90 年代之后，干部阶层的继承性有所增强。也即是说，干部阶层中"官二代"的现象一定程度地存在，但是改革开放前后"官二代"的继承机制有所变化。改革开放之后尽管干部选拔以绩效为原则，但是通过政治身份、教育文凭、社会关系网络等中介途径，干部阶层继续发挥着社会阶层地位获得的优势。

"知二代"：代际流动中自致性因素发挥着核心作用

中国社会科学院"当代中国社会阶层结构变迁"课题组对专业技术人员阶层的研究显示，专业技术人员的阶层地位的代际传递性较强，现有的专业技术人员中，父亲职业为专业技术人员的比例（19.8%），是其平均分布比例的（3.3%）的 5.6 倍。李路路对 3 个城市 1998 年的问卷分析显示，在改革开放前后，父代专业技术人员地位对子代获得专业技术人员地位都有显著影响。随后，他对 2003 年 CGSS 数据的研究进一步证实了技术干部精英和专业技术精英职业的获得均受到家庭背景的显著影响。孙明的研究认为，改革开放以后家庭背景对知识分子阶层的阶层再生产有着显著的影响，知识精英阶层存在较高阶层继承性并表现出一定程度的封闭性。

"富二代"：财富和职业有高代际继承率，经营能力受关注

私营企业主阶层是我国城乡较早出现的经济精英。私营企业主具有经济资本的优势，但是对于第一代私营企业主而言，他们基本上没有表现出代际继承性。"当代中国社会阶层结构变迁"课题组的研究发现，私营企业主的阶层位置获得没有明显的家庭背景因素的影响，他们的成长更多地凭借自身的勤奋努力、聪明才干和风险机遇。

与农村经济精英相比，城镇的经济精英更多是指经理人员阶层。根据"当代中国社会阶层结构变迁"课题组的研究，经理人员与第一代私营企业主有着相似的背景，主要依靠自己的努力和能力获得经济社会地位，但是与私营企业主不同，经理人员阶层不拥有对企业的产权，因此，其子女不可能像私营企业主子女那样可以获得企业的合法继承权。因此，经理人员的阶层继承性不可能像私营企业主那样高，而其子女要想成为经理人员，也主要依靠自身的禀赋与努力。

总之，由于财富代际继承的合法性，人们对经济精英财富的代际转移很少存在质疑，因此在"富二代"的社会流动上，这种财富和职业的高代际继承率是毋庸置疑的。也许正是因为这种无悬念，人们对"富二代"的持续热议就转移到这些阶层的经营能力和生活方式上。但是，或许鉴于调查的难度和敏感，这方面客观理性的研究还较少，还需要进一步拓展和深入。

"农二代"：农业劳动者阶层是一个代际继承性最强的阶层

改革开放以来，社会阶层结构变迁显著的特点之一就是农民阶层的分化，其中最让人瞩目的就是中国大地上涌现了2.6亿左右的农民工。这些游走于城市和农村之间的农民工，尤其是新生代农民工将极大地改变中国迈向工业化、城镇化和现代化的步伐。对这一群体的研究，一直是学术界的热点。

中国社会科学院"当代中国社会阶层结构变迁"课题组的研究表明，农业劳动者阶层是一个代际继承性最强的阶层。92.8%的农业劳动者出身于农民家庭，同时，超过半数的农民家庭子女（54.9%）仍然是农业劳动者。这项研究的调查是在10余年前进行的，之后中国加入世界贸易组织，经济增长的出口导向促进了东部沿海地区出口加工业的迅速增长，并由此吸引了大批中西部农业剩余劳动力进城务工，形成了庞大的农民工群体。这种人口大规模的流动不仅是地域间和职业间的流动，从社会分层与流动角度看，是从农民阶层向工人阶层的过渡，是上升的社会流动。此外，一些局部的研究普遍认为，农民阶层是一个流动相对较频繁的阶层，尤其是对"80后"而言，他们从事农业劳动的比例很低，因此，其阶层继承率也很低。但是，农业劳动者阶层的代际流动的上升空间并不大，多数从农业劳动者阶层上升为产业工人阶层，跨越体力劳动阶层成为白领阶层存在较大困难。

在"农二代"中，新生代农民工是一个特别受到关注的群体。从社会流动角度看，相对于他们的父辈，新生代农民工虽然实现了职业转换，但是由于城乡二元制度的制约，这种在职业地位上的上升流动并没有实现新生代农民工社会地位真正意义上的上升流动，由于大多数新生代农民工缺乏一技之长，他们随时面临着不得不回到家乡的可能，或者在城市成为失业、半失业青年。

"贫二代"：向上流动的机会、空间和渠道愈来愈狭窄

从社会结构角度看，中国贫困阶层的产生是具有结构性特征的，即自20世纪90年代以来，社会资本和社会资源向优势群体积聚从而限制、剥夺了社会中下层群体对社会资源的分享，底层群体向上流动的机会愈来愈少，空间和渠道愈来愈狭窄。

20世纪60年代，美国的经济学家刘易斯提出了"贫困代际传递"概念。尽管没有中国贫困代际传递的确切数据报告，但是诸多区域性和小范围的实证研究表明贫困的代际传递现象在中国城乡是存在的。对贫困代际传递的理论解释有文化贫困理论、政策贫困理论以及经济结构贫困理论。在这些理论解释中，影响贫困代际传递的因素可以概括为几个主要方面，包括人口和健康、教育、社会（政策）排斥、生活环境、素质（能力）以及社会关系网络等。国内的实证研究也主要围绕这些因素展开，但是从这些研究来看，关于贫困代际传递的理论解释缺乏系统性，往往过于强调某些因素的影响而忽略了其他因素的影响，因此，构建贫困代际传递研究框架还需要宏观理论建构与微观实证研究相结合。

农民工职业流动的三个趋势性特征[①]

农民工市民化的实现需要经历相对长期的过程，关注农民工内部的职业分化并促进该群体中有条件的农民工实现向上的职业发展应是推进农民工市民化进程的核心内容和关键环节之一。

十年来的数据显示：农民工内部已经出现了日趋明显的职业分化现象

课题组自2004年起建立农民工市民化数据库。10年数据显示，农民工内部已经出现了日趋明显的职业分化现象，相当一部分农民工所从事的职业已表现出"去体力化"，甚至完全"去农民工化"特征，这一比例从2004年的4%上升至2014年的17%左右。从推动农民工市民化的现实来看，这种职业发展趋势正是该群体实现市民身份转变的必要过程和能力支撑，而且推动这部分农民工优先实现市民化身份转变也正契合《国家新型城镇化规划（2014—2020年）》中提出的推进符合条件的农业转移人口率先落户城镇这一政策要求。

在815个有效样本中466个农民工发生过职业流动（更换工作），平均流动次数为1.86次，其中140个农民工在职业流动后实现了向上的职业发展，这一样本数占发生职业流动农民工的31.0%，占全部有效样本的17.2%。

农民工的职业流动经历呈倒"U"形分布

在曾经发生过职业流动的农民工中，约23.1%的农民工经历过一次工作转换，有超过30.0%的农民工发生过两次甚至更多次的职业流动经历。值得注意的是，伴随着农民工外出务工年限的推移，该群体的职业流动经历并不是一种单调上升或下降的趋势，而是表现出先上升后下降的倒"U"形形态，更换工作比例从最初的23.6%，逐年上升至34.1%、37.3%、39.3%、61.9%，直到第六年达到最高的67.7%后又总体呈现出逐年降低态势。

发生职业流动的农民工离开初次职业的时间间隔约为4.1年，而后随着流动次数的增多，过于频繁的职业流动使农民工陷入不断更换工作的恶性循环之中。农民工职业流动的次数越多，其就业的职业稳定性就越弱。从历次流动的距离变化来看，随着农民工职业流动次数的增多，其流动的距离反而越来越远。一个可能的解释是，在户口所在地缺乏更好就业机会的情况下，农民工倾向于利用各种社会资源和机会条件脱离他们的户口所在地，前往更大的城市寻找合适的职业发展机会。

年龄越小的农民工职业向上流动的可能性越大

从我们跟踪调研的数据显示：第一代农民工发生职业流动的概率为57.9%，平均职业流动次数1.99次，均高于新生代农民工的56.5%和1.74次；但新生代农民工获得职业发展的可能性（20.0%）要高于第一代农民工（14.3%）。农民工年龄越小，通过职业流动获得职业向上发展的可能性就越大。"50后"和"60后"的这

[①] 纪韶、王珊娜：《农民工职业流动的三个趋势性特征》，载《北京日报》2015年1月5日。

一指标只有11.8%和12.6%,"70后"为15.9%,而"80后"则达到23.6%,"90后"为15.1%。"90后"由于工作年限不长,工作经验的积累无法与"80后"相提并论。"80后"的优势可能来自工作经验和受教育程度的平衡,以及更容易接受新事物、适应环境的变化。

正确看待社会流动问题①

中国社会是否出现阶层固化现象,这是近年来许多人比较关注的问题。人们关注这个问题,主要是担心自己向上流动的渠道变窄、未来发展的空间受限,害怕在机会分配上遇到不公平对待。那么,当前究竟应该如何看待我国的社会流动问题?

对社会流动的判断,不同的学者有不同的标准。通常意义上讲,社会流动有两个重要的维度:一个是代内流动,即一个社会成员从初始社会阶层向现在所处社会阶层的流动;另一个是代际流动,即一个社会成员与其父辈相比的阶层变化。从代际角度看,子女社会地位的获得受到父辈地位的影响越深,社会就越封闭,越缺乏流动性。

在促进社会流动的因素中,有个人和家庭的因素,也有社会发展的因素。不可否认,家庭对个人的社会流动具有重要影响。但我们也要看到,在现代社会,家庭在影响人的社会地位时,往往不再简单地表现为子承父业等形式,而且更多地通过让子女受到良好教育来支持子女的职场发展。也就是说,不管一个人出身于哪个阶层,如果他不能在现代教育体系中获得被这个社会承认的人力资本,就很难获得良好的社会地位。从这个意义上说,受教育程度对人的社会阶层具有重大影响。

从社会发展因素看,社会流动有一个基本规律,就是越上层的位置越难流入,这是一个普遍现象。在西方发达国家,人们进行跨阶层的向上流动也比较困难。这是因为工业化过程逐渐完成后,阶层之间发生流动的结构性动力已逐渐减弱。尤其是当经济增长由粗放型向质量效益型转变时,社会上层工作岗位对人的专业技能、受教育程度、综合素质等会提出更高的要求,从而使向上流动的难度不断增加。因此,个人在职场上向上发展难度越来越大,并不能简单地归结为社会阶层固化。

那么,在现代社会,政府如何防止社会阶层固化呢?基础是推动经济社会发展,为民众提供向上流动的机会。从很多国家的发展经验来看,在经济高速发展时期,一般社会流动都会加快。比如,20世纪50年代到70年代的欧美主要国家,普遍经历了一个经济较快发展的阶段,社会活力充沛,社会流动加快。我国改革开放的过程也是一个社会活力被激发、社会流动加快的过程。数以亿计的人从温饱到小康、从农民身份到市民身份、从低收入群体到中等收入群体的转变,充分说明了改革开放以来我国社会流动程度之大。

防止社会阶层固化,关键是深化改革、促进机会公平。事实上,如果一个人

---

① 马峰:《正确看待社会流动问题》,载《人民日报》2017年7月20日第7版。

在社会中能够靠自己的努力获得成功，就证明这个社会是具有流动性的，机会是公平的。当前，我国采取的许多举措如鼓励大众创业万众创新、实施户籍制度改革、推动教育均衡发展等，着眼点都是实现机会公平、促进社会流动。习近平同志指出："我们要坚持改革开放正确方向，敢于啃硬骨头，敢于涉险滩，既勇于冲破思想观念的障碍，又勇于突破利益固化的藩篱。"党的十八大以来，党中央提出的治国理政新理念新思想新战略，体现了我们党正在以更大的政治勇气全面深化改革，努力建设一个更加充满活力的社会。如果说30多年前我国用"让一部分人先富起来"激发了社会活力、促进了社会流动，那么，今天我们正在用全面深化改革来激发社会活力、促进社会流动。在全面深化改革的进程中，每一个人都有人生出彩的机会。

本章小结

每个社会总会存在不平等和差异，不同等级的人有着不同的社会利益，甚至同一个等级的人也会存在不同的社会利益。因此，研究这些不平等和差异就显得尤为重要。本章主要介绍有关这些不平等和差异的社会分层和社会流动理论。主要内容包括社会分层的含义及其理论、社会分层的功能、社会分层与社会平等相关问题，以及改革开放前后中国的社会分层、社会流动等。

本章知识与能力训练

一、判断题

1. 韦伯的阶层论从多维度对社会分层进行了研究。（　　）
2. 阶级划分主要取决于领得社会财富的方式和多少。（　　）
3. 一个人在一生中职业或社会地位的变化称为"代际流动"。（　　）
4. 社会分化的原因一般是劳动分工的需要。（　　）
5. 社会分化的因素包括生物因素和社会文化条件。（　　）
6. 父母的社会地位与子女的社会地位的比较属于向上流动。（　　）
7. 社会分层是社会分化的一个重要形式。（　　）
8. 社会流动不利于社会的良性运行。（　　）
9. 我国已经消灭了社会不平等。（　　）
10. 就业制度会影响人们的社会地位。（　　）

二、单项选择题

1. 提出社会分层3个标准的社会学家是（　　）。
A. 杜尔克姆　　B. 帕森斯　　C. 韦伯　　D. 吴文藻

2. 我国消灭剥削阶级采取的政策是（　　）。
   A. 肉体上消灭　　　　　　　B. 财产上全部消灭
   C. 让其自生自灭　　　　　　D. 针对不同情况，采取不同政策
3. 我国职业分层的基本特点是，职业地位的高低主要取决于（　　）。
   A. 专业化的程度　　　　　　B. 社会声望的高低
   C. 职务　　　　　　　　　　D. 报酬的高低
4. 功能论的代表人物是（　　）。
   A. 韦伯　　　　B. 库利　　　　C. 帕森斯　　　　D. 米德
5. 按照一定的社会集团在社会经济结构中所处的地位不同划分的是（　　）。
   A. 阶层　　　　B. 等级　　　　C. 种姓　　　　D. 阶级
6. 医生、工程技术人员、律师属于（　　）。
   A. 农民阶层　　B. 工人阶层　　C. 小资产阶层　　D. 知识分子阶层
7. 张某原是一名返城知青，后进厂当了工人，现下岗开了一家饭馆，收入颇丰。张某完成的社会流动是（　　）。
   A. 代际流动　　B. 垂直流动　　C. 水平流动　　D. 结构流动
8. 社会成员在社会分层结构中跨越等级界限的位置移动是（　　）。
   A. 垂直流动　　B. 水平流动　　C. 向上流动　　D. 向下流动
9. 子女相对于其父母地位的变化称（　　）。
   A. 垂直流动　　B. 水平流动　　C. 代内流动　　D. 代际流动
10. 在一种分层结构中，个人的地位是社会预先规定了的，本人不能自由选择，这种分层结构是（　　）。
    A. 水平结构　　B. 垂直结构　　C. 封闭性结构　　D. 开放性结构
11. 人们从处于同一水平线上的一种职业向另一种职业的横向流动，这种流动是（　　）。
    A. 代内流动　　B. 水平流动　　C. 垂直流动　　D. 代际流动
12. 经过社会革命或其他剧烈的社会变动，社会分层结构会发生根本性的变化。1949年之后中国的分层结构发生的变化就是这样的。这种变动称为（　　）。
    A. 开放性社会结构　　　　　B. 结构性流动
    C. 非结构性流动　　　　　　D. 社会变迁
13. 从更普遍的角度看，社会学家使用较多的分层指标是（　　）。
    A. 收入　　　　B. 年龄　　　　C. 职业　　　　D. 民族
14. 提出精英循环理论的著名社会学家是（　　）。
    A. 斯宾塞　　　B. 韦伯　　　　C. 帕累托　　　D. 杜尔克姆

三、多项选择题
1. 社会分化的形式主要有（　　）。
   A. 垂直分化　　B. 水平分化　　C. 向上分化　　D. 向下分化

第八章　社会分层与社会流动

2. 以下属于社会地位社会差别的有（　　）。
   A. 性别　　　　B. 肤色　　　　C. 职业类别　　D. 收入高低
3. 韦伯主张从（　　）3个维度来对社会分层进行研究
   A. 经济　　　　B. 声誉　　　　C. 权力　　　　D. 家庭背景
4. 社会分层的标准主要有（　　）。
   A. 收入　　　　B. 职业　　　　C. 教育程度　　D. 权力
5. 下列关于社会分层方法的说法中，正确的是（　　）。
   A. 主观法是由人们根据某种标准，对自己的情况进行归类，指出自己所属阶层的方法
   B. 社会分层的标准是多元化的
   C. 不同的社会分层标准会得出不同的分层结构
   D. 恩格尔系数法也是社会分层方法的一种
6. 以下社会分层制度中属于封闭性社会分层结构的是（　　）。
   A. 奴隶制　　　B. 农村社区　　C. 城市社区　　D. 种姓制
7. 在社会分层的功能这一问题上，持冲突论观点的社会学家有（　　）。
   A. 韦伯　　　　B. 帕森斯　　　C. 马克思　　　D. 达伦多夫
8. 社会流动的主要模式包括（　　）。
   A. 开放式流动　B. 封闭式流动　C. 混合式流动　D. 群体式流动
9. 在下列社会阶层中，属于改革开放以来新出现的有（　　）。
   A. 私营企业主阶层　　　　　　B. 失业者阶层
   C. 工人阶层　　　　　　　　　D. 专业技术人员阶层
10. 根据衡量流动的不同参照基点可以把社会流动分为（　　）。
    A. 同代流动　　B. 垂直流动　　C. 异代流动　　D. 水平流动

四、思考题

1. 简述社会分化及其后果。
2. 社会分层的方法有哪些？
3. 社会分层的标准有哪些？
4. 试论述社会流动的合理性。

五、案例分析

改革开放政策使大量农民走出土地、走出农村，如汹涌的大潮涌入城市。2017年11月10日上午，国家卫生和计划生育委员会举办新闻发布会，发布了《中国流动人口发展报告2017》。报告指出，2016年我国流动人口规模为2.45亿人。数据显示，我国流动人口总量在2011—2014年间持续增长，由2011年的2.30亿人增长至2014年的2.53亿人。自2015年流动人口总量开始下降，6年来，流动人口在总人口中的占比有升有降，但仍保持较大比重。可以预见，在今后较长一段时期，大规模的人口流动迁移仍将是我国人口发展及经济社会发展中的重要现象。

具体到社会的某个个体来说,张三的父母都是农民,他本来也是个农民。改革开放之后,张三进城务工,刚开始在一家工厂打工,后来辞职单干,自己单独成立了一家公司,年收入上千万元,后来又加入该城市的户口,成为一名"城里人"。

请问:

1. 张三的经历包括哪几种社会流动类型?
2. 影响一个人职业地位的条件有哪些?

参考答案

一、判断题

1. √ 2. × 3. × 4. √ 5. √ 6. × 7. √ 8. × 9. × 10. √

二、单项选择题

1. C 2. D 3. A 4. C 5. D 6. D 7. D 8. A 9. D 10. C 11. B 12. B 13. C 14. C

三、多项选择题

1. AB 2. CD 3. ABC 4. ABCD 5. ABCD
6. AD 7. CD 8. ABC 9. AB 10. AC

四、思考题

1. 社会分化是指社会结构系统不断分解成新的社会要素、各种社会关系分割重组最终形成新的结构的过程。

社会分化会产生两方面的结果。一方面,有助于提高社会的整体功效。社会分化导致的专门化,可以提高社会管理的专业化程度。社会正是通过内部结构的不断分化来适应环境,求得自身发展的,因此,社会分化程度可以作为社会发展水平的重要判定标准。另一方面,社会分化对整个社会系统的协调提出了更高的要求,加大了社会整合的难度。分化程度越高,协调的任务越重,协调的难度越大,协调的要求越高。

2. 社会学的分层一般采用3种方法,即主观法、声誉法、客观法。

3. 社会分层的标准一般包括两类:一是以外显地位为划分标准,如以人们所从事的职业为标准;二是以潜在地位为划分标准,如收入、教育程度、技术水平等。常用的社会分层标准包括收入、职业、教育程度和权力。此外,家庭背景、居住区位等都可以作为分层的标准。

4. 合理的社会流动会促进社会的良性运行,具体表现在以下几个方面:第一,合理的社会流动有利于社会保持一种开放式社会分层结构,从而形成开放、动态的封层结构来取代封闭、固定式分层结构,有助于消除人与人之间的不平等;第二,合理的社会流动有助于拓宽社会各层次之间的接触界面,增进不同社会阶层之间的相互了解与相互联系,加强社会整合,缓解社会冲突,促进社会良性运行和协调发展；第三，合理的社会流动能够有效地激发人的积极性和开拓进取精神，从而能够有效地激发人们的积极性，实现高水平的社会良性运行。

五、案例分析

【分析要点】1. 社会流动是指人们在社会关系空间中从一个地位向另一个地位的转移、变动。由于社会关系空间与地理空间在一定程度上具有密切的联系，一般也把人们在地理空间的流动归为社会流动。社会流动不仅对个人有着重要意义，对社会结构的维持和发展也产生重要影响。

这个案例包含了以下几种社会流动类型。①垂直流动。垂直流动是指不同等级的社会地位间的变动，它既可以是朝向更高社会地位等级的移动，也可以是朝向更低等级的移动。从个人的角度看，个人所占据的社会地位结构发生改变，一般认为，职业地位无论是对社会还是个人都具有特殊意义，在个人地位结构中起主要作用，当一个人从低的职位层次转向较高层次的时候，尽管是个人行为，但它不仅对个人具有意义，而且对整个社会结构也会产生影响。例如，案例当中的张三本来出身于农民家庭，随着社会经济的发展，他进城打工，并不断努力进取，自我增值，累积工作经验，后来单独成立了一家公司。虽然一个人的职业地位转向不能宏观地使社会流动有很大的地位结构改变，但是从案例当中可以看到社会流动的速度及社会运行状态。②代际流动。代际流动是指同一家庭中上下两代人之间的社会地位的差别。参照基点是父亲（母亲）在同一年龄时的职业或其他地位。社会学家通过比较父母与子女的社会地位在同一年龄阶段的差异，研究和分析导致代际流动的原因，从而揭示出社会发展变化的趋势。本案例中，张三父母都是农民，他本人原来也是农民。后来他创立公司并入户城市，这就是典型的代际流动。

2. 影响一个人职业地位的条件，主要有两个方面，即个人条件和社会条件。①个人条件。个人条件又可以分为先赋条件和自获条件。先赋条件指个人生而具有的或自然得到的属性，如籍贯、家庭出身、性别、民族等。自获条件指个人由于自己的行为或经过自己的努力而得到的一些属性，如技术、知识、学历等。张三改革开放后取得的成绩离不开他的自身努力，这些都是自获条件。②社会条件。影响人们获得职业地位的社会条件主要是制度条件和文化条件，具体体现为就业制度、职业声望观等。改革开放前，职业地位的获得方式主要是由国家进行统一分配。改革开放后，就业制度日益松动，市场化提供了越来越多的自由流动资源，扩大了人们选择职业的自由流动空间。张三之所以能够获得成功，与改革开放后新的就业制度变化有着直接的关系。职业声望观是社会成员对各种职业的综合性评价，是通过职业声望评价表现出来的。所谓职业声望评价，就是依据社会成员对社会中存在的各种职业所做的主观评价，将各个职业按高低顺序加以排列。之所以很多人走出农村，进城务工，也与职业声望观有着莫大的联系。

第九章 社会问题

本章学习目标

1. 概述社会问题的含义。
2. 认知社会问题的特征和分类。
3. 阐述社会问题的构成要素。
4. 理解和掌握社会问题的相关理论(社会问题产生的原因)。
5. 正确界定社会问题。
6. 运用相关理论分析中国社会转型时期突出的社会问题。

案例引导

社会抚养费,究竟还要不要征收?①

2018年7月5日,河南柘城县社会抚养费征收工作动员会议召开,启动抚养费征收工作。会议指出,社会抚养费由县卫计委或县卫计委委托乡(镇)人民政府和街道办事处征收,征收人群主要是全县三孩及以上家庭,征收标准为夫妻双方上一年度纯收入的3倍,可一次性缴清,若经济能力有限,可分期缴付,但不可超过5年。

柘城县的这一做法公布后遭受广泛质疑,广大网友和各大专家学者、新闻媒体纷纷对这种做法表达出不同的观点。于是,在舆论的压力下,8月15日下午,河南省商丘市柘城县卫计委张副主任在接受新闻记者采访时证实了上述消息,"之前确实有针对三胎征收社会抚养费一事,但目前只是停留在宣传发动阶段,还没有进一步真正在社会范围内征收",同时也表示,"鉴于舆论反应强烈,我们目前正在逐级向上汇报,等待省里层面和国家层面进一步的指示"。

2015年12月,全国人大常委会表决通过了关于修改人口与计划生育法的决定,其中第18条规定,国家提倡一对夫妻生育两个子女。符合法律、法规规定条件的,

---

① 参见《河南柘城回应征三胎社会抚养费:在宣传阶段未实施》,见新浪新闻中心(http://news.sina.com.cn/c/2018-08-16/doc-ihhtfwqs0424698.shtml)。标题为编者所加。

可以要求安排再生育子女。值得一提的是，自"全面二孩"政策正式落地以来，全国31个省区市在半年之内相继修改了地方的人口与计划生育条例。不仅是人口第一大省河南，多个省均明确了社会抚养费的征收标准。

其中，《北京市社会抚养费征收管理办法》明确，本市城镇居民和农村居民的社会抚养费征收标准，分别以做出征收社会抚养费决定时前一年全市城镇居民人均可支配收入或者农村居民人均可支配收入为基数确定；登记为居民户口的，以前一年全市居民人均可支配收入为基数确定，对不符合规定生育第三个及3个以上子女的夫妻，每多生育一个子女，分别按规定基数的1～3倍征收。

与北京类似，湖北、河南、山东、四川等地以按本地人均居民收入基数征收，有的给出弹性区间。对于违反条例多生育一个子女的，黑龙江标准最低，按计征基数的一倍征收，对男女双方分别征收；河南、山东等地按计征基数的3倍征收；江苏按照计征标准的4倍征收。陕西、福建等地按计征基数的2～3倍征收；辽宁省标准最高，按照计征基数的5～10倍征收。

我国目前实行"全面二孩"政策，柘城县向三孩及三孩以上家庭征收社会抚养费，这从政策上来说，并没有问题。问题在于，柘城县征收社会抚养费的"节点"选得不好。目前中国人口结构老龄化加剧，人口红利加速消失，晚婚晚育现象越来越严重，而很多育龄夫妇还处于低生育意愿。

事实上，从2013年单独二孩，到2016年全面放开二孩，政策放开后的效果均未达到预期。公开数据显示，国家卫计委对2017年出生人口最低预测为2023.2万，而实际上，2017年全年住院分娩数为1758万（卫计委统计数字），比2016年的1864万减少106万，下降5.7%，大幅低于预期。

上述数字甫一公布，便引发了不少人士的关注，一些人士呼吁国家尽快出台鼓励生育措施，甚至建议取消计划生育政策。在各地纷纷明确社会抚养费征收标准的背景下，鼓励二胎的呼声也变得愈发强烈，各种政策和舆论导向也开始指向鼓励生育。

2018年7月，辽宁省政府印发《辽宁省人口发展规划（2016—2030年）》，率先提出探索对生育二孩的家庭给予更多奖励政策，明确建立完善包括生育支持、幼儿养育等全面二孩配套政策。完善生育家庭税收、教育、社会保障、住房等政策，探索对生育二孩的家庭给予更多奖励政策，减轻生养子女负担。完善配偶陪产假制度，给有生育计划的家庭更多便利和服务。

2018年8月初，湖北咸宁出台《关于加快实施全面两孩配套政策的意见》，为二孩生育提供多项鼓励措施，包括生二孩产假延长至6个月；符合政策二孩就读幼儿园可减免保教费；二孩家庭购房享受补贴，并放宽公积金购房贷款和提取等。

针对柘城县近日开征三孩社会抚养费一事，人们不禁质疑，一边是放开政策鼓励二胎，一边是地方政府狠罚三胎，柘城县这一做法与当下生育政策的趋势背道而驰。社会抚养费的征收无疑在一定程度上会对提高生育率产生负面影响。

人口学者易富贤在接受记者采访时直言，目前中央尚未停止计划生育政策，出于经济目的，地方政府借当下的政策"合法捞钱"的冲动是很强的。不仅在河南，国内很多地市均制定了明确的社会抚养费的征收标准，这样的做法显然与当下的趋势相悖。

易富贤进一步分析道：浙江金华市2018年1—5月出生人口同比减少17.93%；天津市2018年1—4月建册孕妇数减少17%；德州2018年上半年出生人数为35564人，而2017年出生人数为89389人，2018年上半年出生人数远远不到2017年的一半；江苏省2018年1—6月新生儿比2017年同比少5.6万，减少12.8%。

"鉴于上述情况，预计我国今年出生人数将大幅下跌，生育率很可能低于1.1，甚至只有1.0，远低于国家卫计委2015年所预测的2.1。相信在不久的将来，国家放开计划生育政策是大概率事件。"易富贤称，一旦废止计划生育限制，社会抚养费将就此作古。

社会抚养费征收受到大家的广泛关注，与目前我国人口政策和人口问题有着很大的关联，而人口问题就是目前我国经济社会发展过程中一个典型的社会问题。

启蒙理性： 所谓社会抚养费，是指为调节自然资源的利用和保护环境，适当补偿政府的公共社会事业投入的经费，而对不符合法定条件生育子女的公民征收的费用。在人口学家马尔萨斯人口理论的语境之下，人口越多，社会就要付出越大的成本。从这样的逻辑出发，社会抚养费的征收似乎有一定的道理。然而，多年以来，这项费用的征收与落实却一直引发不少争议与矛盾。特别是近些年出生人口数量减少，人口老龄化不断加剧，社会生育欲望持续走低，以及"全面二孩"政策放开，中国的人口形势发生了显著的变化。人们意识到，在今天，我们面对的问题已经不再是如何限制生育、控制人口，而是如何让低迷的生育率向合理的区间靠拢，进而改善人口结构。从"一胎化"到"双独二孩"，再到"单独二孩""全面二孩"，当下，我国的生育政策正处在转型的过程中，结合一些地方率先放开生育限制或进行生育补贴的做法，国家未来很可能对生育政策做出进一步调整。鉴于目前的人口状况，如果没有更加有效的鼓励措施，降低生养孩子的成本，消除生孩子的顾虑，生孩子的意愿便很难回升。而社会抚养费制度客观上又加重了生养孩子的成本和负担，因而失去了存在的合理性。

第一节 社会问题概述

人类社会的发展进程,本身就是一个不断发现问题,并随之解决问题的历程。因此,从某种意义上说,没有社会问题的不断发生与解决,也就不会有人类历史的进步。所以,社会学要想研究与揭示社会运行发展的规律,就必然要研究现实存在的各种社会问题。

一、社会问题的含义

任何社会都不可能完全理想地存在和运行,都不可避免地存在这样或那样的问题。这些对社会的运行造成或大或小不利影响的现象就是通常我们所说的社会问题。那么,哪些问题属于社会问题,哪些又不是社会问题呢?要想解决这个疑问,首先就要对社会问题进行定义。

通常来说,社会问题有广义与狭义两方面的含义。广义的社会问题,泛指一切跟社会生活有关的所有问题。狭义的社会问题,指的是在社会运行过程中,由于存在某些使社会结构和社会环境失调的障碍因素,影响社会全体成员或部分成员的共同生活,对社会正常秩序甚至社会运行安全构成一定威胁,需要动员社会力量进行干预的社会现象。[1] 从社会问题的含义中可以看出,社会问题是一种客观存在的社会现象,它也是一种社会公共问题,需要社会采取一定的"社会行动"才能解决。

由于广义的社会问题涉及面太广泛,故本章所讲的社会问题主要指的是狭义的概念。

二、社会问题的构成要素

我国社会学家大多从4个方面来考虑社会问题的构成。有的学者认为,判定一种社会现象是否为社会问题,应从以下4个方面来考察:①发生的情境;②价值、规范和利益几个方面的失调或破坏;③并非由个人或少数人引起或所能负责的;④必须有多数人或整个社会采取行动加以改进。另一些学者认为,社会问题的构成应考虑它的形成原因、影响范围、问题的性质和社会后果4个方面。在学者郑杭生看来,社会问题由4个要素构成:①必须有一种或数种社会现象产生失调情况;②这种失调影响了许多人的社会生活;③这种失调引起了社会多数成员的注意;④这种失调必须运用社会力量才能予以解决。[2]

---

[1] 参见郑杭生《社会学概论新修》(第四版),中国人民大学出版社2013年版,第388页。
[2] 参见郑杭生主编《社会学概论新修》(第四版),中国人民大学出版社2013年版,第389页。

三、社会问题的一般特征

一般来讲，社会问题的特征主要表现在普遍性、破坏性、复杂性、集群性和时空性5个方面。

（一）普遍性

普遍性指社会问题自始至终存在于每个民族、国家和社会的现实生活中。无论是资本主义国家还是社会主义国家，无论是发达国家还是发展中国家，无一例外都存在社会问题。社会问题的普遍性又有两重含义：一是指任何国家和社会都会存在社会问题，如环境污染问题和犯罪问题，任何一个国家或多或少都会受其影响；二是指一个国家和社会在不同的时期有着这样那样的社会问题。

（二）破坏性

社会问题的破坏性是指它违背了人们所期望的社会状态，不符合人们的价值期望，并对人们现有的正常生活造成了比较严重的影响。社会问题的破坏性主要表现在3个方面：第一，它打断了人们的正常生活；第二，它给社会带来了困扰和麻烦，人们必须动用一定的社会资源才能解决这些问题；第三，它给社会进步带来障碍，阻碍了社会发展。

（三）复杂性

社会问题的复杂性是指社会问题在产生原因、存在方式或表现形式以及后果等方面复杂的性质，即社会问题是由多种因素复合而成的，常常是几种社会问题同时并存，并引起一系列破坏性的社会后果。如当前我国的人口问题，人口问题的出现，既有社会因素的影响，又有经济因素的影响；既有现实原因，又有历史原因。同时，人口问题的表现形式也很复杂，既表现为当前家庭结构不合理，又表现为人口性别比失衡；既有老龄化问题，又有生育政策问题；等等。

（四）集群性

社会问题的集群性是指社会问题往往不是单个独立地出现，而是成群成串地出现，这就使得社会问题的破坏性作用更大。例如，目前中国比较突出的是人口问题，但其他社会问题，如住房问题、就业问题、家庭问题、失业问题、教育问题等，都和人口问题有或多或少的联系。

（五）时空性

任何社会问题都有一定的时空特征，即它们是发生在一定时间和空间之中的。所以，不同社会、不同阶段所面临的具体社会问题是不同的。例如，人口问题在今天的中国是个严重的社会问题，但在古代社会就不是太大的问题。

四、社会问题的类型

现代社会的社会问题纷繁复杂，从不同的角度可以划分为若干不同的类型。

从社会问题的影响范围来划分，可以分为全球性社会问题和地域性社会问题。

从社会问题的具体表现形式来划分，可以分为人口问题、环境问题、交通问题、劳工问题、贫困问题、犯罪问题、教育问题、家庭问题、生态问题等。

从社会问题发生的领域来划分，可以分为政治性社会问题、经济性社会问题、文化性社会问题和日常生活中的社会问题。

从社会性质的角度来划分，可以分为社会发展矛盾问题、管理功能失调问题、社会病灶问题。

从社会问题产生的历史条件和地区差异来划分，可以分为普遍性社会问题和特殊性社会问题。普遍性社会问题是指在一定时期内普遍发生在各个地区或国家的社会问题，如环境问题、犯罪问题等。特殊性社会问题是指在一定时期内发生在某类或某个地区与国家的社会问题，如我国的人口问题等。

从社会问题产生的根源来划分，可以分为结构失调性社会问题和功能失调性社会问题。结构失调性社会问题是指由于社会结构失调而产生的社会问题。功能失调性社会问题是指由于社会结构存在某些障碍或病变而没有发挥应有功能所产生的社会问题。

五、社会问题产生的一般原因

国内部分学者对社会问题产生的原因也做了深入的探讨。郑杭生教授认为，当代中国的社会问题，从产生的原因来看，可以分为两类，一类是历史遗留问题，另一类是转型中的问题。吴忠民教授则从自然环境的变化、人口的变化、社会心理和文化的变迁、经济方面的原因、政治方面的原因5个方面归纳社会问题产生的原因。

第一，自然环境的变化。主要就是人与自然环境关系的失调。一方面，地震、洪水、干旱、海啸等自然灾害会严重威胁人类的生存，并随之带来贫困问题、疾病问题、饥荒问题等；另一方面，人们对自然环境的人为破坏也产生了一系列社会问题，如每年北方的沙尘暴就跟前些年滥砍滥伐森林有很大的关系。

第二，人口的变化。人口过多或过少都不利于社会发展，人口在数量、质量和结构方面的任何变化，都会带来相应的社会问题。

第三，社会心理和文化的变迁。在社会发展过程中，人们的人生观、价值观、理想信念发生变化，以及外来文化渗透等，都有可能带来社会问题。

第四，经济方面的原因。一方面，经济制度、经济体制不合理会引发一系列社会问题；另一方面，经济落后、生产力发展水平低也会导致一系列社会问题的产生。

第五，政治方面的原因。政治体制不健全，也会产生官僚主义、以权谋私、贪污受贿等社会问题。

第二节　社会问题的理论研究

社会问题十分复杂，产生的原因也是多种多样，不同的社会学家试图通过不同的理论和角度来进行分析。关于社会问题的理论解释主要有杜尔克姆的社会整合理论、奥格本的文化失调理论、托马斯的社会解体理论、冲突学派的价值冲突理论，以及社会病理学论、偏差行为论、标签论等。①

一、社会整合理论

社会整合是指社会的不同要素、部分结合成为一个协调统一的社会整体的过程，也叫"社会一体化"。社会整合是与社会解体、社会解组相对应的社会学范畴。最先提出社会整合思想并致力于研究社会整合的是法国社会学家杜尔克姆，后来该理论又由美国社会学家帕森斯进一步发挥。社会整合的可能性在于人们共同的利益，以及在广义上对人们发挥控制、制约作用的文化、制度、价值观念和各种社会规范。社会整合有许多具体形式并可分为诸多类型。除了社会体系的整合、民族或种族关系方面的整合外，社会学经常论及的还有文化的整合、制度的整合、规范的整合、功能的整合等。社会整合论认为，社会问题的产生与社会整合程度的高低有着密切的关系。整合过严或整合不足，都容易产生社会问题。

二、文化失调理论

文化失调理论又叫"文化堕距理论"或"文化滞后论"，是由美国社会学家奥格本提出的。这种理论认为，现代的许多社会问题都是我们的道德观念跟我们的技术发展不相适应引起的。这种文化严重失调现象是现代社会问题产生的主要根源。奥格本认为，社会变迁是一种文化现象，主要表现为文化的变迁，但是社会各个组成部分变迁速度不一致，当这些部分出现较大差距或者错位时就形成了"文化堕距"。文化变迁先从经济、科技等物质文化开始，然后是精神文化，最后才是风俗习惯等变迁。文化变迁速度的差异会引起文化失调，从而引发社会问题。文化失调理论认为，"由相互依赖的各部分所组成的文化在发生变迁时，各部分变迁的速度是不一致的，有的部分变化快，有的部分变化慢，结果就会造成各部分之间的不平衡、差距、错位，由此造成社会问题"。

---

① 参见郑杭生主编《社会学概论新修》（第四版），中国人民大学出版社2013年版，第392～393页。

延伸阅读

奥格本[①]

威廉·菲尔了·奥格本（William Fielding Ogburn, 1886—1959），美国社会学家。1905 年在默塞尔大学获文学学士学位，1912 年在哥伦比亚大学获博士学位，此后执教于普林斯顿大学。1919 年后在哥伦比亚大学和芝加哥大学任教授。1930—1933 年担任胡佛总统的美国社会动向调查委员会主任。历任美国社会学学会会长、美国统计学学会会长等职。社会变迁是奥格本关注和研究的中心问题。他认为，社会变迁即社会在一种发明打破旧均衡状态后，调节以寻求新的均衡的过程。由于调节  并不是迅速发生的，因此常常导致"文化滞后"。他强调技术发明的作用，被看作技术决定论的代表。著作有《社会变迁：关于文化和本性》、《社会科学及其相互关系》（合著）、《社会学》（合著）、《文化和社会变迁论文集》等。

三、社会解体理论

社会解体与社会整合相对应，是指社会规范对社会成员的约束力减弱、社会凝聚力降低，使原有的社会秩序无法维持和继续下去，而逐渐被新的社会制度替代的过程。代表人物是美国社会学家托马斯。社会解体论认为，正是社会解体导致了社会问题的产生，而社会解体则是由于急速的社会变迁。社会解体理论看来，整个社会本身是个复杂而充满活力的系统，内部的各个部分是相互协调、相互联系的，社会规则是这个系统的维护者，但是随着社会变迁的出现，原来的社会规范可能无法适应新的社会变动，因而对社会系统失去了控制力，而新的社会规则尚未形成，所以社会问题也就随之出现。因此，要解决社会问题，关键在于尽快重建社会规范和秩序，重构社会的价值体系。

四、价值冲突理论

价值冲突理论提倡研究社会利益，主张以价值冲突观点来研究社会问题，认为冲突不仅是社会生活中的一个主要事实，而且也是许多社会问题的主要成分之一，所有社会问题都源于文化价值的冲突，群体间价值观念的差异导致一系列社会问题的产生。正是由于所处的社会地位和经济利益不同，人们对同一问题会有完全不同

---

① 参见百度百科"奥格本，W·F."词条（https：//baike.baidu.com/item/%E5%A5%A5%E6%A0%BC%E6%9C%AC%EF%BC%8CW%C2%B7F./14725668？fr=aladdin）。

的价值评判标准和不同的立场、态度等，因而在采取某种措施改变某一社会现象时，常常会引起群体间无休止的冲突，才导致了一系列社会问题的产生。要解决社会问题，必须使用交涉、达成协议和使用权力等办法。

五、社会病理学论

社会病理学主要研究不良、反常、病态的社会现象，如犯罪、离婚、卖淫、酗酒、吸毒、自杀、贫困等。其理论基础是生物学角度的社会学理论。该理论把社会当作一个有机结构，认为其功能有正常与反常之分：功能良好时为正常，功能不良时就反常。持此种观点的人认为，社会是一个有机体，在正常情况下是健康的。社会问题的出现是社会出现毛病的表现。而社会之所以出现毛病，主要是由于社会化的失败，即没有培养出能够遵守社会规则，接受社会价值观念的合格的社会成员。在这里，有的人把社会化的失败归咎于社会成员自身的原因，如自身的生理素质；有的人则归咎于不良的社会环境。社会病理学的观点认为，要解决社会问题，关键在于治疗社会中有毛病的部分或个人。

六、偏差行为论

偏差行为是指在一定的社会中社会成员不同程度地偏离或违反了既有的社会公认的社会规范行为，也被称为"越轨行为""离轨行为"或"差异行为"等。一些学者认为，社会规范是指导人们的行为并实现社会整合的工具，人们对社会行为规范的偏离其实也就是对社会整合的破坏。如果任由现象蔓延开来，就会导致社会问题的出现。至于偏差行为产生的原因，人们从社会变迁、社会交往等不同角度对其进行解释。

七、标签论

标签论侧重于关心社会问题的主观定义过程，关心社会问题所引起的社会反响，而不是关心问题自身的原因和性质。它认为，社会问题之所以成为问题，是因为人们主观上的认识和规定（或"贴标签"）起了很重要的作用。一种社会现象，如果人们认为它是成问题的，慢慢地，这种现象就真的成了问题。要解决社会问题，一方面要改变定义的标准，另一方面要尽量消除它所带来的利益。

延伸阅读

文化堕距现象不容小觑①

市民郭先生日前在八王坟北公交站等车时发现,站台上的北京城区地图是2013年绘制的。"地图上显示在建的地铁线早就投入使用了,现在北京发展这么快,地图怎么能滞后呢?"记者走访发现,交通枢纽、火车站附近的公交站地图均更新至2015年10月。

现代化进程的滚滚车轮,让这个世界发生了翻天覆地的变化,改变了许多人的衣食住行。与日新月异的交通建设相比,一些地方的站台地图明显"慢了一拍",显得不合时宜了。"站台地图太老"犹如一面镜子,既折射出工业化、城市化带来的生机与活力,也折射出文化堕距这一社会现象。

大城市集聚着更多的机会和资源,也吸引着四面八方的人们来寻找一种向上社会流动和人生突破的可能性。城市太大了,交通网络也很复杂,乘客自然需要各种各样的地图来进行导航。对于熟练使用手机地图的年轻人来说,"站台地图太老"并没有实质影响;只不过,对于那些上了年纪、不大会使用智能手机的老年人或者初来乍到的外地人来说,"站台地图太老"难免会给他们带来困扰和麻烦。

美国社会学家奥格本认为,急剧的社会变迁会导致物质文化和非物质的适应性文化在变迁速度上发生时差;地铁线路建设如火如荼,站台地图的更新显然滞后了。"站台地图太老"并非个案,在全国许多城市都在上演;与大都市相比,一些"小地方"的文化堕距更需要引起关注。

一个活动明明早已结束了,有些地方的标语上还写着预祝这项活动圆满成功;明明已经进城住进了楼房,一些"新市民"却想方设法养鸡;明明已经男女平等了,一些人依然坚持"二孩一定要跟男方姓";明明科学知识、医疗技术越来越发达,一些人依然热衷"偏方文化";明明野生动物并没有多少滋补、养生的功效,一些人依然喜欢"舌尖上的野味"……

消除文化堕距现象,许多时候缺乏的并不是行为能力,而是意愿。一张站台地图既反映了城市管理的专业化、精细化水平,也折射出一个城市对待陌生人和外来人口的态度——交通出行的境遇,从某种程度上也是劳动者是否拥有足够体面和尊严的一扇窗户。就此而言,"站台地图太老"并非无关紧要的小事。

"发展的列车匆匆地驶过精神的站台,现实的变化将心灵的地图抛在脑后",急剧的社会变迁,让当今的中国人横跨农业社会、工业社会、信息社会、智能社会等数个反差鲜明的社会形态;沧海桑田的进程中,必然也会带来文化层面的重塑与更

---

① 杨朝清:《文化堕距现象不容小觑》,见青岛文明网(http://qd.wenming.cn/wmbb/201712/t20171213_4926698.html)。

新。读懂"站台地图太老",消减文化堕距现象,说到底就是要做到"始终与时俱进,不断改革创新",主动拥抱新情况、新变化。

第三节　中国社会转型期的社会问题

在当代中国社会转型期,由于历史欠账、文化传统的消极影响、社会结构的不稳、社会变迁的不平衡以及国际环境的不良影响,各种社会问题是广泛存在的。

社会问题的存在和影响是两面性的:一方面,社会问题阻碍了中国社会现代化的进程;另一方面,解决社会问题的过程,也在一定程度上推动了社会现代化的进程。因此,社会问题既是社会发展的阻力,也有可能成为社会前进的动力。

对于目前中国有哪些社会问题,不同的学者有不同的看法,但以下几个层面基本成为大家的共识。

一、人口问题

人口问题是指人口数量、质量以及人口结构等要素与人类的物质资料生产与社会良性运行的发展不和谐、不相称的现象。它泛指影响人口生存和发展的各种问题。包括人口自身的发展以及人口与社会、人口与经济、人口与自然相互作用过程中所产生的生存、发展问题。人口问题就其本质来说,是人类自身生产和再生产与物质资料生产和再生产两者的相互适应问题。人口问题主要表现在3个方面:第一,在人口数量方面,表现为人口过快增长,人口规模迅速膨胀,即"人口爆炸"问题;第二,在素质方面,表现为人口中未受教育或受教育水平较低的人数偏多,健康状况不好或受疾病困扰的人较多;第三,在人口结构方面,表现为人口的年龄结构、性别结构、城乡结构等与物质生产、社会生活以及人类社会可持续发展不相协调。

人口问题在世界各国的具体表现是不同的。发达国家多表现为人口老化严重,结构性失业,新增的劳动力资源赶不上经济发展的需要等;发展中国家则多表现为人口年均增长率高,人口绝对数大,因劳动力增长快而失业严重,人口素质低等。

具体到我国,由于我国人口基数庞大,人口问题一直是我国头等重大的社会问题。需要特别指出的是,目前我国的人口问题除了具有发展中国家的特征外,也已经具备发达国家的特征。我国人口的基本问题表现为以下3个方面。

(一)人口数量庞大

我国是世界上第一人口大国,人口规模巨大是我国的第一国情。国家统计局最新资料显示,截至2017年年底,中国内地总人口13.9008亿人(包括31个省、自治区、直辖市和中国人民解放军现役军人,不包括香港、澳门特别行政区和台湾地区及海外华侨人数)。由于历史原因,我国人口基数过大,这就使得几十年来整个国家都非常重视人口问题,为解决十几亿国人的温饱问题而努力。同时,人民的整体生活水平提高缓慢。

（二）人口总体质量不高

我国人口总体质量不高，不能适应经济和社会发展的要求。第六次人口普查数据显示，我国具有大学（指大专以上）文化程度的人口仅为1.19亿，占总人口的8.9%；高中以上文化程度的仅为23%。整体人口质量不能适应现代科学技术发展和国际竞争的要求。

（三）人口结构不合理

我国的人口结构不合理，突出表现在两个方面。第一，人口老龄化严重。人口老龄化是指总人口中因年轻人口数量减少、年长人口数量增加而导致的老年人口比例相应增长的动态。通常国际上的看法是，当一个国家或地区60岁及以上老年人口占人口总数的10%，或65岁及以上老年人口占人口总数的7%，即意味着这个国家或地区处于老龄化社会。最新人口普查数据显示，截至2017年年底，我国60周岁及以上人口为24090万，占总人口的17.3%，其中，65周岁及以上人口为15831万，占总人口的11.4%。可以说两项指标都已经远远超过了标准。经济发达地区，如北京、上海等更加严重。截至2016年年底，北京全市60岁及以上户籍老年人口约为329.2万，占户籍总人口的24.1%。截至2017年12月31日，上海全市户籍人口为1456.35万。其中，60岁及以上为483.60万，占33.2%；65岁及以上为317.67万，占21.8%；70岁及以上为197.71万，占13.6%。通俗来理解，平均不到5个户籍人口中就有一位65岁及以上的老人，不到3个户籍人口中就有一位60岁及以上的老人，已经进入了"深度老龄化阶段"。第二，人口性别比失调严重。截至2017年年底，男性人口为71137万人，女性人口为67871万，总人口性别比为104.81（以女性为100），而出生人口性别2015年为113.51。我国出生人口性别比的长期失衡造成适婚年龄段男女比例失调，适婚年龄段的男性人数大大多于适婚年龄段的女性人数，导致女性人口紧缺。根据国家统计局发布的数据，"80后"非婚人口男女比例为136∶100，"70后"非婚人口男女比例高达206∶100，男女比例严重失衡。男多女少造成"婚姻挤压"，原本相对稳定平衡的婚姻市场因男性数量与女性数量的巨大差异导致部分男性被挤压出去，被迫成为"光棍"。"剩男"社会问题越发严峻，适婚年龄段男性婚恋难度加大，单身问题难以解决。近些年各地出现的"天价彩礼"就是人口性别比失衡的一种真实写照。

考察中国人口问题，对分析和理解中国社会结构特征、社会运行和社会变迁都有十分重要的意义。同时，需要说明的是，人口问题跟其他很多社会问题都有联系，如果解决不好，势必会影响到环境问题、犯罪问题、贫困问题、家庭问题等一系列社会问题。

二、环境问题

环境问题,是指由于人类活动作用于周围环境所引起的环境质量变化,以及这种变化对人类的生产、生活和健康造成的影响。人类在改造自然环境和创建社会环境的过程中,自然环境仍以其固有的自然规律变化着。社会环境一方面受自然环境的制约,另一方面又以其固有的规律运动着。人类与环境不断地相互影响和作用,产生环境问题。

环境问题可分为两大类。一类是自然因素的破坏和污染等原因所引起的。如火山活动、地震、风暴、海啸等自然灾害,因环境中元素自然分布不均引起的地方病,以及自然界中放射性物质产生的放射性疾病等。另一类是人为因素造成的环境污染和自然资源与生态环境的破坏。在人类生产、生活活动中产生的各种污染物(或污染因素)进入环境,超过了环境容量的容许极限,使环境受到污染和破坏;人类在开发利用自然资源时,超越了环境自身的承载能力,使生态环境质量恶化,有时候会出现自然资源枯竭的现象。这些都可以归结为人为造成的环境问题。我们通常所说的环境问题,多指人为因素所作用的结果。当前人类面临着日益严重的环境问题,没有哪一个国家和地区能够逃避不断发生的环境污染和自然资源的破坏,它直接威胁着生态环境,威胁着人类的健康和子孙后代的生存。

到目前为止,已经威胁人类生存并已被人类认识到的环境问题主要有全球变暖、臭氧层破坏、酸雨、淡水资源危机、能源短缺、森林资源锐减、土地荒漠化、物种加速灭绝、垃圾成灾、有毒化学品污染等众多方面。

近年来,我国的环境问题也日益突出。目前看来最严重的问题是污染问题。这一方面是工业生产造成的污染,大气、水源都不得不承受大量的工业废弃物;另一方面,人们日常生活本身也给环境带来了相当大的挑战。

可喜的是,进入 21 世纪以来,我国加大了环境保护的力度,将节约资源、保护环境作为一项基本国策,相信经过长期不懈的努力,"中国蓝"定将成为环境不断转好的"新常态"。

三、犯罪问题

犯罪,简单地说就是违犯法律的行为。制定法律的根本目的是保护个人权利、维护社会规范和社会秩序,所以,我们可以把犯罪理解为破坏他人的权益、违反社会规范和破坏社会秩序的严重行为。[①]

犯罪也是一个世界性的问题。在过去的 100 多年间,世界上绝大多数国家都经历了犯罪行为上升的趋势。同时,犯罪行为越来越奇特,社会治安越来越错综复杂。

中国作为一个处于转型中的发展中国家,势必会经历经济高速发展所带来的高

---

① 参见应星主编《社会学概论(本)》,中央广播电视大学出版社 2010 年版,第 176 页。

犯罪率，同时也要承担社会结构急剧变化引发的犯罪问题。中国在1950年的发案数是51.3万起，而1990年立案数为230多万起，到了2004年，刑事犯罪总量达到472万起。中国社会科学院发布的2010年《法治蓝皮书》显示，受金融危机影响，2009年中国犯罪数量打破了2000年以来一直保持的平稳态势，出现大幅增长。其中，暴力犯罪、财产犯罪等案件大量增加。全年刑事立案数达到530万起。

在诸多犯罪现象中，近年来职务性犯罪，特别是当权者贪污腐败现象较为严重。进入21世纪之后，这类案件有涉案官员级别高、涉案金额大、涉案人员多的发展趋势。不过，党的十八大以来，由于党中央"苍蝇""老虎"一起抓，一些位高权重的高官不断被查处，再一次彰显了国家对犯罪、腐败的零容忍态度。

四、贫困问题

贫困问题，是指由贫穷直接导致或者衍生的一系列社会问题。贫穷问题是当今世界最尖锐的社会问题之一。这里的贫困主要指物质的匮乏，是由多种原因造成的，如分配机制不公平、生产力不发达等。在中国，贫困问题按照地域划分，主要分为城市贫困问题和农村贫困问题。

贫困其实是一个既简单又复杂的现象。说它复杂，是因为直到现在为止，还没有确定有关贫困的含义及其衡量标准，贫困话题在学者中仍然争论不休，而且这种争论似乎越来越复杂化。但从另一个方面来看，贫困现象又很简单，因为无论你在定义上进行怎样的争论，贫困都以一种朴素而客观的方式存在着。因此，我们可以说，贫困首先是一种物质生活的状态，但贫困又绝不仅仅是一种简单的物质生活状态。贫困同时也是一种社会结构现象。

贫困是一个十分复杂的问题，按照经济学的一般理论，贫困是经济、社会、文化贫困落后现象的总称。但首先是指经济范畴的贫困，即物质生活贫困，可定义为一个人或一个家庭的生活水平达不到一种社会可以接受的最低标准。贫困的存在有着历史和现实的双重原因，因而贫困又是一个历史性的范畴。根据不同的划分标准，贫困可以分为不同的类型，如绝对贫困和相对贫困，生存型贫困、温饱型贫困和发展型贫困，区域型贫困和个体型贫困，城市贫困和农村贫困，狭义贫困和广义贫困等。

改革开放以来，特别是20世纪80年代中期，我国开始有计划、有组织、大规模地进行扶贫开发以来，我国的扶贫开发事业取得了举世瞩目的伟大成就。扶贫开发为促进经济发展、政治稳定、民族团结、边疆巩固和社会和谐发挥了重要作用，也为全球的减贫事业做出了重大贡献。

但是，我们也应该清醒地看到，受多方面因素的影响，我国贫困问题依然十分突出。一是贫困人口总量大。按照每人每年2300元（2010年不变价）的农村贫困标准计算，2017年年末，农村贫困人口还有3046万。二是贫困程度还比较深。贫困人口不仅收入水平低，一些地方还面临着喝水、行路、用电、上学、就医、贷款等诸多困难。三是扶贫攻坚任务十分艰巨。我国大部分贫困地区的贫困人口集中分布在生产生活条件比较差、自然灾害多、基础设施落后的连片特困地区,这些地方的贫困问题是难啃的硬骨头。

需要说明的是,随着市场经济体制改革的深入推进,随着我国经济的较快发展和受经济全球化的影响,我国的贫困问题依然会继续长期存在,库兹涅茨所指出的"倒 U 形曲线",即发展中国家在经济腾飞时期国民收入分配差距加大的现象在未来相当长一段时间内还会继续存在。这也恰好说明,反贫困依然是我国经济和社会发展中的一项长期任务。

父母渐老孩子还小!中国 1.8 亿独生子女的危机①

前不久,一张名为"独生子"的照片击中了无数人的心。

照片里的中年男子守护在父母床边,背影中透出沉重的压力,他可能就是现在的我们,或者不久之后的我们。

有人感叹,不敢病、不敢穷、不敢远嫁,因为爸妈只有我。

还有人说,能住在一起就不错了,就怕没床位分别住两个医院。

从 1980 年到 2015 年,在 30 多年的独生子女政策下,中国诞生了上亿独生子女,这些幼时饱受宠爱的独生子女,终将被巨大的养老压力吞没。

春节期间,一篇《流感下的北京中年》引发无数人的共鸣。

主人公在北京有房有车,事业有成,在别人看来,他已经算是不差钱的中产阶级了。但是岳父的一场流感,却几乎掏空了他整个家底。

他跟老婆都是独生子女,岳父一生病,这个小家庭就必须扛起所有的责任。

在岳父患病的 29 天内,女婿动用了所有的社会关系,甚至卖了老家的房子来承担一天两万元的 ICU 治疗费用,但仍然没有换来岳父的好转。

按照这家人的家庭经济情况,全家倾力而出,也至多能维持 50 天,中产阶级况且如此,更别说普通人了。

毕竟,在动辄几十万元的医疗费用面前,大多数人都束手无策!

独生子女的中年,最怕听到父母生病的消息,父母生病就像个定时炸弹,随时准备摧毁一个家庭多年的努力与积累。

曾经的中国家庭讲究"四世同堂""子孙绕膝",如今独生子女成为支撑大家庭的中坚力量。

有一位深圳朋友,是独子,请了一名保姆在家照顾生病的母亲,加上老太太

---

① 参见《父母渐老孩子还小!中国 1.8 亿独生子女的危机》,见网易教育(http://edu.163.com/18/0819/06/DPI5BS5K00297VGM.html)。

的其他生活开销，一个月要花差不多两万元。连保姆都说，"这老太太命真好，有这么孝顺的儿子"。

这样的孝顺，对大多数人来说，绝对是奢侈品。

在一些小城市里，医院护工的价格是100元一天。一、二线城市里，价格涨到了200~300元一天，等于每月6000~9000元的开支。

很多在一、二线城市打拼的子女的月薪，也就刚好给护工发工资。

如果是请住家护工（保姆）来照顾不能自理的老人，大小便都需要照料，价格就更加昂贵了。

为了让父母能安享晚年，没有兄弟姐妹、没有退路的独生子女们必须背负起两倍、3倍的经济压力。

有些家庭出于种种原因，会选择把老人送到养老院。

北京一家只收失能和半失能老人的民营养老机构，每人每月的费用为5000~6000元，这远远超出了大部分老人的退休金数额。

有钱的可以去住民营养老院，只要子女有钱，一切好说。但如果子女没钱呢？只能选择逃避！

南京一位65岁的老母亲脑梗死，住进了养老院，每个月的住院费要一万多元。

眼见又产生了一万多元的欠费，于是儿子出现了几次之后就再也没出现过。

"久病床前无孝子"的背后，是独生子女不堪重负的现实！

与私营养老院相比，公办养老机构更具"性价比"。不过，住进公立养老院是一件有钱也未必能办到的事。

深圳一个网友为父亲考察养老院的时候惊呆了。一家价格相对便宜、条件好的公立养老机构，有2000多名老人在排队，但每年只能安排入住100人。

从当时开始排队，他父亲得等20年才能住进去。

北京一家公办养老院，价廉物美，单间只要2250元一个月，双人间每人只要1200元，但入住要排队等100年。

才两周时间，报名的人就把一年的空床位住满了。

"孝顺"是种奢侈品，成本高昂，也是对子女们经济实力的考验。

独生子女家庭的"高危性"就在于它的结构是不稳定的，"倒三角"的构造意味着全部的重心都落在独生子女身上。

对于独生子女的父母来说，只有一个孩子的他们，"空巢"的可能性很高。

一方面是出现病痛时，一个孩子所能提供的资金支持和照料都比较有限。另一方面是平日的生活中，大多数父母并不与子女住一起，甚至不在同一个城市，心灵上的孤独不可避免。而老人们对情感和陪伴的需求，对有些独生子女来说，已成为一种难以回避的负担。

人生最后悔的事情便是，父母爱子女一世，子女却未能报答一分。

当父母只有你一个孩子时，他们总是更害怕给你添麻烦，不愿轻易向你求助。

但是除了你之外，他们也没有其他人可以求助。

"钱"永远是大多数子女们共同面临的问题。

越是有钱，越能提供给父母高质量的医疗、陪护条件，同时，也越有时间陪伴老人。

不想放弃现有自己的生活，不想父母晚年不幸，那就让更加坚实的经济基础给自己也给父母信心。

可在上亿独生子女里面，能做到老有所养的又有多少呢？

应充分认识人口问题严峻性[①]

近日，中国是否会取消生育限制成为网络上热烈讨论的话题。虽然政府究竟会采取怎样的措施尚不明了，但中国即将面临严峻人口问题的事实还未被国人充分认识，也确实是一道绕不开的坎。

中国劳动年龄人口自 2012 年首次减少 345 万人之后，每年继续以百万数量级下降，而总人口也将在未来若干年内见顶并转向持续下降。有人认为，中国资源有限，人口减少点不是什么坏事，人民的生活或许更好。这种认识是片面的。人口问题涉及两方面。一是人与环境承载力之间的关系，以中国目前情况看，总人口减少一半当然有利于改善人与环境之间的矛盾。二是人口内部的结构问题，特别是代际协调问题。劳动年龄人口持续减少产生严重的老龄化问题，结果就是抚养负担加重甚至导致社保体系面临巨大压力，总人口减少更会对生产、消费、投资、财政、物价产生深远的负面影响，严重影响经济的可持续发展。

日本是世界上第一个在人口持续下降环境下运作经济的大国，是人口对经济负面影响的典型。其实，日本目前总和生育率为 1.4～1.5，略高于韩国和中国，日本经济现代化之路也比韩国、中国早 20～30 年，生育率下滑时间相应更早，随着时间推移，等中国、韩国人口问题爆发时，其严重程度可能超过日本。

生育率下降是经济发展的产物，全球高收入国家的生育率几乎都达不到保持人口正常更替的 2.1，但中国是少有的低生育率中等收入国家，且中国的总和生育率低于大多数发达经济体。根据 2010 年人口普查数据，中国 "80 后" "90 后" "00 后" 的人口分别是 2.19 亿、1.88 亿、1.47 亿，逐代递减。低生育率惯性很强，生育率下降后再上升非常困难，日本、韩国、新加坡、中国香港均采取了很多鼓励生育的政策，但效果都不理想。中国近年放松了生育控制，效果也不乐观。例如，实行"全面二孩"政策第一年的 2016 年，新出生婴儿 1786 万，总数为 2000 年以来新高，较上一年增加了 131 万，但增加数远低于原先预期的 500 万，而这 131 万婴儿中有很多是"积压"生育愿望的释放，后面难以持续，即使趋势能延续，也扭转不了人口见顶之后持续减少的势头，因为中国总和生育率低于 2.1 已经 20 多年了，目

[①] 黄小鹏：《应充分认识人口问题严峻性》，载《证券时报》2018 年 5 月 23 日第 A01 版。

前平均只有 1.3，距离 2.1 还很远。

人口问题的特殊性在于，当潜在问题显性化了，就已经错过解决时机 10～20 年了。很多人认为人口减少的威胁还遥远得很，抱着"车到山前必有路"的态度。这种态度对其他问题的解决也许有一定道理，但对人口问题却完全不适用。我们一定要有长远的眼光，提前行动，及时取消所有生育限制并尽早开始鼓励生育。

除了在税收、休假、保育等方面采取措施，解除人们生儿育女的后顾之忧外，更应该仔细分析人们生育意愿不高的因素，制定针对性政策。数据显示，有多子多福观念的中华文化圈现在成了全球生育率最低的地区，新加坡、中国澳门、中国台湾、中国香港的总和生育率分别只有 0.82、0.94、1.12、1.19。极低的生育率可能与大都市化、生活成本高、贫富差距大等因素有关。因此，必须促进地区经济均衡，改变金字塔式城市体系，缩小贫富差距，降低社会阶层攀爬压力，一句话，只有减轻生活压力，提振年青一代对未来的信心，才能改变人们低迷的生育意愿。

解决社会问题呼唤发展社会企业[①]

失业、贫困、环境恶化等社会问题困扰着现代社会发展，单靠政府的力量难以有效解决这些问题；即便拓展企业社会责任，营利性的目标追求也制约着企业对解决社会问题的贡献；非营利组织可以发挥重要作用，但仍有力不从心之处。在这种情况下，20 世纪 70—80 年代，发达国家出现了社会企业。社会企业是以商业手段解决社会问题的组织。社会企业既超越了传统商业企业对利润的追求，又克服了传统非营利组织造血功能不足的弱点。经过几十年的发展，发达国家的社会企业在扶贫、就业、教育、医疗卫生、环保与可持续发展等领域的作用日益突出，为我们深化社会领域改革、寻求破解社会问题之道提供了可资借鉴的经验。

目前，我国社会组织体系中没有社会企业这一类型，但在营利组织和公共服务机构之间存在大量的中间状态组织，包括民办非企业单位、福利企业等。由于这些组织承担相应的社会事务，又不以或不主要以利润为追求目标，所以，可称之为"准社会企业"。准社会企业对我国社会发展做出了一定的贡献，但其发展面临明显的困难。首先，准社会企业自身缺乏造血功能。比如，《民办非企业单位登记管理暂行条例》规定，民办非企业单位只能从事非营利性社会服务活动。因此，准社会企业的资金基本依赖社会捐款、政府支持等，一旦失去这些外部投入，就难以为继。其次，相应的组织分类不明确，业务活动受到限制。新兴社会组织不得不适用传统的组织分类并受其约束，制约了准社会企业有效应对社会问题。

发展社会企业可以在不增加国家财政负担的前提下解决诸多社会问题。应积极借鉴国际经验，根据我国实际促进社会企业发展。

---

① 赵学刚、吴林霖：《人民日报记者论学问：解决社会问题呼唤发展社会企业》，见人民网（http://opinion.people.com.cn/n/2013/0111/c1003-20166859.html）。

明确社会企业的法律地位。促进社会企业发展,应进一步制定和完善法律法规,使社会企业作为独立的实体得到法律的认可。发达国家大都设立专门的企业类型,制定专门的法律,促进社会企业发展。比如,英国依据《2004年公司(审计、调查和社区企业)法令》创设了社会企业特有的组织形式——"社区利益公司",并制定了专门的《社区利益公司条例》。

为社会企业发展提供组织保障。社会企业兼具社会性和营利性,因而须有适当的组织机构保障并监督其健康发展。英国于2001年通过贸易工业部组建了社会企业局,保障和促进社会企业发展。我国社会组织按照现有的营利和非营利的标准划分并进行管理的方法,难以适应社会企业发展,有必要整合现有管理机构或者指定专门机构承担社会企业管理职能。

为社会企业发展营造良好环境。发达国家一般通过财政、税收、金融等手段为社会企业营造良好的融资和经营环境。为了促进社会企业发展,我国应完善相关制度和政策,扩大社会企业融资渠道,并给予税收等方面的优惠。同时,政府应通过购买服务等方式支持社会企业发展,推动社会企业在参与公共服务中发展壮大。

规制社会企业的经营目标。从国际经验看,社会企业需要根据其财务表现衡量经营状况,但利润不是社会企业的主要目标,社会企业必须把增进社会利益作为基本目标,比如以显著的正外部性提供公共产品、混合产品或私人产品等。因此,社会企业应把实现社会使命或解决社会问题作为成功的标志。

本章小结

自社会学诞生的那天起,社会问题就一直是社会学家密切关注的研究领域。社会问题指的是在社会运行过程中,由于存在某些使社会结构和社会环境失调的障碍因素,影响社会全体成员或部分成员的共同生活,对社会正常秩序甚至社会运行安全构成一定的威胁,需要动员社会力量进行干预的社会现象。社会问题在任何一个国家和社会都广泛存在。本章着重讨论了社会问题的含义、构成要素、特征和类型,介绍了有关社会问题的几种代表性的理论,并结合当前中国目前的社会转型,重点分析了人口问题、环境问题、犯罪问题和贫困问题。

本章知识与能力训练

一、判断题

1. 社会问题的存在阻碍了社会的发展。(　　)
2. 社会问题只有被人感知到,才能被称为社会问题。(　　)
3. 社会问题泛指一切与社会生活有关的问题。(　　)
4. 普遍性是指社会问题存在于任何一个国家。(　　)

5. 人口数量的变化不会产生社会问题。（   ）
6. 人口问题只有在我们国家才会成为一种社会问题。（   ）
7. 从某种意义上来讲，社会问题的出现是社会出现毛病的表现。（   ）
8. 我国目前的人口结构挺合理的。（   ）
9. 环境问题是世界性的难题。（   ）
10. 短期内我们一定能够消灭贫困。（   ）

二、单项选择题
1. 社会问题自始至终存在于每个国家，这体现了社会问题的（   ）。
   A. 普遍性　　　B. 破坏性　　　C. 集群性　　　D. 时空性
2. 社会问题是由多种因素复合而成的，这体现了社会问题的（   ）。
   A. 普遍性　　　B. 破坏性　　　C. 复杂性　　　D. 时空性
3. 社会问题往往会成群成串地出现，破坏性作用更大，这体现了社会问题的（   ）。
   A. 普遍性　　　B. 破坏性　　　C. 复杂性　　　D. 集群性
4. 最先提出社会整合思想并致力于研究社会整合的是社会学家（   ）。
   A. 奥格本　　　B. 杜尔克姆　　C. 帕森斯　　　D. 托马斯
5. （   ）理论认为，现代的许多社会问题都是由于我们的道德观念不能与我们的技术发展相适应引起的。这种文化严重失调现象是现代社会问题产生的主要根源。
   A. 社会整合理论　　　　　B. 社会解体理论
   C. 文化失调理论　　　　　D. 价值冲突理论
6. （   ）理论提倡研究社会利益，主张以价值冲突观点来研究社会问题。
   A. 社会整合理论　　　　　B. 社会解体理论
   C. 文化失调理论　　　　　D. 价值冲突理论
7. （   ）理论认为，社会是一个有机体，在正常情况下是健康的。社会问题的出现是社会出现毛病的表现。
   A. 社会整合理论　　　　　B. 社会病理学论
   C. 文化失调理论　　　　　D. 价值冲突理论
8. （   ）正在成为世界性问题，引起世界各国的高度重视。
   A. 贫困问题　　B. 人口问题　　C. 犯罪问题　　D. 环境问题
9. 下列各项中，（   ）是我国的基本国策。
   A. 加强精神文明建设　　　B. 计划生育
   C. 扶贫　　　　　　　　　D. 反腐败
10. 下列各项中，（   ）不属于我国的人口问题。
    A. 人口数量庞大　　　　　B. 人口质量不高
    C. 人口红利明显　　　　　D. 人口结构不合理

三、多项选择题

1. 社会问题由（　　）等要素构成。
   A. 必须有一种或数种社会现象产生失调情况
   B. 这种失调影响了许多人的社会生活
   C. 这种失调引起了社会多数成员的注意
   D. 这种失调必须运用社会力量才能予以解决

2. 社会问题的特征主要表现在（　　）等几个方面。
   A. 普遍性　　B. 破坏性　　C. 集群性　　D. 时空性

3. 社会问题的破坏性主要表现在（　　）。
   A. 它打断了人们的正常生活
   B. 它给社会带来麻烦，人们必须动用社会资源才能解决这些问题
   C. 它给社会进步带来障碍，不利于社会发展
   D. 它有时也会促进经济发展

4. 从社会问题产生的历史条件和地区差异来看，可以将社会问题分为（　　）。
   A. 普遍性社会问题　　B. 经济性社会问题
   C. 特殊性社会问题　　D. 政治性社会问题

5. 从社会问题产生的根源来看，可以将社会问题分为（　　）。
   A. 历史性社会问题　　B. 结构失调性社会问题
   C. 现实性社会问题　　D. 功能失调性社会问题

6. 关于社会问题的理论解释主要有（　　）等理论。
   A. 社会整合理论　　B. 文化失调理论
   C. 社会解体理论　　D. 价值冲突理论

7. 社会问题的产生是（　　）关系失调造成的。
   A. 人与自然界的关系　　B. 自然界与生物的关系
   C. 人与动物的关系　　D. 人与人的关系

8. 以下属于人口问题具体表现形式的有（　　）。
   A. 人口社会化　　B. 人口数量庞大
   C. 人口总体质量不高　　D. 人口结构不合理

9. 目前比较突出的环境问题有（　　）。
   A. 全球变暖　　B. 垃圾成灾
   C. 土地荒漠化　　D. 有毒化学品污染

10. 下列关于我国贫困问题的表述正确的有（　　）。
    A. 目前我国的贫困人口依然很多
    B. 我国已经基本消灭了贫困问题
    C. 我国的贫困程度还比较深
    D. 我们的扶贫攻坚任务依然十分艰巨

四、思考题

1. 社会问题的特征有哪些?
2. 请介绍有关社会问题的理论。
3. 中国社会转型期的社会问题有哪些?
4. 如何看待目前我国的人口问题?

五、技能实践

闹市养牛

据《南方都市报》报道，2012年7月8日，9头黄牛现身东莞闹市，悠闲地在绿化带上吃草。牛主人是一位八旬老人，家人也希望他好好颐养天年，不要养牛。

之前也有新闻记者到湖北省武汉市江欣苑社区调研，据党支部书记胡明荣介绍，社区里也曾出现过"闹市养牛"的情景。伴随着城中村改造，原来的渔民、村民变身居民，过上了"城里人"的生活。生产方式改变了，生活环境改变了，少数居民的生活方式和思想观念却依然停留在过去：在花园里种菜，将原本的"花园式小区"变成"菜园式小区"；在社区里养牛，喂牛的草是社区绿化地，将公共绿地当成私人牧场。

"闹市养牛"虽然颇具戏剧观感，其社会危害性却显而易见。当风驰电掣的汽车偶遇悠然自得的牛群，当"随地大小便"的牛群遭遇清洁卫生的城市秩序诉求，"闹市养牛"受到公众的质疑在所难免。换言之，当个体的养牛自由侵犯了公众的权利诉求，当私人爱好加剧社会风险，"闹市养牛"的合理性也被渐次抽离了。

正如老人的孙女所言，老人养牛并不是为生活所困，而是一种行为习惯。与其说老人的学习能力差、适应性弱，不如说是老人通过养牛重温过往记忆。

试分析上述材料反映了什么社会现象，以及其产生的原因。

参考答案

一、判断题

1. × 2. × 3. √ 4. √ 5. × 6. × 7. √ 8. × 9. √ 10. ×

二、单项选择题

1. A 2. C 3. D 4. B 5. C 6. D 7. B 8. D 9. B 10. C

三、多项选择题

1. ABCD 2. ABCD 3. ABC 4. AC 5. BD
6. ABCD 7. AD 8. BCD 9. ABCD 10. ACD

四、思考题

1. 社会问题的特征主要表现在普遍性、破坏性、复杂性、集群性和时空性5个方面。

2. 关于社会问题的理论解释主要有杜尔克姆的社会整合理论、奥格本的文化失调理论、托马斯的社会解体理论、冲突学派的价值冲突理论，以及社会病理学论、偏差行为论、标签论等理论。

3. 中国社会转型期的社会问题主要有人口问题、环境问题、犯罪问题、贫困问题等。

4. 人口问题在世界各国的具体表现是不同的。在发达国家多表现为人口老化严重，结构性失业，新增的劳动力资源赶不上经济发展的需要等。在发展中国家则多表现为人口年均增长率高、人口绝对数大、因劳动力增长快而失业严重、人口素质低等。具体到我国，由于我国人口基数庞大，人口问题一直是我国头等重大的社会问题。需要特别指出的是，目前我国的人口问题除了具有发展中国家的特征外，也已经具备发达国家的特征。我国的人口问题除了人口数量庞大、总体质量不高之外，还突出表现在人口结构不合理。

五、技能实践

【分析要点】上述现象是在文化变迁过程中出现的文化堕距现象。文化堕距又叫"文化失调"或"文化滞后"，是由美国社会学家奥格本提出的。这种理论认为，现代的许多社会问题都是由于我们的道德观念跟我们的技术发展不相适应引起的。这种文化严重失调现象是现代社会问题产生的主要根源。

"闹市养牛"说到底是一种文化堕距现象，即传统的生活观念没能及时地适应社会新变化，在不知不觉中"慢了一拍"。不论是乡土情结浓厚，还是思想观念陈旧，抑或是兴趣爱好使然，文化堕距在这位八旬老人身上打下了深深的印记。

这也提醒我们，在发展的语境下，城市化是不可逆转的时代潮流。在城市化的进程中，加强社会管理创新，注重对特殊群体的关照，减缓文化堕距，"闹市养牛"这一惊悚剧才不会在我们的日常生活中上演。

第十章 社会控制

本章学习目标

1. 了解社会控制的定义及分类、社会控制的特征。
2. 了解社会控制的方式(手段)、社会控制的过程、社会控制的功能、适度社会控制的意义。
3. 掌握越轨行为的含义、类型,以及越轨行为产生的原因,掌握越轨行为的相关理论,并能够以实例辨析当前我国社会中的越轨行为及其控制。

案例引导

大学生的越轨行为探析

大学生的越轨行为不但会对社会、学校、家庭造成不同程度的伤害,而且还会妨碍其自身健康成长。

根据越轨行为的主体不同,大学生越轨行为可区分为:一是大学生个体单独实施的违反社会个体越轨行为,如个人单独盗窃、诈骗、考试作弊等;二是两个以上的大学生共同实施的违反社会规范的群体越轨行为,如聚众赌博、集体作弊等。

根据越轨行为所违背的社会规范的种类不同,大学生的越轨行为主要表现为:一是违反习俗的行为,如女大学生过分的娇艳打扮、袒胸露乳,热恋中的男女学生不分场合过分亲昵的伤风败俗的行为等;二是违反道德规范的行为,如随地吐痰、乱扔杂物、浪费粮食,在课桌、墙壁、厕所上乱贴、乱涂、乱画,乘车抢座、买票不排队等;三是违反校规校纪的行为,包括与学习有关的违纪行为,如旷课、迟到、早退、考试作弊、偷窥、撕毁图书馆藏书等,涉及个人生活态度和个性行为问题的行为,如酗酒、赌博、打架斗殴、网络攻击和欺骗行为、不满意某些规则和管理措施而起哄闹事的行为等,涉及伦理道德和性道德问题的行为,如留宿异性、同居、看淫秽制品等,违反法律法规的行为,如盗窃、诈骗、高智能的科技犯罪、人身伤害等暴力犯罪等。

根据越轨行为的频次不同,大学生的越轨行为主要表现为:一是原初越轨行为或初发性越轨行为,如被迫和被引诱的赌博;二是复发性越轨行为,如不定期的赌博;三是惯常性越轨行为,如经常性的赌博。

根据越轨行为的主体的主观心理状态不同，大学生的越轨行为主要表现为：一是有目的、有意识甚至是有计划的故意越轨行为，如故意杀人、强奸、盗窃、抢劫等；二是由于疏忽大意、盲目自信等产生的无意越轨行为，如过失伤人、不慎失火等。

启蒙理性：在我国，大学生违法犯罪是少见的，而大学生中程度不同的越轨行为却不在少数。大学生的越轨行为主要是违反校规校纪和道德的行为，以及少数的违法犯罪及自杀等行为。其主要类型有缺德越轨、违纪越轨、不法越轨、自杀行为等。这不仅对大学生自身健康成长构成障碍，而且在大学生中造成了不良的影响，有的甚至给社会安定和人们的日常生活带来威胁，因此，需要全社会高度关注。导致大学生越轨行为发生主要有以下两个因素。

一是环境因素。大学生的越轨行为作为异常的社会现象，同样也是社会环境的产物。社会生活环境中消极因素的影响，是大学生越轨行为产生的社会诱因和外部条件。大学生所在的家庭、学校、团体和所接触的社会文化和亚文化，组成了他的社会生活环境。其中，家庭、学校、社会文化3种环境因素与大学生越轨行为的联系最为密切，影响也最大。

家庭不正确的教养方式。家庭教育的正确与否，直接影响到大学生选择的行为是否符合当前社会规范的要求。据对部分越轨大学生的调查，30%的越轨学生来自残缺家庭或父母有不良行为的家庭；80%的越轨学生家庭教育存在着这样或那样的缺陷。正是在这样的家庭教育环境中，他们形成了各种不健康的个性心理品质。这部分学生一旦受到社会等外在不良意识的刺激，就容易做出一些与社会规范格格不入的事情，导致越轨。

学校的教育方法方式失当。学校作为学生的教育和管理机构，通过各种途径引导学生树立正确的价值观念和培养良好的社会规范意识，以期培养大学生良好的思想和行为模式。但是，如果学校的教育方式方法失当，管理不善，就会对大学生的行为产生不利的影响。

社会文化的负面影响。随着社会的开放和大众传播媒介的迅猛发展，大学生越来越深层次地参与社会和了解社会，在各种文化的交锋之中，不良的社会负面文化意识（如"拜金主义""超前高消费"）、不合理的社会现象（如"钱权交易"）等对大学生的思想和行为产生了负面的影响。一些大学生面对种种不良的社会现象，由震惊、愤慨到茫然、消沉，继而是从众、模仿，在校园中移植了越轨行为。

二是个性因素。社会生活环境归因只是外部归因，它还是通过内部归因即个性因素归因，才能比较全面地对大学生越轨行为做出解释。显然，即便是在消极的社会生活环境下，大学生中的越轨者始终还是少数。这说明大学生个体内在的个性因素才是越轨行为发生的主导因素和内在根据。其中，无知、侥幸、私欲、逆反心理是大学生越轨发生的主要个性因素。

无知是越轨大学生的一大弱点，表现形式是：知识面狭窄，所知甚少，且知识结构不合理。他们既不知多少法规，也不知为什么越轨，表现出随心所欲的随意心理，进而失去理智而越轨，而当处罚降临到自己头上时，则常常追悔莫及。

侥幸心理是导致越轨的常见的个性心理因素，表现形式是：在越轨行为发生之前对国家的法规法令和学校的有关规章制度有所了解，对越轨行为有所认识，但在私欲等因素的刺激下，既想违规获利，又希望躲过惩罚，于是在侥幸过关的心理作用下发生了越轨行为。在因侥幸心理而越轨的行为中，考试作弊、偷窃、诈骗等最为常见。

私欲是大学生越轨的基本内驱力。它表现在物质欲望、政治欲望和异性欲望等方面。其具体表现形式是：有强烈的物质追求，热心对权势的追求，有强烈的领袖欲，对异性有过度的占有欲望等。当通过正当的渠道不能满足其私欲时，他们就可能采取违背社会道德和法律规范的手段，不择手段地达到目的，这样便产生了各种越轨行为。在因私欲而产生的越轨行为中，以偷窃、诈骗、性犯罪等最为常见。

逆反心理是导致越轨行为的心理障碍。其具体表现形式是：无视社会规范的约束，心理上产生对现行某一种或某几种社会规范的抗拒，行动上不顾组织和老师三令五申的教育批评，与社会规范对着干，所谓"口服心不服""表面一套，背后一套""我行我素"，使不满心理得到平衡，实际上已经造成越轨。在因逆反心理而产生的越轨行为中，以无故旷课、打架、斗殴、考试作弊等最为常见。

大学生越轨行为的社会控制及引导路径有以下3种。

1. 大学生越轨行为的社会控制

对大学生越轨行为的社会控制，就是社会、学校或其他团体对越轨行为采取各种有效的控制手段。可采取强制性控制和非强制性控制手段。

强制性控制是学校、社会动用外在强有力的社会教化和控制的形式，直接向大学生灌输法律、纪律、规章制度以及其他各种正确的行为规范。其目的是给予那些违背社会规范的行为以强有力的否定，让行为者重新了解掌握和遵守正确的行为规范，从而使越轨行为逐步得以抑制和修正。

非强制性控制也称"观念性控制"。它是学校、社会运用习俗、舆论、道德规范等非组织化的控制形式，向大学生施加直接或间接的无形的行为约束力。其目的在于使越轨大学生自觉地矫正其行为的偏差。

2. 越轨大学生的自我控制

越轨大学生的自我控制是指越轨大学生通过对正确规范的学习、理解，将其内化为自己的观念，并自觉地运用这种观念来控制自觉的冲动，约束自己的行为，激起羞耻心，重塑社会责任感，使越轨大学生通过自我教育、自我修养、自我完善，自觉地改正自己认识和行为的偏差。

3. 大学生越轨行为的引导

当代大学生是经过激烈的智力竞争、品德评定和体格检查才迈进大学校门的，思想文化素质都较好。他们的越轨行为绝大多数属于道德越轨，且初犯者居多，屡教不改者为少数。越轨后，多数人会及时醒悟，懊悔莫及。因此，除了通过社会控制和自我控制两条途径外，还应注重引导的方法，由社会控制达到自我控制，也需要施以正确的引导。

第一，引导越轨大学生积极参加社会实践活动。这是有针对性地对这部分学生进行再社会化教育的重要内容。各种形式的社会实践活动能够使他们对影响其越轨的社会生活环境的各个因素进行比较客观、全面的认识，主动地克服逆反心理、私欲等个性因素的消极影响，调节自己的心理平衡，并在这样的自我反省过程中重新认识和评价自我，增强自我意识，增强社会责任感，最终达到自我教育的目的。

第二，对越轨大学生进行心理咨询。这是引导越轨大学生克服自身的心理障碍，重新形成优良个性品质的重要手段。因为越轨大学生中的某些不健全个性因素不是能够一眼看穿的，需要加以科学的引导、启发和帮助。对越轨大学生进行心理咨询是一种诊治的良方，让越轨者倾诉内心的苦闷和无法解脱的思想障碍，教会他们模仿有效的策略与健康的行为，修补其缺损的人格。

第一节　社会控制

任何社会都要运用社会控制体系来推行统治阶级所确定的社会价值观念，维系现存的社会秩序，使其达到预期的目标。"社会控制"作为一个重要的社会学概念，最早是由美国社会学家罗斯（E. A. Ross）在他 1901 年出版的《社会控制》一书中提出的。按照罗斯的解释，社会控制是一种有意识、有目的的社会统治，是社会对人的动物本性的控制，其目的是限制人们发生不利于社会的行为。然而，把社会控制仅仅归结为对人的动物本性的控制，是一种带有根本性偏差的观点，它否定了人的社会性，无法解释复杂的社会问题。社会控制就是一种与天生的自我约束不同的另一种对人的行为进行约束的过程，它不是依赖先天而是依赖后天的，不是依赖自然生物而是依赖社会的因素来调解人们的行为，以维护社会的秩序。

一、社会控制的含义

社会控制是指运用社会力量对人们的行动实行制约和限制，使之与既定的社会规范保持一致的社会过程。

社会控制有广义和狭义之分。广义的社会控制指社会对社会成员的一切影响，其目的是使他们按照社会规范的要求来调整自己的行为；狭义的社会控制只指对偏离社会规范的越轨行为所采取的限制和惩罚等，目的是促使越轨者放弃越轨行为，遵守社会规范。社会学研究一般在广义上使用"社会控制"这一概念。

二、社会控制的特征

（一）从社会控制的本质上看，具有普遍性与阶级性

一方面，任何社会都需要社会控制及其相应的控制机制；另一方面，社会控制是以一个社会的所有成员为对象的。阶级社会里社会控制的目的及与此相关的行为规范和控制手段，都体现了统治阶级的意志。虽然社会控制总是以全社会或全体"人民"的名义，但首先是或者在本质上是占主导地位的阶级的利益之体现。

（二）从社会控制的方式上看，具有统一性与强制性

统一性主要体现在3个方面。一是社会控制体系内各种手段的统一性。社会控制可以依据组织、制度和文化等多种手段进行，这些手段之间是应该保持互为补充、协调一致的关系。二是社会控制范围的统一性。社会控制的有效实施范围应该是整个社会，而不是其中的某个部分。三是控制准则的统一性，即社会控制的准则对于所有社会成员应该保持一致。

社会控制在阶级社会中的表现即为阶级压迫，任何社会都会有反社会分子的存在，所以社会需要运用一定的强制性手段对社会进行有效控制。不管是在人身自由受到严厉限制的专制社会，还是在自由开放的民主社会，社会控制都带有某种程度的强迫性。

（三）从社会控制的作用及其过程看，具有社会控制的多重性与闭环性

社会控制的多重性主要体现在手段的多样性上。而闭环性则是指社会控制系统是一个拥有循环回路的闭合系统——决策、实施、监控、反馈逐步循环进行。任何控制行为的效果都会通过反馈环节重新作用于决策过程，从而对社会控制的过程和方法不断进行优化。社会控制的闭环性决定了社会控制系统具有自我调节和自我修正的特性。

三、社会控制的分类

（一）按控制的意志方向划分，分为宏观控制与微观控制

宏观控制就是社会利用政权的力量对整个社会在总体上加以控制，包括政治、经济、文化、意识形态等方面的控制。宏观控制对于稳定社会、促进社会进步意义重大。微观控制是相对宏观控制而言的，是指在社会生活和各种具体领域所实现的控制。这些生活领域涉及人们最基本的需要，包括衣食住行、婚丧嫁娶等。微观控制的实现有赖于宏观制度的健全和完善。

（二）按社会控制的功能性质划分，分为积极性控制与消极性控制

积极性控制主要是指运用舆论、宣传和教育等手段对社会成员的价值观和行为方式进行诱导，以鼓励成员遵从社会规范。也就是说，积极性控制的主要作用是引导和防患。消极性控制是对已经发生的违反社会规范的行为进行惩罚，造成危惧，以达到警告避免本人再犯或其他社会成员效尤的目的。消极性控制的功能主要体现在对不规范行为的惩罚上。

（三）按社会控制的性质划分，分为硬控制与软控制

硬控制是通过法律、纪律、条例、命令和政策等强制性手段对社会成员的控制。所谓硬，是指所采用的手段均为硬性的制度化手段。软控制是指运用风俗、习惯、伦理道德，以及广播、电视、电影和印刷物等传播媒介的宣教，来对社会成员的价值观念和行为方式进行控制。

（四）按社会控制的作用力方向划分，分为外在控制与内在控制

外在控制是依靠社会力量促使社会成员服从社会规范的控制，即控制的作用力是由外部发出而作用于人的。内在控制又叫作"自我控制"，是指社会成员在内化社会规范的基础上，自觉地用社会规范约束和检点自己的价值观与行为方式。这是一种自省式的控制。

（五）按控制的手段划分，分为制度化控制与非制度化控制

制度化控制是按照一整套的成文规定，由某种组织体系加以推行的一种社会控制形式。制度化控制包括法律控制、宗教控制、规章制度控制等，是以制度作为依据和准绳进行的社会控制，是必须严格执行的控制。非制度化控制形式并不是以明文规定的条文来实现，而是按照约定俗成的做法以及社会成员中的相互影响来实现。非制度化控制包括习俗控制、道德控制、社会舆论控制等。其中，社会舆论控制在非制度化控制形式中表现最为突出。

四、社会控制的功能

社会控制的基本功能是为一定的社会秩序提供必要的保障。社会秩序是任何社会存在和正常发展的前提。

（1）为社会成员提供合乎社会目标的社会价值观念和社会行为模式，调适人际关系，制约和指导社会成员的社会行为。

（2）规定各社会群体或社会集团的社会地位、社会权利和义务，限制它们之间利益竞争的范围，调整它们之间的利益关系，避免产生大规模的对抗性冲突。

（3）协调社会运行的各个系统，调节它们之间的关系，修正它们的运行轨道，

控制它们的运行方向和运行速率，使之功能耦合、结构协调、相互配套，尽量使各社会运行系统同步运行，促进社会的良性运行和协调发展。

(4) 社会控制的负功能。社会控制具有维护社会秩序、促进社会发展的正功能，但在一定条件下也可能存在负功能，对个人和社会的发展起阻碍作用。一是僵化的社会控制模式不利于个人和社会的发展。当社会控制所维护的社会秩序发生了变化，人们对利益的诉求有了发展时，原有的社会控制体系就会对人们的创新行为和价值观念的更新起阻碍作用，进而阻碍社会进步。二是不合理的社会控制会产生和扩大社会矛盾，影响社会稳定。社会控制是统治阶级维护阶级利益的手段。如果统治者实施社会控制的出发点只是为了维护少数人的既得利益，而不顾大多数群众的利益，就会诱发社会矛盾，严重的可能酿成社会冲突。三是片面的社会控制会妨碍社会的发展。如果将社会控制仅仅理解为对人们社会行为的严格约束，把社会稳定作为社会控制的唯一和终极目标，那么，这样的社会控制就不利于社会成员积极性和创造性的发挥，不利于社会发展。

第二节 社会控制的手段和过程

一、社会控制的手段

(一) 组织手段

组织手段是某一具体的社会组织运用组织指令、组织规章对该组织内组织成员或构成该组织的各个亚组织的行为进行指导和约束的方式。它具有范围小、层次控制的特点。组织控制的具体形式是组织指令和组织规章等。

组织指令是地位较高的一级组织对其下属组织的组织行为进行调节和制约的规范性文件或口头指示。它的特点是组织具有权威性，下级服从上级。组织规章是指组织内部为调节和制约其成员在组织内的行为而制定的一系列强制性的规定。违反组织规章，一般会受到相应的处罚。

(二) 制度手段

制度手段是指以全社会的名义颁布行为准则，并对全体社会个体、社会群体和社会组织的社会行为进行调节和制约的方式。制度手段的具体形式有政权和法律。

政权是统治阶级实行阶级统治的权力，是国家一切权力的基础。统治阶级通过建立行政体系，设置各级政府和委任政府官员来实现对内的管理，并凭借军队、警察、法庭、监狱等国家专政工具对破坏国家利益、严重危害社会秩序的行为进行制裁。政权是一种强有力的社会控制手段。法律是由国家的立法机关制定，国家政权保证执行的行为规则，包括法令、法案、条例、决议、命令等具体形式。法律作为社会控制的手段，其权威性和有效性表现在3个方面。第一，它由国家最高权力机关制定，以国家政权作为后盾，由完备的、强有力的司法机构保证实施，保证了法律的至上性、不可侵犯性。第二，它具有明显的严肃性。法律的特点是其规定严明而缺乏弹性，法律对违法行为的度量界限明显、准确，违法必惩。第三，法律具有普遍适用性。国家的法律一经制定实行，就对国民普遍适用。法律有制裁和"杀一儆百"的昭示作用，也有教育职能，它是建立在民众的法律意识之上的。

（三）文化手段

文化手段是指人类在长期的共同生活中创造的为人类共同遵守的行为准则和价值标准对社会成员进行控制的方式。文化控制手段包括伦理道德、风俗习惯、信仰信念和社会舆论等。

伦理道德是以善恶评价为中心的行为规范的总和。它是对人的思想和行为的是非、善恶、正义和非正义、正当与不正当进行评价的标准。道德包含着对一个人的人格进行优劣评价的因素，道德的行为会受到社会的赞扬，不道德的行为则会受到社会的谴责，行为者思想心理上会受到压力，从而起到约束和控制作用。道德是靠人们的内心信念、社会舆论来促使人们自觉遵守社会的行为规范的，它对人们的行为具有明显的指导意义，同时对违反道德的行为也具有控制作用，其社会控制力不亚于法律。

风俗习惯是指人们在长期的社会生活中自发形成的代代相传并自觉遵从的行为方式的总和。风俗习惯对人们的行为有指导和约束作用，在一定程度上发挥着社会控制作用，表现为违背习俗的人会受到周围大众的嘲笑、攻击和孤立。在一个封闭、不流动的社区里，这种嘲笑、攻击和孤立会给人造成极大的心理和精神压力。在传统封闭的社区中，风俗习惯的社会控制作用是明显的。

信仰信念是人们对某种非现实力量或某种价值体系无限信服崇尚，甘愿受其支配，甚至为之献身。信仰信念的典型形式是宗教信仰和主义信仰。宗教是一种和神或神圣物相联系的信仰和规范体系。作为社会规范的宗教，主要表现为教规和宗教仪式。宗教通过教育和制裁两种手段来约束和控制其信徒的活动。我国是一个有多种宗教的国家，在面临着重大改革变革的形势下，原先的社会价值体系发生变化的情况下，宗教教义却相对稳定，这使得某些信奉宗教的少数民族地区的社会秩序相对稳定，可以认为是宗教在其中发挥了一定的作用。主义信仰是人们对某种哲学理论或社会学说的认同和信服，是对某种社会理想或社会目标的自觉追求。

社会舆论是社会上众人关于某一事件或现象的议论和意见，当中包含了对这一事件或现象是非曲直的评价。社会舆论是一种公意，是大多数人的意见。其控制机制是通过广为传播的舆论，形成一种社会氛围，使处在这种氛围中的社会成员自觉或不自觉地服从舆论的导向与制约。社会舆论的作用方式是带有价值判断的社会评价，对某种具体的价值观或行为方向进行褒扬、赞赏或批评、谴责。

组织手段和制度手段均为硬控制，文化手段是软控制。软控制虽然不似硬控制那样具有明显的制度约束力，但是可以潜移默化地对社会成员的思想和行为产生深远的影响。

二、社会控制的过程

社会控制过程是指社会控制手段发挥功能的动态运作过程，具体包括4个环节。

（一）决策环节

决策环节指处于层级控制顶端的控制者为社会控制的方向和社会控制的度做出具体规定的过程，例如法律、条令等的制定。文化控制没有决策过程。

（二）实施环节

实施环节指控制手段施加于控制对象、产生控制作用的具体过程，也是一个控制与反控制的过程。在实施环节中充满了矛盾和冲突，解决这些冲突的效果决定了社会的秩序。实施环节的职能不在于消除这些冲突，而在于将社会控制的手段作用于社会控制对象，缓解和调节社会控制对象间的矛盾和冲突。

（三）监控环节

监控环节指决策机构对实施过程和控制对象进行监督、核查和调控的过程。考察实施环节是否严格按照社会规范实施控制，而控制对象又是否遵守这些规范。

（四）反馈环节

反馈环节指控制过程的输出结果对控制过程产生影响的过程。也即对社会控制的效果进行反馈，为进一步完善社会控制提供参考。

三、社会控制的度

社会控制的度是指社会规范对社会行为限制的程度。

（一）社会控制的3个维度

（1）控制力度：标示社会允许社会成员自由活动空间的大小。一个社会控制的力度越大，意味着对社会成员的控制越多，允许成员自由生活的空间就越小。

（2）控制刚度：标示越轨行为受到惩罚可能性的大小和惩罚力度的强弱。社会控制刚度越大，意味着成员发生越轨行为后受到惩罚的可能性越大，制裁的措施也更严厉。

（3）控制网络致密度：标示作为控制途径的社会规范的严密程度。控制的网络致密度越大，意味着越多的行为将受到社会规范的控制。

（二）考察社会控制是否适度的3个角度

（1）历史的角度。考察社会控制的程度是否符合社会发展规律，一般而言，社会文明越进步，社会控制的程度越低。例如，在现代资本主义社会中，如果实施的是前资本主义时代社会的控制水平，则可以说社会处于欠度控制之中，反之亦然。

（2）社会稳定的角度。社会控制归根结底是为了维护社会的稳定秩序，如果一个社会的社会控制不利于社会维持稳定的秩序，控制就是不适度的。欠度的控制和过度的控制都可能导致社会的不稳定。

（3）社会成员自由程度的角度。在符合历史发展规律和有效维护社会稳定的前提下，应该允许社会成员有更大的社会活动空间。

正确把握社会控制的度，实现社会控制十分重要，但又十分困难。欠度控制不利于社会稳定，不利于社会秩序的维系，容易导致社会失序甚至社会动乱。过度控制也不好，它不利于社会成员发挥积极性和创造性，导致社会缺乏活力，最终不利于社会的运行和发展。适度社会控制才能发挥社会控制维系社会秩序的基本功能，也能充分调动社会成员的积极性和创造性。

第三节 社会越轨

一、社会越轨的含义及分类

社会越轨也称"违规行为"，它是指违反或偏离社会规范的行为。然而，这一界定比较笼统。例如，开车闯红灯是不是越轨行为？一般地，汽车司机开车闯红灯当然违反了交通规则，确为越轨行为，但如果是公安局的警车追捕逃犯，那就不能算是越轨行为了，此时公安干警有驱车闯红灯的权力。在现实生活中，任何社会行为规范都有其适应范围，超出这一范围，它就失去了作为评判标准的资格。

（一）按照越轨行为所触犯的社会规范的性质划分

按照越轨行为所触犯的社会规范的性质划分，可以把越轨行为划分为5种：违俗行为，即违反现行风俗习惯；违德行为，即违反社会道德；违纪行为，即违反组织纪律；违警行为，即违反有关维护社会治安和公安秩序的规则、规定和条例；违法行为，即违犯法律规定。

（二）按照越轨行为的性质划分

按照越轨行为的性质划分，可以把越轨行为分为正向越轨行为和负向越轨行为。

社会行为规范反映的是对某类社会成员的一般要求。实际上，有的人做得比一般的要求还好，也有一些人则做得比一般要求差。这两种偏离正常要求的行为都与规范要求不相符，但前者是按照社会或群体要求发展的，为正向越轨行为，后者则违背了社会或群体的期望，为负向越轨行为。

（三）按照越轨行为的主体特征划分

按照越轨行为的主体特征划分，可以把越轨行为分为个人越轨和群体越轨。个人越轨是某一社会成员违反社会、群体规范的行为；群体越轨是某一社会群体、组织或者单位、机构的越轨，如某一企业偷税漏税。

二、社会越轨的特征

一个行为是否越轨并不是这个行为本身所固有的，而是人们赋予的，因此，社会越轨具有相对性特征。

不同的社会具有不同的社会规范，在一个社会被看作严重越轨的行为，在另一个社会可能被看作正常的现象。即使在同一个社会中，一种行为是否被看作越轨，也随着时间的推移和地点以及行为主体的变化而不同。

三、社会越轨的理论解释

（一）生物学解释

生物学解释就是把人类生物、生理方面的特征作为社会越轨的原因。此种解释也称为"体质理论"。这种理论认为社会越轨是人的体质中的生理缺陷造成的。以生理学视角解释越轨行为的理论有3种。

（1）生理犯罪理论。最早提出这种理论的是意大利军医、学者塞赛尔·隆布罗索。他提出罪犯在遗传和发育上不如守法公民。他认为有些人天生就是罪犯。他的结论是，犯罪人是退化的人，是再现于现代文明社会的野蛮人。生理上的退化使他们很难遵守社会道德规范。

（2）体态理论。美国心理学家威廉·谢尔登提出体型可能与犯罪有关。他将肌肉发达、筋骨健壮的身体结构称为"斗士体型"。在他研究的罪犯中，这类体型的人占很大的比重。

（3）染色体理论。史密尔和伯曼两位科学家发现许多男性暴力犯罪者多了一个雄性染色体，其性染色体的构造为XYY。这种类型的人在行为上具有进攻性和反社会性。该理论的结论是，染色体异常是导致社会越轨的生理原因。

> **延伸阅读**

染色体①

染色体（chromosome）是细胞核的组成部分，是真核细胞在有丝分裂或减数分裂时遗传物质存在的特定形式，是间期细胞染色质结构紧密包装的结果，是染色质的高级结构，仅在细胞分裂时才出现。染色体有种属特异性，随生物种类、细胞类型及发育阶段不同，其数量、大小和形态存在差异。

染色体是细胞核中载有遗传信息的物质，在显微镜下呈圆柱状或杆状，主要由DNA和蛋白质组成，在细胞发生有丝分裂时期容易被碱性染料（如甲紫和醋酸洋红）着色，因此而得名。

在无性繁殖物种中，生物体内所有细胞的染色体数目都一样；而在有性繁殖的大部分物种中，生物体的体细胞染色体成对分布，含有两个染色体组，称为"二倍体"。

性细胞如精子、卵子等是单倍体，染色体数目只是体细胞的一半。哺乳动物雄性个体细胞的性染色体为XY，雌性则为XX。鸟类、两栖类、爬行类和某些昆虫的性染色体与哺乳动物不同：雄性个体是ZZ，雌性个体为ZW。

（二）心理学解释

心理学解释就是从人们心理方面寻找社会越轨的原因，主要有以下理论观点。

（1）越轨与性格有关。持这种观点的最重要的研究者之一是英国心理学家汉斯·艾森克。他的理论将生物学和心理学视角结合起来。他的观点是，没有人生来就是越轨者，但是有些人可能比其他人更容易越轨。一种特别可能产生越轨的个性类型是"外向性格"。

（2）暴力和越轨都是社会习得的。社会心理学家阿尔伯特·班杜拉证明，即使没有真正从事过攻击行为的人也会通过观察和模仿来学习攻击行为。

（3）攻击行为常常由挫折引起。著名的社会心理学家多拉德对越轨行为的动机进行了研究，并提出挫折—侵犯理论。他的观点是，如果一个人在实现某种目标过程中受到阻碍，即挫折，就会产生不满情绪。挫折感会导致侵犯行为。

（三）社会学的解释

社会学视角集中于对社会环境的分析。主要理论有以下几种。

（1）文化传递理论。该理论认为越轨是从一个人所生活的社会环境中习得的。要想变成越轨者，人们必须有机会去学习越轨。那些习得了赞成越轨行动的观念的

---

① 参见百度百科"染色体（细胞核的组成部分）"词条（https://baike.baidu.com/item/%E6%9F%93%E8%89%B2%E4%BD%93/195881？fr=aladdin）。

人比其他人更有可能采取越轨的方式。持这一观点的有两个团队。一个是克利福特·肖和亨利·麦凯。他们在芝加哥附近的一个高犯罪率的地区进行研究，得出的结论是，新来者向已经居住在此的人，主要是通过孩子的游戏群体和青少年团伙学习越轨行为。另一个是理查德·克劳沃德和劳埃德·奥林。他们的研究则指出，虽然社会环境试图劝导人们遵从社会规范，但教导的内容并非总是一致。父母、教师、宗教领袖，以及其他社会化主体有时传达出的不是遵从而是越轨的态度。此外，还有一个研究结论，有社会学家指出，在某些企图纠正越轨行为的地方，实际上却在传授越轨行为。

（2）差异交往理论。犯罪学家埃德文·萨瑟兰的差异交往理论认为，每个人都受到遵从和越轨行为的双重影响。这些影响在个人的思想中展开斗争，哪个方面在思想上占了上风，哪个方面就会去引导人们的行为。在人际交往过程中，越轨行为的习得一般经历两个阶段：一是越轨技术的学习，二是越轨价值的学习。

在对自己的差异交往理论进行了完善后，萨瑟兰增加了9项观点：①犯罪行为是通过学习而获得的；②犯罪行为是在与他人的交往中经由学习而来的，这种交往通常是言语的，也有行为的；③犯罪行为的学习过程主要发生于个人周围的亲密群体之中；④犯罪行为的学习主要包括犯罪态度、犯罪动机、犯罪技能和犯罪合理化等方面；⑤关于犯罪动机与态度的特定方向是从法律赞许或不赞许的定义中学习而来的；⑥一个人之所以犯罪，是因为他认为犯罪比不犯罪有利，也是他与特定类型的犯罪经常接触，而与对抗该犯罪的行为疏远的结果；⑦犯罪行为的学习会因为交往频率、持久性、先后次序与强度的不同而有不同效果；⑧犯罪行为的学习除模仿之外，还有其他的学习机制；⑨犯罪行为是一般需要与价值的显现，但不能由这些一般需要与价值来解释，因为非犯罪行为也同样是需要与价值的表现。

延伸阅读

萨瑟兰[①]

埃德文·哈丁·萨瑟兰（Edwin Hardin Sutherland，1883—1950），美国现代著名的犯罪学家，他提出的"差异交往理论"在美国影响很大。差异交往理论一直是美国犯罪学中最重要的3种理论之一（其他两种理论是紧张理论和社会控制理论）。这种理论引起了很多有关同伴群体（peer group）问题的研究。

萨瑟兰的犯罪社会学理论被称为不同交往理论、随异交往说或差异交往理论，前后经过多次补充和修改。第一次系统表述的该理论共有7条，基本内容包括：

第一，导致系统的犯罪行为的过程，就其形式而言，基本上与导致系统的合法

[①] 参见百度百科"埃德文·萨瑟兰"词条（https：//baike.baidu.com/item/%E5%9F%83%E5%BE%B7%E6%B8%A9%C2%B7%E8%90%A8%E7%91%9F%E5%85%B0/7814952?fr=aladdin）。

行为的过程相同。

第二，系统的犯罪行为是在与那些实施犯罪的人的密切交往过程中习得的。

第三，差异交往是系统的犯罪行为发展中的具体原因过程。

第四，一个人参与系统的犯罪行为的概率大致上是由他与犯罪行为模式进行接触的频率和持续性决定的。

第五，人与人之间在个人特征或社会情境方面的个别差异，只有在他们影响到差异交往或者与犯罪模式进行接触的频率和一致性时，才能引起犯罪。

第六，文化冲突是差异交往的根本原因，因而也是系统的犯罪行为的根本原因。

第七，社会接替是系统的犯罪行为的基本原因。

该理论提出以后，受到一些批评。对此，萨瑟兰将其理论做了修订，在1947年版的《犯罪学原理》中重新表述，具体概括为9个方面的内容。

（3）失范论。该理论由美国社会学家罗伯特·默顿提出。默顿认为，失范是指这样一种社会状态：社会所规定的目标与决定着达到这些目标的规范不一致。默顿认为，所谓失范，是人们在用社会认为合法的手段不能实现自己的文化目标时发生的，而对于这种情形的一个共同反应，就是越轨行为。即当社会的文化与结构之间存在紧张或冲突时，越轨就可能产生。

所有文化都提出了作为普遍追求的某些目标，同时也明确地指出了实现这些目标的合法手段或社会认可的手段。但是，在社会快速变化和社会不平等广泛存在的环境里，属于某些群体的人可能很少或根本没有机会通过合法的途径去实现文化上的成功目标。社会结构限制了他们获得成功的机会。结果，这种群体中的人就会体验到社会失范，他们可能失去对这些目标的兴趣，或者失去通过合法的途径达到成功目标的兴趣，或者同时失去两者。默顿指出，这些受阻群体中的成员可能以5种方式对其社会失范的困境产生反应：一是遵从（附和），即运用文化认可的手段，通过努力工作去达到想要的且社会认可的目标，即使成功的机会比较罕见；二是革新（创新），即接受目标，但拒绝社会认可的手段，代之以"新"的非法的手段；三是仪式主义（形式主义），即机会受阻的个人接受手段但拒绝目标；四是退却主义（隐退主义），即既拒绝目标，也拒绝手段；五是反叛（反抗），即拒绝文化上赞同的目标和手段。根据默顿的失范理论，社会越轨是文化目标与制度化手段之间矛盾的产物。

（4）标签理论。标签理论认为，社会越轨指的是那些背离了重要的社会规范和要求并因此受到许多人的否定评价的行为。这一理论认为，越轨不在于行为本身，而是社会反应、他人定义的结果。该理论指出，在现代多变的社会中，对同一事物的社会反应和评价很难一致，人们会对同一行为给予不同的判定，即定义。即使同一行为由不同的人做出，也会引起不同的反应。所以越轨是由某些人的主观意识赋予的，它与行为本身无关。那些被多数人认为越轨的人都有一个共同的特征，就是他们被社会打上了烙印——那种把"越轨者"和所谓"正常人"区别开来的社会耻辱标记。

(5) 文化冲突理论。塞林的文化冲突理论将引起社会越轨的原因归结为不同文化之间的冲突。塞林在《文化冲突与犯罪》(1958) 一书中对文化冲突理论做了比较系统的论述。他认为不同的民族、阶层、地域的人的信仰、信念、价值观念、行为模式各不相同，当不同集团的利益和目标发生矛盾时，往往引起冲突，这种冲突往往导致越轨。

(6) 亚文化群理论。美国社会学家科恩是亚文化群理论的主要代表，他在《亚文化群题》(1955) 一书中，提出亚文化群犯罪理论。科恩认为，犯罪亚文化群的产生和维护的价值观体系和行为倾向，与主流文化的价值观和行为准则相抵触、相背离，这是犯罪和非法行为产生的真正根源，而亚文化的产生是社会化过程的不完善、不适当引起的。该理论认为，个体如果长期生活在亚文化群体里，受其价值体系的影响，就可能产生犯罪。

亚文化①

亚文化又称"集体文化"或"副文化"，指与主文化相对应的那些非主流的、局部的文化现象，指在主文化或综合文化的背景下，属于某一区域或某个集体所特有的观念和生活方式，一种亚文化不仅包含着与主文化相通的价值与观念，也有属于自己的独特的价值与观念。亚文化有各种分类方法，如人种的亚文化、年龄的亚文化、生态学的亚文化等。年龄的亚文化可分为青年文化、老年文化；生态学的亚文化可分为城市文化、郊区文化和乡村文化等。亚文化是直接作用或影响人们生存的社会心理环境，其影响力往往比主文化更大，它能赋予人一种可以辨别的身份和属于某一群体或集体的特殊精神风貌和气质。

四、越轨行为的控制

越轨行为是对社会规范的违背，因而越轨行为是社会控制的主要对象。如何对越轨行为进行社会控制，主要关注以下两个层面。

一是根据越轨行为的不同性质，分别做出不同程度的社会控制。社会越轨有消极性、积极性和中性3种不同的性质，需要对这3种性质的社会越轨做具体分析，做不同程度的控制。消极性社会越轨是对社会共同生活和社会发展起着消极阻碍作用的越轨行为，表现为破坏社会运行的正常秩序，侵害社会有机体，是要严格控制的行为。积极性社会越轨是对社会发展起积极推动作用的越轨行为，它是打破因循

---

① 参见百度百科"次文化"词条 (https://baike.baidu.com/item/%E6%AC%A1%E6%96%87%E5%8C%96/1820266?fromtitle=%E4%BA%9A%E6%96%87%E5%8C%96&fromid=741436&fr=aladdin)。

守旧、推动社会发展的动力之一。社会可以通过社会宣传、舆论导向等手段倡导这类社会越轨。中性社会越轨是对社会共同生活和社会发展的影响不十分明显,介于消极与积极之间的越轨行为。这类社会越轨多出现于日常社会生活中。

二是从社会控制的内在机制层面,对越轨行为采取不同方式和手段进行社会控制。如前所讨论的,社会控制可以通过内在控制和外在控制的机制来进行,针对越轨行为的内在控制和外在控制,从两个不同的方向达到对越轨行为的抑制和对社会规范的明确。

对越轨的内在控制主要强调的是社会规范的内化。社会规范的成功内化是社会成员完全认同了社会规范,意味着社会成员对越轨行为和社会规范之间的界限相当明确,进而能够在社会行为中"从心所欲不逾矩"。人们不进行越轨行为不是因为害怕受到惩罚,而是因为从内心相信越轨行为是错误的。此时,人们的自我规范系统充当了社会控制的有效手段。对越轨的内在控制是对越轨行为进行社会控制的最有效途径。

对越轨的外在控制,主要是运用外在的、正式的和非正式的社会控制方式对越轨行为进行控制。这种外在的控制主要体现为惩戒和处罚。其机制是,通过对越轨行为的处罚,社会控制系统不但向社会成员再次明确了规范,而且向社会成员表明,违背社会规范的行为是要受到处罚的。对越轨社会成员的处罚会使其他社会成员意识到违背社会规范的严重后果,进而使对越轨的外在控制能够对社会成员起到惩戒作用。社会成员会因为惧怕受到惩罚而严格遵从社会规范。对越轨的外在控制也是保证社会规范的重要手段,可以确保社会的正常秩序,增强社会生活的确定性。

在对越轨行为的社会控制上,适度的内在控制和外在控制两种作用机制各有侧重、相辅相成,共同保证社会秩序和社会发展。

默　顿[①]

罗伯特·金·默顿(Robert King Merton, 1910—2003),美国著名的社会学家,科学社会学的奠基人和结构功能主义流派的代表性人物之一。1979 年,他在哥伦比亚大学退休并荣膺特殊服务教授和荣誉退休教授。2003 年 2 月 23 日在纽约逝世,享年 93 岁。

主要著作有《17 世纪英国的科学、技术与社会》《大众见解》《社会理论与社会结构》《站在巨人的肩上》《理论社会学》

---

① 参见百度百科"默顿"词条(https://baike.baidu.com/item/%E9%BB%98%E9%A1%BF/862641?fr=aladdin)。

《科学社会学》等。

主要成就有结构功能主义理论、中层理论和科学社会学思想。

结构功能主义理论。默顿吸收了 B. K. 马林诺夫斯基在社会人类学中所倡导的功能主义思想和杜尔克姆等人对社会进行结构分析的方法，建立了他的结构功能理论。他把社会看作由各个部分组成的一个结构系统，各部分之间依某种相对稳定的形式结成一定的关系，这些关系表现为功能并对社会现象有决定性影响。默顿所发展的结构功能分析方法被人称为"经验功能主义"。

中层理论。在社会学研究中，默顿反对狭隘经验主义或实用经验主义和抽象理论化的倾向。他对帕森斯的抽象化倾向也持批判态度，认为其缺乏实际指导意义。默顿不反对把建立一整套全面的社会学理论作为社会学的终极战略目标，但他认为时机还不够成熟。为此，他提出了与当代社会学相适应的理论目标，即作为战术目标的具体形式的中层理论概念。他认为它能够解释社会现象中的有限部分，并在有限概念范围内适用。典型的中层理论主要包括角色冲突、参照群体、社会调适性、规范的形成、异常行为与社会控制等。

科学社会学思想。默顿是科学（建制）社会学的奠基人之一。他早期研究的重点是外部社会环境对科学的影响。他考察了17世纪英国的情况，得出了两个假说：一是新教（尤其是清教）伦理精神的潜功能促进了科学的兴起；二是经济、军事和技术的需要促进了科学的发展。后期他转而对作为社会子系统的科学内部的社会现象的研究，讨论了科学精神气质与科学共同体以及它们之间的关系。他认为，科学内部社会系统既不能脱离整个社会环境，又应该有相对的自主性，这是科学的认知结构所提出的要求。

默顿是继帕森斯之后结构功能主义的又一位杰出代表，他在批判帕森斯的理论过程中建立起来的经验功能主义，被 L. A. 科瑟尔等人誉为最精致圆熟的功能主义；他的中层理论在理论框架与经验研究之间和认识意义与实践意义之间架起了桥梁，并把以前认为是毫无联系的一些实际研究方向沟通起来，为社会学各种理论方法派别提供了一个相互汇合的基础；他的科学社会学思想为该分支学科的形成和发展奠定了基础。他运用负功能和功能替代的观点对官僚机制的研究，对作为社会组织重要因素的职业问题，特别是对医学教育的社会学研究，以及根据社会的结构分析对社会失范与异常行为等问题的探讨，在学术界颇有影响。

本章小结

社会控制是社会组织体系通过社会规范以及与之相应的方式和手段，对社会成员或群体的行为进行指导和约束，从而协调社会关系的各个部分，维持社会秩序，推动社会发展的过程。社会控制的类型依据不同的标准和视角可划分为宏观控制和微观控制、积极性控制与消极性控制、硬控制与软控制、外在控制与内在控制、制度化控制与非制度化控制等。社会规范则是维护社会正常秩序与共同生活，调节人们社会行为和活动的主要准则。

越轨是指违反重要的社会规范和要求并因此受到大多数人否定评价的行为。越轨是社会控制的主要对象。越轨行为的相关理论对社会越轨行为产生的原因做了不同视角的解释，为社会控制提供了理论依据。

本章知识与能力训练

一、判断题

1. 广义的社会控制指的是对越轨社会成员加以惩罚和重新教育的过程。（   ）
2. 闭环性则是指社会控制系统是一个拥有反馈回路的闭合系统。（   ）
3. 制度控制与组织控制的控制范围是相同的。（   ）
4. 人类社会进入阶级社会发展阶段之后，社会控制的度有越来越宽松的趋势。（   ）
5. 在符合历史发展规律和有效维护社会稳定的前提下，应该允许社会成员有更大的社会活动空间。（   ）

二、单项选择题

1. 任何社会都需要社会控制及其相应的控制机制，这体现了社会控制的（   ）特征。
   A. 普遍性   B. 阶级性   C. 统一性   D. 强制性
2. 社会控制的准则应该保持对于所有社会成员是一致的，这体现了社会控制的（   ）特征。
   A. 普遍性   B. 阶级性   C. 统一性   D. 强制性
3. （   ）标示社会允许社会成员自由活动空间的大小。
   A. 控制力度   B. 控制强度   C. 控制刚度   D. 控制网络致密度
4. （   ）标示作为控制途径的社会规范的严密程度。
   A. 控制力度   B. 控制强度   C. 控制刚度   D. 控制网络致密度
5. 社会失范论是由（   ）提出的。
   A. 弗洛伊德   B. 塞林   C. 默顿   D. 科恩

三、多项选择题

1. 按照控制的对象划分，社会控制可以分为（   ）两种类型。
   A. 对于意志的社会控制   B. 对于文化的社会控制
   C. 对于行为的社会控制   D. 对于情感的社会控制
2. 按照控制的功能性质划分，社会控制可以分为（   ）两种类型。
   A. 积极性控制   B. 消极性控制
   C. 硬控制   D. 软控制

3. 按照控制的手段来源划分，社会控制可以分为（   ）几种类型。
A. 规范控制　　　B. 组织控制　　　C. 制度控制　　　D. 文化控制
4. 制度控制的具体形式主要包括（   ）。
A. 规章　　　　　B. 政权　　　　　C. 政府　　　　　D. 法律
5. 衡量社会控制度的3个维度包括（   ）。
A. 控制力度　　　B. 控制强度　　　C. 控制刚度　　　D. 控制网络致密度

四、思考题
1. 什么是社会控制？它有哪些主要类型？
2. 标签论怎样看待越轨现象？
3. 试述社会失范论的主要内容，并用该理论解释社会现象。

五、技能实践
举例说明社会舆论的社会控制作用。

参考答案

一、判断题
1. ×　2. √　3. ×　4. √　5. √

二、单项选择题
1. A　2. C　3. A　4. D　5. C

三、多项选择题
1. AD　2. AB　3. BCD　4. ABCD　5. ACD

四、思考题
1. 社会控制是指运用社会力量对人们的行动实行制约和限制，使之与既定的社会规范保持一致的社会过程。社会控制有广义和狭义之分。广义的社会控制指社会对社会成员的一切影响，其目的是使他们按照社会规范的要求来调整自己的行为；狭义的社会控制只指对偏离社会规范的越轨行为所采取的限制和惩罚等，目的是促使越轨者放弃越轨行为，遵守社会规范。社会学研究一般在广义上使用"社会控制"这一概念。

社会控制的分类有5种。

（1）根据控制的意志方向划分，分为宏观控制与微观控制。宏观控制就是社会利用政权的力量对整个社会在总体上加以控制，包括政治、经济、文化、意识形态等方面的控制。微观控制是相对宏观控制而言的，是指在社会生活和各种具体领域所实现的控制。微观控制的实现有赖于宏观制度的健全和完善。

（2）根据社会控制的功能性质划分，分为积极性控制与消极性控制。积极性控制主要是指运用舆论、宣传和教育等手段对社会成员的价值观和行为方式进行诱导，以鼓励成员遵从社会规范。消极性控制是对已经发生的违反社会规范的行为进行惩罚。

(3) 按社会控制的性质划分，分为硬控制与软控制。硬控制则是通过法律、纪律、条例、命令和政策等强制性手段对社会成员的控制。软控制是指运用风俗、习惯、伦理道德，以及广播、电视、电影和印刷物等传播媒介的宣教，来对社会成员的价值观念和行为方式进行控制。

(4) 按社会控制的作用力方向划分，分为外在控制与内在控制。外在控制是依靠社会力量促使社会成员服从社会规范的控制。内在控制又叫"自我控制"，是指社会成员在内化社会规范的基础上，自觉地用社会规范约束和检点自己的价值观与行为方式。

(5) 按控制的手段划分，分为制度化控制与非制度化控制。制度化控制是按照一整套的成文规定，由某种组织体系加以推行的一种社会控制形式。制度化控制包括法律控制、宗教控制、规章制度控制等，是必须严格执行的控制。非制度化控制形式并不是以明文规定的条文来实现，而是按照约定俗成的做法以及社会成员中的相互影响来实现的，包括习俗控制、道德控制、社会舆论控制等。其中，社会舆论控制在非制度化控制形式中表现最为突出。

2. 标签理论认为，社会越轨指的是那些背离了重要的社会规范和要求并因此受到许多人的否定评价的行为。这一理论认为，越轨不在于行为本身，而是社会反应、他人定义的结果。该理论指出，在现代多变的社会中，对于同一事物的社会反应和评价很难一致，人们会对同一行为给予不同的判定，即定义。即使同一行为由不同的人做出，也会引起不同的反应。所以越轨是由某些人的主观意识赋予的，它与行为本身无关。那些被多数人认为越轨的人都有一个共同的特征，就是他们被社会打上了"越轨者"标记。

3. 失范论由美国社会学家罗伯特·默顿提出。默顿认为，失范是指这样一种社会状态：社会所规定的目标与决定着达到这些目标的规范不一致。默顿认为，所谓失范，就是人们用社会认为合法的手段不能实现自己的文化目标时发生的，而对于这种情形的一个共同反应，就是越轨行为。即当社会的文化与结构之间存在紧张或冲突时，越轨就可能产生。

所有文化都提出了作为普遍追求的某些目标，同时也明确地指出了实现这些目标的合法手段或社会认可的手段。但是，在社会快速变化和社会不平等广泛存在的环境里，属于某些群体的人可能很少或根本没有机会通过合法的途径去实现文化上的成功目标。社会结构限制了他们获得成功的机会。默顿指出，这些受阻群体中的成员可能以5种方式对其社会失范的困境产生反应：一是遵从（附和），即运用文化认可的手段，通过努力工作去达到想要的且社会认可的目标，即使成功的机会比较罕见；二是革新（创新），即接受目标，但拒绝社会认可的手段，代之以"新"的非法的手段；三是仪式主义（形式主义），即机会受阻的个人接受手段但拒绝目标；四是退却主义（隐退主义），即既拒绝目标也拒绝手段；五是反叛（反抗），即

拒绝文化上赞同的目标和手段。根据默顿的失范论，社会越轨是文化目标与制度化手段之间矛盾的产物。（解释社会现象略）

五、技能实践

【分析要点】社会舆论是一种公意，是大多数人的意见，因此它对少数人的言行具有一定的指导、约束及社会控制作用。其内在机制是：作为一种评价性意见，社会舆论会对少数人的、与众人意见不同的言行产生环境压力。为了缓解这种压力，这部分人不自置外于众人，会改变或放弃自己原来的言行，与众人保持一定程度的一致，于是社会控制作用发生。但有一些"一意孤行"者或敢"冒天下之大不韪"者，社会舆论则不起作用。

社会舆论可能产生两种控制效果：一种情况是当社会舆论代表社会正义，是一种正确意见时，它有积极的社会控制作用；另一种情况是社会舆论未必总能对社会现象给以正确评价，特别是在新生事物出现之初更是如此。改革者畏于人言，就可能改变自己的做法，此时社会舆论的控制作用就属于消极的了。（举例略）

第十一章　集群行为与社会运动

本章学习目标

1. 阐述集群行为的定义。
2. 举例说明集群行为。
3. 知晓集群行为理论。
4. 运用集群行为理论分析个案。
5. 叙述社会运动的概念和分类。
6. 知晓社会运动的演变。
7. 认知社会运动的后果及影响。
8. 列举并辨析当代中国的集群行为。
9. 认知群体性事件发生的机制，提高预防和恰当处置集群事件的能力。

案例引导

广东增城"6·11"事件

2011年6月10日21时许，四川籍孕妇王联梅（女，20岁，四川省开江县人）在增城市新塘镇大敦村农家福超市门口违章占道经营摆摊档，阻塞通道，该村治保会工作人员见状后，要求其不要在此处乱摆乱卖，双方因此发生争执。新塘镇领导和救护车到场后，立即对王联梅及其丈夫唐学才（男，28岁，四川省开江县人）进行劝说。

经劝导，事主同意政府调解，同意将王联梅送医院检查，当王联梅将被送上救护车时，现场无关人员坚决阻挠孕妇上车。至22时35分许，现场逐渐聚集上百人起哄，部分不法分子向现场做工作的镇政府工作人员以及警车和处警人员投掷矿泉水瓶及砖块，并从超市门口逐步向大敦派出所聚集，并投掷石块，导致多台警车和私家车辆损坏。经过有关部门的及时处置，11日凌晨1时许，事件初步得到平息，公安部门对现场进行勘查。凌晨3时许，又有部分不法分子向清理现场的民警投掷石块、砖块、玻璃瓶等硬物，妨碍民警执行公务。随后，公安部门依法将妨碍执行公务的不法分子带离现场审查。

11日11时30分许至当日晚，现场又有上百名人员再次聚集在大敦派出所周边，围观群众一度有1000多人。部分不法分子损坏车辆、银行柜员机，袭击公安民警。经增城市有关部门及时处置，事态得到有效控制。

事发后，对政府相关工作人员进行了相应的处罚，对11名犯罪嫌疑人提起了公诉，5名被告人以寻衅滋事罪分别判处有期徒刑3年6个月到9个月不等，1名被告以妨害公务罪被判处有期徒刑两年。

启蒙理性：显然，这是一起在自发的、无组织的和不稳定的群体情境下，受某一共同事件影响或刺激，由成员之间的相互暗示、激发和促进而发生的集群行为。

一般人们的行为处在既定的社会规范的制约之下，但在一定特殊的情境中，也会产生一些不受通常的行为规范所指导的、自发的、无组织的、无结构的，同时也是难以预测的群体行为方式，这就是社会心理学所说的集群行为。其特点是自发的、短暂的、不稳定的和无组织的，而且具有较强的破坏性或反社会性，可能会引起社会的动乱不安，造成重大的社会损失。

第一节 集群行为

一、集群行为的定义

集群行为也称"集聚行为"或"集体行为"，是指那些在相对自发的、无组织的和不稳定的群体情境下，受某一共同事件影响或刺激，由成员之间的相互暗示、激发和促进而发生的社会行为。

集群行为的特征：一是自发的、暗示的，尽管某些集群行为或源于某些人的挑唆，或源于某个社会团体（如企业）的策动，但绝大多数参与者并不是受到什么明确的指令，而是受到他人的影响（暗示）自愿加入集群行为的行列之中的；二是短暂的、不稳定的，它几乎总是一种一哄而起、转眼即逝的现象，不可能持续稳定地存在于一个相当长的历史时期；三是无组织的，如果把各种社会行为排列成为一个从最有组织性到最无组织性这样一个等级序列的话，集群行为处于最无组织性的一端；四是非常规的，整个生活世界是由理性设计与意外事故、秩序与反常交织在一起的，集群行为展现的是日常生活出轨的一面，它异于寻常，无法预料，难以确定。

从集群行为对社会所产生的影响来看，许多集群行为都具有较强的破坏性或反社会性。它可能会引起社会的动乱不安，造成重大的社会损失。当然，在一些特殊的情况下，人民大众的意见、舆论也可能会通过一些集群行为的方式表达出来。一些声势浩大的群众运动也可能由某种形式的集群行为发展而来，并演化成改变旧有的社会制度和社会行为的社会运动。

二、集群行为的基本类型

集群行为包括聚众、人群、大众和社会运动4种基本类型。而社会学在谈到集群行为时，通常只讲两种类型——人群行为和大众行为。

（一）人群行为

"人群"与我们日常生活中常用的"群众"在英文中实际上是同一个词——"crowd"。在社会学和社会心理学上，"crowd"有其特指含义，指"人群"。人群行为是指因同一事件而临时聚集在一起的、面对面互动的群体所表现出来的行为，其特征是有临时的共同目标和模糊的面对面互动。人群行为是未经组织的集群行为。人群行为是最常见的，也是传统的集群行为的形式之一。

布鲁默对人群行为的划分是最为经典的一种分类方法。他将人群分为4种类型。

(1) 偶合人群。又叫"临时人群"。这是结构最松散的人群形式。它仅仅是一群个人的集合体，其成员很少或没有共同的目标，个人很少受群体的感情约束。如大街上的普通人群就是偶合人群。

(2) 常规人群。这是经过有意计划集合在一起的人群，其结构相对来说比较严谨，如剧院里的观众和飞机上的乘客。所谓"常规"，就是说他们遵照已经建立的社会准则或常规进行活动。但是，这种人群成员之间的相互作用和一般的社会人群相比是微不足道的。

(3) 行动人群。这是易受暗示并且其行为明确指向特定目标的人群，如参加暴乱、骚乱或从事其他极端活动的人群。这类人群易受暗示，其行为明确指向特定的目标，并且常常是愤怒且怀有敌意的。行动人群的活动违背了通常的行为规范，因此，它虽不常见，但对社会的影响作用远远超出其他的人群形式。行动人群的出现往往起因于一个诱发事件。它有时是一个象征着潜在冲突的事件，而在另一些时候诱发事件则与主要问题毫无联系，而只是成了人们错置的感情和谴责的焦点。从参与行动人群的成员情况来看，他们往往是经受着强大的社会压力的人群。

(4) 表意人群。这通常是为了其成员的个人满足而组织起来的，可以提供感情表达的释放机会的人群。这类人群一般表现出手舞足蹈一类的身体活动，常见于举行各种宗教仪式的场合。例如，一些原始文化部落中庆祝丰收的人群、宗教节日的集会人群等都属于表意人群。这类人群的许多行为如呼叫、狂饮等，在正常的情况下被认为是具有破坏性的，但是在这样的场合得到了承认。

表意人群从表面上看来是杂乱无章的，有时甚至是野蛮疯狂的，但是实际上它是存在着一定的行为规则的。狂呼乱叫尽管疯狂，但它是为庆祝丰收节日所允许的，而另一些不为这种场合所接受的行为则是不能做的。尽管这种界限相对来说或许不是那么明显，但总的来看，他们的活动还是限制在一定的范围之内的。另外，这种人群也不是乌合之众，他们一般都有自己的组织结构和领导者，有的甚至还有很严格的行为规则。

在上述 4 种人群类型中，尽管每一种都有可能产生诸如骚乱或暴乱等形式的集群行为，但相比而言，后两种人群形式，即行动人群和表意人群产生集群行为的可能性更大，并且也因此更为社会学家和社会心理学家所重视。

（二）大众行为

大众行为是分散的集群行为。集群行为并不都是发生在面对面进行直接接触的人群中的，在广泛分散的人群——进行间接接触的大众中，也会出现一些集群行为的重要特征，如不确定性、暗示性和迫切感等。在分散的大众中发生的一些最基本的行为表现形式如时尚、恐慌等，都不同程度地具备了集群行为的这些特征。

1. 恐慌

恐慌是分散的人群中的集群行为的另一种类型，它是公众乃至一般社会大众在社会危机状态下，面对现实的或想象的威胁做出的不合作和不合理的心理与行为反应。

产生恐慌的原因是复杂的。一般来说，引起恐慌的直接线索往往是某个耸人听闻的流言或传闻。它可能会使没有思想准备的大众陷入迷惘、惊恐等状态。再加上相互之间的感染和刺激使这种恐惧情绪急速上升，直至成为群体性的恐慌大发作。还有一些恐慌的产生与某种文化背景有关。在一个有着某种普遍的禁忌或崇拜的社区里，相应的恐慌也容易发生。在现代社会里，由于快速的生活节奏，紧张、焦虑聚集于心头，作为一种心理能量的发泄也常常在某种意外的刺激下，以恐慌的形式表现出来。恐慌更现实的原因很可能是某种潜在的社会或其他危机。它们时刻刺激着人们的神经，促使人们觉醒，一旦有什么风吹草动，便会出现一些极端的应急反应。

恐慌最重要的特征是它的不合作性和不合理性。所谓不合作，指的是相互合作的社会关系被打破了，结果反而使情境增加了对人们的威胁。例如，在火灾、洪水、地震或军事侵入时，危机突然发生，人们极度恐惧，正常的社会期望受到了干扰，每个人都在绝望中挣扎着要逃离危险地带，然而结果又常常是既妨碍了自己又挡住了别人，这正是日常生活中的正常合作陷于瘫痪所致。所谓不合理，指的是在恐慌状态下，大众的行为与他们期望达到的目的正好相反。

2. 骚乱与暴乱

（1）骚乱。骚乱是一种暴力的和破坏欲的集体爆发。骚乱的产生常常是环境的突然刺激及愤怒、惊恐或其他基本冲动的驱使所致。骚乱的程度常因环境刺激的性质及阻碍人们愿望满足的状况而定。如果刺激深切或环境状态严重，骚乱则有可能发展成为暴乱。

骚乱的人群与暴民有很多相似的地方。他们都是一些临时集合起来的人群，他们的行为都是极端地违背社会常规的。但他们的区别也是明显的。骚乱者比暴民更缺乏结构性、目的性和统一性。骚乱甚至可以涉及不同地区的几个不同群体,但这些群体的行为接近,并不一定完全一致;而暴民则通常有一定的目标,如袭击某个社会群体、对某人处以私刑等。与暴乱相比,骚乱所涉及的行为更一般化,除了制造混乱以外,没有什么特定的目标。

骚乱现已成为一个严重的社会问题。它反映了一个处在改革开放的社会里所发生的各种躁动不安的情绪。社会学、社会心理学理应把球场问题、剧场问题纳入自己的视线,研究、探讨、找出这些骚乱背后更深刻的社会时代根源,以维护社会生活的安定局面。

(2)暴乱。暴乱是行动群众的一种重要形式。其成员是从感情上就倾向于暴力行动并实际从事或时刻准备从事暴力活动的人群。从事暴乱行动的暴民通常都有自己的领袖,他们一心想着自己的进犯目标,并强烈要求其成员保持一致行动。和暴动不同,尽管从事暴乱行动的暴民的行为具有某种组织性,但一般来说,它是暂时的和不稳定的,并且也是难以把握的,所以从根本上来说,它是一种集群行为。

暴乱是暴民常常采用的公开的暴力活动。这是一种由缺乏明确目的或方向散漫的暴民参加的行动。虽然有些暴乱者可能有明确的目的,像捣毁不得人心者的房屋或商店,但大多数的行动是出于一般的不满和愤恨。集体性的暴乱往往包括袭击不受欢迎的集团,抢劫和毁坏他们的财产等。另外,在暴乱中也有一定的规范,不过这种规范不太明显,并且是与社会常规相违背的。

3. 时尚与流行

时尚是在大众内部产生的一种非常规的行为方式的流行现象。具体地说,时尚是指一个时期内相当多的人对特定的趣味、语言、思想和行为等各种模型或标本的随从和追求。时尚的传播、普及和发展所依靠的主要手段是流行。因此,时尚与流行实际上是同一事物不可分割的两个方面。离开了流行,时尚便不会成为时尚,时尚是流行的必然结果;离开了时尚,也就没有什么东西得以流行,因而流行也就不会发生。在形形色色的有关时尚的讨论中,最有代表性的有两大类:一类侧重于时尚是一种流行的行为模式,另一类则侧重于时尚所富含的文化内涵。

第二节 集群行为理论

在集群中,缺乏理性思考,有意识的人格消失,无意识的人格占主导,自我控制减弱甚至消失,会感觉个人力量渺小,集体力量强大,受到情绪的感染相互模仿,从而导致集体行为。

一、勒庞的集体心智理论

最早进行这种理论尝试的是古斯塔夫·勒庞,他的着眼点是集群行为最基本的形式之一——群众(另一基本形式是大众)。勒庞将群众视为"一群人的聚合",而由个人聚合而成的群众具有"完全不同于组成它的个体特征的新特征"。具体来说，无论组成群众的是什么人，无论他们的生活方式、职业、性格或智力是否接近，他们已转化为群众这一事实会使他们具有一种集体心理，使他们以一种与他们各自独处时完全不同的方式去感受、思考和行动。

勒庞认为，群众具有神经质的感染因素，并具有以下三大特征：一是去个性化，即由于置身于许多人中，个人便确信有一种难以克服的力量使自己不能不屈服于本能；二是感情作用大于理智作用，这容易导致群众易受相互间的暗示与感染；三是失去个人责任感，这容易导致对情欲和行为缺乏控制。

二、布鲁默的循环反应理论

布鲁默的循环反应理论认定集群行为产生于社会互动，而不是勒庞所说的什么"集群意向"。具体来说，人群中的情绪感染是一个由他人的情绪在自己身上引起同样的情绪的过程，它转过来又加剧了他人的情绪。

三、特纳和克里安的即时规范理论

特纳和克里安的即时规范理论认为，在集群中由于相互间的社会影响，从个别人的可见行为中产生了新的规范，这些规范确定了在集群环境中适当行为的标准。在一些模棱两可的情况下，个别行动者就可以为其他大多数成员确定规范。而集群一旦觉察到指导他们行动的新规范出现，就会感觉到执行它的压力。

四、格尔和戴维斯的相对剥夺理论

格尔和戴维斯认为，每个人都有某种价值期望，而社会则具有某种价值能力，当社会变迁导致社会价值能力小于人们的价值期望时，即环境所提供的价值能力与其价值期望之间存在落差时，就会产生相对剥夺感。通俗地说，就是如果人们认为自己理应得到的生活水平低于通过各种途径和方式获得的物质生活水平，就会产生怨气和委屈。相对剥夺感会导致个人产生沮丧、愤怒等心理反应，从而产生攻击行为，即革命和集体暴力。

导致个人参与社会运动最主要的原因就在于人们对相对剥夺感的回应。相对剥夺感越强烈，人们造反破坏的可能性就越大，从而形成挫折—防抗机制。根据价值期望和社会价值之间的不同关系，格尔和戴维斯定义了递减型、欲望型、发展型相对剥夺感。

（一）递减型相对剥夺感

递减型相对剥夺感有3种情形：第一，传统社会中，人们对社会期望不会太大，因为生产率低，而一旦人口增长过快或爆发大规模自然灾害，社会价值能力就会大大降低，由此引发递减型相对剥夺感，如中国的农民起义；第二，社会提供的价值能力总量没有变化，但是一个阶层剥夺得太多了，导致另一个阶层相对于这个阶层来说下降了，也会产生递减型相对剥夺感，如农民针对贵族的革命；第三，社会价值总量没有变化，但是为另一个阶层提供的价值降低了，也会导致递减型相对剥夺感，如西方国家的劳动密集型产业向发展中国家转移，导致本国国内蓝领工人掀起政治运动。

（二）欲望型相对剥夺感

社会的价值能力没变，但是人们的价值期望变高了，就会产生欲望型相对剥夺感。如改革开放前，信息封闭的环境让人们生活自我感觉良好，但是改革开放后，见到西方的发达程度，内心产生强烈欲望就会产生欲望型相对剥夺感，导致改革。

（三）发展型相对剥夺感

发展型相对剥夺感是戴维斯最先提出来的。他认为，在资本主义社会，工人工资增长总是跟不上经济增长，社会贫富差距拉大，人们就会产生相对剥夺相对贫苦感。如工资提高水平跟不上通货膨胀水平，小小的猪肉和方便面涨价就会引起轩然大波。最经典的例子是，托克维尔对法国大革命的描述，在路易十六当政时，法国经济和社会本来已经改善了一点，但是国王还加税，导致了法国大革命，就是这样的模式。

这一理论给了我们以下启示：

第一，一个社会的绝对发展很重要，但发展成果在社会各阶层之间的公平分配也很重要，否则，有些阶层会产生强烈的相对剥夺感。

第二，坚持可持续发展也很重要，否则长期繁荣之后的突然下挫，对社会稳定也是一个威胁。

第三，要合理引导社会的"价值期望"，使之与一个社会的价值满足能力相适宜。

虽然格尔和戴维斯的相对剥夺理论能解析很多运动，但还是有缺陷的，因为发动一场社会运动和革命，还需要意识形态、组织、政治机会、社会资源等因素。

五、斯梅尔塞的值数累加理论

这一理论被誉为集群行为研究领域半个世纪中"里程碑式的著作"。斯梅尔塞认为，与任何社会结构都有社会功能一样，集群行为也是特定社会结构的表现，即解决社会问题，集群行为本质上是一种解决社会问题的方式，只不过它对社会问题的解决不是通过常规的方式，而是企图通过重构社会行动系统的某些部分这样一种非常规方式来达到目的。

他认为，集群行为的发生同时受6个要素的影响。

第一，结构性有利于产生集群行为的社会结构或周围环境，某个特定的社会结构使得集群行为的发生成为可能。

第二，结构性压抑致使人感到压抑的社会状态，即社会结构出现了某种问题，这种问题已经为人们所普遍知晓并构成了巨大的心理压力，如贫困、冲突、不公平的待遇、难以捉摸的前途等，都刺激人们通过集群行为来解决问题。

第三，普遍的信条，即人们通过对自己所处环境中的问题的认定，形成的自己对问题的看法和信念，它使得人们通过对形势的了解而做好了行动的准备。人们在面临社会和心理压力的情况下，会自觉不自觉地为自己寻找对现实处境的解释或解决办法。这种情况下，某些潜在的信念或偏见甚至敌意就会成为普遍的情绪，情绪越大，理性越弱，这就为集群行为的出现奠定了基础。

第四，诱发因素，这种因素通常是一个戏剧性的事件，它创造了集群行为的具体环境，加速了集群行为的爆发，这是集群行为的导火索。往往是一些偶然引发的事件或传言为集群行为提供了具体的刺激，使普遍的情绪向现实的行动转化，诱发因素的作用是肯定了人们中间业已存在的怀疑、不安或对化解困境的某种出路的信任。

第五，行动动员，具备了前面全部4个因素，如果没有某些动员力量出现，集群行为还是难以成形。群体内的领袖人物或鼓动者的鼓励和口号，标志着集群行为的开始。

第六，社会控制机制，即防止、抑制和疏导前5个因素的累积力量，集群行为最后是否发生就看这种控制手段是否成功。一旦控制失败，集群行为便在所难免了。这些机制包括政府的反应、警方的行为、宣传工具的处理等。

尽管有时在特定的案例中不一定能找出以上6个因素，但斯梅尔塞的理论还是为分析集群行为提供了一个相当有说服力的解释框架。

六、康豪瑟的群众社会理论

康豪瑟的群众社会理论着重从社会组织结构视角，探讨社会中层组织或公民社会在社会运动和革命中的作用。所谓大众社会，一方面，社会中的精英缺乏自主性，没有形成足够稳健的价值观念和制度安排，在组织上容易让非精英进入，在行为上容易受非精英的影响；另一方面，非精英缺乏独立的群体生活，因此，容易受到精英的操纵和动员。这种缺乏独立性和组织性的"群众社会"非常容易被那些长于蛊惑的极端分子利用。他们把无知的"群众"煽动起来，进而利用强大的、激进的"群众"力量来挟制那些温和而软弱的精英，结果使群众运动在整个社会中泛滥。

由传统社会中的整合性团体，变成心理与他人隔阂、人际交往非人格性、不受社会规范的约束等特性极强，且同构性极高的一群人的集合体的现代工业化社会。这种社会让个人失去归属感，产生焦虑和疏离，以致每个人都陷入社会孤立状态，易于投入社会运动。

延伸阅读

勒 庞[①]

古斯塔夫·勒庞（Gustave Le Bon，1841—1931），法国社会心理学家、社会学家，群体心理学的创始人，有"群体社会的马基雅维里"之称。勒庞在巴黎学习医学，1866年获得医学博士学位之后，游历了欧洲、北非和亚洲，写了数本有关人类学和考古学的著作。经过多年的努力，他发表了几十部著作，完善了综合生物学、人类学和心理学学说。

勒庞的研究涉及3个领域：人类学、自然科学和社会心理学。他最初研究的是为各个人种的身体特征创制测量方法。后来他发展了人种分类等级学说。晚年，他的兴趣转向社会心理学。按照他的意思，一群人如果被认为属于一个种族或亚种，那么，他们一定具有同样的感情和思维方法。他确定的标准包括推理能力的水平、注意力和本能需求控制。例如，把盎格鲁-撒克逊人的智力特征与拉丁人的智力特征相比较后，他发现盎格鲁-撒克逊人各方面都更加优越。勒庞还发展了另一种分类等级，他称之为"性别分类等级"（该分类法于20世纪70年代遭到批判）。根据这种分类方法，动物、疯子、社会学家、儿童、智力衰退者和原始人被认为是下等人。

勒庞用生动而直截了当的语言来表达这一观点，并用准科学的内容作为依据，这就解释了他的书为何如此成功，以至于他"最终拥有了其他任何社会思想家都无法匹敌的读者群"。

[①] 参见百度百科"古斯塔夫·勒庞"词条（http://baike.baidu.com/item/古斯塔夫·勒庞/6486008?fr=aladdin）。

所有赞赏他的人都深信,他的那些有关人性本质的观点虽然让人难以接受,但至关重要。在社会和政治事务上,他们认真听取了他命令性的忠告。事实上,在20世纪20年代,他的思想达到了顶峰。他的预知令人震惊,他在作品中预见了20世纪所有的心理学和政治发展。美国总统罗斯福认真阅读了勒庞的作品,并坚持要会见勒庞。智利共和国总统亚历山大·德里是他的狂热崇拜者。墨索里尼和希特勒则将勒庞制定的规则付诸实践,并且极其认真地将它们分门别类。最循规蹈矩地跟随勒庞,并按照真正的日耳曼人的彻底性来做的人是希特勒。他的《我的奋斗》就是仅仅追随勒庞的推理逻辑写成的,读起来就像是勒庞作品的伪劣盗版(霍克海默和阿多诺)。

勒庞以对群体心理特征的研究而著称。他认为,"民族的精神"或"种族的灵魂"是整个社会生活的基础。一个民族、种族或一种文明都具有民族的精神,即共同的感情、利益和思维方式。国家精神是从人们心中无形的民族精神的非理性途径中产生的,并支配了一切社会制度的形式。历史就是民族或种族性格的产物,民族或种族性格是社会进步的主要力量。

他认为,欧洲社会日益增长的特征是群众的聚合物,个体的意识个性淹没在群众心理之中,群众心理诱发出情绪,意识形态通过情绪感染得到传播。一旦被广泛传播,意识形态就渗透到群众中个体的心理层次,使个体丧失批判能力,从而影响他们的行为;群众的行为是一致性、情绪性和非理智性的。勒庞认为他的这种观点可在现代群众和群众组织中得到证实。

勒庞最著名的著作《乌合之众:大众心理研究》于1895年出版。他认为,人群集时的行为本质上不同于人的个体行为。群集时有一种思想上的互相统一,勒庞称之为"群体精神统一性的心理学定律"(law of the mental unity of crowds),这种统一可以表现为不可容忍、不可抵抗的力量或不负责任。群体行为可能是突然的和极端的,智力过程可能是初步的和机械的。这是当时盛行的几种"群体心理"理论之一。在群集情况下,个体放弃独立批判的思考能力,而让群体的精神代替自己的精神,进而放弃了责任意识乃至各种约束,最有理性的人也会像动物一样行动。群集时还会产生一种思想的感染,使得偏者和群众的无意识思想通过一种神秘物作用要理互相渗透。勒庞总结说,当它成为集体时,任何一种虚弱的个人信念都有可能被强化。

勒庞的思想对分析的社会心理学产生了较大的影响,同时也成为现代意识形态研究中不可或缺的内容。

第三节 集群行为理论之个案分析
——由信息传播影响的集群行为

集群行为都要涉及参加者之间一定的接触或相互感染。在社会生活中,集群行为还表现为一种更加分散的方式,这就是由信息传播影响的集群行为。由信息传播方式的集群行为,从表面上看来没有像暴乱、骚乱、时尚及恐慌那样轰轰烈烈,但是它同样能对社会生活产生强大的影响,特别是通过当今互联网的各种自媒体传播,某些流言和谣言常常能够发展成为更为集中的集群行为。

一、流言与谣言

流言与谣言是在社会大众中相互传播的关于人或事的不确切信息,但两者是有一定区别的:前者常常是无意讹传的消息,而后者则是有意捏造的。但由于流言与谣言的传播一般来说是单线的、匿名的,很难最终寻访到它们的最初来源,因而不仅无法判定"制造者"的目的、意图,事实上也不可能有效地将这两者区分开来。这也是我们将这两者一起加以讨论的主要原因。

流言与谣言的产生常常有一定的社会背景。或者说,在某种社会状态下更容易出现流言或谣言。一般而言,在社会突然发生事变时是流言与谣言的易发时期。任何社会在和平稳定时代,流言、谣言相对来说也比较稀少。一旦社会上突然发生某类事故,各类传闻便会随之发生,流言和谣言也易于传播。另外,社会突然面临某种危机状态,即使尚未发生重大事故,但有发生的可能或征兆时,流言、谣言也容易发生。因为每当一个社会酝酿着某种重大变故时,人们都极力地对环境做出种种猜测,这最容易以讹传讹,致使一些无根据、不确切的消息不胫而走。

流言与谣言有以下3个特征。

一是流言与谣言的基础是不确切的信息。这里的"不确切",首先指的是流言和谣言可能是不准确的。绝大部分的流言和谣言是建立在这个基础上的。因此,流言和谣言常常受到人们强烈的贬抑,而"流言""谣言"这两个词本身就代表了对这类言论的蔑视。但在有些情况下,被称为"流言"或"谣言"的东西也可能是准确的,但它们是未经证实的。例如,"文革"后期有关"四人帮"的许多传闻虽然后来被证明是事实,但在当时则被认为是坏人捏造的政治谣言。对这类言论,常常可用一个较为中性的词——"传闻"来概括。

二是流言与谣言开始容易停止难。由于种种心理因素和社会因素,流言和谣言不仅在传播速度上非常快,而且在传播范围上也非常广。它们是极易在一般大众中流传的消息,因为它们常常是人们茶余饭后的闲聊话题,好事之人常常对此津津乐道。所以,一旦传播开来,其影响就很难彻底消除。有些传闻往往会经历一种反复出现与消失的过程,只要形成它的社会环境因素没有改变,辟谣就难以最后成功。

还由于人们往往会对辟谣形成一种逆反心理,在有些情况下,越是辟谣,信谣、传谣的人就越多。1995 年夏天,兰州全城出现了关于要发生大地震的谣言。从 7 月 22 日起,许多居民就不敢在家里睡觉,开始露宿大街。尽管有关部门一再辟谣,但谣言越辟,信的人越多。7 月 26 日尽管兰州雷雨交加,许多人还是在暴雨中站了一夜;7 月 28 日,人们将这天与 1976 年唐山发生大地震的 7 月 28 日联系在一起,夜里大多数居民都上了街。这次因谣传而起的"防震抗震"使兰州市民整整一周未能安心在家里休息。

三是流言与谣言既是一种信息的传播过程,同时也是这一过程的产物。某种消息一旦进入大众流通渠道,它就会形成一种信息传播过程。即这种信息就会经过信息持有者的编码、解释、传递,直到输送到其他信息接受者那里。而又经这些信息接受者的译码、加工、解释之后再传递到其他人那里。这样就形成了一个循环往复、连续不断的信息传递链条。很明显,在这个传播过程中,由于某种信息被不断地加工、改造、补充、丰富,流言和谣言也就会不断地滋生、助长。

二、流言与谣言的传播过程

流言与谣言是一种自发性的、扩张性的社会心理现象。随着一传十,十传百,其内容越传越失真。经过一段过程之后,往往会自行消失。

从流言与谣言的扩散来看,它的传播渠道总的走向是一种链式信息网络,但在其间诸多分支上,又采取了其他诸如"集聚式""耦合式"和"单串式"等信息传播的网络形式。在链式网络传播过程中,流言与谣言的接受者与传递者的增加最初较为缓慢;到了一定程度时,它的传递速度加快,分支也更加繁芜;再往下便达到鼎沸期,接受者与传播者人数大增,传播网络纵横交错,从而使流言与谣言的传播达到饱和或接近饱和状态。达到鼎沸期时,流言与谣言便开始走向落潮阶段。方式有两种。一种是出现强有力的事实证明传闻的内容是确切的或是不确切的。确切的可能进入正式传播渠道转化为舆论,并作为事实为公众接受,不确切的立即消失。总之,无论是转化还是消失,这种落潮都是迅即的。另一种则是在长期得不到事实的有力证明后的自行落潮。由于时间长了,流言与谣言无论重要性还是新颖性都开始减退,随着公众兴趣的转移,流言与谣言开始消失,这一过程是缓慢的、不知不觉的。

从流言与谣言的内容变化来看,这种越传越失真的变化取决于传闻的内容、在传播的链式信息网络中所涉及的人数,以及这些人对传闻本身所持有的态度。可以从信息的始发者、信息的接受者与再传播者这两个方面来看传闻的内容为什么会发生变化以至被歪曲。

从信息的始发者来看,常常是由于前面我们提到的那些原因,如对事物的观察有偏差、记忆有出入而造成了对信息的歪曲,这种无意的歪曲就造成了他发出的信息是不准确的或不真实的。例如,1988 年,古城南京曾一度盛传南京卷烟厂生产的

"全福牌"香烟带有艾滋病毒。那么,这种消息是怎么传开的呢?作为一种假设,我们不妨虚构这么一种可能的原因:或许最早传播"全福牌香烟有艾滋病毒"的人只是从报刊上看到国外有的烟带有艾滋病毒,而那几天他家附近的商店恰巧将一批由于保管不妥而作废的全福牌香烟焚毁。他看到后,可能就会产生"这烟也许有艾滋病毒"的疑问,而顺口说了这么一句话,恰恰被过路的另一人听到,而此人又告诉了其他人,一条使原本销路不错的香烟到最后卖不出去的消息就这样产生了。

三、制止流言与谣言

如果从社会心理学的角度出发,根据前面的种种分析,我们可以就制止流言和谣言的问题提出以下几条参考意见。

第一,在流言与谣言刚开始传播时,就必须准确地估价传闻的性质,即传闻会给社会或个人带来何种结果以及程度如何。如果是积极的,应因势利导;如果是消极的,应采取防范措施,尽可能将流言与谣言扼杀在摇篮之中或初泛之时。古语云,"流言止于智者",只要及时采取各种措施,使听众保持冷静的头脑,流言与谣言便能被有效地抵制。

第二,如果流言与谣言已经广泛传播开来了,那么最首要的工作是如何选择适当的渠道向人们披露真实的情况。因为流言与谣言常常是产生于信息不灵,所以人们一旦了解并相信真实的情况时,传闻便会停止。要做到使人们了解真实情况,在现代社会并不难,多种方法、多种渠道都可应用。例如,发表电视演说,设立答复公众的询问中心和谣言控制中心,还可邀请社会各界举行听证会、参观等。但要做到使公众真正相信却不容易,尤其注意不要使人们产生"此地无银三百两"的反暗示效果。所以,在宣传时需要注意方式,注意听众态度的接受范围和拒斥范围。

第三,人们处在恐惧不安和焦虑的状态中时,流言与谣言易于发生,易于传播。而这种心理的失衡状态归根结底是社会失衡的反映。因此,要从根本上消除流言与谣言产生的基础与种种动因,首先要保持社会的安定、民主渠道的畅通,并且应该用各种方法提高公众的成熟度和抗干扰能力。对于具体的社会组织来说,要避免流言与谣言的伤害,首先应该完善自身的运作机制,尊重公众利益,与公众保持密切的沟通。可以说,那些易成为传闻对象的组织,在一定程度上都是未能与公众建立良好的公共关系的组织。因此,制止流言和谣言的最根本所在,还是一个社会或一个组织的自身内在素质。

第四节 社会运动

一、社会运动概念及特征

（一）社会运动的概念

社会运动是指一种以集体认同和团结为基础，以非制度性和超制度性手段为主要行动方式，而组织性比较好、持续时间比较长的追求某种社会变革的集体努力。

社会运动是一种特殊的集合行为，是一种试图改变社会秩序、重建社会结构的大规模的特殊形式的社会行为。

我们可以从下面3个方面来理解社会运动。

(1) 比较社会运动与集群行为。两者都是结构性较低的群体行动，但社会运动相对集群行为而言，其结构性又要高得多。社会运动持续时间长，有比较明确的领袖和内部组织模式，有较为自觉的资源动员特征和明显的政治色彩。

(2) 比较社会运动和集体行动。集体行动是指有共同利益的个人结成的组织所采取的增进那些共同利益的行动。从某种意义上说，社会运动是集体行动的一种。相对而言，社会运动的规模较大、影响较深，其目标指向社会运动参与者的利益，更指向社会结构的某些重要环节。

(3) 比较社会运动与政治运动。社会运动本身带有较强的政治色彩，是自下而上动员的，采取的是体制外、非制度化的行动方式，而政治运动则是自上而下动员的，采取的是制度化的行动方式。

（二）社会运动的特征

社会运动的特征主要有以下4点。
(1) 社会运动是一种企图实现某种社会变革的集体努力。
(2) 社会运动的参与者内部有比较强烈的团结感和集体认同。
(3) 社会运动一般有较好的组织性，并且活动的持续时间比较长。
(4) 行动者在行动中主要采取非制度性或超制度性的手段。

二、社会运动的类型

（一）革命运动

革命就是要彻底地改变既有的政治权力格局，打破现有的社会权力结构，并以全新的社会制度取而代之。革命运动就是指那些对原有的社会秩序和社会制度极为不满，并力图按照自己理想中的蓝图重新组织整个社会的运动，是旨在推翻整个现存的社会制度，并代之以新制度的社会运动。革命运动是最激烈的社会运动形式，它给社会带来的冲击和破坏是巨大的，给社会带来的变迁和新气象也是无与伦比的。革命作为一种手段，其运用得当与否取决于对具体的社会形势的判断。

（二）改革运动

改革运动并不是要从根本上改变现存的社会权力结构，而是要在现存社会格局下做出局部的变革，以维持着当前社会朝更加良好的方向发展。这是一种相对民主和开放的运动，一般采取的是非暴力的手段。作为社会运动的改革运动是自下而上进行的，与当局者自上而下开展的改革是不同的，如民间人士发起的环境保护运动就属于这种性质的改革运动，而经济、政治体制改革则不属于这种性质。

（三）抵抗运动

抵抗运动又被称为"抗拒取向的运动"，它是针对正在发生或已经发生的社会变迁而做出反应的运动，抵抗运动就是要阻止社会变革或扭转已经发生的社会变革。在现实的社会变迁过程中，针对因素变迁而产生的社会问题和社会危机的抵抗运动常常与改革运动是相伴相生的。

（四）表意运动

与变革、改革和抵抗运动不同，表意运动不是试图去改变社会的权力结构或重建社会秩序，而是注重对组成社会的个体内心的改造，提供一种思想改造，满足其情感需求甚至向个体传输一种新的意识形态，重塑个体的个性。它较少带有政治色彩，几乎不直接触及社会结构，看重的是运动参与者的内心改革。例如，美国20世纪60年代流行的以甲壳虫乐队、嬉皮士等为代表的反文化运动就是一种表意运动。

三、社会运动的发展阶段

一种社会运动往往从集群行为发展而来，但有些社会运动在发展过程中便夭折了，另一些社会运动则循序走完了自己的全部过程。一般来说，一个完整的社会运动包括以下4个阶段。

首先是预备阶段。这一阶段的基本特征是利用迅速滋长的社会不安因素。由于各种社会因素对整个社会或其部分成员造成了一定的心理压力，使得人们表现出忧心忡忡、惊恐慌乱、手足无措的行为；尤其那些感触最深的人，情绪激动，却又苦于找不到发泄对象。因此，他们的行为显得漫无目的，好像有所逃避，但又不知所以。由社会不安引起的情绪紧张缩小了不安个体的意识领域，而暗示感受性则随之增高。因此，在这种情况下，往往是以提出某种实质性的需要作为运动的诱发因素，而一些群体或个人则公开地为之奔走呼号，以便迅速促成社会运动的出现。在预备阶段中，运动的发起者和领导者大都以宣传者和鼓动者的面目出现，有时甚至直接走上街头。

其次是普及阶段。在为社会运动做好充分的准备之后，社会运动第二阶段的主要目标是将变革要求广泛地诉诸群众，诱导群众把挫折、不安、不满、怨恨等心理疾苦转移到社会运动所指向的社会目标上来。许多社会运动的研究者都认为，社会运动并不强调运动参加者必须以动机、态度和行为的一致性为前提，而是强调参加者在加入运动之前是否存在心理上的挫折、不安、不满和怨恨，因为这些心理因素一旦经过群众之间的互动，便会迅速转移到某种特定的情感、思想或行动上来。所以，在这个阶段，群众通过相互间的互动，不仅加速了不满情绪的增长，而且内心也早就存有一股完成某种目标的动力。在这个阶段出现的领袖人物大都是预言家或改革家。前者以他们对未来新生活的设想蓝图诱导群众，后者则竭力要将群众的热情引导到对具体问题的认识和解决方法上来。

再次是正式组织阶段。这一阶段将运动参加者的激情加以形式化。此时，意识形态，即作为人群集合体（群体、社区、种族或阶级）的目标和理想已经建立起来，并成为群众进行行为评价和促进集群团结的理论基础。在这里，意识形态的作用是向群体成员灌输神圣的使命感，使运动成员能够全身心地投入，同时也为群体成员提供为之献身的信念和目标，以及基本的行为规范。随着受意识形态指导的制度行为的发展，运动的组织结构也日趋完备。在该阶段的社会运动领袖形象是运筹帷幄的战略家。

最后是制度化阶段。这是成功的社会运动的最后阶段。在这一阶段，社会运动的理想和目标已被现实接受，并通过制度化而成为社会的一部分。此时，运动组织也开始成为合法的机构或政党，如美国的共和党即由废奴运动演变而来。与此同时，运动参加者的那种理想主义激情也有所消退，运动决策变成了公开的政治过程或协议。这一阶段最有效的领导者是行政管理者和执行者。

四、社会运动的理论解释

长期以来，从事社会运动研究的社会学家和社会心理学家都在思考这样的问题——社会运动产生的原因及其条件。马克思曾以对社会经济结构的分析为基础，解释社会各阶级、各集团之间的利益冲突，揭示了社会基本矛盾在社会各个领域中的具体表现，从而在历史唯物主义的基础上奠定了社会运动的一般理论。这一理论至今仍然产生着巨大的影响力。

（一）集体行为论

最初的社会运动是被当作集体行为的一种类型来研究的，因此，集体行为论实际上是以观察初级集体行为的理论视角来分析社会运动。其基本观点有两点。第一，在价值立场上，对社会运动基本持负面看法，认为社会运动的发生和存在是一种社会病态，是破坏性的、危害性的；第二，在理论逻辑上，用非理性的不良情绪去理解社会运动的爆发。

（二）资源动员论

20世纪70年代以来，一些社会学家指出多数社会成员都会经历一定程度的受挫和紧张，但社会运动只发生在特定的时间和地点，说明关键因素并不在于不满和抱怨本身，而在于社会成员能否有足够的资源把不满转化为运动。这种理论把社会运动研究置于工具性的、功利主义的自然科学传统之中。

资源动员论的代表性人物是麦卡锡和左尔德。资源动员论认为，运动成功的关键不在于愤愤不平的一般公众，而在于那些人数虽少，甚至可能置身局外，却掌握着许多重要资源的支持者。来自社会中上阶层或政府机构、大学、传媒或基金会的支持者足以调动起大众的不满。在资源动员论的分析框架下，社会运动除运用大量时间和精力与政府当局讨价还价外，掌握着许多重要资源的运动领袖，还必须想尽办法通过各种手段获得活动资金，保护和增强成员的忠诚并努力发展成员，增加人数，与目标相似的其他组织建立联盟，充分地运用大众传媒，针对不同的运动类型及每一运动的不同阶段决定相应的行动手段。总之，积极争取有利于运动的各项资源。资源的动员是这一理论范式的核心问题。

资源动员论有3个基本观点：第一，社会运动不是盲目的、非理性的不正常行为，而是理性地追求自己利益的正常行为；第二，由于潜在的运动参与者也是追求收益最大化的人，因此就存在如何对潜在的参与者进行动员的问题，即尽可能说服潜在旁观者加入社会运动，同时对那些已经加入社会运动的人进行合理组织；第三，除人力资源外，社会运动本身还会消耗其他资源，如财物、信息、技术等。

（三）框架建构论

框架建构论认为参与社会运动是理性行为，潜在的社会运动参与者都是理性人，所以强调对社会运动参与者的思想动员。其根本任务是将原来不同步调的思想统一起来，构建一个概念框架，并向潜在的运动参与者"推销"并努力说服他们。框架建设需要精心设计，运用各种宣传技巧，千方百计提高受众的共鸣度、认同度。这一过程极具操纵性，而现实中人的思想不可能完全被操纵，主流性、合法性的观念为这种操纵设置了一个限度。

（四）政治过程论

传统理论一般都把社会运动看作病态的社会行为，政治过程理论则创新性地将社会运动界定成一种社会政治现象。政治过程论的提出始于国家因素的引入，讨论政治环境特征与集体行动机制之间的关系。集体行动通常借助资源成员谋求制度变迁或政策调整，但国家不会被动地接受社会组织的影响，政府权力并非促进公共利益的中性工具，其具体实施过程表现出不同的倾向，在维护某些群体利益的同时排斥其他群体的要求。

政治过程论以社会运动参与者是理性人为基本理论假设,关注"政治机会结构"对社会运动发生和过程的影响。该理论认为,社会运动本质上是居于体制内的当权派与遭到体制排斥的"挑战者"之间的对垒。所以,影响社会运动状态的关键因素是一个社会的"政治机会结构"。

政治过程论吸收了资源动员理论中的合理成分,也强调了社会组织动员资源对社会运动的重要作用。除了强调社会组织动员资源的作用外,政治过程理论还引入了政治机会和社会运动的意识形态及话语这两个因素对社会运动的影响作用。

政治过程论认为,决定社会运动目标能否实现的主要因素包括:集团互动形成的共同利益;一体化的组织能力,控制资源总量的动员能力;影响行动成本的阻碍或支持条件;支持利益目标实现的力量,行动者面对的机会或威胁。

这种集体行动过程具有内部组织和外部联系的双重面向:一方面,行动者为实现利益目标而进行资源动员,解决行动能力的问题;另一方面,行动者在权力关系中寻找政治机会,解决行动激励的问题。在外部集团同时具备行动能力和行动意愿的条件下,集体行动才可能进入政治过程,挑战原有的权力格局,重新分配政治资源。

(五)马克思主义的社会运动理论

马克思主义社会运动理论偏重研究大型的革命性运动,其主要目的是"改造世界"。其主要观点是:第一,革命运动本质上是阶级斗争的表现,是阶级矛盾尖锐到一定程度的必然产物,是不可避免的;第二,只有革命才能彻底打破落后生产关系对生产力的桎梏,实现生产力的彻底解放,因此,革命是人类社会发展的必然步骤和手段之一;第三,革命的目标及诉求、组织方式所能取得的社会效果,从根本上取决于生产力发展所处的历史阶段。马克思重视特定的所有制结构对革命的影响。

工具理性[①]

所谓工具理性,就是通过实践的途径确认工具(手段)的有用性,从而追求事物的最大功效,为人的某种功利的实现服务。工具理性是通过精确计算功利的方法最有效达至目的的理性,是一种以工具崇拜和技术主义为生存目标的价值观,所以工具理性又叫"功效理性"或"效率理性"。

工具理性(Instrumental Reason)是法兰克福学派批判理论中的一个重要概念,其最直接、最重要的渊源是德国社会学家马克斯·韦伯(Max Weber)所提出的

---

① 参见吴小爽《试论新公共管理的工具理性》,载《辽宁广播电视大学》2010年第2期;中国知网(http://xuewen.cnki.net/searchentry.aspx?key=%E5%B7%A5%E5%85%B7%E7%90%86%E6%80%A7)。

"合理性"（rationality）概念。韦伯将合理性分为两种，即价值（合）理性和工具（合）理性。价值理性相信的是一定行为的无条件的价值，强调的是动机的纯正和选择正确的手段去实现自己意欲达到的目的，而不管其结果如何。工具理性是指行动只由追求功利的动机所驱使，行动借助理性达到自己需要的预期目的，行动者纯粹从效果最大化的角度考虑，而漠视人的情感和精神价值。

韦伯在《新教伦理与资本主义精神》（The Protestant Ethic and the Spirit of Capitalism）中指出，新教伦理强调勤俭和刻苦等职业道德，通过世俗工作的成功来荣耀上帝，以获得上帝的救赎。这一点促进了资本主义的发展，同时也使得工具理性获得了充足的发展。但是随着资本主义的发展，宗教的动力开始丧失，物质和金钱成为人们追求的直接目的，于是工具理性走向了极端化，手段成为目的，成了套在人们身上的铁牢笼。

工具理性的核心是对效率的追求，所以资本主义社会在发展工业现代化的道路上追求有用性就具有了真理性。这是一种时代的需求，韦伯的理论反映了这种需求，同时也适应了这一历史性诉求。

工具理性在韦伯的理论中包含两重含义。其一，是指目的，或目的—手段理性。当代生活的突出之处是系统的目的理性行动，包括明确的目标定义和对达到目标的最有效途径越来越精确的计算，这种行动对立于那种遵从传统主义习惯的行动。其二，理性概念还体现着一种行使理性（reason）的含蓄性质，而不论是否含有手段—目程式。"一种行动类型为'理性化'的，是指这种活动为明确设计的规则所控制，是指对活动范围的极限精确，并涉及专门概念和知识的应用，是指这种活动被系统地安排成内恰的整体。这些特点在用于工具性行动时，它们意味着极其严格的操作上的精确性和可计算性。"

与韦伯同时代的"科学管理之父"泰罗、法国管理大师法约尔，他们的管理学体系，无不体现了对工具理性的追求。相形之下，在古典管理学时期的这3位大腕中，韦伯对工具理性的研究最为透彻。

工具理性是启蒙精神、科学技术和理性自身演变和发展的结果，然而，随着工具理性的极度膨胀，在追求效率和实施技术的控制中，理性由解放的工具退化为统治自然和人的工具。启蒙理性的发展高扬了工具理性，以至于出现了工具理性霸权，从而使得工具理性变成了支配、控制人的力量。也就是说，西方启蒙运动一直以来被提倡的理性蜕变成了一种统治奴役人的工具。

由于工具理性的统治带来人的异化和物化，在法兰克福学派的批判理论中，工具理性始终是其批判所指向的核心问题之一。

第五节 当代中国的集群行为

20世纪90年代中期以来,特别是进入21世纪后,中国的经济持续高速增长,市场化改革不断向纵深发展,一些深层次的社会矛盾也不断积累和暴露,集群事件屡有发生,并表现出了数量扩大、规模增加、行为激烈、诱发点多、涉及面广、对抗性强等特点,日益成为社会关注的一个焦点问题。

一、当代中国的集群行为的分类

集群行为的类别可依据不同的标准来划分,一般,划分标准的选取与人们关心的问题相关。当代中国集群行为可以从两个维度来进行划分:合法化的集群行为和有组织的集群行为,其又具体表现为集体维权行为和群体性事件。

(一)集体维权行为

集体维权行为的特点是群众较为理性,以合法的手段向政府表达和争取自己的合法权益。一般分为两类:群体性行政诉讼和集体上访。这类行为组织化程度比较高。

(1)群体性行政诉讼,指合法权益同时受到基层政府侵害的一批群众联合起来向法院提起诉讼,要求讨回公道的方式。这种维权方式直接受法律保护和支持,但群众常常会碰到立案困难、审理不公或难以执行等问题,因此,群众也会采用一些法律之外的手段来推动诉讼过程的进行。

(2)集体上访是利益受害者群体通过走访的方式向上级政府反映下级政府的某些不法行为、维护自己权益的方式。

集体上访虽然符合《信访条例》,但也带来一些对社会的不利影响。一是集体上访可能给正常的社会秩序带来一些负面影响。如果大量的上访人群经常聚集在某一城市,将会对正常的社会生活秩序构成一定的冲击,对国家来说也不利于维护安定团结。二是集体上访发生时常常伴随其他一些有碍社会秩序的行为。群众上访问题有可能遭到推诿、拖延或敷衍,可能会刺激他们采取一些其他手段来对基层政府部门施加压力。这些手段在合法性上具有模糊性,导致因群体行为失控而影响社会秩序。三是集体上访所要维护的权益并不一定都是合法或合理的。集体上访所争取的目标相当复杂,有的合法,有的合情合理却不合法,属于"事出有因,于法无据",有的是既不合法也不合理的无理取闹。因此,对待集体信访要根据实际情况分析研究,引导群众有序地上访,帮助其解决实际问题。

(二)群体性事件

群体性事件是指由人民内部矛盾引发的10人以上群众自发参加的主要针对政府

的群体聚集事件，其间发生了比较明显的暴力冲突，出现了比较严重的违法行为，对社会造成了较大的消极影响。如2010年4月黑龙江富锦长春岭群体性事件、2011年6月广东潮州"古巷事件"、2012年4月10日重庆万盛群众聚集事件等，这类事件组织程度较低。一般分为两类。

（1）以非利益相关者为主体的群体性事件。这类事件是大多数群众没有受到直接的利益损害或威胁，但因种种原因成为参与这种事件的主力。我国自20世纪90年代后，这类群体性事件呈现上升趋势，是当前社会的一个新特点。

（2）以利益相关者为主体的群体性事件。参与这类群体性事件的大多数群众是因为其利益受到直接损害或威胁而成为参与这种事件的主力。

二、集群行为的发生机制

集群行为究竟是怎样发生的呢？事实上，集群行为的发生发展并最终演化成群体性事件是有一套发生机制的。

（一）集群行为发生的现状因素

当代中国存在两种现状环境。一是资源匮乏。国家垄断着大部分的政治资源和组织资源，社会力量过于弱小。即在国家正式制度外缺乏足够支撑社会行为发生和持续的资源，而国家对正式制度外的组织和运动的出现保持着极高的敏感性。二是存在意识陷阱。从集体上访的集群行为可以看出，上访者绝不是要谋求对体制的反叛，而恰恰是因为不满基层官员对体制的破坏而来寻求高层的支持，上访者的话语恰恰是维护体制的话语。

（二）集群行为发生的背景因素

集群行为中的群体性事件具有较强的自发性、暴力性和违反性，但其不挑战社会基本制度本身的合法性，是由人民内部矛盾引发的，有着不失某种合理性和正当性的行动渊源或背景。它是把目标指向政府、企业或社会其他管理者，由利益纠纷引发又具有某种政治性质的集群行为。群众与政府之间的利益矛盾是群体性事件发生的背景。

（三）集群行为发生的演化过程

集群行为演化的过程共有6个层面。

一是结构问题层，即由结构性利益失衡造成、弥散在事发地区的"气"。中国社会当前在转型中并没有建立起足够充分的利益诉求机制，同时又缺失"安全阀"制度。用压制手段处理利益纷争的惯性，使利益受损或受到威胁的底层群众的实际问题长期得不到解决，且心中怨气无处发泄，心理严重失衡，造成官民对立情绪普遍。群众的不满情绪在压制下不断积累、强化和扩散。

二是道德震撼层,指一些具有"道德震撼"性质的触发事件将"气"从弥散状态转为凝聚状态。"道德震撼"使集群行为的潜在参与者的道德情感受到猛烈冲击,并由此激发他们参与集群行动的热情。

三是概化信息层,指由于信息传播的迅速和过滤,已经凝聚起来的"气"被不断加压,使人们产生了所谓的"概化信念"。"概化信念"是人们对某个社会问题的归因的共同认识。它与事情本身的真相无关联,是对既有的结构性怨恨和相对剥夺感的凝聚、提升和再造。当代社会移动终端和互联网的普及使信息传递更加便捷,在既有的结构怨恨基础上,可以瞬间形成"概化信念"。

四是次级刺激层,指在触发了事件构成集群行为的初级刺激的先置情况下,当事者或处置者的言行失当时,就构成了次级刺激,并引爆已处于高压状态的"气"。次级刺激源可能不止一个,有时候会出现多个刺激源相互叠加的情况。

五是情境动员层。此时参与的人群已经达到了相当的规模,足以使参与者藏身在集体的匿名性中,并诉诸情境动员,使"气"再次加压。

六是终极刺激层,指在极其紧张的最后关头,政府临场处置稍有失当或者控制不力,处置不及时或控制过头,都可能引发"气"以大规模骚乱的方式释放,如贵州瓮安"6·28"事件、湖南耒阳学生分流事件等。

这6个层面的每一层都是集群行为发生的必要条件,随着层面的推进,发生集群行为的可能性就逐渐增加。6个层面全部演化完成,集群行为发生就不可避免了。

总之,集群行为是基于现状因素、背景因素,并通过6个层面的演化而发生的。

延伸阅读

湖南耒阳学生分流事件

2018年9月1日开学日,湖南耒阳因学生被强制"分流"一事成为舆论焦点。当天耒阳市8000名公办小学高年级学生被"分流"到5所民办学校、3所公办小学。其中受政府委托办学的民办学校湖师大附中耒阳分校接收了约3600名小学五、六年级"分流生"。

本是为解决当地大班额而采取的分流措施,却因民办学校收费贵以及新装修的宿舍内疑似甲醛超标问题激起家长的抵抗行动。

"我要读公立学校""抵制民办学校,还我九年义务教育""坚决不住有毒宿舍,不进有毒教室",当地家长拉起横幅,事态一度扩大。根据耒阳警方在9月2日发布的《警情通报》,9月1日,耒阳市城区部分家长因对大班额化解方案及相关工作不满意,先后聚集到耒阳城区6所学校、市委、城北路与西湖路交会处及107国道拉横幅聚集、堵路。晚上8点多,该群体拉着横幅从市委非法游行至市公安局大门口,要求公安机关无条件释放被带离的扰乱交通秩序的违法人员,部分社会闲散人员参与其中,煽动闹事。现场民警依法强行带离5人。但到晚上10点多,公安局门口又陆续聚集600余人，其间有家长与执勤民警发生冲突，9月2日零时30分许，现场民警在多次警告无效后，依法强行驱散非法聚集人群，控制并带走46名带头冲击公安机关的人员。

湖南耒阳市教育局9月1日发布通报称，针对部分网民在网上发帖传言湖南师大附中耒阳分校新宿舍装修甲醛超标一事，已邀请权威检测机构对新宿舍楼等进行检测（预计9月2日出结果），检测结果将第一时间向社会公布。

中共湖南省委省政府主要领导对耒阳市部分群众聚集、反映学生相关诉求一事高度重视，做出批示，要求省教育厅、省公安厅、中共衡阳市委市政府领导赶到现场调查处理。据了解，衡阳公安机关对依法采取了行政措施的41名现场人员，经过谈话教育后，已解除了相关措施。

教育部新闻发言人续梅在北京表示，湖南耒阳等地由于大班额引发的一些情况，教育部高度重视，要求当地教育部门配合当地政府，采取有效措施，尽快解决问题。

三、预防和恰当处置集群事件

认真做好预防工作，从源头上减少或避免群体性事件的发生，切实维护群众根本利益。加强基层党风廉政建设，切实改进基层干部作风。加强对重大决策的信访评估，切实做好群众来信来访处理工作。畅通和拓宽信访举报渠道，认真解决群众信访反映的问题，努力做到"件件有着落、事事有回音"，建立健全大规模集体信访和集群性事件预警机制。防止矛盾由小变大、蔓延升级，防止各类矛盾相互叠加、汇聚激化，防止个别问题转换为共性问题、经济问题转化为政治问题、局部问题转化为全局性问题。严肃查处大规模集体信访及集群性事件背后隐藏的腐败问题。

本章小结

一般地，人们的行为处在既定的社会规范的制约之下，但在一些特殊的情境中，也会产生一些不受通常的行为规范所指导的、自发的、无组织的、无结构的，同时也是难以预测的群体行为方式，这就是社会心理学所说的集群行为。集群行为研究在现代社会学中有着十分长久的历史，并且一直是社会学和社会心理学关注的重要领域。

社会运动是一种特定形式的集群行为，而任何社会运动的发生总是以某种集群行为为先导的。社会运动和集群行为有一定的联系，它由集群行为而来；但社会运动又不是一般的集群行为，它有自己的特定性质。社会运动的产生和一般的集群行为一样，它的基本原因乃是社会和心理压力所造成的社会不安。

本章共分5个部分内容，通过学习和分析，了解集群行为及特征，了解几种集群行为理论，并理解社会运动的形成及对社会的影响。

本章知识与能力训练

一、判断题

1. 一般而言，集体行为的显著特征有突发性、人数众多的、非组织性。（　　）
2. 突发性公共事件往往表现为群众性暴力犯罪。（　　）
3. 行动群众的活动违背了通常的行为规范，因此，它虽不常见，但对社会的影响作用远远超出其他的群众形式。（　　）
4. 布鲁默的循环反应说认定集群行为产生于社会互动，即人群中的情绪感染是一个由他人的情绪在自己身上引起同样的情绪的过程，它转过来又加剧了他人的情绪。（　　）
5. 除人力资源外，社会运动本身不会消耗其他资源，如财物、信息、技术等。（　　）

二、单项选择题

1. （　　）是由一种毫无根据的想法引起的有很强感染力的行为。
   A. 恐慌　　　　　　　　　B. 大众歇斯底里
   C. 时尚　　　　　　　　　D. 传言
2. 对常规群众的说法，错误的是（　　）。
   A. 结构相对比较严谨　　　B. 剧院里的观众是常规群众
   C. 群众之间的相互作用很重要　　D. 遵照已经建立的社会准则
3. 改革运动一般采取的是非暴力的手段，下列说法中，错误的是（　　）。
   A. 改革运动是要根本改变现存的社会权力结构
   B. 改革运动是要在现存社会格局下做出局部的变革
   C. 改革运动维持着当前社会朝更加良好的方向发展
   D. 改革运动是一种相对民主和开放的运动
4. 紧急规范理论认为，从个别人的可见行为中产生出新的（　　），从而确定集群环境中适当行为的标准。
   A. 价值　　　B. 意识　　　C. 责任　　　D. 规范
5. 康豪瑟的群众社会理论特别强调（　　）在防止群众运动，维护社会秩序过程中的作用。
   A. 社会联系　　B. 社会价值　　C. 社会纽带　　D. 社会动员

三、多项选择题

1. 以下属于行动人群行为的有（　　）。
   A. 暴民　　　B. 表意人群　　C. 偶合人群　　D. 骚乱人群
2. 集合行为是指（　　）。
   A. 个人组成群体　　　　　B. 组织行为
   C. 众多人采取共同行动　　D. 谋利行为

3. 以下是集群行为特征的有（　　）。
   A. 无组织性　　B. 不稳定性　　C. 非常规性　　D. 易受暗示性
4. 下面对偶合群众的描述，正确的是（　　）。
   A. 它是结构最松散的群众形式
   B. 它仅仅是一群个人的集合体，其成员很少或没有共同的目标
   C. 个人受群体的感情约束很大
   D. 大街上的普通人群就是这种偶合群众
5. 下面各项中，（　　）是社会运动的影响。
   A. 程序性影响　　B. 结构性影响　　C. 敏感度影响　　D. 实质性影响

四、思考题

1. 西方学者关于集群行为的理论有哪些？
2. 社会运动是怎样形成和演变的？有哪些重要的理论观点？
3. 举例说明流言和谣言具有什么特征及其是如何传播的。

五、案例分析

贵州瓮安"6·28"事件

瓮安"6·28"事件是贵州省瓮安县城2008年6月28日下午发生一起围攻政府部门的打砸烧事件。据当地警方介绍，6月28日下午，一些人因对瓮安县公安局对该县一名女学生死因鉴定结果不满，聚集到县政府和县公安局。在县政府有关负责人接待过程中，一些人煽动不明真相的群众冲击县公安局、县政府和县委大楼。随后，少数不法分子趁机打砸办公室，并点火焚烧多间办公室和一些车辆。

事件发生后，党中央、国务院高度重视，十分关心，时任总书记胡锦涛做出重要指示；中央政治局常委、中央政法委书记两次做出重要批示，国务委员、公安部部长多次致电到前线直接指挥；武警总部派人赶到瓮安指导处置工作。省委、省政府贯彻落实中央领导的重要批示和指示精神，切实把尽快平息事态、维护稳定放在第一位，连夜派出省委常委、政法委书记、公安厅厅长组成一线指挥部，指导当地党委、政府处置和平息事件。至6月29日凌晨2时，围观人员缓慢散去，事态没有进一步扩大，瓮安县城秩序基本恢复正常。瓮安县委、县政府、县公安局等160多间办公室、42辆警车等交通工具被烧毁，150余人受伤，直接经济损失1600多万元。

试分析该集群行为的发生机制。

参考答案

一、判断题
1. √   2. √   3. √   4. √   5. ×

二、单项选择题
1. B   2. C   3. A   4. D   5. C

三、多项选择题
1. AD   2. AC   3. ABCD   4. ABD   5. ABCD

四、思考题

1. 西方学者关于集群行为的理论主要有以下6种。

一是勒庞的集体心智理论。勒庞的着眼点是集群行为最基本的形式之一——群众。勒庞认为，无论组成群众的是什么人，无论他们的生活方式、职业、性格或智力是否接近，他们已转化为群众这一事实会使他们具有一种集体心理，使他们以一种与他们各自独处时完全不同的方式去感受、思考和行动。

二是布鲁默的循环反应理论。该理论认定集群行为产生于社会互动，认为人群中的情绪感染是一个由他人的情绪在自己身上引起同样的情绪的过程，它转过来又加剧了他人的情绪。

三是特纳和克里安的即时规范理论。该理论认为，在集群中由于相互间的社会影响，从个别人的可见行为中产生了新的规范，这些规范确定了在集群环境中适当行为的标准。在一些模棱两可的情况下，个别行动者就可以为其他大多数成员确定规范。

四是格尔和戴维斯的相对剥夺理论。相对剥夺理论认为，社会中的个体都具有某种价值期望，而社会具备各种价值能力。社会变迁常常导致社会的价值能力小于人们的价值期望，使人们产生相对剥夺感。而导致个人参与社会运动的最主要原因就在于人们对"相对剥夺感"的回应。相对剥夺感越强烈，人们造反的可能性也越大，形成的社会运动或革命的破坏性也越强。

五是斯梅尔塞的值数累加理论。这一理论认为，与任何社会结构都有社会功能一样，集群行为也是特定社会结构的表现，即解决社会问题，集群行为本质上是一种解决社会问题的方式，只不过它对社会问题的解决不是通过常规的方式，而是企图通过重构社会行动系统的某些部分这样一种非常规方式来达到目的。该理论为分析集群行为提供了一个相当有说服力的解释框架。

六是康豪瑟的群众社会理论。康豪瑟的群众社会理论着重从社会组织结构视角，探讨社会中层组织或公民社会在社会运动和革命中的作用。由传统社会中的整合性团体，变成心理与他人隔阂、人际交往非人格性、不受社会规范的约束等特性极强，且同构性极高的一群人的集合体的现代工业化社会。这种社会让个人失去归属感，产生焦虑和疏离，以致每个人都陷入社会孤立状态，易于投入社会运动。

2. 对于社会运动是如何形成和演变的这一问题，社会学家从不同的视角提出多种理论，各自不同的理论视角立场和维度都不一样。关于社会运动的重要理论观点，主要有集体行为论、资源动员论、框架建构论、政治过程论和马克思主义的社会运动理论。各种理论的具体观点参见本章第四节内容。

3. 一般而言，社会突然发生事变时是流言与谣言的易发时期。社会突然面临某种危机状态，即使尚未发生重大事故，但有发生的可能或征兆时，流言、谣言也容易发生。

（1）流言与谣言有以下3个特征：

第一，流言与谣言的基础是不确切的信息。"不确切"是指流言和谣言可能是不准确的。绝大部分的流言和谣言是建立在这个基础上的。对这类言论，常常可用一个较为中性的词——"传闻"来概括。

第二，流言与谣言开始容易停止难。流言和谣言不仅在传播速度上非常快，而且在传播范围上也非常广。只要形成它的社会环境因素没有改变，辟谣就难以最后成功。

第三，流言与谣言既是一种信息的传播过程，同时也是这一过程的产物。在这个传播过程中，由于某种信息被不断地加工、改造、补充、丰富，流言和谣言也就会不断地滋生、助长。

（2）流言与谣言的传播过程：

流言与谣言是一种自发性的、扩张性的社会心理现象。随着一传十，十传百，其内容越传越失真。经过一段过程之后，往往会自行消失。

从流言与谣言的扩散来看，它的传播渠道总的走向是一种链式信息网络，但在其间的诸多分支上，又采取了其他的诸如"集聚式""耦合式"和"单串式"等信息传播的网络形式。时间长了，流言与谣言无论重要性还是新颖性都开始减退，随着公众兴趣的转移，流言与谣言在大多数人中消失，但这一过程是缓慢的、不知不觉的。

从流言与谣言的内容变化来看，这种越传越失真的变化取决于传闻的内容、在传播的链式信息网络中所涉及的人数，以及这些人对传闻本身所持有的态度。

从信息的始发者来看，常常是由于前面我们提到的那些原因，如对事物的观察有偏差、记忆有出入而造成了对信息的歪曲，这种无意的歪曲就造成了他发出的信息是不准确的或不真实的。

（以上答题要点可结合例子说明）

五、案例分析

略。参见本章第五节内容。

第十二章　社会变迁与社会现代化

本章学习目标

1. 叙述社会变迁的含义，熟悉社会变迁的相关理论，依据社会变迁理论举例分析社会变迁的原因。
2. 认知社会现代化的含义，分析社会现代化过程的基本特征。
3. 认知全球化的含义，知晓社会现代化的理论模式，举例分析世界全球化发展，分析中国的现代化发展趋势。

案例引导

大国崛起

《大国崛起》是中央电视台推出的第一部以世界性大国的强国历史为题材并跨国摄制的大型电视纪录片，全片以15世纪后陆续崛起的葡萄牙、西班牙、荷兰、英国、法国、德国、日本、俄罗斯、美国9个国家作为解读的对象，分析世界性大国崛起的历史，展现它们通过不同方式、在不同时期内完成的强国历程，探究其兴盛背后的原因。

以美国为例。1620年，五月花号载着100多名英国清教徒来到北美大陆。遵照登陆前签订的《五月花号公约》，清教徒开始了在新大陆上自治管理的生活。100多年后，由于英国强行增收印花税，殖民地独立战争爆发。1776年，北美13个殖民地宣布成立美利坚合众国，并在1787年制定了对美国发展影响深远的成文宪法，建立起中央政府。

美国快速发展，但制宪会议上悬而未决的奴隶制问题，最终在1860年导致了一场内战。林肯总统带领北方打赢了这场维护国家统一的战争，中央政府也由此逐渐壮大。在政府推动下，历时一个多世纪的西进运动成果斐然。

自由竞争使得美国迎来了世纪之交的黄金年代。一大批垄断性的大公司、大财团相继出现，第一家托拉斯集团——洛克菲勒的标准石油公司是其中典型的代表。但问题很快显露：垄断导致中小企业倒闭，机会平等丧失；社会严重两极分化，劳资矛盾激化。美国人开始反思这种经济社会发展的模式。1901年上任的罗斯福总统顺应社会要求，通过反垄断和立法保障工人权益等方式，开始了美国历史上第一次政府干预经济的行动。随后,福特生产线的诞生、电气时代一批新技术和发明的出现以及第一次世界大战带来的订单,进一步壮大了美国经济。

英国首相丘吉尔有这样一句名言:"我宁愿失去一个印度,也不肯失去一个莎士比亚。"在成为大国的过程中,戏剧家莎士比亚的作品提升了英国人的人文精神,科学家牛顿的力学定律开启了英国工业革命的大门,经济学家亚当·斯密的《国富论》为英国提供了一个新的经济秩序。他们的名字十分醒目地写在英国走过的大国之路上。

启蒙理性:回顾500年来各个世界大国发展的历程,它们的社会变迁和社会现代化的发展,都有一些共同的因素值得关注:历经思想启蒙、文艺复兴等精神灌注;重视科学和教育;建立起适合本国国情的政治经济制度,善于学习但绝不简单地模仿别国的道路,后发国家在国家力量主导下加快现代化步伐;等等。

第一节 社会变迁

一、社会变迁的概念

"变迁"一词在中文中含有"变化"和"迁移"的意思。在传统的语汇里并没有"变迁"一词。只是在近代西学东渐以后,特别是20世纪70年代末改革开放以后,"变迁"一词才得到广泛应用。把"social change"译成"社会变迁",强调其变化之意,有变革、改变、改造、转变、变更等内涵。在汉语里,作为"变化"与"迁移"的组合,"变迁"一词还有相对于时空过程的意义,即"变动"—"迁移"或是"变化"—"移动"的过程性的词义。因此,在理解"社会变迁"一词的语义时,实际上应把它看作社会变化的过程,而非简单的社会变化。人们在使用社会变迁时,就是在社会变化的基础上强调社会变化是一个过程,它同时具有时间上的"变"和空间上的"迁"。

社会学意义上,社会变迁泛指一切社会现象发生变化的动态过程和结果。但在社会学研究中,社会变迁一般是指社会结构的生成和演变过程。

二、社会变迁的类型

(一) 整体变迁和局部变迁

按照社会变迁的规模来划分,分为整体变迁和局部变迁。整体的社会变迁是整个社会体系的变化,是各个社会要素变化合力的结果。例如,我国的改革开放,在此过程中,就包括经济、社会、文化等多领域的深远变革。局部变迁是各个社会体系要素自身及它们之间部分关系的变化,不一定与社会整体变迁的方向和速度一致。如我国由于计划生育政策而导致的家庭结构的变化,又如一些西方国家在战后出现的社会福利大幅增长。

(二) 进步的社会变迁和倒退的社会变迁

按照变迁的方向（即价值评价）来划分，分为进步的社会变迁和倒退的社会变迁。进步的社会变迁是指符合社会发展的客观规律，带来社会物质和各种社会生活水平的提高，有利于每一个社会成员的全面发展的社会变迁。反之，则是倒退的社会变迁。在社会变迁的实际过程中，两者往往是同时发生的。尽管人们对"进步"有着种种不同的理解和评判标准，但促进社会进步一直是人们研究社会变迁的主要目的。

(三) 渐进的社会变迁和激进的社会变迁

按照社会变迁的方式来划分，分为渐进的社会变迁和激进的社会变迁。渐进的社会变迁即在社会结构稳定的情况下社会发生有序的缓慢而持续的变化和发展或由一种模式过渡到另一种模式，表现为量的积累和部分质变，如中国的改革。激进的社会变迁即飞跃式的社会变迁，常表现为社会革命。在这一过程中，社会渐进过程中断，社会发生了质的改变，全部社会系统和社会结构解体、改造和重组，社会由一种形态迅速过渡到另一种形态。激进的社会变迁一般是在社会结构相对均衡遭到彻底打破、社会系统和社会结构需要重组时发生的，如苏联解体。

(四) 自发的社会变迁和有计划的社会变迁

按照人对社会变迁的参与和控制划分，分为自发的社会变迁和有计划的社会变迁。自发的社会变迁指人类在很多方面对社会变化的方向、目标和后果没有理性的认识，只是盲目地参与和顺从，人的主体地位体现得不明显。有计划的社会变迁指人们对社会变迁的过程、方向、速度、目标和后果实行有计划的指导和管理。在现代社会中，绝大多数社会变迁都是有计划的社会变迁。

三、社会变迁的动力

(一) 自然环境的变化

社会变迁总是在一定的自然环境中进行的，自然环境为社会的生存和发展提供自然资源和物质条件，并依其自身的规律演变，影响社会变迁。此处所指的自然环境包括未经人类实践活动改造过的"原始自然环境"和已经受人类活动影响的"人化自然环境"。

(二) 人口的变动

人口对人类社会的影响主要体现在人口的数量、质量、构成及其人口流动分布的变化方面。一定的人口是社会发展的基础和前提。人口的变化对整个社会的变化有巨大影响。人口数量变化主要有3个因素：出生、死亡和迁移。它们对社会变迁有直接的影响。高出生率必然带来大量的新增人口，会提高社会抚养比，直接影响社会对公共设施的投入，进而影响社会就业、家庭结构。人口迁移对整个社会和移民本身都会造成重大影响，如移民对移入地生活的适应和文化适应、移民与原来居民之间的关系都直接影响移民社区的秩序与发展。人是社会生活的主体，也是促进社会发展的核心要素，不同的人口质量（身体状况、智力状况、文化程度、意识形态、技能水平等）都会对社会的变迁和发展起到不同的影响作用。此外，人口的年龄构成、性别构成也会对社会的变迁发生影响。例如，我国目前就面临着人口老龄化、男女比例失调等问题。

(三) 经济的发展

经济的发展最核心地反映在生产力的变化和生产关系的变化上，包括生产量的增长和生产质的提高。社会经济发展变化是社会变迁的重要内容，给整个社会变迁以决定性的影响。生产力是关键变量。生产力是人类解决与自然矛盾的能力。生产力是参与社会生产过程和再生产过程的物质和技术要素的总和，它以劳动者、劳动工具和劳动对象为基本要素。生产力发展的社会，物质财富丰富，能更好地满足人民群众的需要，促进社会的发展进步。生产力停滞的社会，社会发展也处于停滞状态。生产力和生产关系的适应或张力关系是推动社会变化的动力因素。

(四) 政治的变革

基本的政治制度、政治组织对经济政策的变化，对不同地位的社会群体的态度的变化，都是推动社会变迁的力量。现代社会政治组织对社会的影响越来越大。它对社会发展方向的选择深刻地影响着社会运行和发展。

(五) 文化、科学技术的发明、发现与传播

社会文化是推动社会变迁的重要动力之一，科学技术、价值观念和文化传播都对社会变迁影响极大。

不同民族、不同国家的文化传播会引起另一个民族和国家的社会变迁，如中国近代的西学东渐。改革开放后，西方文化的渗入对中国社会变迁产生了深刻的影响。

科学技术作为社会结构体系中独立的知识系统，对社会变迁有越来越大的影响。科学技术的发明创造的变化和研究规模、组织形式的变化，一方面直接影响社会经济、政治、观念和生活方式的变化，另一方面促使社会变迁的加速。科学技术的发

展增强了人类的生存能力,但其过分使用,特别是非和平使用则给社会造成了严重的威胁。科技不仅影响人们的生产和生活,也影响社会结构。

社会价值观是人们对事物的好坏、优劣、合理性评价的思想体系,社会的价值观念在社会实践中又指导着人们的行为。社会价值观念主要通过人们的行为规范和思想体系表现出来。人们的行动一般都在社会价值观念指导下发生,社会价值观念变化往往成为整个社会变迁的先声。社会价值观念是文化的核心,其变化对社会变迁有深刻的影响。

上述因素是相互影响、相互促进的,多数情况下互为因果。

四、社会变迁的原因阐释

社会发展是一个从简单到复杂的过程,人类对自身社会的认识也有一个由浅到深的过程,古往今来,许多学者纷纷提出了关于社会变迁成因的种种理论模型。

(一) 历史循环理论

历史循环理论认为,社会、历史的活动和发展是有规律可循的,这种规律就是按照产生、增长、衰落和死亡的历史轨迹循环往复。它强调社会现象的重复出现,认为社会历史不是进化论者讲的沿着一条线发展的,而是在一个循环始终的圆圈中运动。循环论在中国古已有之。较为有名的是邹衍的"五德始终"说。战国时期的邹衍将五行说附会到社会历史变动和王朝的兴替上,认为历史是按"五行相生"的顺序进行的,从土德开始,木德继之,以后依次是金德、火德、水德,然后回到土德上,再循环下去。

意大利维科提出"历史三阶段"说,认为历史是一个循环过程,世界各个民族都要经过3个历史阶段,即神的统治(神灵时代)、贵族统治(英雄时代)、人民时代(凡人时代)。社会在经过这3个历史阶段后,又回到起点,循环不已。

德国哲学家、史学家斯宾格勒提出"生物有机体"说。他在代表作《西方的没落》中,把社会看作活的肌体,认为每个社会都会经历出生、成长、成熟和衰退期,西方文明正处于衰退期。

英国历史学家阿罗德·汤因比提出"社会和自然环境压力"说。汤因比在他的《历史研究》中提出,社会是循环发展的,而且这种循环可以重复多次。他与斯宾格勒相反,对未来持乐观态度。他认为每个循环都是以挑战开始,每个挑战都会得到反应,这种反应是文化中具有创造力的精英发起的。如果反应成功了,社会就会继续生存下来并继续面对挑战;如果反应不成功,社会就会崩溃。汤因比认为,一个民族遇到的生存压力过大或过小都不利于社会文化变迁。如果一个民族遇到的社会和环境压力足够大,但又不足以压倒这个民族,那么这个民族就会在不断的压力—反应中发展起来,它战胜了压力,也积累了文化。他分析了世界上主要文明兴衰的过程,并预言中国这头睡狮将猛醒,将会成功迎接西方的挑战。

索罗金提出"文化类型"说。索罗金是出生在俄国的社会学家，1922年旅居美国。他用文化类型的循环变动来解释西方世界的发展史。索罗金把社会文化体系分为两大类型：感性文化和灵性文化。感性文化强调经验，崇尚自然科学，社会中有强烈的科学精神。灵性文化则崇尚神秘的东西，崇尚信仰。历史就是在两种极端中摇摆，从一个极端走向另一个极端，周而复始。两种极端文化都有缺陷，理想的文化类型是两者的结合，即处于它们之间的平衡性混合。

（二）社会进化理论

社会进化理论是一种关于人类社会自然演化的理论，来源于生物进化论，在19世纪后期大为流行。一些学者认为进化既然是自然界的定律，也应是社会的定律，从而用生物进化论来解释社会变迁。

总的思想是人类社会像生物有机体一样也是由简单到复杂、由低级到高级不断进化的过程。人类社会历史就是从一个阶段进化到另一个阶段的过程。早期进化论认为，每个民族、每个社会都要沿着它们设定的进化阶梯一步一步进化。对于进化的动力是什么，解释各不相同。早期进化论认为，社会文化进化是单线的进化方式进行，并认为西方社会是一切非西方社会进化的终点，都要经历这样的变迁过程。这种理论发展成了一种意识形态，在理论上论证了对世界许多民族社会实行经济和政治殖民统治的合法性。早期社会进化论代表人物有孔德、斯宾塞等。

孔德的社会动力学就是研究社会变迁的理论。他认为，社会由一个阶段向另一个阶段过渡，根本上是由社会现实中各部门的矛盾引起的，这些方面包括政治、经济和才智等，其中才智是主要的。孔德主要用智力发展来认识人类社会历史进程。他根据"人类智力发展规律"，把人类的社会变迁和社会进步的历程分为3个阶段：军事阶段、过渡阶段和工业阶段。这3个阶段与智力发展阶段相一致。第一个阶段是神学阶段，在1300年之前，特征是人们敬畏自然力和上帝，认为社会和自然界都是上帝的产物。第二个阶段是形而上学阶段，在1300—1800年之间，特征是信仰抽象的自然力，并用它来说明一切。第三个阶段是实证科学阶段，从1800年开始，特点是人类观察各种现象，并力图找出各种现象之间存在的经常性的联系和实际规律。

斯宾塞是社会进化论的典型代表。他认为人类社会有机体像生物有机体一样是进化的。社会的发展是一个由简单到复杂的过程。人类社会起初是一个简单的结构，社会同质性和综合性较高，一个人和一部分人可以承担多种职能。随着社会规模的扩大，社会结构也发生分化并日益复杂化，社会由单一结构变为多元结构，由同质结构变为异质结构。社会结构的分化，社会各部分的功能也出现分化，分化出功能互不相同的各个部门。但尽管功能不同，各部门之间的功能联系和相互依赖性却大大加强了，于是形成了一个更加复杂的整体性的社会有机体。在他看来，社会变迁就是增长和进化，其根本机制就是分化。斯宾塞认为，进化在总体上是进步的，但进化过程并不总是直线的。由于一个社会进化既受其先前状况的影响，又受到当前环境的影响，而这方面的因素又各不相同，所以各种社会进化也不是同一的，进化过程中会出现发散现象，出现社会倒退，于是呈现出进化的多样化。

斯宾塞还用优胜劣汰、物竞天择的自然进化法则来解释人与人、民族与民族、国家与国家之间的关系，认为通过生存竞争，个人、种族、国家分化成优劣等级，并认为优等民族应该成为世界的统治者。他认为自然进化是天经地义的，因而反对任何人为的对社会进程的强制改变。

由于受到生物进化论的强烈影响，斯宾塞的理论又被称为"社会达尔文主义"。

当代社会进化论者，如怀特、斯图尔德等认为社会进化不是单线的，而是多线的，并提出3个主要进化趋势的论点：第一，技术的发展提高了社会控制环境的能力；第二，群体、组织和社会制度的进一步专门化过程，即社会分化；第三，社会构成要素的功能性相互依赖，每个社会构成单位更加依赖于其他构成单位的帮助而得以执行自己的任务。

（三）社会均衡理论

社会均衡理论的代表人物是意大利社会学家帕累托和美国社会学家帕森斯等。

帕累托认为，任何社会系统主要有4个方面的特征：经济生产力的水平、政治权力的分布状态、意识形态的性质、不平等的模式。如果社会系统的某方面特征的变化是充分的，整个社会系统就会相应地发生变化，以达到一种新的平衡；如果社会系统某一方面的变化不充分，它就要受到来自社会系统其他方面的压力，使社会系统保持原来的状态。

帕森斯进一步发挥了这一思想，认为任何社会系统都有其组成的子系统，这些子系统的结构和功能必须相互配合，以便使社会系统能够存在。社会系统的总趋向是系统内部的均衡问题。这种均衡既是社会变迁，也是社会系统从一种均衡状态向另一种均衡状态的转变。结构功能学派的理论认定，不论社会如何变迁，其最终目的总是朝向均衡状态。变迁可以说是对社会体系的一种调整。系统内部的紧张、偏差行为和社会控制构成系统的变迁，系统变迁的方向是适应性增强。

帕森斯认为，社会变迁就是社会的进化，其机制是分化、适应力提高、包容和价值普遍化，从而达到新的社会整合。

（四）社会冲突理论

社会冲突理论着眼于社会矛盾、冲突、不平等，并以此来解释社会结构和社会变迁。其代表人物是达伦多夫、科塞尔等。社会冲突理论深受马克思冲突论的影响，但又有所不同。它认为，社会生活的基本条件不是协调，而是不同群体之间对权力和地位的竞争。冲突的根源不是生产资料占有不平等，而是权力占有不平等。社会冲突理论认为，现代社会围绕权力和权威形成两个阶级——占有很多权力和权威的统治阶级，以及占有少数权力和权威的被统治阶级，而且这两个阶级存在于社会的任何组织之中。现代社会是由这两个阶级组成的强制性的协作联合体。压迫和强制是普遍现象，被统治阶级总是要改变自己的地位，于是产生冲突。冲突的结果引发社会结构变迁，特别是权威结构的变迁。

社会冲突理论着眼于社会矛盾、冲突、不平等，并以此来解释社会结构和社会变迁。

冲突有5项正功能：冲突对社会与群体具有内部整合的功能，冲突对社会与群体具有稳定的功能，冲突对新社会与群体的形成具有促进功能，冲突对新规范和制度的建立具有激发功能，冲突是一个社会中重要的平衡机制。

社会冲突理论的"变迁"有3种不同的类型：所有统治人员的更换，即革命性变迁；部分统治人员的更换，即改革变迁；把被统治阶级的利益结合到统治阶级的政策之中，这是最低层次的变迁。在达伦多夫看来，社会冲突、变迁是常态，均衡只是暂时的。

科塞尔认为，弹性比较大、比较灵活的社会结构容易出现冲突，但对社会没有根本性的破坏作用，因为这种冲突可以导致群体与群体间接触面的扩大，也可以导致决策过程中集中与民主的结合及社会控制的增强，它对社会的整合和稳定起着积极的作用。相反，僵硬的社会结构采取压制手段，不允许或压抑冲突，冲突一旦积累、爆发，其程度势必会更加严重，将对社会结构产生破坏作用。为此，科塞尔提出，要建立完善的社会安全阀制度。这种制度一方面可以发泄积累的敌对情绪，另一方面可以使统治者得到社会信息，体察民情，避免灾难性冲突的爆发，破坏社会整个结构。科塞尔将冲突看作促进社会整合与适应性的过程，他所强调的社会变迁是改良性的局部的社会调整，而非社会革命，其安全阀机制的探讨也是为资产阶级统治者献计献策，维护资本主义社会的运行和发展。

（五）马克思主义变迁理论

马克思主义的社会变迁理论是马克思主义的历史唯物主义中的主要论题之一。

马克思主义唯物史观认为，社会变迁的根本动力是社会生产力的发展。生产力决定生产关系，经济基础决定上层建筑。生产关系要与生产力相适应，上层建筑要与经济基础相适应。社会形态的变迁是生产力和生产关系、经济基础和上层建筑矛盾运动的结果。马克思主义强调阶级斗争是社会变迁的直接动力，强调人的实践的能动作用。

马克思主义关于社会变迁的经典理论主要有4个关注点：第一，社会的变迁归根到底是由社会的经济基础发生变动而引起的；第二，随着经济基础的变更，全部庞大的上层建筑也或快或慢地发生变革；第三，随着新生产力的获得，人们改变自己的生产方式和生活方式，也就改变自己的一切社会关系；第四，当社会的上层建筑所维护的是先进的经济基础或瓦解的是腐朽的经济基础，它对社会发展起推动作用，反之，则对社会发展起阻碍作用。

马克思主义变迁理论可分为3个层次来理解：人类历史层次、社会结构层次、行动个体层次。

人类历史层次上，社会运动和人类行动是从共同所有的原始的自我管理形式经过私人所有制和政治统治，到共产主义的经济和政治平等。在社会结构层次上，从前阶级共同体经过分化的社会到未来的无阶级社会。在行动个体层次上，从原始的自发性经过异化达到解放和自由。3个层次都有各自的因果模型。在人类历史层次上，整个历史过程被看成是不可逆转的，不可避免地达到共产主义社会。这是一种很强的决定论。在社会结构层次上，阶级采取集体行动来达到自己的目的，但情况很复杂，这种论述又避开了经济决定论。在行动个人层次上又有很强的意志决定论的成分，强调自由选择、自发决定、偶然性和机会。

在马克思主义社会变迁理论中，历史被看成是由人类行动和结构性条件（阶级划分和社会经济形态）构成的复杂的相互作用的产物。这种历史的不同层次的相互连接是用"实践"范畴来表达的，而实践是在早期的实践留下来的环境中运作的，推动这个运作最终的因果力量是有着自我超越和超越特性的人类能动者。

当我们在一定的历史条件和环境内考察某一特定的社会变迁时会发现，社会结构体系中的所有要素都以相互作用、相互联系的方式，具体地、历史地表现社会变迁，使社会变迁成为相互作用的结果。第一，社会系统与外界环境所进行的物质、能量和信息的交换。在这种交换过程中，社会不断地将外界环境中的新因素吸纳到原有体系中，从而破坏了原有社会体系的稳定。第二，社会结构要素的自发发展。社会结构中的组成要素，如某一经济组织、政治组织或文化组织是人们有目的活动的产物。它们一经建立，就会不断地由不完善向比较完善发展。这种自我完善的结果就有可能破坏原有比较平衡的相互关系，导致原有结构系统中稳定秩序的变化。

对于社会运行和发展中出现的上述不协调现象，社会必定要调整自己的结构体系和形式，容纳新因素的输入和对不平衡的秩序加以协调，以期在新的水平上稳定运行和协调发展。如此，社会变迁就或多或少地以各种形式发生在社会运行和发展之中。其中既包括量变，也包括质变；既包括部分质变，也包括整体质变。也就是说，当新的结构要素和相互作用关系的变化达到一定程度的积累，原有的社会结构无法维持稳定秩序时，就会发生社会结构的重组，形成新的社会结构。

第二节 社会现代化

一、社会现代化的含义

社会现代化不仅仅是一个时间概念,也是一个具有特定内涵的社会学概念。现代社会非常复杂,具有各种不同的特征,不同的人从不同的视角观察,在对现代社会现代化的理解上具有很大差异。

因此,关于现代化的含义有多种解释。有社会学家归纳为4类:一是现代化是指近代资本主义兴起后的特定国际关系格局下,经济上落后的国家通过大搞技术革命,在经济和技术上赶上世界先进水平的历史过程;二是现代化就是工业化,更确切地说,是经济落后的国家实现工业化的进程;三是现代化是自然科学革命以来人类急剧变动的过程的统称;四是现代化主要是一种心理态度、价值观和生活方式的改变过程。社会学家认为,从历史角度来看,广义而言,现代化作为一个世界性的历史过程,是指人类社会从工业革命以来所经历的一场急剧变革。这一变革以工业化为推动力,导致传统农业社会向现代工业社会的全球社会大转变过程,它使工业主义渗透到经济、政治、文化、思想各个领域,引起深刻的相应变化。狭义而言,现代化不是一个自然的社会演变过程,它是落后国家采取高效率的途径,其中包括可利用的传统因素,通过有计划的经济技术改造和学习世界先进,带动广泛的社会改革,以迅速赶上先进工业国和适应现代世界环境的发展过程。[①]

有的社会学家认为,人们通常所说的现代化,就是传统社会向现代社会的转化,其组成部分至少包括工业化、城市化、专业化、高水平的社会分化和社会流动,行为的理性化,文化的世俗化,参政范围的扩大等,是一个全面的、系统的、不可逆转的、普遍发生的社会进步过程。[②]

在社会学中,现代化是指一种特殊的社会转型过程,即以全面改造人们生存的物质条件和精神条件,以现代科技进步及社会经济发展为中心,以社会繁荣发展为目标,涉及政治法律和社会精神生活等各个方面的整体社会变迁。

二、社会现代化的特征

英国社会学家吉登斯以"现代性"来概括现代化的本质。在他看来,所谓现代性,是指17世纪以来出现于欧洲,并且其影响随之向世界各地蔓延的社会生活方式和组织形式。现代性是历史发展的非延续性或断裂的结果。现代性的本质特征之一,是将时间和空间组织起来,从而连接在场与缺场的条件完全不同于各种传统社会,

---

[①] 参见罗荣渠《现代化新论:世界与中国的现代化进程》,北京大学出版社1993年版,第8~17页。
[②] 参见谢立中《当代中国的社会变迁导论》,河北大学出版社2000年版,第33页。

时间和空间在这个过程中高度延伸，在现代性条件下，社会关系脱离具体的社会环境，在更为广阔的时间—空间范围内被重新建构。

社会现代化是一种世界意义的历史潮流。大约从16世纪起，首先在欧洲发生了一系列制度变革和政治、经济变革，使得现代化浪潮在18世纪左右席卷整个西欧和北美，形成了世界现代化历史上第一个高潮。19世纪末20世纪初向世界其他地区扩散，形成了以日本和苏联为代表的第二次浪潮。20世纪50—60年代，亚非拉大批国家摆脱殖民统治，建立独立的民族国家，掀起了社会现代化的第三次高潮。这些国家政治上独立之后面临着迅速发展本国经济，改变贫穷落后的面貌，缩短这些国家在经济上和物质生活上的差距，巩固已经取得的独立地位的重大任务。因此，这些国家选择了社会现代化的道路，将其视为本国社会发展的必由之路。

纵观现代化的历史过程和各国的实际经验，总结现代化理论研究的成果，我们可以得出现代化的基本特征。

1. 社会现代化是一个连续不断的历史过程

社会现代化不是一时一国的追求，而是全球性长远的追求。在近代科学技术的推动下，以工业革命和信息革命为主要形式，社会现代化构成了一个连续不断的历史过程。一些发达资本主义国家虽然在科学技术水平、经济发展和社会管理方面已经达到很高的发展程度，但这并不意味着这些国家就已经达到了社会现代化的最高水平，它们仍然要面对社会发展的很多挑战。

2. 社会现代化具有异质性

社会现代化绝非"西方化"或欧洲化。社会现代化作为世界发展潮流，在不同国家、不同地区中显示出共同特征，但绝不意味着发展中国家都要照搬西方国家和发达国家的现代化模式，跟在它们后面亦步亦趋。不同社会在前现代时期社会结构的差别、现代化进程的起点不同，内外环境的制约不同，实际上不可能按照某种"普遍模式"推进本国社会的现代化。任何国家的现代化都是将普遍的现代化特征与本国的历史条件和文化传统有机结合的产物。不能将一些发达西方国家衡量社会发展的指标当作衡量社会现代化发展水平的唯一标尺。历史条件不同、面临的国际环境不同等原因，使各国现代化各不相同，从而呈现出异质性。

3. 社会现代化是社会的全面革新

社会现代化是涉及社会生活各方面的内容广泛的社会变迁。社会现代化既包括工业、农业等物质生产方面的现代，也包括科学技术、文化教育等精神生产方面的现代化，还包括社会结构、社会制度、社会规范等集体关系的现代化，以及个人理念、行为等方面的现代化。

4. 社会现代化必须以近现代文化、现代科学技术为后盾

科学技术不发达，文化教育不发达，就不具备现代化的基本条件。

5. 社会现代化对历史传统既批判又继承

传统和现代化之间是相互促进、相互制约的关系。传统的优秀成分是现代化的营养，现代化比较成功的社会都是在继承本民族优秀的传统的基础上实现的。民族传统毕竟是历史上形成的，历史条件的变化使得某些传统自身丧失了其存在的价值。人们也需要重新评价它的价值。历史上合理的东西，在社会进一步发展中，有可能丧失其自身的合理性。社会发展必须冲破陈旧传统的束缚。没有一个绝对继承传统的现代化进程，也没有一个绝对拒绝传统的现代化进程。

6. 现代化过程是社会结构体系协调发展的过程

虽然以工业化为代表的经济增长是现代化的重要方面，但把现代化等同于单纯的经济增长无疑是片面的。现代化更应该是一个社会整体结构体系的协调发展。这种协调表现在政治、经济、文化协调发展，人与人之间和谐相处，人与自然关系和谐等方面。

吉登斯①

安东尼·吉登斯（Anthony Giddens），1938年生于英格兰伦敦北部，现任剑桥大学教授。英国前首相托尼·布莱尔的顾问。英国著名社会理论家和社会学家，与沃勒斯坦、哈贝马斯、布尔迪厄齐名，是当代欧洲社会思想界中少有的大师级学者。吉登斯早年曾在赫尔大学、伦敦经济学院和剑桥大学学习。他的首份教职是1963年在英格兰莱斯特大学授课，后转入剑桥大学，1970年被聘为剑桥皇家学院院士，担任剑桥大学社会学教授，同时，他在加州大学圣巴巴拉分校有类似教职。

吉登斯的学术成就主要体现在社会学、政治学、哲学等领域，具体体现在以下5个方面：①对以马克思、杜尔克姆、韦伯等为代表的经典社会学家思想的反思；②对以结构主义、功能主义和解释社会学等为代表的现代社会学研究方法的反思；③对社会学研究方法的重建，提出了著名的"结构化理论"；④现代性理论范式的提出和现代性发展的反思；⑤第三条道路。主要著作有《社会学》《社会学方法的新规则》《社会的构成》《民族—国家与暴力》《现代性的后果》《现代性与自我认同》《亲密关系的变革》《第三条道路：社会民主主义的复兴》《气候变化的政治学》《历史唯物主义的当代批判——权力、财产与国家》《欧洲模式》《在边缘》《自反性现代化：现代社会秩序中的政治传统》《超越左与右》《失控的世界》等。

---

① 参见百度百科"吉登斯"词条（https：//baike.baidu.com/item/%E5%90%89%E7%99%BB%E6%96%AF/1513010?fr=aladdin）。

三、社会现代化的趋势

(一) 社会结构的日益分化和整合

社会结构的分化和高度整合,是一个社会制度结构的变化。一个社会进入现代化发展过程,其最重要的社会基础之一,是社会结构的分化。经过这一过程,社会的利益主体更加多元化,结构分化也会促进专业化的发展,而且社会的弹性增加,社会将更具活力。在分化的同时,必须通过制度、法律法规和文化等手段实现对社会有机体的整合,从而保证社会的整体性,保证在分工的基础上的合作。

(1) 个人角色的分化。个人角色的分化是指个人所扮演或承担的社会角色的分离。一方面,随社会分工的发展,个人在不同场合承担不同的社会角色,而不是像以往那样,在特定的场合同时承担多种角色。另一方面,人们之间的互动越来越多的是在特定角色基础上的互动,而不再是同整个人格的互动。个人角色扮演造成个人更有效地承担角色,按角色规范实现角色的社会功能,同时造成个人之间的角色互动建立在理性的基础上。

(2) 社会组织的分化。社会组织的分化表现为承担多种功能的单一组织向承担单一功能的多种组织转化。组织功能的单一化有助于组织专业化的发展,功能单一化的组织的结构特点是现代科层制。

(3) 社会地位的分化。多元社会分层体系有助于社会角色的发展,社会成员可以通过各自的专门角色获得不同的社会地位,社会资源的分配途径和获得也日益多元化。这种社会地位的分化有助于促进社会活动的发展和理性化,从而推动各种社会创新活动的成长,刺激社会资源和人力资源的调动与有效使用,同时形成更加紧密的相互依赖关系。

伴随着社会日益分化过程而出现的是社会高度整合过程。封闭性的社会格局逐步消失,人与人之间基于分工与合作的相互依赖性不断加强,普遍主义社会规则成为人们各种社会活动的原则,不同社会成员的价值目标和利益目标在整个社会范围内协调起来。这样,社会结构体系才能持续稳定地运行。

(二) 整个社会日益理性化

理性是指采取分析的态度,按照对象世界本来面目去认识对象世界,验证对象世界,是人与人在确定行动目标和采取社会行动时,为了实现更高的效率,对目标以及所需手段和工具进行选择,这些手段和工具具有较高的效率,使目标更快、更容易实现。理性概念实质上是一个社会的文化价值观念的体现。现代化在很大程度上可以看作社会文化价值观念的理性化转变,或者理性原则的提高。

韦伯在分析人的行为动机时,选择合理性作为分析的最基本概念,这个概念在他的理论中起核心作用。韦伯认为,理性主义包含4个要点:一是明确意识到行动的目的，把追求的具体目标做价值上的排列，并根据价值的大小对其进行比较；二是预测并计算后果来权衡行动的必要性，考虑目的与效果之间的关系，对效果负责；三是根据目的选择手段，并对各种手段进行比较和选择，以付出最小、收益最大为选择标准；四是在行动过程中表现出严格的首尾一贯性。

韦伯认为，现代工业文明都是理性化思维的结果。而非理性则是从传统和某种神秘观念出发，行动的主要目的和标准是他人的评判或某种神圣的东西。现代科学技术产生的基础就是理性精神。所谓科学的精神，即理性精神，是指现代工业和现代科学的发展，是一种特定形式的合理性——形式理性或工具理性的发展，这种合理性的发展反映在个人的日常生活中，反映在社会组织中，反映在社会文化中。随着社会的发展，会有越来越多的人在理性原则的指导下行动，而根据传统和情感去确定自己行为的人会越来越少。因此，社会文化观念的理性化过程在很大程度上决定社会变迁的方向和结果，构成了从前现代社会向现代社会转变的基础。

（三）科学技术在经济和社会发展中具有越来越重要的作用

科学技术的发展推动了生产力的发展。科学技术极大地改变了人们的社会关系、互动形式和过程、社会的组织形式、各个领域的社会生活以及人们的观念。科学技术的发展在给人们带来财富，提高人们生活质量的同时，也向人类社会提出了巨大的挑战，甚至带来了灾难。

（四）经济持续而迅速发展和经济结构的持续变化

经济持续而迅速发展和经济结构的持续变化，主要表现为：经济不断迅速增长；经济结构改变，经济增长的内容由以农业为主转变为以工业为主；现代工业和现代农业相互促进；第三产业在国民经济中占有越来越重要的地位；现代化的发展使人民生活水平和生活质量提高。

（五）城市化发展迅速

城市化是社会现代化的重要标志之一。城市化过程是在一个国家或社会中，城市人口增加，城市规模扩大，农村人口向城市流动，以及农村中城市特质增加的过程。一个国家或社会的城市化水平由城市人口占总人口的比例呈现。一个国家的经济发展水平与城市化成正相关关系，而社会文化条件在很大程度上取决于社会制度、社会结构背景。因此，城市化发展水平揭示了整个社会经济的发展水平和社会文化的条件。

（六）人的现代化

在任何社会和社会变迁中，人都是一个基本因素。在一个社会迈向现代化的过程中，如果没有人的现代化，现代制度就不可能很好地运行。只有人民现代化了，或者说只有在现代科学技术、经济和各种组织中工作的人都获得了与整个社会现代化发展相一致的现代性，这个社会才可以说是真正的现代社会。现代制度和现代人是一个社会现代化的两个基本方面。

说到底，人的现代化就是社会成员的心理和价值观的现代性特征的增长。英克尔斯是最早系统研究人的现代化的社会学家。20世纪60年代，他在世界不同地区的6个国家进行了有关人的现代性的调查，对人的现代性进行了系统的阐述。英克尔斯认为，人的现代性主要体现在人的主观态度和客观行为两个方面。人的现代化主要包括以下内容：现代人应该具有与宿命论相对立的效能感，乐于接受社会变迁，愿意接受新的生活经历，具有开放性，尊重并愿意考虑各种不同意见，积极获取并关心新的知识和信息，守时惜时，具有较强的时间观念，无论在公共生活还是在私人生活中都趋向于计划性，基于对理性的信赖而对周围的人给予信赖，重视专门的技术和公正的分配，有较高的受教育和职业期望，具有普遍主义取向，不因特殊的个人而给予不同的对待，对生活采取分析的态度，倾向于积极解决问题而不是回避问题。人的现代性是由现代组织、现代制度的性质决定的。人们在现代制度和现代组织中的经历有助于形成现代人的特征。现代工厂、学校、传播媒介、城市生活等都对人的现代性的形成具有重要的作用。人的早期训练会对现代性有重要的影响，但这种影响不是决定性的。人是在现代制度和现代组织，或者说在现代社会结构条件下，通过逐步适应和学习的过程，随着整个社会现代化的发展，逐渐形成了现代化的特质。

（七）全球化

全球化作为一个世界历史进程，反映了人类社会从建立在自给自足的自然经济基础上的传统农业社会，向建立在发达市场经济基础上的现代工业社会发展的历史巨变。它是全球性的时代发展趋势，也是世界各国、各地区发展的必经之路。其基本特征是，物质产品、人口、符号、信息、交往和权力实施在全球范围内流动。

1. 全球化的定义

什么是全球化？社会学家提出了多种定义。

从信息通信角度，全球化被认为是地球上的人类可以利用先进的通信技术，克服自然地理因素的限制而进行信息的自由传递。

从经济的角度，全球化被认为是经济活动在世界范围内的相互依赖，特别是形成了世界性的市场。

从危及人类共同命运的全球性问题角度，全球化被视为人类在环境恶化、核威胁等共同问题下达成的共同认识。

从体制角度，全球化被看作资本主义的全球化或全球资本主义的扩张。

从制度角度，全球化可以看作现代性的各种制度向全球的扩展。

从文化和文明角度看，全球化被看作人类各种文化、文明发展要达到的目标，是未来文明存在的状态。

从社会过程的角度来界定全球化。英国学者赫尔德认为，全球化能够被看作一个或一组体现了社会关系和交易的空间组织变革的过程——可以根据其广度、强度、速度以及影响来加以衡量——产生了跨大陆或者区域间的流动，以及活动、交往和权力实施的网络。而流动是指物质产品、人口、标志、符号，以及信息的跨空间和时间的运动，网络是独立能动者之间有规则或者模式化的交往、活动的接点。

赫尔德从多个层面描述了全球化的根本特点。

时空层面：全球流动、交往和网络的广度、强度、速度及影响是史无前例的，而且涉及所有的社会领域。

组织层面：世界范围内的社会、政治及经济权力关系实现了前所未有的制度化和组织化。

汇合角度：在从政治到生态的社会生活方方面面，全球化的影响实现了独有的交汇。

多样化形式：19世纪晚期处于主导地位的军事、经济的全球化形式依然存在，但移民、文化以及生态全球化的不同模式的重要性不断增强。

反思性：世界范围内的精英和大众对全球相互联系的意识不断发展，成为国家精英和跨国社会力量自觉追求的各种政治和经济工程。

对抗性：随着国家、公民以及社会运动努力抵制或控制全球化的影响，不断增强的全球化意识已经在从文化到军事的所有领域中引发了多种形式的对抗。

区域化：当代全球政治经济中的区域化和全球化进程已经在很大程度上变成了相互强化的趋势。

西方化：当代全球化模式依然存在着高度不对称，但与20世纪初相比，它们已经变得越来越叛离欧洲中心化或大西洋中心化。

领土性：全球化一直不断推动着国界和政治管辖范围的划分或重新划分，因而全球化的当代模式对领土原则作为组织政治统治，实行政治权威的唯一首要基础提出了挑战。

国家形态：在全球化冲击面前，各国在进行内部调整并且控制或调节全球化冲击的方式，与19世纪晚期相比出现了重大区别。

民主政治：全球化衍生了一组全新的政治民主困境，即如何把一个以领土为基础的民主治理体系与经济生活的跨国组织以及全球组织结合在一起。

全球化是一个多维的历史进程，它涉及人类生活的几乎所有方面，其本身是社会、政治、经济、文化以及技术力量共同作用的独特结果。赫尔德等人指出，最好将全球化理解为一个或一组进程，具有空间的广度和密度的全球与跨国的相互联系，把共同体、国家、国际制度、非政府组织以及多国公司之间的关系编制成一个复合网络，从而形成全球秩序，社会生活的几乎所有领域都无法摆脱全球化进程的影响。

2. 全球化的矛盾

全球化是一个多维度、多领域的变化过程。这个过程并不是整体性的，所有社会要素并不是同时发生变化，相反，是一个由个别要素到多个领域的量变过程。发生变化的领域也有先后之分，全球化的起点是经济领域，然后是文化领域、政治领域。此外，全球化还不是一种具体、明确的现象，世界多样性和社会对立现象还是非常明显。

第一，全球化的不平等与不平衡。这种不平等和不平衡首先体现在经济领域，然后蔓延到文化领域、政治领域和军事领域。经济全球化对各国来说都是机遇和挑战，但在其进程中，各国得到的机遇和利益是不同的。经济一体化无疑可以增进全球福利，但是这种福利在不同国家和民族之间的分配很不平等。因此，经济全球化扩大了世界经济发展的不平衡。20世纪60年代，富国比穷国富30倍，而到了90年代，差距却扩大到150倍。经济发展的不平衡、不平等加剧了文化、政治和军事等领域的不平衡、不平等状况。

第二，全球化下的民族国家问题。全球化是解国家化或毁坏疆界的力量。民族国家在全球化进程中受到严重的挑战，全球化正在重组民族国家的权力、功能和权威。全球化的挑战也发生在个人、社区、地方以及组织层次上。

第三，文化全球化和文化多样性之间的矛盾。全球化不仅是一个经济、政治过程，还是一个社会和文化过程。随着全球化的扩展，大众传播媒介、全球营销体系以及大规模的人口流动，一种文明和文化能够迅速传播到世界任何一个角落，成为具有全球性特征的文化和文明。在这种带有全球特点的文明和文化传播、扩散过程中，往往是那些在政治经济和权力上占据优势地位的文明和文化对地方性文明和文化造成极大的冲击，甚至威胁到它们的生存。不仅挑战着国家权威，而且地方性文明和文化也受到严峻的挑战。当全球化对独特文明或文化形成冲击或挑战时，文化全球化和文化多样性之间的矛盾就成为当今全球化过程中的一个基本矛盾。面对全球化的挑战，人们一方面看到了文化趋同现象，另一方面更多地看到了独特文明对全球化的反抗，以及文明之间的冲突。

> **延伸阅读**

英克尔斯①

阿历克斯·英克尔斯（Alex Inkeles, 1920— ），美国社会学家。毕业于康奈尔大学，1949年获哥伦比亚大学博士学位，其后在斯坦福大学及哈佛大学任教。研究社会心理学、比较社会学及社会变迁，其中以对现代化的研究最为著名。主要著作有《社会学是什么》《人的现代化》等。

英克尔斯提出社会学研究的3条途径：一是历史的途径，即通过对经典的社会学著作的研究，寻找社会学作为一门知识学科最为关心和感兴趣的是什么，以及对社会学最初阶段的一类创始人的思想分析；二是经验主义途径，即以问题展开，当代社会学家对哪些问题感兴趣，为什么他们要把这些社会现象纳入研究范围；三是分析的途径，即理性的指示是什么。他主张从比较社会学的角度研究发展中国家和发达国家的现代化过程，强调人的现代化是国家现代化必不可少的因素。他提出世界社会学，主张在世界性社会学分析层次上研究世界性的社会现象和社会问题。

第三节 社会现代化的理论

自从现代问题在各国提出来以后，不少国家的学者从各种视角对之进行了研究。

一、经典现代化理论

经典现代化理论产生和形成于20世纪50—60年代的美国，代表人物有帕森斯、列维等。经典现代化理论以社会进化论思想为指导，以研究社会结构与功能的转换与变迁为着力点，认为工业化是现代化的始发原因，现代化是工业化的最终必然结果，现代化是一个从传统社会的传统性向现代社会的现代性转变的过程，现代社会与传统社会的根本区别是社会结构的层次化与精细化、社会功能的专门化与多样化、社会运行机制的市场化与法制化、社会阶层的流动化与平权化等。帕森斯认为，社会现代化的必要条件是文化系统和价值观念体系的变化。

经典现代化理论对现代化进程动力的认识有3个不同观点：一是经济发展决定论，主张经济发展决定社会政治和文化的变化，工业化是现代化的推动力；二是文

---

① 参见百度百科"英克尔斯"词条（https：//baike.baidu.com/item/%E8%8B%B1%E5%85%8B%E5%B0%94%E6%96%AF/7571711？fr=aladdin）。

化发展决定论，认为文化影响了经济和政治生活，民主化是现代化的推动力；三是综合决定论，认为现代化是政治、经济和文化相互作用的结果。

二、社会趋同论

社会趋同论最早是由荷兰经济学家丁伯根在1961年提出来的。他的基本论点是，社会主义经济正在逐步背离集中的计划经济模式，资本主义经济正在背离自由放任的私人经济模式。这两极对立面的运动，每种制度都在吸收另一种制度的某一些因素。两种制度正变得越来越相似。

社会趋同论的观点引用了生物进化趋同的观点，认为在社会现代化的过程中，尽管不同的社会起点不同，社会制度不同，具体条件也不尽一样，但都会经历同样的过程，即经济上的工业化、政治上的民主化、城市化和世俗化。经过社会现代化的过程，不同的国家在许多方面会变得越来越相似。美国斯坦福大学社会学教授英克尔斯更进一步提出了实现社会现代化的统一标准。

三、依附理论

依附理论兴起于20世纪60年代中期，其代表人物有美国经济学家弗兰克，阿根廷经济学家普雷什，巴西社会学家卡多佐、桑托斯和经济学家富尔塔多，埃及社会学家阿明等。他们的主要论点是，不能仅从落后国家内部的制度结构和文化传统方面找其落后的原因，而应将其落后视为不平等的世界格局的结果。发展就是摆脱依附的过程。西方发达国家处于世界格局的中心地位，不发达国家处于外围地位。发达国家利用其中心地位榨取控制边陲国家，造成了外围国家的不发达状况和对中心国家的依附。这种依附结构是多层次的，包括发达国家与欠发达国家、欠发达国家与落后国家、发展中国家的都会与外省、外省的城镇与乡村等。依附渗透了全世界各国及各国内部的经济、政治和社会生活。

四、世界体系理论

美国州立大学社会学家沃勒斯坦先后于1974年、1980年、1985年推出3卷本巨著——《现代世界体系》。世界体系论用体系的观点来审视整个世界及其各部分的发展与变化，提出世界是一个整体，是一个世界资本主义经济体系。沃勒斯坦认为，现行世界体系即资本主义世界经济体系由核心、边陲、半边陲构成。核心国家指的是西方工业进步国家如美国、英国等；边陲国家多为第三世界国家；半边陲国家和地区则是介于核心与边陲之间的国家和地区，如南欧、亚洲"四小龙"。三者存在分工关系。世界体系理论认为，在整个世界体系内，西方发达国家是通过经济联系和不平等的贸易来剥削和掠夺不发达国家的。各国的地位会随着经贸外交等发展而不断变动。世界体系理论与依附理论都以世界为整体来分析问题，但两者的角度和方法各有不同，可以认为世界体系理论是依附理论的补充和发展。

延伸阅读

沃勒斯坦①

伊曼纽尔·沃勒斯坦（Immanuel Wallerstein，1930—　），美国耶鲁大学高级研究员，任教于美国纽约州立大学宾厄姆顿分校社会学系。著名历史学家，社会学家，国际政治经济学家，新马克思主义的重要代表人物，世界体系理论的主要创始人。

沃勒斯坦著述丰富，其中影响最大的著作是其耗费30多年心血写成的《现代世界体系》（*The Modern World-System*）。此外，还有《自由主义以后》《历史资本主义和资本主义文明》《乌托邦幻想，还是21世纪的历史选择》《沃勒斯坦精粹》《所知世界的终结：21世纪的社会科学》等。他也被视为反全球化运动的领导人之一。

沃勒斯坦认为，应当把整个世界作为一个单一的整体来考量；社会科学唯一合法和有意义的分析单位是内部具有单一、完整、广泛、自足的社会分工的历史体系。在今天的现代世界体系中存在着知识结构的危机——各种学科都被一种信念笼罩着：仿佛知识是确定的，其实知识真正并永远是不确定的。资本主义世界经济从封建主义的"蹂躏"中兴起有3个条件是必需的：剥削和殖民化导致的地理扩展、对世界经济各地区（如中心、边缘）的劳动控制不同方法的发展、成为资本主义世界经济中心国家的强国的发展。现代世界体系分为3个维度：一体化的世界经济体、多民族国家体系和多元文化体。世界经济体是现代世界体系的经济功能体，是政治体、文化体存在与发展的决定性因素。世界体系一旦建立，将围绕两个二分法运行：一是阶级，即无产阶级和资产阶级；二是经济专业化的空间等级，即中心地区和边缘地区。"不等价交换"和"资本积累"是这个体系运行的动力。历史资本主义不是一种进步，而是退步，产业工人只占世界人口的一小部分，而世界劳动力的绝大部分，即生活在农村或在农村与城市贫民区之间流动的劳动力，他们的状况比他们的祖先更糟。政治民主重要的不在于是否多党制，而在于工人是否有自己的力量；只有自己的力量才能反映出自己的意见，单纯地认为通过两党制的党派斗争使选民的意见得到体现是不现实和幼稚的，因为选民的意向不只取决于哪个党派更优秀，还有更复杂的因素干扰民众的选择。

---

① 参见百度百科"沃勒斯坦"词条（https://baike.baidu.com/item/%E6%B2%83%E5%8B%92%E6%96%AF%E5%9D%A6/2176095？fr=aladdin）。

五、全球发展理论

全球发展理论是由罗马俱乐部提出的。该理论把全球看成一个整体,提出了各种全球性问题相互影响、相互作用的全球系统观点。罗马俱乐部发表过两个具有全球发展观点的报告——《增长的极限》和《人类处在转折点》。

1972年发表的第一个研究报告《增长的极限》指出,人口的增长、粮食的生产、投资的增加、环境的污染和资源的消耗都具有一种指数增长的性质。也就是说,过一段时期就增加一倍,如果这个趋势继续下去,地球的经济增长会在今后100年内的某一时期达到极限。这个报告在假定社会经济发展的性质大体不变的情况下,预计未来一个世纪内社会和社会生存环境相互作用的危机趋势是发展的。其预计在21世纪中叶会引起一场全球性危机,生存环境被毁灭性地污染,死亡率急速提高,自然资源枯竭,生产力下降。他们提出了一个"全球平衡"的概念,提出停止增加世界人口,限制工业生产发展,把地球资源的消耗量减少7/8。

罗马俱乐部的第二个研究报告是委托美国俄亥俄州克利夫兰大学米萨诺维克和德国汉诺威大学帕斯托尔合作写出的《人类处在转折点》(1974)。作者通过大量资料和数据,定性而又定量地描写了2025年前人类发展的前景。他们借助于计算机分析模型,指出人类盲目追求经济增长所带来的能源、原料、粮食、生态环境等方面的一系列问题及其严重后果,提出人类社会应当从盲目追求经济增长向有序增长,以避免人类的自我毁灭。

罗马俱乐部的研究报告引起一场全球性的辩论。他们分析问题的一些科学方法为研究全球发展提出了一些宝贵的探索途径。

延伸阅读

罗马俱乐部①

罗马俱乐部(Club of Rome)是关于未来学研究的国际性民间学术团体,也是一个研讨全球问题的全球智囊组织。其主要创始人是意大利著名的实业家、学者A. 佩切伊和英国科学家A. 金。俱乐部的宗旨是研究未来的科学技术革命对人类发展的影响,阐明人类面临的主要困难以引起政策制定者和舆论的注意。目前主要从事有关全球性问题的宣传、预测和研究活动。俱乐部成立于1968年4月,总部设在意大利罗马。

该俱乐部有约100名科学家、社会学家、经济学家和计划专家参加研究。其学术成果和影响赢得了世界的瞩目。它于1972年发表了第一个研究报告——《增长的

---

① 参见百度百科"罗马俱乐部"词条(https://baike.baidu.com/item/%E7%BD%97%E9%A9%AC%E4%BF%B1%E4%B9%90%E9%83%A8/2944519?fr=aladdin)。

极限》,做了世界性灾难即将来临的预测,设计了"零增长"的对策性方案,在全球挑起了一场持续至今的大辩论。其后,较著名的报告有《人类处在转折点》(1974)、《重建国际秩序》(1976)、《超越浪费的时代》(1978)、《人类目标》(1978)、《学无止境》(1979)、《微电子学和社会》(1982)等。

罗马俱乐部把全球看成一个整体,提出了各种全球性问题相互影响、相互作用的全球系统观点;它极力倡导从全球入手解决人类重大问题的思想方法;它应用世界动态模型从事复杂的定量研究。这些新观点、新思想和新方法,表明人类已经开始站在新的、全球的角度来认识人、社会和自然的相互关系。它所提出的全球性问题和所开辟的全球问题研究领域,标志着人类已经开始综合地运用各种科学知识,来解决那些最复杂并属于最高层次的问题。

第四节 中国的现代化

一、近代以来中国的现代化进程

(一)初始阶段(19世纪中叶至20世纪初)

两次鸦片战争的惨痛失败使中国出现了求强求富的洋务运动,于是出现了机器化生产的工业,起先是军火工业,后来又出现了民用工业。这样,中国的现代化就随着洋务运动而正式启动。而现代化不仅要求工业化,还要求民主化和新式文化等,维新变法和立宪运动在不改变或维护帝制的前提下,略为推动了中国对西方民主化的仿效和对新式文化的采用等,使得中国现代化的启动从经济领域扩展到政治和思想文化领域。

(二)现代转型和权威危机阶段(1911—1949年)

辛亥革命推翻了帝制,使得经济、政治、思想文化等各方面的新制度能够开始建立和实施。由于这些新制度的建立和实施本身就是现代化的重要举措,因此这个阶段的现代化进入了制度层面。各方面的现代化也有了初步进展,例如,在沿海、沿江和东北建立了一些工厂,大致形成了现代陆上交通的基本框架,城市数量增加,大中小学校和师生数量增加,广大老百姓知道和接受了某些新的思想观念,等等。从总体上看,连年的军阀混战、日本侵华战争等,使得这个阶段的现代化不仅举步维艰,而且受到严重挫折。

(三)现代化发展阶段(1949—1978年)

新中国将过去的资本主义现代化转换为社会主义现代化,各方面获得新发展。1952年工农业生产总值达810亿元,比1949年的466亿元增长了73.8%。1953年实施第一个五年计划，开始大规模有计划的现代化建设。至 2005 年第十个五年计划结束，GDP 已上升为世界第四位，有些方面，如钢铁产量、航天等，也跻身世界前列，城市化程度大幅提高。中华人民共和国成立至 1957 年大张旗鼓地搞现代化，成就显著。其后因"大跃进""文革"，现代化建设受到严重挫折。

（四）现代化的新时期（1978 年至今）

1978 年中共十一届三中全会后，中国现代化得到长足发展。这是从社会主义计划经济体制走向社会主义市场经济体制的时期。在这一阶段，中国的工业化开始逐步进入"起飞"阶段，以工业化为内容的现代化进程进一步推进并取得了世界瞩目的成就。

二、中国现代化的特点

由上述可见，中国的现代化进程与世界各国的情况有较大的差异，具有自己独特的特点。一是迟发展与模仿性。我国的现代化进程起步较晚，在实现现代化的过程中，我们有必要参考一些发达国家和地区的成型经验。二是长期性。三是不平衡性。现阶段，我国仍存在地区发展不平衡和城乡发展不平衡等问题。四是"二元"结构的稳定性。至今未能够很好地解决城乡"二元"结构问题，城市化仍走在路上，这在一定程度上影响社会现代化的步伐。五是政府主导性。

三、中国现代化的目标选择

中国的现代化根据国情确定相应的目标。

基本需要目标：我们追求的不仅是经济增长，更要追求国民生产总值的合理化和公正的分配方式，从而满足所有人的基本生活需要。基本需求就是一个社会为其人民确定的最低标准。

效率目标：就是要用最少的投入获得较多的产出，不仅要追求经济总量，还要追求经济质量和效益。

生态环境目标：可持续性，人与自然和谐。

精神文明建设目标：发展繁荣民族文化，增强文化软实力，树立社会主义新风尚、新道德。

政治文明：民主法治、公平正义、勤政廉洁、高效务实。

社会目标：多元一体、社会主义和谐社会。构建社会主义和谐社会是我国社会生活发生深刻变化的必然要求，是我国经济社会发展进入关键阶段的必然要求，是巩固执政党社会基础的必然要求，是应对复杂多变的国际形势的必然要求。

这些目标是相互联系的，有的还存在矛盾。如何处理好它们之间的关系，对于真正实现中国现代化至关重要。

四、改革是推进当代中国现代化进程的必由之路

党的十八大以来，中共中央反复强调，改革开放是决定当代中国命运的关键一招，也是决定实现"两个一百年"奋斗目标、实现中华民族伟大复兴的关键一招，实践发展永无止境，解放思想永无止境，改革开放也永无止境，停顿和倒退没有出路，改革开放只有进行时，没有完成时。

党的十九大报告指出，要坚持全面深化改革。只有社会主义才能救中国，只有改革开放才能发展中国、发展社会主义、发展马克思主义。必须坚持和完善中国特色社会主义制度，不断推进国家治理体系和治理能力现代化，坚决破除一切不合时宜的思想观念和体制机制弊端，突破利益固化的藩篱，吸收人类文明有益成果，构建系统完备、科学规范、运行有效的制度体系，充分发挥我国社会主义制度的优越性。

中国要实现现代化，毫无疑问，必须坚持改革。只有改革，才能适应历史发展的要求；只有改革，才能主动地、有成效地迎接新技术革命和全球化的挑战；只有改革，才能使我们的社会结构、社会制度日益完善，才能保证现代化各种目标的实现，才能保证现代化的成果为绝大多数人所共享。

本章小结

社会变迁是社会中的一切变化和过程，包括社会结构的各个要素的宏观变化和微观变化。社会变迁归根到底是由社会的经济基础发生变动而引起的社会现象。古往今来，许多学者提出了各种不同的关于社会变迁的理论模型，如历史循环论、社会进化论、社会均衡论与社会冲突论等。

社会现代化是现代社会变迁的新形式，其实质是变传统社会为现代社会的过程；它是以经济发展为中心的、涉及政治法律和社会精神等各个方面的整体社会变迁。社会学家们从不同视角对社会现代化进行了研究，提出了对世界、国家或地区现代化规律研究的不同成果，主要包括经典现代化理论、社会趋同论、依附理论、世界体系理论和全球发展理论等理论模型。

中国的社会现代化是在全球化进程中发生的，中国的社会现代化是在社会跨越式发展的前提下，吸取了发达国家和发展中国家在社会发展战略目标选择的经验教训，提出了实现人与自然、人与社会全面和谐发展的战略目标。

本章知识与能力训练

一、判断题

1. 现代化实际上可以等同于"西方化"。（　　）
2. 我们应该学习一些西方发达国家现代化进程中的战略目标选择的经验。（　　）
3. 社会分化是一个社会进入现代化发展过程最为重要的基础之一。（　　）
4. 发展中国家的现代化过程是外部力量作用的结果，因而现代化过程表现为异质文化或外来模式的引入与接受。（　　）
5. 对于正在进行重大社会转变的发展中国家来说，"二元"社会结构的存在是不可避免的。（　　）

二、单项选择题

1. 在各种社会制度中，除了经济制度外，人们还特别重视（　　）对社会变迁的作用。

    A. 政治制度　　　B. 文化制度　　　C. 法律制度　　　D. 婚姻制度

2. "华盛顿共识"和"北京共识"的争论在于（　　）。

    A. 东西方文化哪个更加优越　　　B. 未来世界应该在谁的领导下前进

    C. 不同的现代化模式　　　D. 发达国家和发展中国家的国际地位

3. （　　）是指采取分析的态度，按照对象世界的本来面目去认识对象世界，验证对象世界。

    A. 理性　　　B. 感性　　　C. 探索　　　D. 求真

4. 按照社会变迁的发展方向，社会变迁可分为（　　）。

    A. 社会改革与社会革命　　　B. 自发变迁与有计划变迁

    C. 社会进化与社会倒退　　　D. 整体变迁与局部变迁

5. 对全球化表述错误的观点是（　　）。

    A. 全球化是一个客观的历史进程

    B. 全球化是一个单维度的过程

    C. 全球化是世界各国的共同性和差异性相统一的客观要求

    D. 全球化过程是一个不断出现矛盾和冲突的过程

三、多项选择题

1. 有计划的社会变迁的客观基础存在于（　　）两个方面。

    A. 一般历史条件　　　B. 一般社会条件

    C. 具体历史条件　　　D. 具体社会条件

2. 社会结构的分化主要指（　　）。

    A. 个人角色分化　　　B. 经济组织分化

    C. 社会组织分化　　　D. 社会地位分化

3. 现代化的经济发展过程的特点包括（　　）。

A. 经济不断迅速增长

B. 经济结构的改变

C. 现代工业和现代农业相互促进

D. 第三产业在国民经济中占有越来越重要的地位

4. 下列对全球化理解正确的是（　　）。

A. 对于发展中国家来说是一个机会

B. 对于发展中国家来说是一个挑战

C. 是一种毁坏疆界的力量

D. 实现着经济的"解国家化"

5. 之所以说改革是当代中国推进现代化的必由之路，是因为（　　）。

A. 只有改革，才能适应历史发展的要求

B. 只有改革，才能主动地、有成效地迎接新技术革命和全球化的挑战

C. 只有改革，才能使我们的社会结构、社会制度日益完善，才能保证现代化的各种目标的实现

D. 只有改革，才能保证现代化的成果为绝大多数人所共享

四、思考题

1. 社会变迁的动力有哪些？
2. 试述马克思主义变迁理论。
3. 现代化的特征有哪些？
4. 试析全球化的矛盾。

五、案例分析

美国黑人以非暴力手段寻求自由和平等

1955年12月2日，美国蒙哥马利市有色人种协进会秘书罗莎·帕克斯因拒绝遵从蒙哥马利公交车上的种族隔离政策，不给白人让座，而被警察逮捕并遭到控告。12月5日，蒙哥马利市黑人领袖们开会建立了蒙哥马利改进协会，推选马丁·路德·金为主席，领导黑人在蒙哥马利市发起了对公共汽车的抵制运动。最终，美国最高法院于1956年11月宣布亚拉巴马州的种族隔离法律违反宪法，蒙哥马利市公交车上的种族隔离规定也被废除。

1963年4月2日，马丁·路德·金在伯明翰发动了反对公共设施的种族隔离运动。伯明翰市当局采取高压政策，把许多示威者投进监狱。州法院发出禁令，禁止马丁·路德·金等人示威。马丁·路德·金在记者招待会上痛斥禁令是"在维持法律和秩序的掩饰下的暴政"，率领群众游行，被捕入狱，马丁·路德·金从监狱中寄出《从伯明翰市监狱发出的信》，义正词严地逐条驳斥各方面对伯明翰抗议运动的攻击，特别驳斥了对他们"不守法"的指斥。最终，伯明翰黑人的抗议运动经过

两个月的反复较量,终于取得胜利。这是马丁·路德·金第二次成功领导抗议运动。这是一次比蒙哥马利斗争影响大得多也深远得多的胜利,被认为是南方黑人民权运动的一个转折点。在伯明翰胜利的影响下,约900座南方城市的黑人在1963年进行了非暴力直接行动,从纽约到加州有100万人举行了声援示威。结果南方261座城市取消了种族隔离。

伯明翰抗议运动后,总统约翰·肯尼迪于1963年6月11日向全国发表了关于民权的电视讲话,并于8天后,向国会提交了他的民权法案。为了向国会施加压力,推动新民权法的通过,马丁·路德·金与美国另外三大民权组织领袖和黑人工会领袖法默、威尔金斯、怀特利·扬和兰道夫决定于1963年8月28日在首都举行盛大游行和全国大会,最终有来自全国的25万黑人和同情黑人的白人在林肯纪念堂举行群众大会。马丁·路德·金发表了演说《我有一个梦想》。这是一次显示黑人争取自由的决心的大会,对新民权法的通过有着重要的推动作用。

试用社会冲突理论分析社会变迁是如何发生和发展的。

参考答案

一、判断题

1. × 2. √ 3. √ 4. √ 5. √

二、单项选择题

1. A 2. C 3. A 4. C 5. B

三、多项选择题

1. AC 2. ACD 3. ABCD 4. AB 5. ABCD

四、思考题

1. 社会变迁的动力有5个方面:

(1) 自然环境的变化。社会变迁总是在一定的自然环境中进行的,自然环境为社会的生存和发展提供自然资源和物质条件,并依其自身的规律演变,影响社会变迁。

(2) 人口的变动。人口对人类社会的影响主要体现在人口的数量、质量、构成及其人口流动分布的变化方面。人口数量变化主要有3个因素:出生、死亡和迁移。它们对社会变迁有直接的影响。人口的年龄构成、性别构成也会对社会的变迁发生影响。例如,我国目前就面临着人口老龄化、男女比例失调等问题。

(3) 经济的发展。经济的发展最核心地反映在生产力的变化和生产关系的变化上,包括生产量的增长和生产质的提高。生产力发展的社会,经济发展良性循环,物质财富丰富,能更好地满足人民群众的需要,促进社会的发展进步。生产力停滞的社会,社会发展也处于停滞状态。

(4) 政治的变革。基本的政治制度、政治组织对经济政策的变化，对不同地位的社会群体的态度的变化，都是推动社会变迁的力量。现代社会政治组织对社会的影响越来越大。它对社会发展方向的选择深刻地影响着社会运行和发展。

(5) 文化、科学技术的发明、发现与传播。社会文化是推动社会变迁的重要动力之一，科学技术、价值观念和文化传播都对社会变迁影响极大。

不同民族、不同国家的文化传播会引起另一个民族和国家的社会变迁。科学技术的发明创造的变化和研究规模、组织形式的变化，一方面直接影响到社会经济、政治、观念和生活方式的变化，另一方面促使社会变迁的加速。科学技术的发展增强了人类的生存能力，但其过分使用，特别是非和平使用则给社会造成了严重威胁。科技也影响社会结构。社会价值观念主要通过人们的行为规范和思想体系表现出来。人们的行动一般都在社会价值观念指导下发生，社会价值观念变化往往成为整个社会变迁的先声。社会价值观念是文化的核心，其变化对社会变迁有深刻的影响。

2. 马克思主义的社会变迁理论是马克思主义的历史唯物主义中的主要论题之一。

马克思主义唯物史观认为，社会变迁的根本动力是社会生产力的发展。生产力决定生产关系，经济基础决定上层建筑。生产关系要与生产力相适应，上层建筑要与经济基础相适应。社会形态的变迁是生产力和生产关系、经济基础和上层建筑矛盾运动的结果。

马克思主义关于社会变迁的经典理论主要有4个关注点：第一，社会的变迁，归根到底是由社会的经济基础发生变动而引起的；第二，随着经济基础的变更，全部庞大的上层建筑也或快或慢地发生变革；第三，随着新生产力的获得，人们改变自己的生产方式和生活方式，也就改变自己的一切社会关系；第四，当社会的上层建筑所维护的是先进的经济基础或瓦解的是腐朽的经济基础，它对社会起推动作用，反之，则对社会发展起阻碍作用。

当我们在一定的历史条件和环境内考察某一特定的社会变迁时会发现，社会结构体系中的所有要素都以相互作用、相互联系的方式，具体地、历史地表现社会变迁，使社会变迁成为相互作用的结果。第一，社会系统与外界环境所进行的物质、能量和信息的交换。在这种交换过程中，社会不断地将外界环境中的新因素吸纳到原有体系中，从而破坏了原有社会体系的稳定。第二，社会结构要素的自发发展。社会结构中的组成要素，如某一经济组织、政治组织或文化组织是人们有目的活动的产物。它们一经建立，就会不断地由不完善向比较完善发展。这种自我完善的结果，就有可能破坏原有比较平衡的相互关系，导致原有结构系统中稳定秩序的变化。

对于社会运行和发展中出现的上述不协调现象，社会必定要调整自己的结构体系和形式，容纳新因素的输入和对不平衡的秩序加以协调，以期在新的水平上稳定运行和协调发展。如此，社会变迁就或多或少地以各种形式发生在社会运行和发展之中。当新的结构要素和相互作用关系的变化达到一定程度的积累，原有的社会结构无法维持稳定秩序时，就会发生社会结构的重组，形成新的社会结构。

3. 现代化的基本特征有6个方面：

（1）社会现代化是一个连续不断的历史过程。在近代科学技术的推动下，以工业革命和信息革命为主要形式，社会现代化构成了一个连续不断的历史过程。

（2）社会现代化具有异质性。社会现代化绝非"西方化"或欧洲化。社会现代化作为世界发展潮流，在不同地区、不同国家中显示出共同特征，但绝不意味着发展中国家都要照搬西方国家和发达国家的现代化模式。任何国家的现代化都是将普遍的现代化特征同本国的历史条件和文化传统有机结合的产物。历史条件不同、面临的国际环境不同等原因，使各国现代化各不相同。

（3）社会现代化是社会的全面革新。社会现代化是涉及社会生活各方面的内容广泛的社会变迁。

（4）社会现代化必须以近现代文化、现代科学技术为后盾。科学技术不发达，文化教育不发达，就不具备现代化的基本条件。

（5）社会现代化对历史传统既批判又继承。传统和现代化之间是相互促进、相互制约的关系。没有一个绝对继承传统的现代化进程，也没有一个绝对拒绝传统的现代化进程。

（6）现代化过程是社会结构体系协调发展的过程。把现代化等同于单纯的经济增长无疑是片面的。现代化更应该是一个社会整体结构体系的协调发展。这种协调表现在政治、经济、文化协调发展，人与人之间和谐相处，人与自然关系和谐等方面。

4. 全球化是一个多维度、多领域的变化过程。这个过程并不是整体性的，所有社会要素并不是同时发生变化，相反，它是一个由个别要素到多个领域的量变过程。发生变化的领域也有先后之分，全球化的起点是经济领域，然后是文化领域、政治领域。此外，全球化还不是一种具体、明确的现象，世界多样性和社会对立现象还是非常明显。

第一，全球化的不平等与不平衡。这种不平等和不平衡首先体现在经济领域，经济发展的不平衡、不平等，加剧了文化、政治和军事等领域的不平衡、不平等状况。

第二，全球化下的民族国家问题。全球化是解国家化或毁坏疆界的力量。民族国家在全球化进程中受到严重的挑战，全球化正在重组民族国家的权力、功能和权威。全球化的挑战也发生在个人、社区、地方以及组织层次上。

第三，文化全球化和文化多样性之间的矛盾。全球化不仅是一个经济、政治过程，还是一个社会和文化过程。带有全球特点的文明和文化传播、扩散过程对地方性文明和文化造成极大的冲击，甚至威胁到它们的生存。当全球化对独特文明或文化形成冲击或挑战时，文化全球化和文化多样性之间的矛盾，就成为当今全球化过程中的一个基本矛盾。

五、案例分析

【分析要点】什么是冲突？冲突是价值观、信仰以及对稀缺的地位、权利和资源的分配的争斗。社会冲突理论着眼于社会矛盾、冲突、不平等，并以此来解释社会结构和社会变迁。

冲突有 5 项正功能：冲突对社会与群体具有内部整合的功能；冲突对社会与群体具有稳定的功能；冲突对新社会与群体的形成具有促进功能；冲突对新规范和制度的建立具有激发功能；冲突是一个社会中重要的平衡机制。

科塞尔认为，弹性比较大、比较灵活的社会结构容易出现冲突，这种冲突可以导致群体与群体间接触面的扩大，也可以导致决策过程中集中与民主的结合及社会控制的增强，它对社会的整合和稳定起着积极的作用。相反，僵硬的社会结构采取压制手段，不允许或压抑冲突，冲突一旦积累、爆发，其程度势必会更加严重，将对社会结构产生破坏作用。为此，科塞尔提出，要建立完善的社会安全阀制度。这种制度一方面可以发泄积累的敌对情绪，另一方面可以使统治者得到社会信息，体察民情，避免灾难性冲突的爆发，破坏社会整个结构。科塞尔将冲突看作促进社会整合与适应性的过程，他所强调的社会变迁，是改良性的局部的社会调整，而非社会革命，其安全阀机制的探讨也是为资产阶级统治者献计献策，维护资本主义社会的运行和发展。（结合案例分析略）

参考文献

[1] 郑杭生,李迎生. 中国社会学史新编[M]. 北京:高等教育出版社,2000.

[2] 波普诺. 社会学[M]. 11版. 李强,等,译. 北京:中国人民大学出版社,2007.

[3] 郑杭生,杨敏. 社会互构论:世界眼光下的中国特色社会学理论的新探索:当代中国"个人与社会关系研究"[M]. 北京:中国人民大学出版社.2010.

[4] 袁方. 社会学百年[M]. 北京:北京出版社,1999.

[5] 吉登斯. 社会学[M]. 5版. 北京:北京大学出版社,2009.

[6] 吉登斯. 社会的构成:结构化理论大纲[M]. 李康,李猛,译. 北京:生活·读书·新知三联书店,1998.

[7] 韦伯. 社会科学方法论[M]. 李秋零,田薇,译. 北京:中国人民大学出版社,1997.

[8] 陈向明. 质的研究方法与社会科学研究[M]. 北京:教育科学出版社,2000.

[9] 风笑天. 社会学研究方法[M]. 2版. 北京:中国人民大学出版社,2005.

[10] 庞树奇,范明林. 普通社会学理论[M]. 3版. 上海:上海大学出版社,2000.

[11] 邱泽奇. 社会学是什么[M]. 北京:北京大学出版社,2002.

[12] 吴增基,吴鹏森,苏振芳. 现代社会学[M]. 2版. 上海:上海人民出版社,2001.

[13] 郑杭生. 新时期以来中国社会学发展的回顾与反思[J]. 江西社会科学,2005(8).

[14] 威维尔卡. 全球化背景下的社会科学发展:上[N]. 中国社会科学报,2014-02-28.

[15] 威维尔卡. 全球化背景下的社会科学发展:下[N]. 中国社会科学报,2014-03-07.

[16] 李亦园,杨国枢. 中国人的性格[M]. 台北:桂冠图书公司,1988.

[17] 张友琴,等. 社会学概论[M]. 北京:科学出版社,2005.

[18] 沙莲香. 社会心理学[M]. 北京:中国人民大学出版社,1992.

[19] 北京大学社会学系社会学理论教研室《社会学教程》编写组. 社会学教程[M]. 北京:北京大学出版社,2001.

[20] 布劳. 社会生活中的交换与权力[M]. 李国武,译. 北京:商务印书馆,2008.

[21] 戈夫曼. 日常生活中的自我呈现 [M]. 冯钢, 译. 北京: 北京大学出版社, 2008.
[22] 特纳. 社会学理论的结构: 下 [M]. 邱泽奇, 等, 译. 北京: 华夏出版社, 2001.
[23] 米德. 心灵、自我与社会 [M]. 霍桂桓, 译. 北京: 华夏出版社. 1999.
[24] 肯顿. 行为互动: 小范围相遇中的行为模式 [M]. 张凯, 译. 北京: 社会科学文献出版社, 2001.
[25] 《社会学概论》编写组. 社会学概论 [M]. 北京: 人民出版社, 高等教育出版社, 2011.
[26] 王跃生. 社会变革与婚姻家庭变动: 20世纪30—90年代的冀南农村 [M]. 北京: 生活·读书·新知三联书店, 2006.
[27] 潘绥铭. 中国性革命纵论 [M]. 高雄: 万有出版社, 2006.
[28] 王政, 陈雁. 百年中国女权思潮研究 [M]. 上海: 复旦大学出版社, 2005.
[29] 费孝通. 乡土中国 生育制度 [M]. 北京: 北京大学出版社, 1998.
[30] 潘允康: 社会变迁中的家庭: 家庭社会学 [M]. 天津: 天津社会科学院出版社, 2002.
[31] 赫特尔. 变动中的家庭: 跨文化的透视 [M]. 宋践, 李茹, 等, 编译. 杭州: 浙江人民出版社, 1988.
[32] 杨善华. 家庭社会学 [M]. 北京: 高等教育出版社. 2006.
[33] 周雪光. 组织社会学十讲 [M]. 北京: 社会科学文献出版社, 2003.
[34] 杨晓民, 周翼虎. 中国单位制度 [M]. 北京: 中国经济出版社, 1999.
[35] 于显洋. 组织社会学 [M]. 2版. 北京: 中国人民大学出版社, 2009.
[36] 斯科特. 组织理论 [M]. 4版. 黄洋, 等, 译. 北京: 华夏出版社, 2002.
[37] 布劳, 梅耶. 现代社会中的科层制 [M]. 马戎, 时宪明, 邱泽奇, 译. 上海: 学林出版社, 2001.
[38] 雷恩. 管理思想的演变 [M]. 赵睿, 等, 译. 北京: 中国社会科学出版社, 2000.
[39] 米尔斯, 帕森斯, 等. 社会学与社会组织 [M]. 何维凌, 黄晓京, 译. 杭州: 浙江人民出版社, 1986.
[40] 帕森斯. 现代社会的结构与过程 [M]. 梁向阳, 译. 北京: 光明日报出版社, 1988.
[41] 拉法耶. 组织社会学 [M]. 安延, 译. 北京: 社会科学文献出版社, 2000.
[42] 刘祖云, 等. 组织社会学 [M]. 北京: 中国审计出版社, 2002.
[43] 郑杭生. 社会学概论新修 [M]. 4版. 北京: 中国人民大学出版社, 2013.
[44] 赵连文, 张玉玲. 社会学引论 [M]. 北京: 中国社会科学出版社, 2010.
[45] 张敦福. 现代社会学教程 [M]. 北京: 高等教育出版社, 2001.

[46] 吴增基，吴鹏森，苏振芳．现代社会学［M］．4 版．上海：上海人民出版社，2009．

[47] 潘乃谷，马戎．社区研究与社会发展：纪念费孝通教授学术活动 60 周年文集［M］．天津：天津人民出版社，1996．

[48] 卡斯特．网络社会的崛起［M］．夏铸九，等，译．北京：社会科学文献出版社，2006．

[49] 滕尼斯．共同体与社会［M］．林荣远，译．北京：商务印书馆，1999．

[50] 帕克，等．城市社会学：芝加哥学派城市研究［M］．宋俊岭，郑也夫，译．北京：商务印书馆，2012．

[51] 蔡勇美，郭文雄．都市社会发展之研究［M］．台北：巨流图书公司，1982．

[52] 高珮义．中外城市化比较研究［M］．天津：南开大学出版社，1991．

[53] 柯武刚，史漫飞．制度经济学：社会秩序与公共政策［M］．韩朝华，译．北京：商务印书馆，2000．

[54] 诺斯．制度、制度变迁与经济绩效［M］．刘守英，译．上海：生活·读书·新知三联书店，1994．

[55] 科斯，阿尔钦，诺斯．财产权利与制度变迁：产权学派与新制度学派译文集［M］．胡庄君，等，译．上海：上海人民出版社，1994．

[56] 樊纲．渐进改革的政治经济学分析［M］．上海：上海远东出版社，1996．

[57] 马克思．《政治经济学批判》序言［M］．//中共中央马克思恩格斯列宁斯大林著作编译局．马克思恩格斯选集：第 2 卷．2 版．北京：人民出版社，1995．

[58] 郑杭生，等．当代中国社会结构和社会关系研究［M］．北京：首都师范大学出版社，1997．

[59] 李强．社会分层与贫富差别［M］．厦门：鹭江出版社，2000．

[60] 许欣欣．当代中国社会结构变迁与流动［M］．北京：社会科学文献出版社，2000．

[61] 韦伯．经济与社会［M］．林荣远，译．北京：商务印书馆，1997．

[62] 布劳．不平等和异质性［M］．王春光，谢圣赞，译．北京：中国社会科学出版社，1991．

[63] 伦斯基．权力与特权：社会分层的理论［M］．关信平，陈宗显，谢晋宇，译．杭州：浙江人民出版社，1988．

[64] 波普诺．社会学［M］．11 版．李强，等，译．北京：中国人民大学出版社，2007．

[65] 吉尔伯特，卡尔．美国阶级结构［M］．彭华民，齐善鸿，等，译．北京：中国社会科学出版社，1992．

[66] 陆学艺．当代中国社会阶层研究报告［M］．北京：社会科学文献出版社，2002．

[67] 马克思,恩格斯. 共产党宣言 [M]. 北京:人民出版社,1997.
[68] 毛泽东. 中国社会各阶级分析 [M]//毛泽东选集:第1卷. 北京:人民出版社,1991.
[69] 帕累托. 精英的兴衰 [M]. 刘北成,译. 上海:上海人民出版社,2003.
[70] 李培林,李强,孙立平,等. 中国社会分层 [M]. 北京:社会科学文献出版社,2004.
[71] 李芹. 社会学概论 [M]. 济南:山东大学出版社,2009.
[72] 李强. 社会分层十讲 [M]. 2版. 北京:社会科学文献出版社,2011.
[73] 郑杭生. 中国社会转型中的社会问题 [M]. 北京:中国人民大学出版社,1996.
[74] 郭星华. 当代中国社会转型与犯罪研究 [M]. 北京:文物出版社,1999.
[75] 吴忠民. 走向公正的中国社会 [M]. 济南:山东人民出版社,2008.
[76] 马寅初. 新人口论 [M]. 长春:吉林人民出版社,1997.
[77] 朱力. 大转型:中国社会问题透视 [M]. 银川:宁夏人民出版社,1997.
[78] 默顿. 社会研究与社会政策 [M]. 林聚任,等,译. 北京:生活·读书·新知三联书店,2001.
[79] 温伯格,鲁滨顿,哈密尔史密斯. 解决社会问题:五种透视方法 [M]. 单爱民,李伟科,译. 长春:吉林人民出版社,1992.
[80] 何雪松. 社会学视野下的中国社会 [M]. 上海:华东理工大学出版社,2002.
[81] 阿隆. 社会学主要思潮 [M]. 葛智强,等,译. 北京:华夏出版社,2000.
[82] 王思斌. 社会学教程(简明版)[M]. 北京:北京大学出版社,2012.
[83] 应星. 社会学概论 [M]. 北京:中央广播电视大学出版社,2010.
[84] 罗斯. 社会控制 [M]. 秦志勇,毛永政,等,译. 北京:华夏出版社,1989.
[85] 庞德. 通过法律的社会控制 [M]. 沈宗灵,译. 北京:商务印书馆,1984.
[86] 迪尔凯姆. 自杀论 [M]. 冯韵文,译. 北京:商务印书馆,1996.
[87] 道格拉斯,瓦克斯勒. 越轨社会学概论 [M]. 张宁,朱欣民,译. 石家庄:河北人民出版社,1987.
[88] 科恩. 越轨与控制 [M]. 张文宏,李文,译. 昆明:云南人民出版社,1988.
[89] 科特威尔. 法律社会学导论 [M]. 潘大松,等,译. 北京:华夏出版社,1989.
[90] 卢梭. 社会契约论 [M]. 何兆武,译. 北京:商务印书馆,1980.
[91] 诺内特,塞尔兹尼克. 转变中的法律与社会 [M]. 张志铭,译. 北京:中国政法大学出版社,1994.
[92] 严景耀. 中国的犯罪问题与社会变迁的关系 [M]. 北京:北京大学出版社,1986.
[93] 关信平. 社会政策概论 [M]. 北京:高等教育出版社,2004.

[94] 王思斌. 社会工作概论 [M]. 2 版. 北京：高等教育出版社，2006.

[95] 冯仕政. 西方社会运动理论研究 [M]. 北京：中国人民大学出版社，2013.

[96] 赵鼎新. 社会与政治运动讲义 [M]. 北京：社会科学文献出版社，2006.

[97] 鲍尔. 预知社会：群体行为的内在法则 [M]. 暴永宁，译. 北京：当代中国出版社，2007.

[98] 章志光. 社会心理学 [M]. 北京：人民教育出版社，2001.

[99] 赵孟营. 社会学基础 [M]. 北京：高等教育出版社，2006.

[100] 勒庞. 乌合之众：大众心理研究 [M]. 冯克利，译. 北京：中央编译出版社，2005.

[101] 罗荣渠. 现代化新论：世界与中国的现代化进程 [M]. 北京：北京大学出版社，1993.

[102] 罗荣渠. 现代化新论续篇：东亚与中国的现代化进程 [M]. 北京：北京大学出版社，1997.

[103] 杨雪冬. 全球化：西方理论前沿 [M]. 北京：社会科学文献出版社，2002.

[104] 谢立中. 当代中国的社会变迁导论 [M]. 保定：河北大学出版社，2000.

[105] 赫尔德，等. 全球大变革：全球化时代的政治、经济与文化 [M]. 杨雪冬，等，译. 北京：社会科学文献出版社，2001.

[106] 英格尔斯. 人的现代化 [M]. 殷陆君，编译. 成都：四川人民出版社，1985.

[107] 沃勒斯坦. 现代世界体系 [M]. 郭方，等，译. 北京：社会科学文献出版社，2013.

[108] 吉登斯. 现代性与自我认同：现代晚期的自我与社会 [M]. 赵旭东，方文，译. 北京：生活·读书·新知三联书店，1998.